西北师范大学简牍研究院
中国历史研究院田澍工作室
甘肃简牍博物馆
西北师范大学历史文化学院
联合资助出版

　　本书系作者主持的国家社科基金项目"近代西北地区商贸经济及对当地社会发展影响问题研究"（12XZS017）的部分成果。

简牍学与丝路文明研究丛书

西北师范大学

李建国 著

近代西北地区商贸经济研究

中国社会科学出版社

图书在版编目(CIP)数据

近代西北地区商贸经济研究 / 李建国著 . —北京：中国社会科学出版社，2023.5

（西北师范大学简牍学与丝路文明研究丛书）

ISBN 978-7-5227-2064-7

Ⅰ.①近… Ⅱ.①李… Ⅲ.①商业经济—研究—西北地区—近代 Ⅳ.①F727.4

中国国家版本馆 CIP 数据核字（2023）第 106967 号

出 版 人	赵剑英	
选题策划	宋燕鹏	
责任编辑	金 燕	
责任校对	李 硕	
责任印制	李寡寡	

出　　版	中国社会科学出版社	
社　　址	北京鼓楼西大街甲 158 号	
邮　　编	100720	
网　　址	http://www.csspw.cn	
发 行 部	010-84083685	
门 市 部	010-84029450	
经　　销	新华书店及其他书店	
印　　刷	北京明恒达印务有限公司	
装　　订	廊坊市广阳区广增装订厂	
版　　次	2023 年 5 月第 1 版	
印　　次	2023 年 5 月第 1 次印刷	
开　　本	710×1000　1/16	
印　　张	23.75	
插　　页	2	
字　　数	355 千字	
定　　价	128.00 元	

凡购买中国社会科学出版社图书，如有质量问题请与本社营销中心联系调换
电话：010-84083683
版权所有　侵权必究

目　　录

绪　论 …………………………………………………………（1）

第一章　近代西北的自然与人文环境 …………………………（9）
第一节　西北行政机构及区划演化 …………………………（9）
第二节　自然人文环境及对商贸业的影响 …………………（21）

第二章　近代西北地区的商业交通 ……………………………（41）
第一节　近代西北重要商道及演化 …………………………（41）
第二节　传统商业运输方式及变化 …………………………（54）
第三节　近代化商业运输业的兴起 …………………………（73）

第三章　近代西北的主要商业势力 ……………………………（84）
第一节　商帮为核心的私营商业 ……………………………（84）
第二节　西方商业势力的入侵 ………………………………（104）
第三节　官方商业势力的兴起 ………………………………（115）
第四节　各种商业势力的消长 ………………………………（126）

第四章　近代西北城乡的商贸经济 ……………………………（137）
第一节　商业城镇及其商贸活动 ……………………………（137）
第二节　农牧区的主要商贸活动 ……………………………（169）
第三节　西北区域内的商品流通 ……………………………（187）

第五章 西北与内地的商业贸易 ………………………………… (216)
第一节 与国内贸易的重要口岸 ……………………………… (216)
第二节 西北从内地的商品输入 ……………………………… (226)
第三节 西北对内地的商品输出 ……………………………… (256)

第六章 货币与度量衡混乱及对商贸业影响 …………………… (285)
第一节 西北地区的金融货币状况 …………………………… (285)
第二节 西北地区的度量衡器状况 …………………………… (308)
第三节 货币和度量衡混乱原因及影响 ……………………… (319)

第七章 近代西北商贸活动特点及影响 ………………………… (330)
第一节 西北地区商贸活动基本特点 ………………………… (330)
第二节 商贸活动有利于国防的巩固 ………………………… (341)
第三节 商贸活动促进了社会的进步 ………………………… (349)

结　语 ………………………………………………………………… (361)

主要参考文献 ………………………………………………………… (363)

绪　　论

一　选题的缘由及意义

西北地区为中华文明重要的发祥地之一，古丝绸之路曾自东向西穿越西北地区，自汉代西北就已经是中国与中亚、西亚，乃至欧洲的重要交流通道。虽宋代以后因海路贸易的开通，盛极一时的古丝绸之路商贸活动渐趋衰落，但西北地区与国内其他地区及中亚等地的商贸联系仍很密切。此外，就西北地区内部而言，因地区、民族、经济结构上的差异，不同地区、不同民族相互之间的联系也极为密切，商贸活动更是十分频繁。特别是西北地区商贸活动还有着自己独特的意义，从历史上来看，商贸活动一直是中原王朝对边疆地区进行笼络、控制的重要手段，故历代中央政府多采取扶持和鼓励的政策。近代以后，由于列强对中国的侵略和觊觎，西北边疆危机更为深重。在这种历史条件下，近代西北地区的商贸活动在改善民众生活和生产条件，强化民族间团结、稳定社会、巩固国防，以及促进当地社会的进步方面，都具有十分重要的作用。

本研究把西北地区作为一个整体来考虑。之所以这样做，其原因首先是：人类的历史活动首先是在一定的空间中进行，空间地理环境是人类历史活动的必要前提。特别是"中国社会的规模容量巨大，也许与其说是时代的差异性大，还不如说是空间的差异性更大"[1]，近代中国的社会更是如此。为了解决这一问题，美国学者施坚雅曾将民国前后的中国

---

[1] ［日］斯波义信：《宋代江南经济史研究》（前言），方健、何忠礼译，江苏人民出版社2001年版，第2页。

划为九大区域,并指出:"我所划定的这九个地方区,每区都支持着一个社会经济体系。"① 施坚雅的这一划分是符合历史实际的,也对我的研究有一定的启发。经过长期的历史演化,近代西北地区的各族人民在经济、文化等方面,已经形成了相互依赖、相互交流和学习的局面。故为了能更好地反映出历史环境与活动者的关系,探讨西北商贸活动的内在联系和特色,就需将西北地区作为一个整体来考虑。

此外,在20世纪90年代后,随着史学研究的深入和细化,历史研究从整体、宏观走向局部和微观。在这种大背景下,区域史研究逐步兴起。就西北区域史的研究而言,这些年来也取得很大的进展,在有些领域如民族史等方面成就斐然。但总体来说也不平衡,与东部地区相比不少方面仍然较"弱势",商贸领域就是其中之一。当然,在研究中我们也应认识到,区域的形成本身又是一个复杂的历史过程,是不断演化而非恒定的。故在区域史研究中自然一方面要守住区域界线,但有时因研究需求也不可避免会有越界之处。

本研究的主要目的是试图通过对近代西北地区商贸活动的分析研究:(1)使我们能够更好地了解近代西北商贸活动的特点,以便站在历史的角度,去理性地分析研究其历史的规律性,并归纳总结出其发展的历史经验。(2)使人们了解近代西北的商贸活动,对当地社会经济、民众思想意识、社会文化等方面都有很大的影响,对西北社会由传统向近代转变有着积极的促进作用,在加强各民族的物质文化交流、打破边远民族地区的封闭等方面也有一定的意义。(3)在国家加大对西部地区开发建设力度,复兴"一带一路"的今天,可以为我们提供一些有益的历史经验。这些经验可以一定程度上为加速西北社会经济发展、缩小东西部之间经济的差距服务,也可以进一步促进西北社会经济的繁荣与国内各民族间的和谐。

二 相关学术史回顾

20世纪50年代,史学界对西北史的研究一度较兴盛,特别着重民

---

① [美] 施坚雅主编:《中华帝国晚期的城市》,叶光庭等译,中华书局2000年版,第13页。

族史的一些相关研究，如政治制度、社会发展水平等。这主要是为当时国家的民族区分、民族区域自治等服务。在改革开放后，有关西北史研究的领域在逐步拓展，对近代西北商贸问题的相关研究也日益深入，取得的相关成果也颇为丰厚。本人搜集到的有关近代西北商贸问题研究的论文百余篇（可参阅附录部分，参考文献中选录了近50篇），这些论文从不同的角度和视野，对近代西北地区的商贸问题进行了探讨。

相关的研究论文大体可分为4个大的类别，在此因篇幅所限不能一一列举，仅列举一些代表作：

（1）有关西北与国外贸易问题。主要有徐万民《八年抗战时期的中苏贸易》，论述了两国超越意识形态与社会制度的差异，曾经西北进行了大量的战略物资交易，在反法西斯斗争中相互支援。① 于溶春《解放前新疆对苏贸易性质简论》，指出了新苏贸易对双方而言都有益，但贸易虽名义上平等，实际仍存在着一些不平等。② 吴万善《近代时期甘宁青对外贸易评议》，该文探讨了西方商业势力极力利用不平等条约，进行的各种经济掠夺活动。③

（2）有关商帮、官商问题。主要有魏丽英《明清时期西北城市的商帮》，对西北"八大商帮"的起源、发展等问题进行了研究。④ 何平《抗日时期（1931—1945）国民政府开发西北地区商业问题研究》，探讨了当时官商、合营商业，以及私营商业问题。⑤ 喇琼飞《民国时期的回族皮毛生意》，对回族商贩在当时兴起的皮毛贸易中的作用、影响等问题做了探讨。⑥

（3）有关商业市场及格局问题。主要有魏丽英《论近代西北市场的地理格局与商路》，着重探讨了近代西北区域市场地理格局，以及重要商

---

① 徐万民：《八年抗战时期的中苏贸易》，《近代史研究》1988年第6期。
② 于溶春：《解放前新疆对苏贸易性质简论》，《近代史研究》1989年第6期。
③ 吴万善：《近代时期甘宁青对外贸易评议》，《科学·经济·社会》1990年第3期。
④ 魏丽英：《明清时期西北城市的商帮》，《兰州学刊》1987年第2期。
⑤ 何平：《抗日时期（1931—1945）国民政府开发西北地区商业问题研究》，《西北大学学报》2004年第2期。
⑥ 喇琼飞：《民国时期的回族皮毛生意》，《宁夏大学学报》1989年第2期。

路等相关问题。① 黄正林《近代西北皮毛产地及流通市场研究》，分析了皮毛主要产地、数量，及市场系统。②

（4）还有些专题性较强的研究。这些文章数量不少，涉及问题很广泛。但就每篇文章而言，则研究主题很具体，其研究范围也很清晰。如张雨新《抗战时期西安工商业的繁荣及其原因探析》，杨东《近代陕北的边客及其社会影响》，向达之《清末至民国前期的兰州商业》，南文渊《伊斯兰教对商业经济的影响》，马忠明《青海地区的歇家》等。

有关商贸经济的研究专著相对较少。主要有厉声《新疆对苏俄贸易史》，该书资料翔实，分析揭示了新疆对苏俄贸易的许多实质性问题，特别是在宏观方面把握很到位。③ 庄鸿铸等《近现代新疆与中亚经济关系史》，从全球化角度探讨新疆与中亚经济交往问题，分析了其特点、规律、经验教训等。④ 李刚的《陕西商帮史》，对陕商自明清兴起到近代的历史进行了研究，指出了陕帮商人的特点及对整个西北地区的影响。⑤ 党诚恩等编著《甘肃民族贸易史稿》，对甘肃近代鸦片、皮毛等贸易活动，及寺院、官僚商业资本做了介绍和评述。⑥ 林永匡等《清代西北民族贸易史》，对清代西北民族贸易问题有不少有益探讨，指出清代西北的民族贸易步入了新阶段。⑦

还有涉及西北商贸业的一些专著。如徐建英的《近代英国与中国新疆》《民国时期英国与中国新疆》，有关部分对新疆与英及其附属殖民地贸易、商品结构、英苏在新疆的竞争，以及国际环境、新疆当局的态度对新英贸易的影响都做了较深刻的解读。⑧ 魏永理主编《中国西北近代

---

① 魏丽英：《论近代西北市场的地理格局与商路》，《甘肃社会科学》1996年第4期。
② 黄正林：《近代西北皮毛产地及流通市场研究》，《史学月刊》2007年第1期。
③ 厉声：《新疆对苏俄贸易史》，新疆人民出版社1994年版。
④ 庄鸿铸等：《近现代新疆与中亚经济关系史》，新疆人民出版社2000年版。
⑤ 李刚：《陕西商帮史》，西北大学出版社1997年版。
⑥ 党诚恩：《甘肃民族贸易史稿》，甘肃人民出版社1988年版。
⑦ 林永匡、王熹：《清代西北民族贸易史》，中央民族学院出版社1991年版。
⑧ 徐建英：《近代英国与中国新疆》，黑龙江教育出版社2004年版；《民国时期英国与中国新疆》，新疆人民出版社2009年版。

开发史》，也专章探讨了西北贸商问题。①民国初年，俄国人克拉米息夫对西北等地做了大量商业调查，所著《中国西部之经济状况》，对商贸经济研究也有很大价值。②

通过上面介绍我们可以看出，有关近代西北地区商贸问题研究取得了较多的成果，但也有一些不足或缺憾：

（1）对商贸问题研究从总体、宏观方面把握还不够。由于历史和自然条件等原因，西北地区早已成为一个具有自己特色的经济区域。尽管近代曾出现过军阀半割据状态，但其总的态势还是如此。只有将近代西北商贸问题作为一个总体来考察，才能更好地、更全面地揭示出许多问题的本质。

（2）目前的相关研究不够系统。近代西北地区商贸活动无论是参与者，还是从市场情况来说都较复杂，需要全面系统来考察。但现在研究多集中在新苏（俄）贸易、皮毛贸易，以及各类商帮等方面。而对诸如自然环境、人文环境对商贸活动的影响，近代西北各种商业势力的相互作用及其消长，近代西北地区商贸经济对当地社会的发展、边疆地区社会稳定的影响等问题则涉及较少。

（3）研究的深度有待加强。有关近代西北商贸问题高质量、有代表性的论著不多。特别是一些涉及农村、牧区的研究，可能因资料稀缺等因素，多是大而化之，研究深度明显还很不够。有些研究则过多局限于就事论事，缺乏对问题本质的洞察力。

三 区域概念的界定

本研究试图将1840年到1949年这一历史时期的西北作为一个整体来考虑。当前对于区域史的研究，学术界一般认为应遵循的基本原则是：这个区域有着内在的紧密联系；这个区域还要具有自己的基本特色。关于区域划分具体标准较多：有以自然地理条件作为划分标准的、有以行

---

① 魏永理主编：《中国西北近代开发史》，甘肃人民出版社1993年版。
② ［俄］克拉米息夫：《中国西部之经济状况》，《中国西北文献丛书续编》（西北史地）第11册，甘肃文化出版社1999年版。

政区划作为划分标准的、有以社会经济联系作为划分标准的、有以文化区作为划分标准的，还有依据研究的需要确立的各种划分标准。本研究考虑到近代西北商贸经济的特点，兼顾历史、自然环境和社会经济联系等因素，同时也考虑到读者阅读的方便，基本是以行政区划为地域标准的。

西北地区作为一个区域地理概念出现较早。在《元史》中已有"宋患常在西北"之说。① 明清时期这种说法日益普遍，如清代谢济世的《西北域记》就是如此。民国以后，西北这个地理区域概念已被普遍使用。但对于西北地区的具体范围的界定，因历史上西北地区疆界及行政区划多有变化，以及不同的人的认知和研究需要不同，则是长期众说不一。如清代人们所说的西北包括范围很广，除现在的西北地区外，还包括北部的蒙古大片地区。民国时期，人们对西北的关注空前高涨，但关于西北地区的范围划分也很混乱，"西北之范围，言人人殊"②。为了避免在本研究中出现歧义，西北地区的地理范围基本以现行的西北五省区行政区划为准。全面抗战爆发后，曾建立了陕甘宁边区，但因陕甘宁边区已被史学界作为一个独立专题研究，故不包括在本研究的范围之内。

四　具体研究内容

近代西北地区的商贸活动，所涉及的面很广，范围也很大，时间段跨越清代与民国。至于具体的活动情况更是非常复杂，有中外贸易，有国内贸易，国内贸易中又有西北与其他地区的贸易，以及西北区内的城乡、各民族间贸易。如从活动的主体而言，有民间商业，也有官商，还有洋行。面对如此复杂的问题，靠个人力量写一部详尽的西北近代商业通史是不现实的，其工作量太浩繁了。

因此，在本研究中考虑采用在整体把握的前提下，以专题为主的方法来研究。首先，想方从杂乱的史实中理清头绪，分成几个大的专题类

---

① 宋濂：《元史》卷五八《地理志一》。
② 王金绂：《西北之人文与地文》，商务印书馆1935年版，第1—2页。

别来处理，使人们能清晰地了解西北商贸业的基本状况。其次，每个专题都有其讨论的重点，各专题间又要相互照应。这样做的好处是易于问题讨论的深入和集中，便于把握问题的来龙去脉，缺憾是可能在横向联系上会有所不足。根据这一基本设想，笔者将研究内容分作8个大的部分，具体情况如下：

（1）近代西北的行政区划和演化，以及自然和人文环境对商贸活动的影响。（2）近代西北的商业交通运输问题，以及运输道路、运输工具的演化。（3）近代西北以商帮为代表的民营商业势力，官方资本商业势力和西方资本主义商业势力，以及各种商业势力的变化与消长。（4）近代西北城镇和农牧区的商业活动，以及近代西北地区内部的主要商品交流。（5）近代西北与国内其他地区的商业贸易口岸，以及近代西北与国内其他地区间的主要物资交流。（6）近代外国商业势力在西北的主要商贸活动，及抗战时期中苏经由西北的商业贸易。（7）近代西北的货币与度量衡问题，以及其对商贸经济的影响。（8）近代西北商贸经济的基本特点，以及商贸经济对增进民族间互信、稳定巩固边疆和国防，以及促进当地社会进步方面的作用。

五　研究方法及重难点

首先，在具体研究过程中，坚持马克思唯物主义历史观。在总体把握的情况下，分门别类抓住关键问题，通过具体研究分析找出问题的本质，再从宏观方面来探索其特点和规律性，以及对当地社会各方面的影响。其次，注重研究的全面系统性。近代西北地区商贸活动情况复杂，除了要考虑不同的参与者、不同类型的市场等因素外，还要考虑自然环境及人文环境等方面的因素，以便能较完整地揭示出一些本质性的问题，从而正确把握近代西北商贸业的基本特点。最后，还要尽量搜集运用较为可靠的资料，通过分析、对比和论证，尽力加强研究的深度，特别是加强一些涉及农村、牧区的研究，以便提高本书的整体研究水平。

准备着力探讨的主要问题：（1）西北自然、人文环境等因素对近代西北商贸经济的影响。（2）近代西北民营商业、官营商业、西方资本主义商业之间的关系。（3）近代西北商贸经济在稳定和巩固边疆方面的作用。（4）近代西北商贸经济对当地社会进步的促进作用。

难点问题：（1）在近代这一历史时期，因西北地区社会剧烈动荡，政治、经济等方面变化复杂，这些都或多或少地影响商贸经济的发展。正确分析和准确把握影响西北商贸经济发展的因素，是本书研究的难点。（2）近代西北地区民族众多，社会发展水平不一，相关的历史记述和各种商贸业的统计资料较少。特别是农牧区的相关具体资料更是稀缺，要搜集掌握丰富的各种历史资料，也是本书研究的难点。

六　基本观点和创新

本书研究的基本观点是：（1）近代西方列强打开了中国的大门，西北日益成为他们掠夺原料和推销产品的目的地。在这种特定的历史条件下，西北商贸活动在外力作用下由传统缓慢地向近代转化。（2）这种转化加速了传统生产方式演化和社会的解体，也影响到了人们的思想意识和生活方式等，进而促进了西北社会的进步。（3）近代西北商贸活动不仅具有很大的经济意义，同时，在增进了各地物质交流的基础上，也极大地增进了与国内各民族间团结，这对于稳定和巩固祖国边疆、强化国家观和中华民族的整体意识都有极大的意义。

本书创新之处在于：力图从自然和人文环境、交通条件等多角度入手，把近代西北地区商贸问题作为一个整体的系统来考察。从而更加准确、深入地揭示出近代西北地区商贸活动的本来面目。找出其特点与规律性，以及商贸活动带来的积极社会作用，以便为当今西北地区的经济发展、民族团结和社会稳定，以及中华民族的复兴服务。

第一章　近代西北的自然与人文环境

中国是一个多民族的国家，这种多元一体的格局是在漫长的历史演化过程中形成的。特别是到了清代中期，随着国家的日益强盛，西北边疆地区也逐步走向稳固。当时西北地区东起潼关，西抵帕米尔高原和巴尔喀什湖以东地区；南与四川、西藏交界，北达唐努乌梁海。① 但当历史进入近代以后，清王朝国势已开始走向衰落，更因西方列强的武力入侵，使得祖国的边疆警报频传。沙俄借中俄《勘分西北界约记》、中俄《伊犁条约》等夺取了中国西北部大片领土，后又策动外蒙古独立，使得西北的疆域发生了很大的变化。

在西北这片广袤的土地上，自然环境复杂，生态丰饶多样，矿产资源也极为丰富。众多民族生活在这片土地上，主要民族有汉、满、蒙、回、藏等。他们有着各自风格不同的生产和生活方式，并相互依存、相互学习、相互交流，共同为西北地区社会经济的繁荣，以及祖国边疆的巩固而不懈地努力着。近代西北地区的商贸经济，就是在这样的背景下不断发展和演化。要研究近代西北地区的商贸经济问题，必然要对此有一个基本的认知。因为这种特殊的自然和人文环境，对近代西北地区的商贸经济有着重大的影响。

第一节　西北行政机构及区划演化

西北地区地域辽阔，民族众多，宗教信仰各异，社会发展水平差距

---

① 唐努乌梁海地区，原归乌里雅苏台定边左副将军管辖。清末唐努乌梁海西部被沙俄占领，东部由外蒙古控制。

也较大。因而历代的中央政府对西北地区的统治,多是采取因地制宜、因俗而治的方式。清王朝建立后,在不断地同各种侵略和分裂势力作斗争的过程中,为了巩固其在西北地区的统治,也采取了继承与创新并举的方针,最终在清乾隆时期建立起了一套比较完备的行政体系。进入近代后,清王朝以及后来的民国历届政府,为了更有效地管理、控制这片广阔的土地,巩固西北边疆,保障各族人民安居乐业,在总结历代治边政策的基础上,在西北地区的行政管理等方面,也采取了一系列相应的措施以应付时局的变化。

一　清代行政区划及机构的确立与演化

清王朝建立后,在各地的统治方式多因袭明制。但因清王朝统治区域远大于明代,境内所包含的民族成分也较明朝为多,所以也结合自己的政权特点,和各地各民族实际情况加以变通。西北地区的行政区划和建制,奠基于清王朝立国之初。但早期变化非常频繁,直到乾隆中期平定准噶尔蒙古后才相对稳定下来。近代初期西北的行政区划和建置,就是建立在此基础上的。后来随着外国侵略势力的入侵,时势的不断变化,清王朝对西北的行政区划和机构,也随着形势的变化进行了一些必要的调整。故要了解近代西北地区行政区划的渊源,就需简要回顾一下清代西北行政机构的确立过程。

(一) 清代西北行政区划与机构的确立

在西北地区的行政区划和机构的设置上,清代中央政府首先考虑到民族众多、社会发展水平参差不齐、民众的生产和生活方式各异这些基本因素,以便使行政机构能很好地适应当地社会,这样才能够发挥更好的效用。这就使得西北的行政区划和机构设置,有了明显不同于内地的特色:在西北汉族为主、社会经济较发达的地区,设立了陕西、甘肃两省;在西北蒙古族聚居的地区,援用了清早期实行的盟旗制;在藏族为主的地区,则沿用了明代的土司制。而新疆由于地处边疆,民族成分、斗争形势更为复杂,则在不同时期、不同民族间,采用了不同的统治方法。

第一章 近代西北的自然与人文环境

1644年（顺治元年）清政府在西北设置了陕西总督，又称三边总督，驻防固原（现属宁夏）。总督衙门掌"釐治军民，综治文武，察举官吏，修饬封疆"①。由清政府直接委派要员，出任该总督一职（清制总督多为从一品大员）。后曾一度迁汉中，并兼辖四川。在1664年（康熙三年）又改辖山陕，常驻西安。1675年（康熙十四年）将陕西总督改为陕甘总督。1680年（康熙十九年）又改为山陕总督，兼辖四川。1731年（雍正九年）又改称陕甘总督，专辖陕甘。1736年（乾隆元年）又兼辖四川，更名为川陕总督，同年又罢兼辖。1748年（乾隆十三年）仍改置陕甘总督。1754年（乾隆十九年）移陕甘总督于兰州。1759年（乾隆二十四年）别置甘肃总督，驻肃州，兼辖陕西。1764年（乾隆二十九年）又恢复陕甘总督名号，还驻兰州，兼甘肃巡抚事，裁甘肃巡抚，遂成定制。②陕甘地区总督辖区、驻地、职权范围，在清代前期变化频繁，主要是与当时西北地区的政治和军事局势有关。乾隆中期以后，西北边疆基本稳定了下来，陕甘总督的职权也相应稳定了下来。

清初，在西北地区设有陕西行布政使司，及陕西行都指挥使司，作为陕甘地区的统一行政、军事机构。但又设有陕西巡抚（驻西安），甘肃巡抚（驻甘州，今甘肃张掖）。在1648年（顺治五年）将甘肃巡抚移到兰州。1662年（康熙元年）又将甘肃巡抚移往河西的凉州（今甘肃武威）。此外，清政府在西北还曾设置过宁夏巡抚、延绥巡抚（康熙初被裁撤）。一省设置多位巡抚，这在清代其他地区则是少见的，这一方面说明了西北地区当时斗争形势的复杂，另一方面实际上也是为后来西北地区行政区划的调整做准备。

1664年（康熙三年）清政府决定将陕西行布政使司分为左、右两部，左布政使司仍驻西安，右布政使司驻巩昌（今甘肃陇西），并将陕西提督署也移至左、右布政使司之间的固原，这时虽名为一省，但实际上行政已开始分理。1666年（康熙五年）甘肃巡抚又还驻兰州。1667年

---

① 参见赵尔巽《清史稿》卷一一六《职官三·外官》。
② 参见赵尔巽《清史稿》卷一一六《职官三·外官》。

(康熙六年)陕西右布政使司改为巩昌布政使司。① 1669 年（康熙八年）移巩昌布政使司于兰州，改为甘肃布政使司，除管理甘肃巡抚原辖河西走廊之地外，又将临洮、巩昌、平凉、庆阳 4 府划归甘肃，自此陕、甘正式分治。陕西省辖区北到延、绥，南至汉中，东以黄河、潼关与山西、河南为界，西界陇山与甘肃为邻。② 甘肃的辖区地域十分广阔，民族众多，东起陇山与陕西交界，西出阳关直抵迪化，南到河湟一带，北达阴山、马鬃山一线。③

清初，新疆少数民族各部纷纷内服，清政府推行所谓"羁縻"政策。利用少数民族地区原来的政权形式，承认少数民族上层的特权，在不危害国家利益的前提下稍加变通，实行因俗治边。随着国家整体局势的稳定，新疆的那种带有封建割据性的地方政权形式，与国家、民族的整体利益越来越不相符。加之，个别少数民族贵族公开搞分裂活动，特别是准噶尔蒙古（西蒙古）部，肆无忌惮地征服蒙古各部，不断地挑衅清中央政权的权威，迫使清政府不得不武力平叛。

清政府在平定准噶尔蒙古及维吾尔族大小和卓叛乱后，开始考虑调整清初推行的安边政策，决定强化对西北地区的控制。1762 年（乾隆二十七）清政府决定在新疆设伊犁将军府，作为统帅新疆地区军政的最高机关，加强了对新疆的控制力。关于伊犁将军的权限，《大清会典》事例兵部内载："节制天山南北各路兵丁，自伊犁至乌鲁木齐、巴里坤，自喀什噶尔、叶尔羌、阿克苏、和田至哈密等处，所驻兵丁，悉听调遣。其经理贸易，稽察台站诸务，与所差各官，均随时酌委无定额。"④ 显然，伊犁将军除负有武装保卫边疆职责外，还兼司外贸、屯田、粮饷，和负责与当地少数民族统治者协调关系，传达清王朝政令等任务。

伊犁将军下辖副都统 2 人，1764 年（乾隆二十九年）又置参赞大臣 1 人。此外，在新疆还设有乌鲁木齐都统 1 人，副都统 1 人，置参赞大臣

---

① 甘肃省志编委会：《甘肃省志》（大事记），甘肃人民出版社 1989 年版，第 179 页。
② 参见宋伯鲁《续修陕西通志稿》卷六—七《建置》。
③ 参见刘郁芬《甘肃通志稿》卷十六—十七《建置》。
④ 《钦定大清会典事例》卷四二九《兵部三·伊犁驻防》。

2 人。清政府在全疆各地还设有塔尔巴哈台参赞大臣、喀什噶尔参赞大臣。在哈密、叶尔羌、和田、阿克苏、乌什、库车、喀喇沙尔设置了办事大臣。还有帮办大臣和许多驻防各地的领队大臣。他们俱归伊犁将军节制,形成了以伊犁将军为首的统治体系。新疆北部的阿尔泰地区、阿尔泰淖尔乌梁海及以西地区,则由乌里雅苏台定边左副将军所属的驻科布多(今属外蒙古)参赞大臣管辖。

清政府在新疆最早编旗是在哈密地区。1697 年(康熙三十六年)当地维吾尔族首领额贝都拉,因助平定噶尔丹有功,被封为"一等札萨克达尔汗"。第二年,其部众被编为镶红回旗,设总理回众郡王一员,协办旗务伯克二员,委派哈密办事大臣监督。① 从 1754 年(乾隆十九年)开始到 1785 年(乾隆五十年)止,清政府先对新疆及科布多参赞大臣节制的蒙古各部进行了改编,后又对被平定的准噶尔蒙古,以及东归的土尔扈特部进行了改编,共被编为 8 盟 32 旗。

清政府为解决大小和卓叛乱后维吾尔族地区的混乱状况,恢复当地的社会秩序,在新疆设有回部各类土官,利用一些少数民族上层帮助管理地方事务。主要回官有:总理回部札萨克郡王 1 人,协理图撒拉克齐 2 人,分驻哈密、鄯展,清廷因他们"归诚著绩,封爵世袭"。② 此外,还设有掌管回务的阿奇木伯克数十人,分布在伊犁、喀什噶尔、叶尔羌、和阗、伊里齐、库车等地。这些分散在各地的土官,归清政府派驻各地的驻防大臣直接管理。

1645 年(顺治二年)青海蒙古和硕特部首领、元太祖之弟后裔顾实汗,向清廷遣使贡马表示臣服。为了安抚青海蒙古各部,早日统一西北地区,顺治皇帝赐顾实汗"尊文行义敏慧顾实汗"封号,并颁发了金印册。后罗卜藏丹津率青海蒙古各部叛乱,1725 年(雍正三年)清政府在平定叛乱后,为了反对分裂势力,加强中央政权的控制力,将青海蒙古编为 5 部 29 旗:和硕特部分为 21 旗,绰罗斯部分为 2 旗,土尔扈特部

---

① 《哈密回王墓简介》,新疆哈密回王墓展室。
② 赵尔巽:《清史稿》卷一一七《职官四·武职藩部土司各官》。

分为4旗,辉特部、喀尔喀部各1旗。

稍后,为加强对藏区的控制,又在青海藏族地区依其地段、部落分布等情况,先后设置了土千户1人(正五品)、土百户24人(正六品)、土百长26人。1736年(乾隆元年)清政府又在青海设立了西宁办事大臣,负责管辖青海蒙古5部29旗会盟,统率和征调各部兵马,审理各部讼狱。并代表清中央政府,管理青海地方土司等事宜。① 在西宁办事大臣下设有:代表理藩院随同办理青海蒙古事务司官,管理藏族事务的巴燕戎抚藩通判,以及千总、守备等武职镇守官。此外,在甘肃藏区也分封了一些土司,最著名的有鲁土司、杨土司等。

(二)近代以后行政区划与机构的调整

19世纪60年代因受太平天国起义的影响,在陕甘爆发了以回族为主的群众反清斗争。这场斗争也很快波及新疆,新疆一些少数民族上层人物为了实现自己的政治野心,利用西北各族人民群众的反清斗争,清政府无力西顾之际,大搞封建割据。南疆喀什噶尔的回族封建主金相印,为了争夺地盘甚至勾结外人,导致了1865年(同治四年)阿古柏的入侵。1867年(同治六年)阿古柏在南疆宣布成立"哲德沙尔"(七城汗国),1870年(同治九年)又进占乌鲁木齐、吐鲁番。此时沙俄、英国对我国新疆地区更是虎视眈眈,企图把阿古柏变为他们分裂新疆的工具,极力与阿古柏勾结,向其提供军事援助,签订所谓通商条约。1871年(同治十年)阿古柏进入北疆之后,沙俄借口保护俄侨抢占了伊犁地区。

在左宗棠率军消灭阿古柏,平定新疆全境后,出于"为新疆筹划久安长治之策,纾朝廷西顾之忧"的考虑,② 向清政府建议在新疆设省。但清政府认识到:"事关创始,必须熟筹于事前,乃可收效于日后。"鉴于当时"新疆地方愚回固习未除,自应规划久远,移其风俗,俾就范围"③。直到1884年(光绪十年)清政府经过慎重考虑,采纳了左宗棠等人的建议设立新疆省,归陕甘总督兼辖。割甘肃迪化州(今乌鲁木齐),以及镇西(今

---

① 参见赵尔巽《清史稿》卷一一七《职官四·武职藩部土司各官》。
② 《左文襄公全集》卷五〇《奏稿》。
③ 新疆档案馆等编:《清代新疆建置档案史料》,新疆美术出版社2010年版,第4页。

巴里坤)、哈密、吐鲁番3厅(原甘肃镇迪道)归新疆。并将迪化州升格为府,作为新疆巡抚衙门驻地。以"刘锦棠著补甘肃新疆巡抚,仍以钦差大臣督办新疆事宜"①。新疆省下辖镇迪、阿克苏、喀什噶尔3道。至光绪末年,新疆省共划分为4道,下辖6府、2直隶州、11直隶厅。②

新疆建省后伊犁将军虽被保留,但军府制则被逐步废除。除伊犁、塔城地区实际归伊犁将军管辖外,不再兼理全疆地区的政务,仅主要作为震慑边陲的最高将领,其余驻防各地的大臣等也陆续被裁撤。1885年(光绪十一年)因部队哗变,伊犁将军金顺被迫去职,清廷命刘锦棠善后。1886年(光绪十二年)刘锦棠建议:"仿照镇迪道之制,增置伊塔道一员,驻扎伊犁。"③ 1888年(光绪十四年)清政府正式批准了伊塔道设置。但此事引起了后任伊犁将军色楞额为首的满族官员的不满,导致新疆巡抚与伊犁将军、塔城参赞大臣矛盾激化。1890年(光绪十六年)塔城参赞大臣上奏:"塔尔巴哈台地方关系紧要,建巡抚万难专辖,拟请仿科布多之例,仍归参赞大臣专辖,以资简便而重边防。"④ 1891年(光绪十七年)清政府决定伊犁、塔城等处地方文武,由新疆巡抚监察考核,但镇、道由伊犁将军节制。因在新疆伊、塔地区,大片土地为旗营囤地和蒙哈牧地,实际上其事务概由伊犁将军管理。如在宁远县,其知县只管理伊犁河沿岸的几十个村庄而已。而阿尔泰山以北蒙古各旗、哈萨克各部,则由阿尔泰办事长官统领。这时新疆实际是三分天下。

显然,清政府在西北地区行政区划和机构设置,体现了中国传统的因俗治边思想,并随着形势的变化而不断演化的。总的趋向是在确保边疆稳定的前提下,逐步削弱地方势力的实际权力,强化中央政府对边疆的统治力。这种因人、因地、因时制宜的思想,是中国历代封建王朝经过深思熟虑、总结历史而得出的一种宝贵的治国经验,清政府不仅有效地予以继承,

---

① 新疆档案馆等编:《清代新疆建置档案史料》,新疆美术出版社2010年版,第35页。
② 参见王树枏《新疆图志》卷一《建置》。
③ 奕䜣:《钦定平定陕甘新回(匪)方略》卷三一九,《清代方略全书》第193册,北京图书馆出版社2006年版,第668页。
④ 新疆档案馆等编:《清代新疆建置档案史料》,新疆美术出版社2010年版,第26页。

而且也较成功地进行了发扬光大。总体来说，清王朝在西北设置的这套行政体系，比较好地适应了边疆、民族地区社会经济发展水平和民众的风俗习惯，对统一多民族国家的形成和巩固起到了积极的作用。

表1-1　　　　　清末西北地区行政区划和机构①

陕甘总督	陕西巡抚	5道　7府　5直隶州
	甘肃巡抚	7道　8府　1直隶厅
	新疆巡抚	4道　6府　2直隶州　11直隶厅
伊犁将军	伊塔道（地方文武官员则由新疆巡抚监察考核）	
阿尔泰办事长官	阿尔泰山以北蒙古各旗　哈萨克各部	
西宁办事大臣	青海蒙古各旗　青海藏族各部	

二　民国后行政区划及机构的演化

1912年元月中华民国正式宣告建立，但资产阶级革命党人并未能把握住政权，1912年4月1日孙中山被迫辞职。从此中国进入了黑暗的军阀统治时代，中央政府朝令夕改，几同儿戏，地方军阀混战不断，武人专擅权力，你方唱罢我登台。直到1927年南京国民政府建立后，才逐步实现了国家名义上的统一。在民国这一历史时期，西北地区的行政区划和机构调整较频繁，最主要的一些变化有：新疆区划和政令的统一；宁夏省、青海省的设立；全面抗战时期陕甘宁边区的设置。此外，这时西北各省内部的行政机构和区划设置也有较多的变化。

（一）北洋政府时期行政区划和机构的调整

北洋军阀袁世凯执政后，面对当时全国的乱局，开始调整各地的行政机构，强化其对全国的统治。陕甘总督被废除（原清陕甘总督升允在"勤王"失败后，1912年3月离职），省已成为地方最高行政机构。北洋政府任命资产阶级革命党人张凤翙为陕西都督，清旧官僚高增爵为民政

---

① 本表主要根据宋伯鲁《续修陕西通志稿》、刘郁芬《甘肃通志稿》、王树枏《新疆图志》等相关资料编制。

第一章 近代西北的自然与人文环境

长；任命原清护理布政使赵惟熙为甘肃都督，彭英甲为甘肃布政使；任命清旧官僚袁大化为新疆都督，袁大化辞职后命杨增新接任。1912年北洋政府宣布裁撤清代的府、州设置，将各省原来的府、州、分州，以及分县和一些厅改为县。"而省县之间，又不能不有联络督导机关，因此去繁就简，以道代之。""当时划道标准，大概以山川形势与人文状况"为据。① 1913年后正式确立了地方的三级行政体制，使得清代层级复杂的地方行政机构关系得以简化和理顺，有利于行政效率的提高。②

袁世凯在镇压二次革命后，开始强化北洋势力对西北的控制。1914年2月袁世凯以张广建为西北筹边使（后任命为甘肃都督），带兵入甘控制了甘肃省政。1914年3月袁世凯又以围剿白朗起义为名，派陆建章带兵入陕取代了张凤翙。新疆的杨增新则极力对袁表示恭顺，大力镇压革命党人，故而未被撤换。1914年夏袁世凯宣布撤销都督，分遣将军到各地掌办军政，因此陕甘新三省长官一律改称将军。同时，将各省的行政长官一律改称巡按使，原来甘新两省的布政使，陕西的民政长都被改为巡按使。袁世凯为了拉拢地方实力派，对抗资产阶级革命党人，并给自己称帝铺平道路，还在陕甘新各省任命了大批旧官僚、军人为提督、镇总兵、道员等。袁世凯称帝败亡后，各省的将军被改为督军，巡按使则改为省长。1925年北京政变上台后的段祺瑞，又将各省督军改为督办，任命李虎为陕西督办，冯玉祥为西北边防督办（冯命其部将刘郁芬代理督办驻甘），新疆督办仍为杨增新。

北洋政府时期，西北最大的行政区划变革是新疆政令的统一。辛亥革命后，北洋政府为了稳定新疆的局势，任命原伊犁将军广富为镇边使。"伊犁镇道以下暂归其专辖，此外职权仍循伊犁将军之旧。"③ 1914年2月广富病故后，袁世凯借机令"伊犁镇边使署裁撤，改设伊犁镇守使，所有旧设伊犁将军职权著归新疆都督兼领"④。使得新疆存在的将军同巡

---

① 陈箎泰：《西北历代地方行政区划沿革》，西北论衡社1942年印行，第119页。
② 甘肃省志编委会：《甘肃省志》（大事记），甘肃人民出版社1989年版，第212页。
③ 中国第二历史档案馆，全宗号：1011，卷号（2）753。
④ 中国第二历史档案馆，全宗号：1011，卷号（2）754。

抚互相掣肘时问题得以解决。1916年年底北洋政府将原伊塔道一分为二，增设了塔城道，改塔尔巴哈台参赞为塔城道尹，伊犁、塔城这时已与其他各道一样，完全划归新疆省管辖。1919年阿尔泰地区发生了兵变，杨增新借平定兵变之机，提出阿尔泰划归新疆的建议。北洋政府鉴于外蒙古在闹独立，阿尔泰地区孤悬一方，为加强对该地区的控制，同意裁撤办事长官改设阿山道，并划归新疆。至此新疆政令完全统一，不久又增设了焉耆、和阗2个道，新疆由原辖4个道增为8个道。

北洋政府还对甘肃、宁夏、西宁地区的行政机构进行了调整。1912年5月任命马福祥为宁夏镇总兵。1913年9月改宁夏镇总兵为宁夏护军使署（亦称甘边宁夏护军使），任命马福祥为护军使，其官署编制比照都统府。此时宁夏将军常连请辞，又令马福祥接任（1914年8月，宁夏将军正式裁撤）。① 1912年北洋政府将原西宁办事大臣改为办事长官，其衙门比照都统府。1912年9月马麒被任命为西宁镇总兵后，马麒为了独霸青海，煽动蒙藏王公控告西宁办事长官廉兴。1915年10月西宁办事长官被裁撤，设蒙番宣慰使，并设甘边宁海镇守使，编制高于一般镇守使署，马麒被任命为宣慰使兼镇守使。② 自此结束了清代青海一地，总兵、办事长官分立的局面。北洋政府的这些行政改革意义重大，为青海和宁夏马家地方军阀势力的发展提供了有利条件，也为后来甘、宁、青三省分治打下了基础。

表1-2　　　　　北洋政府时期西北行政区划和机构③

陕西省	关中道（陕中）、汉中道（陕南）、榆林道（陕北）
甘肃省	兰山道、渭川道（陇南）、泾原道（陇东）、宁夏道（朔方）、西宁道（海东）、甘凉道（河西）、安西道（边关）
新疆省	迪化道（镇迪）、伊犁道、阿克苏道、喀什噶尔道、塔城道、焉耆道、和阗道、阿山道

---

① 参见吴忠礼《宁夏近代历史纪年》，宁夏人民出版社1987年版，第149—156页。
② 参见青海省志编委会《青海历史纪要》，青海人民出版社1980年版，第96—97页。
③ 本表主要根据钱实甫《北洋政府时期的政治制度》，中华书局1984年版，第269—290页资料编制。

续表

陕西省	关中道（陕中）、汉中道（陕南）、榆林道（陕北）
甘边宁夏护军使	阿拉善旗、额济纳旗（现属内蒙古自治区）
甘边宁海镇守使	青海蒙古各旗、藏族各部

（二）南京国民政府时期行政区划和机构的调整

南京国民政府成立后，根据国民党中央和开封政治分会决议，在陕甘成立省政府，并设立省主席。在杨增新鉴于北洋军阀大势已去，宣布新疆服从南京国民政府后，1928 年 6 月国民政府又宣布组建新疆省政府，任命杨增新为新疆省主席。1927 年 7 月南京国民政府进行省以下的机构改革，宣布废除原来的道，改设行政区，改道尹为行政长。1927 年 9 月陕、甘、新三省各道均被裁撤，正式改称行政区。后南京国民政府又宣布撤销行政区，地方政权改为省、县两级制。陕甘两省按要求又改为两级制。新疆因金树仁请求，国民政府同意暂缓撤销行政区，仍实行省、行政区、县三级制。

南京国民政府时期，西北最大的行政区划变革是甘、宁、青分治。1928 年秋北伐已胜利在望，国民党各派系军阀明争暗斗，开始着手瓜分果实，并叫嚣编遣军队。冯玉祥鉴于甘肃 1 省养兵十余万，恐为蒋介石口实，要求将甘肃一分为三。而蒋介石则想借机缩小省区，以利于自己分化瓦解对手。在这样的背景下甘、宁、青三省分治：1928 年 9 月 5 日国民党中央政治会议决定设立青海省；1928 年 10 月 17 日国民党中央政治会议又决定设立宁夏省。根据这两个决议，同年 11 月 11 日划宁夏道属 8 县和原宁夏将军管辖的 2 旗归宁夏，省会驻宁夏城（今银川），以冯玉祥部将门致中为主席。同年 12 月 15 日划西宁道属 7 县、2 设治局，以及青海蒙古各旗及藏族各部为青海省，省会驻西宁，任命冯玉祥部将孙连仲为主席。① 从此甘肃被一分为三。

---

① 甘肃省志编委会：《甘肃省志》（大事记），甘肃人民出版社 1989 年版，第 240—241 页。

20世纪30年代初,南京国民政府又将地方行政系统改为省、专员公署、县三级制,并于1932年8月颁发了内政部制定的《行政督查专员暂行条例》。但这时各省政局变化较大,国民军在中原大战中失败,其势力被从西北地区排挤出去,蒋介石的中央势力开始逐步渗入陕甘两省。而宁、青、新三省落入了地方军阀之手。宁夏则为马鸿逵所控制,青海成为马步芳的势力范围,新疆在杨增新被刺后,先后由金树仁、盛世才掌权。特别是盛世才依靠当时的苏联支持,使新疆实际上长期处于半割据状态,中央难以染指新疆事务。直到1944年,南京国民政府势力才实际进入新疆。

1935年后随着南京国民政府对西北控制力的逐步加强,要求在陕、甘、新三省贯彻执行行政专员督察制,划分行政督察区,设立行政督察专员公署。按照要求陕西省划了10个行政督察区,甘肃省划了7个行政督察区,新疆省划了8个行政督察区(后增加到10个)。宁夏、青海两省未要求划分行政区,仍实行省、县两级制。1939年南京国民政府为了加强对基层社会的控制,又在西北推行新县制和保甲制。同年9月19日颁布了《县各级政府组织纲要》,规定"县按面积、人口、经济、文化、交通等状况分为三等至六等"。"县下为乡(镇),乡(镇)内之编制为保甲。"① 1941年又对一些行政督察区进行了调整。

西北各省内部各县的行政机构和区划,南京国民政府时期也进行了不同程度的调整。如在宁青分治后,甘肃新增设了永靖、西吉等4县。② 宁夏设省后,增设了中宁、永宁、惠农县,将陶乐设治局升格为县,又设置了香山设置局,还将吴忠堡升格为省辖镇。③ 青海设省后,相继增设了共和、互助、民和、门源、同仁、都兰、玉树、昂谦、同德等县,加强了对青海各地的控制,以削弱蒙古王公和藏族土司的权力。青海东

---

① 孙彩霞等:《抗日战争·民族奋起与国内政治》第3卷(上),四川大学出版社1997年版,第422页。
② 杨兴茂:《民国甘肃政区沿革概览》,《档案》1997年第3期。
③ 宁夏档案局(馆)编:《抗战时期的宁夏——档案史料汇编》(上),重庆出版社2015年版,第2页。

部农业区的一些土司迫于各方压力,也联名请求"取消土司称号,另易相当名称",①后多被政府任命为区、乡长之职,原部众对土司的传统依附关系被进一步削弱。

全面抗战时期,西北行政区划和机构变化最大的是设立陕甘宁边区。"西安事变"和平解决后,蒋介石承诺改组国民政府、停止剿共、联合红军抗日。后来国共双方经过多次谈判,1937年10月国民政府正式承认了陕甘宁边区的地位,作为特区归行政院直辖。但并未明确划定边区的辖区界线,边区与国统区犬牙交错。陕甘宁三省地方当局仍在边区内设有不少政权机构,造成国共两党的县、乡政权重叠的现象。边区初期的范围近130000平方千米,人口约130万,设有23县。后因不断遭到国民党的蚕食,实际控制区在不断缩小,到1943年约为99000平方千米。②因陕甘宁边区政治制度、经济制度,以及社会性质已完全不同,故不在本书研究范围之中。

第二节 自然人文环境及对商贸业的影响

要考察近代西北地区商贸经济的发展,也必须考虑到商贸业的发展环境——当地自然和人文因素。有着辽阔地域和独特环境的西北,一方面造就了自然资源的丰富与多样性,为人类的生存和资源的利用提供了前提条件;另一方面也使得生活在这片辽阔土地上的各族民众,为了更好适应和利用当地的自然资源,逐步地形成了不同的生产和生活方式,和别具特色的人文环境。西北地区这种独特的自然和人文环境,对近代西北的商贸经济的发展也产生了很大的影响。

---

① 早在1926年,就有人建议取消青海封建土司制度,但当时甘肃省政府则希望土司能"自动请求改土归流"。参见青海省志编委会《青海历史纪要》,青海人民出版社1980年版。第124页。

② 陕甘宁边区编辑组:《陕甘宁边区概述》,中共中央党史研究室编:《中共党史资料》第31辑,中共党史资料出版社1989年版,第73页。

一　西北的自然环境与资源

西北地区土地面积辽阔，青藏、黄土、内蒙古三大高原在西北地区交汇。境内高山耸立，河流湍急，地形、地貌都很复杂。既有气势雄伟的高山，也有低于海平面的盆地；既有望不到边的草原牧地，也有茫茫沙漠戈壁；既是著名的江河之源，又是广大的内流河分布区。气候条件总体来说，东南部较温和湿润，西北部则寒冷干燥。有的地方甚至一年有四季，十里不同天。这种丰富多样的自然环境，也孕育了较为丰富的各类自然资源。

（一）独特的自然地理环境

西北地区有着典型的高原地貌。青海雄居青藏高原东北部，境内的平均海拔约在3000米以上，全省群山环绕，冰川广布。青海南部高原主要由一系列高山组成，海拔多在5000—6000米左右，该地区降水丰沛，湖泊众多，长江、黄河均发源于此。青海中部地带是著名的柴达木盆地，再往北便是祁连山，将青藏高原同河西走廊隔开。青海的东北角紧接甘南高原，甘南地处西秦岭与东昆仑两地槽褶皱系的连接地段，海拔多在3000米以上。① 黄土高原西起祁连山东端，北与蒙古高原为邻，南抵秦岭，东至山西。西北境内的黄土高原东低西高，平均海拔在1000—2000米，黄土覆盖厚度从十余米至几百米不等，最厚的地方可达300余米。由于土质疏松，水土流失严重，经过亿万年冲刷，已呈现出千沟万壑，支离破碎的状态，大块的原地仅存于陇东和陕北地区。内蒙古高原由祁连山北麓向东延伸，西南部与黄土高原相邻，主要涉及甘肃西部，以及宁夏、陕西北部的少部分地区，海拔多在1000米左右。地形平缓，多沙漠戈壁。

西北地区境内群山环绕，山脉大致多为东西走向。著名的有横卧青藏高原中部的巴颜喀拉山，有起自帕米尔高原沿新疆和西藏交界东沿进入青海的昆仑山，有作为我国地理南北分界线的秦岭，有位于青藏高原

---

① 中共甘肃省委研究室编：《甘肃省情》第1部，甘肃人民出版社1988年版，第31页。

北边的祁连山，还有横贯新疆中部的天山和北边的阿尔泰山。西北也有少数山脉呈南北走向，主要有陕甘交界处的子午岭，甘肃河西走廊东端的乌鞘岭，以及宁夏境内的贺兰山、六盘山等。西北地区东西走向的山脉多高大雄伟，延绵千里甚至数千里，气势雄浑磅礴，而南北走向山脉相对多短促。巴颜喀拉山作为长江和黄河的发源地而闻名于世。巍峨的昆仑、天山、祁连山冰川纵横，成为大西北的天然固体水库，滋润着广大绿洲和草原。秦岭山势北陡南缓，是我国著名的动植物基因库。主峰高达3500多米的贺兰山和河西东端的乌鞘岭，形成了巨大的天然屏障，阻拦着腾格里沙漠和河西的沙尘暴，保护着宁夏平原和甘肃中东部地区。而子午岭、六盘山的林地，对周边地区的气候调节、黄河中上游地区的水土保持具有重要的意义。

西北境内有我国著名的三大盆地。新疆塔里木盆地平均海拔在1000米左右，面积达53万余平方千米。准噶尔盆地平均海拔550米，面积约38万平方千米。两盆地位于天山的南北两侧，周围高山环抱，内部却较平坦，分布有大面积的沙漠戈壁。在两盆地边缘有着连串的绿洲，地下还有着丰富的油气资源。① 青藏高原东北部的柴达木盆地是我国第三大盆地，海拔在2600—3200米之间，面积达20余万平方千米，盆地东西长而南北窄，内多戈壁荒漠，在盆地东部广布沼泽盐湖，地下油气资源也很丰富。② 位于陕西境内的关中盆地，平均海拔在520米左右，泾河与渭河在此汇合，土地肥美，是西北重要的农业区。位于陕南的汉中盆地，处在秦岭和大巴山之间，长约116千米，宽度在5—25千米间，海拔500米左右，属长江流域，气候温暖，雨量充沛，植被繁盛。③ 此外，新疆东部的吐鲁番和哈密盆地，都属天山东部的陷落盆地，周围高山环抱，盆地内降水稀少，夏季气候十分炎热。

西北境内还存在大量的沙漠、川地及山间小盆地。沙漠多分布于新疆和陕甘宁北部边沿地区。这些沙漠多为流动性沙丘，对西北地区生态

---

① 王华飞等编：《中国西北地市县概况》，甘肃人民出版社1992年版，第479页。
② 王华飞等编：《中国西北地市县概况》，甘肃人民出版社1992年版，第398页。
③ 胡官平：《大西北博览》，陕西人民出版社1991年版，第19页。

环境造成严重危害。其中塔里木盆地内的塔克拉玛干沙漠，面积约38万平方千米，而准噶尔盆地中的古尔班通古特沙漠也很著名。此外，还有巴丹吉林沙漠、腾格里沙漠、乌兰布和沙漠、毛乌素沙漠。在西北的群山之间，大量的川地、山间小盆地广布于其中，有重要影响的有：甘肃境内的河西走廊，东西长达千里，地势平坦，又有祁连山雪山提供水源，是我国有名的内陆河灌区。著名的宁夏川面积约6700余平方千米，是我国著名的黄河灌区之一，农业生产自古发达。① 此外，如黄河河谷、渭河河谷、泾河河谷沿岸，这些地区因地势相对平坦，又有一定的水利条件，也是西北重要的农业区。

西北地区的河流可分为4大系统。西北东部地区绝大部分属黄河水系，黄河干流流经青海、甘肃、宁夏、陕西4省，是著名的生命之河，对西北地区有着举足轻重的作用。长江发源于青海境内，西北属于长江流域的地区主要有：青海南部地区；甘肃陇南、甘南部分地区；陕西秦岭以南地区。这些地区一般气候湿润，山高林密，动植物资源丰富，在西北社会经济中有着特殊的意义。内流河主要分布在新疆、河西走廊、柴达木盆地，其内流区面积约220万平方千米。② 内流河水主要来自冰川和高山降水，沿途多流经干旱或沙漠戈壁区，故内流河季节性很强。这些内流河对西北社会经济意义重大，是许多绿洲赖以生存的基础。新疆的阿尔泰地区，则是额尔齐斯河发源地，该河流经俄罗斯最终汇入北冰洋。

西北地区也分布有众多的湖泊。在青海面积1平方千米以上的湖泊有262个（淡水湖148个，咸水湖84个，盐湖30个），其中青海湖平均深度18米，现为我国最大的咸水湖。③ 新疆著名的湖泊有：博斯腾湖、天池、乌伦古湖、塞里木湖等。在西北地区还分布一些季节性湖泊，有些古湖泊现已消失或正在消失。如新疆东疆地区的罗布泊，古代曾是大湖区，直到近代还有相当规模，现已完全干涸。在甘肃河西走廊的黑河

---

① 胡官平：《大西北博览》，陕西人民出版社1991年版，第54页。
② 王华飞等编：《中国西北地市县概况》，甘肃人民出版社1992年版，第2页。
③ 青海省志编委会：《青海省志》（总述卷），黄山书社2001年版，第36页。

下游，曾是闻名的古居延海绿洲，近代后绿洲虽废，但仍有东西两湖，但进入20世纪60年代后西居延海干涸，东居延海也变成了间歇性湖泊。

西北地区深处内陆，海洋暖湿气流不易到达，基本属干旱、半干旱地区。降水量最少的沙漠、戈壁，年均只有25—50毫米。干旱的气候条件造成大部地区植被覆盖率低，森林主要分布在秦岭山区、祁连山区、天山山区等一些地区。而沙漠、戈壁和沙化土地比例很高，可耕地面积比重不大。西北可耕地主要分布在关中地区，宁夏黄灌区，河西走廊，盆地的绿洲，以及黄土塬区和一些川道。在西北因特殊的自然地理环境和气候，还形成了广袤的各类草原。主要有高山草原、荒漠草原等类型。可利用天然草场有18.1亿亩，约占全国的30%左右。仅新疆就有85900万亩天然草场，是我国第二大牧区。甘肃的草原约有24090万亩。青海有草场54674万亩。① 西北草原类型较多，也使得牧草品种繁杂。仅青海就有9个草地类，7个草地亚类，28个草地组，173个草地型。②

（二）丰富的各类自然资源

因特殊的自然环境，形成了西北别具特色的生物资源区。陕西省有动物740余种，其中包括大熊猫、羚牛、朱鹮等珍稀动物，朱鹮是陕西独有珍禽。甘肃的陆地脊椎动物品种650多个，鸟类达441种。生活在甘肃白水江流域的大熊猫、金丝猴、羚牛都属国宝。此外还有雪豹、雪鸡、褐马鸡、白唇鹿、野骆驼、野驴、苏门羚等，生活在甘青交界的森林和荒漠草原。宁夏、青海是鸟类的天堂。在宁夏的306种脊椎动物中鸟类占213种，有些是属于国家一、二级保护动物。青海各种鸟类达294种，黑颈鹤、血雉、兰马鸡、斑头雁、鹰雕都是珍稀鸟类。青海还有陆栖脊椎动物270多种，藏羚羊、雪豹、湟鱼是其中的佼佼者。新疆境内陆栖脊椎动物达700余种，国家重点保护野生动物120种，许多物种为

---

① 参见王华飞等编《中国西北地市县概况》，甘肃人民出版社1992年版，第3、188、399、480页。
② 青海省志编委会：《青海省志》（总述卷），黄山书社2001年版，第44页。

新疆所独有，如普氏马、鹅喉羚等。①

植物资源在西北地区也十分丰富，特别是秦岭以南更是全国闻名的植物资源的富集区。陕西全省野生植物就有14000种之多，其中有药用价值的植物1000余种。甘肃位于我国三大高原交会处，由于地形复杂，自然环境差异较大，决定了生物种群的庞杂性。甘肃省植物种类繁多，其中已知药材就有950余种，历史上就是我国重要的中药材产地。宁夏植物种类达1941种，具有药用价值的有913种，最有名的是枸杞、甘草。青海的植物种类繁多，仅具有较高经济价值的达1000多种，药材近700种。其中冬虫夏草、藏雪莲等久已闻名于世。新疆的各种植物也十分丰富，已查明的野生植物资源3500余种，其中药用植物700余种，天山雪莲、贝母、肉苁蓉等在国内外享有盛誉。②

近代因西北地区技术落后，矿产资源大都未进行过勘探，能得到开采利用的就更少。陕西省现发现的矿藏种类近100种，探明的有66种，11种位列我国前三名。陕西的钼矿储藏世界罕见，汞全国闻名，陕北的煤炭储量也很可观。甘肃已探明的矿产资源达66种，其中十余种矿产储量居全国第一位。金昌镍矿是世界第二大硫化镍共生矿，甘肃的稀土、石油、煤炭资源也很闻名。宁夏有矿藏50余种，储量丰富的有煤、铁、石膏等。其中煤、石膏不仅储量大，而且品质高，如宁夏的"太西煤""砟子煤"，在国际市场享有盛誉。青海的矿产也惊人的丰富，已发现矿种有83种，探明的有59种，位列我国前十位的有37种之多。③ 青海的盐储量更是惊人，高达1000亿吨以上。④ 新疆发现矿种有122种，被列入全国储量平衡表的有54种，有6种居我国前列。⑤

---

① 参见王华飞等编《中国西北地市县概况》，甘肃人民出版社1992年版，第8、188、353、399、480页。

② 参见王华飞等编《中国西北地市县概况》，甘肃人民出版社1992年版，第8、188、353、399、480页。

③ 参见王华飞等编《中国西北地市县概况》，甘肃人民出版社1992年版，第8、188、353、400页。

④ 青海省志编委会：《青海省志》（盐业志），黄山书社1994年版，第1页。

⑤ 王华飞等编：《中国西北地市县概况》，甘肃人民出版社1992年版，第481页。

西北辽阔的地域和丰富的自然资源，为各族民众提供了生存的空间，并很大程度满足着人们的生活需求。如丰富的动植物资源，提供了大量的中药材、野生皮毛等。丰富的矿产资源，提供了食盐、煤炭等生活必需品。这些自然资源除了可满足当地人民的生产生活需求外，还为西北地区提供了大量的贸易物资。但我们也应看到，西北大部分地区自然环境相对严酷，严酷的自然环境严重地制约着社会生产力发展水平。社会发展滞后及科学技术水平的低下，又使得大量的资源无法得到合理开发利用。以最主要的生产部门农业牧业生产为例，受自然环境制约非常严重。自然灾害加之生产技术落后，使得西北大部地区的农业生产处于勉强自给状态。畜牧业大部集中在自然环境更为严酷的地区，落后的生产条件也使得牧业生产方式难以改进。此外，较为闭塞的自然环境，也使得民众的思想观念易趋于保守，保守的思想观念又会阻碍当地社会的进步。

二 近代西北的人文环境

西北东部地区曾是中华文明重要的发祥地之一，周、秦王朝在西北东部地区崛起。经汉代的开疆拓土，将河西走廊、西域纳入了中央政权控制之下。唐代以后国家政治经济中心东移，西北地区逐步开始落伍。到了近代以后，西北地区社会发展水平已远远落后于东部地区，在国家中的政治、经济地位大幅下降。民国后因中央政权式微，对西北的控制力和支持度都大幅降低，大小军阀割据，社会长期动荡。西北地区的社会经济残破，不断的战乱更使得经济雪上加霜，每次大的动乱后，都造成民不聊生、哀鸿遍地的局面。在这种背景下，西北的商贸经济也深受影响。

（一）近代的社会政治状况

清代中后期国内社会矛盾日益激化。1796 年（嘉庆元年）的白莲教大起义使得清王朝元气大伤，整个国家开始走下坡路。1840 年（道光二十年）后列强的入侵，再次加速了清王朝的衰落。随着清王朝的日益衰落，中央对西北地方的控制力也逐步减弱。特别是太平天国起义爆发，以及国内人民的反抗斗争，使得中央政权的国家权威渐趋失灵，权力中心开始下移，社会权威也由集中趋向分散。清政府统治力的不断下降，导致对西北社会的关注度也大幅降低，加之清统治阶级的日益腐朽，使得西北社会内部各种矛盾也在不断激化。19世纪60年代爆发的西北"回乱"，兵祸长达十余年之久，对西北社会经济造成重大破坏，人民生存极为困苦。甘肃1862年（同治元年）前人口为12407071人，① 到1873年（同治十二年）叛乱被平定后，统计到的人口仅2799056人。② 同时，西方列强也不断向西北扩张其侵略势力，特别是英俄对新疆虎视眈眈，使得西北地区所面临的社会危机、边疆危机在不断加深。

辛亥革命后，中国社会陷入了严重内乱。北洋政府走马灯式地轮换，地方军阀势力开始快速崛起，并不断挑战着中央的权威。传统中国社会完整单一的中央集权结构，变为相互掣肘的多元政治权力结构，旧的传统大一统体制开始崩溃，新的社会权力机制又未能及时形成。中国实际处于社会变迁新旧交替的阵痛期。加之西方列强各怀鬼胎，扶持各派系的大小军阀各霸一方，这就导致整个国家政局长期处于动荡不安之中。

西北地区的局势更是岌岌可危，外有俄英强敌之逼，内则各地大小军阀混战不息。1916年西北护国军宣布陕西独立，发生了反袁（世凯）逐陆（建章）斗争。1917年陕西靖国军发动了讨伐陈树藩的斗争。1924年陕西又发生了驱逐刘镇华的斗争等。甘肃先是地方军阀在"甘人治甘"的口号下，联合驱逐北洋系张广建。后有冯玉祥部国民军入甘，与甘肃地方军阀的火拼与争斗。新疆外部有俄、英的步步紧逼，内部也是各种政治势力纷争不断。西北地区社会秩序的失控，也使得匪患更为严重，几乎无地无时无之。而且兵匪难分，曾坐镇甘肃陇东的陈桂璋就是由匪而兵，甘肃陇南的巨匪马廷贤则是由兵变匪的。

南京国民政府建立后，国家名义上实现了统一。1928年国民党二届四中全会宣称："中国之革命，今方由理论宣传与武力政府期，逐渐进入

---

① 甘肃省志编委会：《甘肃省志》（大事记），甘肃人民出版社1989年版，第93页。
② 甘肃省志编委会：《甘肃省志》（大事记），甘肃人民出版社1989年版，第198页。

第一章　近代西北的自然与人文环境

与此两种工作与政治的建设经济的建设并行之期。"但实际上仍是大小军阀混战不息，政治建设、经济建设更多的是在口头上。盘踞陕甘宁青的冯玉祥，又因利益分配不均，掀起了蒋冯阎中原大战。国民军战败退出西北后，各省地方军阀又继之而起，混战不息。1928 年新疆发生了刺杀杨增新事件。1933 年又发生四一二政变，当政的金树仁被驱逐。此后，又发生了盛世才与张培元的战争。1931 年借甘肃政局不稳，青海马家军控制了河西。陕西杨虎城也借机出兵甘肃东部地区，并企图控制甘肃省政。1932 年和 1933 年，盘踞甘肃河西的军阀马仲英，借新疆内乱两次出兵新疆抢夺地盘。直到全面抗战爆发后，随着国民政府的西迁，对陕甘两省的控制力加强，宁青两马也见风使舵，西北的政局才逐步趋于稳定。

此外，西北地区自古以来就是多民族聚居区，主要的民族有十几个，其中汉、蒙、维、藏、回 5 个民族分布面积最广。当历史进入近代后，虽中华民族这种"多元一体"的格局早已形成。但我们也应该承认，在各民族形成和长期演化的过程中，由于他们生活区域的自然、人文环境的特殊性，造就了各民族独特的生产、生活方式和心理特征，并形成了与之相适应的政治制度和习惯法，这就造成了西北地区社会政治生态的相对复杂性。生活在西北地区的民族就生产生活方式来看：有以游牧为主的藏族、蒙古族、哈萨克族、裕固族等民族；有以农业为主的汉族、回族、维吾尔族等民族；还有些民族如回族、维吾尔族相对而言以经商见长。在宗教信仰和文化生活方面情况更为复杂：汉族等民族以信仰佛、道教为多；藏、蒙民众多信仰藏传佛教；信仰伊斯兰教的有回、维、哈萨等十多个民族。

民族间的差异有利于各民族间相互交流和学习，但处理不当也会引起误解或矛盾。特别是近代西北统治者的一些不当政策，和动荡的政局、经济的衰败，极易引起民族间矛盾。清当局法律上明文规定：回民犯罪"加等科罪"，回民盗窃要在脸上刺字"回贼"。甚至将伊斯兰教视作"不敬天地、不祀神祇、另立宗主、自为岁年"的"邪教"。① 19 世纪 60

---

① 丁焕章主编：《甘肃近现代史》，兰州大学出版社 1989 年版，第 45 页。

年代西北地区的回民起义,实际也是阶级矛盾与民族矛盾相交织的。既是一些单纯反压迫的阶级斗争,也可能转化为民族间冲突。如1928年甘肃河州爆发的回族民众为主的反国民军斗争,起因于反对国民军的压迫。据《续修导河县志》记载:"货税叠加,商困于市,学兵屡拔,农辍于耕。""战费动辄金巨万,那管农民有无;烟款按亩摊派,不问种于不种。"起义军明确宣布:"与汉回种族之间,毫无关系","杀一汉民百姓者,二人偿命"①。但在国民军的挑拨下,仍演化出了一些地方回、汉、藏民族间的杀戮。

综上所述,近代中央政权的日益衰微和社会动荡,对西北社会有着较大的影响,国家对西北的许多优惠和扶植政策,也因此受到严重影响。如自清乾隆中期以来实行的协饷制,太平天国起义后难以为继,民国后基本断绝,这不仅对各项事业的发展有很大负面作用,也加剧了西北社会的动荡。西北政局的不稳和社会的长期动荡,使得社会经济建设事业少有人问津。以甘肃省为例,在1915年到1919年这五年间,仅军费一项开支,分别占当年财政支出的54.9%、58%、65.98%、70.5%、63.33%,导致其他社会建设事业无钱支付,如对农工商领域的投入,最低年份只有0.45%,最高年份也仅有1.4%,交通建设五年共支出43610元。② 政局的长期动荡和战乱不息,不仅影响社会经济的发展,而且对商贸业的打击更是致命的。

(二) 近代的社会经济状况

近代西北地区的社会经济,基本上是以农、牧两大产业为支柱。两种经济形式既相互区别,又相互依赖,甚至在地区分布上也呈交错状。总体而言,西北农业区的分布大体是自东南向西北逐步递减。西北地区农业又可分为旱作农业和灌溉农业两大类,其中以旱作农业占主导地位。农业生产仍以传统方式为主,有些技术已达到了较高水平。如西北民众在长期的农业生产中,积累了许多同干旱作斗争的经验,其中最有名的

---

① 家玉琴:《民国十七年河州事变记事》,《甘肃文史资料选辑》第24辑,甘肃人民出版社1986年版。

② 刘郁芬:《甘肃通志稿》卷四一《财赋六·会计类》。

是甘肃中部的旱砂田，农民在深耕施肥的土地上均匀铺入砂砾，以防止太阳辐射减少水分蒸发。"利用荒滩僻壤压砂耕种，化不毛之地为良田"①。还可以根据土地条件和所种作物要求，铺大砂（旱砂）田和小砂（水砂）田。新疆农民总结出了"相土之法"，用以防治盐碱土地。生芦苇者多碱为下地，然而其地宜种水稻。并发明了借种植豆类，可稍减土地的碱质。农田灌溉技术在关中、宁夏等地也有较高的水平。近代以后，宁夏平原已沟渠纵横，引黄灌溉面积扩大到192万亩。②

西北地区因地处祖国腹地，近代农业生产方式引入较迟。直到19世纪末，美国的棉花品种逐步被引进到陕西。"到宣统年间，洋花遂普及，而乡棉日少"③。20世纪30年代，还引进了一些水果和蔬菜新品种。如在甘肃兰州等地，引进了美国的花旗烟叶、白兰瓜等。在农业机械方面，20世纪30年代初，新疆的盛世才利用与苏联的关系，曾从苏联引进拖拉机、收割机、新式步犁等。陕西也曾试制过少量的抽水机等农机。④直到全面抗战爆发后，西北的农业技术才有了明显的进步。在陕甘两省推广的小麦新品种就有十几个、玉米新品种七八个。到20世纪40年代中期，新疆在苏联的支持下，引进农机具105000件左右，并出现了机械化农场。⑤特别是农田水利建设有了大发展。陕西关中先后开工建设了黑惠渠等，加上陕北等地，可灌溉农田增至300余万亩。⑥甘肃先后在河西整修了52条渠、58条沟坝，灌溉土地31.39万亩，并且新建各类水利工程56处，新增灌溉面积26万余亩。⑦宁夏在全面抗战时期，则初步建成了引黄灌区的水文网。新疆到1942年，渠道数达1578条，总长达35963千米。⑧

---

① 张鹤年：《论农田压砂之利》，《甘肃建设年刊》，1935年。
② 杨新才：《宁夏农业史》，中国农业出版社1998年版，第239页。
③ 吴继祖：《重修户县志》卷一。
④ 张波：《西北农牧史》，陕西科技出版社1989年版，第397页。
⑤ 李溥林：《十年来新疆的经济建设》，《新新疆》1943年第1卷第1期。
⑥ 魏永理主编：《中国西北近代开发史》，甘肃人民出版社1993年版，第74页。
⑦ 参见朱允明《甘肃乡土志稿》，《中国西北文献丛书》（西北稀见方志文献）第31卷，兰州古籍书店1990年影印版，第323—360页。
⑧ 新疆社科院编：《新疆简史》第3册，新疆人民出版社1980年版，第270页。

畜牧业是西北地区的另一大支柱产业，其历史也非常久远。有些民族如蒙古族、哈萨克族，就是主要以畜牧业为生的。近代以后，西北地区畜牧业不仅满足了本地区民众的需要，而且还提供了大量的对外贸易物资。据俄国人克拉米息夫调查，在20世纪20年代，甘（包括宁青）新两省畜牧业每年可提供出口：羊毛约35万担（每担100斤）；骆驼毛2.5万担；马鬃、尾毛8000担；绵、山羊皮90万张；羔羊皮60万张；胎羔皮30万张；马皮2万张。① 近代西北地区的畜牧业生产，除少数地区还停留在较原始的"瞭牧"阶段外，大都发展到了"监牧"阶段。随着人们对畜牧生产的劳动投入加大，逐步形成了一套管理措施和经验。如有目的的选择水草、种畜以提高畜牧业产量和质量；建一些简易的棚圈，帮助牲畜越冬；疫病防治方面，也有了一些简单的办法。这促使西北的畜牧业生产，在传统基础上有了一定程度提高。但总体来说，生产方式仍较落后。

民国初年新疆就有人提出："畜牧之改良与复兴，为今人之要图。"② 但实际到20世纪30年代，近代畜牧业生产技术才被引入新疆。1934年到1937年，新疆派出13名学生去苏联学习畜牧业，15名学生学习兽医、蚕桑等技术。后又从苏联引进高加索细毛羊、种马等。新疆通过与苏联合作和自己办各种培训班，到1942年有：畜牧技术人员5000余人；兽医院、所58处；各种纯血种或改良种优良牲畜10388头；种羊交配30%实现了人工授精。③ 陕西最早是由外国传教士带入了一些家畜新品种，如土根堡山羊、荷兰黑白花奶牛等，开始在一些牧场或农家饲养。甘宁青地区新式畜牧技术引入就更迟。1935年国民政府在甘肃夏河创办种畜场，为藏区牧民进行牲畜品种改良，但基本是以失败告终。直到全面抗战爆发后，近代畜牧技术才开始在甘宁青真正起步。国民政府在国立西北农林专科学校增设了畜牧、兽医等相关科目，培训专门人才。1941年

---

① ［俄］克拉米息夫：《中国西部之经济状况》，《中国西北文献丛书续编》（西北史地）第11册，甘肃文化出版社1999年版，第50—57页。
② 杨赞绪：《开发新疆实业之管见》，《开发西北》1934年第1卷第1期。
③ 李溥林：《十年来新疆的经济建设》，《新新疆》1943年第1卷第1期。

国民政府还在甘肃设立西北兽疫防治处。

总体来看,近代西北地区农牧业生产仍很落后,农民大部分还是靠天吃饭。特别是在一些边远地区或山区,因为干旱和土地贫瘠,不得不采用轮歇的办法恢复地力,广种薄收是西北大部地区农业生产的基本特点。此外,严酷的自然环境也制约着农业的发展。据袁林先生的《西北灾荒史》和其他一些资料记载:仅民国时期甘肃发生风灾18次,雹灾37次,旱灾33次。其中涉及50余县以上的9次。[①] 而在民族地区,农业生产就更为落后。青海藏区一些地方,种收田禾皆听命于活佛,下犁收割均按择定吉日进行,自行提前推后者受处罚。在畜牧业生产中,放牧方式仍较粗放。牲畜繁殖许多地方基本仍听其自然,长期的近亲繁殖,"致品种日趋衰劣"。[②] 甘青一些藏区牧民给羊剪毛,甚至连剪刀也没有,干脆采取刀割手拔的方式。"由于畜牧方法之幼稚,所有大宗牛、羊、马、骆驼等每年损失之百分率甚高。"[③]

依附于农业和畜牧的传统手工业,近代也有一定程度的发展。粮油加工在西北是比较普遍的行业,主要有磨坊、碾坊、油坊,还有醋、酱油、酿酒、豆腐、粉条制作等。皮毛加工业几乎遍及西北城乡,并形成了一些中心。此外,还有一些具有地方特色的手工业:陕西的棉纺、造纸、冶铁等;甘肃的水烟、毛褐、夜光杯、洮砚等;宁夏的皮衣、贺兰山砚等;青海的藏刀、藏靴、民族工艺品等;新疆的果品加工、玉石、地毯、夏夷绸(又称霞衣绸)等。西北的手工业门类繁多,特色也很鲜明,但有较大市场竞争力的产品不多。皮毛加工大量产品因受工艺限制,多是就地销售。如"新疆虽然有很多皮厂,但缺乏好的皮革,使之自陷于本地之市场"[④]。农副产品加工业,大部分是在本地自产自销。有些手工业产品虽极具特色,如夜光杯、洮砚、藏刀等,但因生产规模小或运

---

① 甘肃省志编委会:《甘肃省志》(大事记),甘肃人民出版社1989年版,第243页。
② 杨赞绪:《开发新疆实业之管见》,《开发西北》1934年第1卷第1期。
③ [俄]克拉米息夫:《中国西部之经济状况》,《中国西北文献丛书续编》(西北史地)第11册,甘肃文化出版社1999年版,第143页。
④ [俄]克拉米息夫:《中国西部之经济状况》,《中国西北文献丛书续编》(西北史地)第11册,甘肃文化出版社1999年版,第151页。

输成本问题，市场份额也很低。

近代工业虽在洋务运动期间已引进西北，但其发展历程则极其艰难。1878年左宗棠开办了兰州织呢局，想为边疆地区创一利源。并期望能"一人传十，十人传百"，"以中华所产羊毛"，"织成呢片，普销内地"①。但因市场、管理、技术等原因，该厂长期处于时停时办的状态。清末新政时期，西北地区出现了一些官办或民办工矿业，但发展也很不顺利，大都夭折于襁褓之中。全面抗战爆发后，近代工业建设才有了明显的进步。陕西省到1943年5月，仅棉纺厂就达106家，形成西安、咸阳、宝鸡为核心的棉纺织业中心。②截至1945年，甘肃全省机器工厂达200多家，其中毛纺工业占75家，总资本额为13.2亿元，占到了整个工业总资本的43.1%。③重化工业在西北地区也开始出现，据统计，截至1943年5月，陕西全省有机械制造厂57家。④新兴行业也有了较大发展，到1945年，甘肃化工企业已有60余家，最著名的是玉门油田。⑤但就整体而言，西北地区工业化水平还很低，特别是宁青新工业还处于幼稚阶段。

显然，近代西北地区社会生产总体水平较低。传统的农业和畜牧业是西北地区经济的支柱产业，另外就是依附于农牧业的传统手工业，近代机器工业比重不大，直到1949年，西北5省区机器工业产值仅占工农业总产值的15.6%。⑥这种状况，反映出近代西北地区社会经济发展水平的滞后。社会经济是商贸业发展的最基本的条件，西北地区社会生产发展的缓慢，以及民众生活的困苦，自然也会影响到商业经济的发展。当地无法向市场提供大量的商品，也使得许多普通民众无力问津市场。这无论是对本地的商品经济发展，还是对与外地的商业贸易都会造成影响。

---

① 中国近代史料丛刊：《洋务运动》（七），上海人民出版社1961年版，第440页。
② 《陕西省统计手册》（1944年），第97页。
③ 《甘肃省统计年鉴》（1948年）。
④ 《陕西省统计手册》（1944年），第97页。
⑤ 《甘肃省统计年鉴》（1948年）。
⑥ 魏永理主编：《中国西北近代开发史》，甘肃人民出版社1993年版，第13页。

三 自然人文环境对商贸业的影响

西北地区丰富的自然资源和各具特色的生产、生活方式,不仅创造出了色彩斑斓的社会文化,也使得本地区的社会经济呈现出多样性。加之,古丝绸之路的历史积淀和影响,这些因素为西北的商贸经济的发展提供了良好的条件。但我们也应看到,西北大部地区自然环境相对严酷,社会经济发展水平整体不高,特别是近代政局又动荡不安,这些因素又在很大程度上制约着西北商贸经济的发展。因此西北地区的自然和人文环境,对商贸经济发展的作用是双向的,既有积极的一面,也有一些不利的因素。

(一) 有利于商贸经济发展的因素

首先,历史上的古丝绸之路横贯西北地区,使得西北地区有着良好的商业文化传统。自汉、唐以来的中原王朝对西北的商贸活动大都很重视,使得西北地区成为国家对外交流的重要通道。这个传统虽因海上贸易通道的开通受到影响,但并未完全中断。直到清王朝时期,仍与哈萨克等中亚各国保持着密切的经济贸易关系。在乾隆中后期,每年都要从内地调拨大批的绸缎、茶叶等,以用于同中亚地区的各国贸易,仅1776年(乾隆四十一年)用于新疆北疆地区绢马贸易的绸缎14400匹(南方各省14200匹,山西200匹),[①] 甚至把贸易作为一种安边的政治手段。此外,清政府还对内地商民前往新疆贸易予以鼓励,并给那些赴新疆贸易的商人减税等优惠。因历代政府的参与和鼓励,使得横贯整个西北的丝绸之路持续了两千多年,它对近代西北商贸经济的发展影响巨大。

古丝绸之路形成的这种良好商业传统和氛围,吸引了大量内地商人来西北经商贸易。自明清时期起,在西北经商的商人逐步形成了许多著名的商帮,外来商帮长期在西北商贸业中扮演着重要角色。特别是晋商根基更深,晋商在西北从事商业活动可以追溯到元明之际,在青海西宁甚至有"先有晋益老(晋商商号),后有西宁城"之说。后期京津商人

---

① 参见林永匡、王熹《清代山西与新疆的丝绸贸易》,《山西大学学报》1987年第1期。

及湖南茶商也在西北有着重要影响。以外来商帮为核心的商贸活动，也对西北本地商贸经济起到了很大的带动作用，最主要表现在：（1）促进了丝路沿线一批商业中心城市的不断发展，并随着新市场的开拓商业活动不断向周边地区扩散；（2）外来商业所形成的商业活动氛围，也在很大程度上带动了本地的商贸业发展，也促使本地的商人——陇帮、寺商、缠商等逐步成长。

其次，西北地区民族虽然众多，但在地区分布上则呈现出较强的集中性。汉族主要在东部及沿河西走廊到北疆的狭长地带，藏族主要在青海东南部、甘南地区，维吾尔族主要在南疆、东疆和伊犁地区，蒙古族主要在青海西北部、准噶尔盆地及周边地区，回族主要在甘青、甘宁交界地区。民族的这种高度聚居性，有利于在长期生产劳动中形成具有本民族特色的经济和文化。这也为各民族的经贸往来提供了良好的基础，不同民族间长期进行的经济交流，造成了商贸活动形式不仅多种多样，而且十分频繁。除了各地的大小城镇商业以外，汉族地区的各种名目的集市，新疆维吾尔族地区的巴栅，青海蒙藏地区的歇家，甚至神庙、寺院，都是各民族进行商贸活动的重要场所。

西北一些少数民族还有着很深的重商主义文化因素。伊斯兰教文化对商业持肯定和鼓励的态度，在道德伦理观中也充分肯定了经商。故经商不仅是普通伊斯兰信众所追求的谋生手段之一，也是许多寺院维持其宗教活动正常进行的重要经济来源。蒙藏民众信奉的藏传佛教文化，同样对商业持积极态度。藏传佛教在"后弘"期，① 许多寺院都是借商贾之力营建或维持的。故藏传佛教对于经商做生意一般也是认可的，经商也是众多藏传佛教寺院的重要经济来源之一。普通信众对于寺院及喇嘛经商也是认同的，认为这与农牧民经营农牧业生产一样均属正当。因此也有许多商业道德信条在藏区流传，如"人道十六则"中就有：行事公正不欺、借债如期偿还、升斗斤两禁伪诈等。少数民族的这种文化背景，

---

① 公元841年藏王朗达玛曾掀起长达百年的灭佛运动，直到10世纪末佛教才再度兴起，史称"后弘"。

对推动西北地区商贸经济的发展是有很大作用的。

最后,西北地区的自然环境差异化较大,这也为商贸业的发展创造了良好条件。生活在不同地区的不同的民族,和其身边的自然界及周边的民族,在长期的历史过程中,建立起了种种特殊的依存关系。并在当地自然环境和人文环境的影响和制约下,形成了自己独特的生产和生活方式。但与此同时,也造成了各地社会经济的局限性,人们的日常生活和生产也受到一定的制约。为了更好地满足人们的生产和生活需求,推动了人们与其他相关地区互通有无。特别是随着近代社会的进步和工业化影响,人们对提高生活质量的要求也与日俱增,这必然会对商贸经济的发展产生很大的推动作用。

以西北地区最主要的农业和畜牧业来说,其分布又是大集中、小分散,这种产业布局使得地区经济相互依赖性加大。特别是近代畜牧业生产手段较落后,所处区域自然条件也大都相对恶劣,故其生产极不稳定难以达到自足,其经济对外依赖性就更强。据马鹤天对青海玉树地区1937年7至9月商贸情况调查:输入的主要货物有28种之多。[①] 居住在新疆南疆地区的布鲁特游牧民,"无城无郭","无日用杂货店铺",甚至"衙署所需食物,皆须赴阿克苏采购"[②]。所以对外进行商品交换,对于游牧民族生产生活是极其重要的。他们通过各种交易渠道,换回大量的粮食、布匹和其他手工业品。而大量的畜产品通过交易流向农业区和城镇,也解决了农业区对耕畜的需要,及城镇居民对肉食的需求。

(二) 不利于商贸经济发展的因素

首先,近代中央权力的弱化,使得西北社会长期动荡不安,对商贸经济造成的影响极为严重。如19世纪60年代西北动乱,富庶的关中地区许多地方变成了废墟。如陕西三原乡镇商业繁盛,县城东的东林堡、县西的秦堡、县南的张村、县北的线马堡商业都很繁盛,县北门至泾阳县的鲁桥一带,沿途各村市场亦很发达。但动乱之后各村落都变成了一

---

① 马鹤天:《甘青藏边区考察记》,甘肃人民出版社2003年版,第292页。
② 谢晓钟:《新疆游记》,甘肃人民出版社2003年版,第186页。

片瓦砾。① 西北茶销中心甘肃兰州，因商人逃匿，茶销业遭致命打击。新疆各地也因同治年间战火，"旧时都会之地，夷为灰烬"。甚至到1884年改建行省时，省城仍是"疮痍满目，无百金之贾，千贯之肆"②。1933年因盛世才与马仲英在新疆孚远城交战9昼夜，孚远东关繁华市区变为废墟，剩下的商号也因无法经营而倒闭。③

因政局动荡造成的社会失序，也对商贸经济造成了严重威胁。近代的西北地区长期兵匪横行，使得商旅裹足不前。陕西的陕北，甘肃的陇东、陇南，宁夏南部山区，还有新（疆）绥（远）商道均以土匪众多而闻名。20世纪30年代初，在黄河水运要隘黑山峡，"此峡为甘肃宁夏两省之交界处，过去数年皆为土匪变兵盘踞之地，下水皮筏十九皆被劫洗，甚至伤害旅客性命"④。20世纪30年代后，新疆武装变乱不断，兵连祸结，仅由北路进疆的货物多次被劫，损失总额超过500万元，导致相当一段时间"新疆商业，一蹶不振"⑤。甚至因马仲英进军新疆逃难的一些难民，为求生计也聚集为匪，在绥（远）新（疆）商道"趁火打劫和哄抢"商队。到了1944年该商道仍"匪患猖獗，驼队在行进途中每遭袭击，有的被连人带骆驼一起抢走，落得人财两空"⑥。

其次，伴随着西方武装侵略和国家主权的丧失，外国资本主义商业势力也侵入西北地区。1851年8月沙俄凭借《伊犁塔尔巴哈台通商章程》，首先染指新疆贸易，后英国及其殖民地商业势力也进入新疆。他们既勾结又争夺，极力把新疆变为其商品市场和原料基地，对于华商极尽打击之能事。十月革命后，苏联利用其政治、资金、技术之优势，也大力控制新疆的商贸业，为了本国的政治和经济利益服务。陕甘宁青虽地

---

① 马寿主编：《同治年间陕西回民起义历史调查录》，《陕西文史资料选辑》第26辑（专辑），陕西人民出版社1993年版，第239页。
② 王树枏：《新疆图志》卷二九《实业二·商业》。
③ 邵昭熙：《孚远县城商业史话》，《北庭文史》第7辑，1992年编印。
④ 范长江：《中国的西北角》，新华出版社1980年版，第173页。
⑤ 潘祖焕：《新疆解放前商业概况》，《新疆文史资料选辑》第1辑，新疆人民出版社1979年版。
⑥ 新疆通志（商业志、外贸志）编委会、新疆档案馆编：《新疆商业外贸史料辑要》第1辑，内部发行，1990年编印，第58页。

处中国腹地,列强仍凭借不平等条约为护符,利用直接或间接的手法渗透,在西北许多城镇设立洋庄。西方资本主义商业势力的进入,确实会对西北地区商业近代化产生一定作用。但他们的主要目的是掠夺土特产推销洋货,用强买强卖等手段大肆攫取西北的社会财富。他们利用对市场的垄断和定价权,在西北地区低价收购农牧民的产品。如1910年前后,在甘肃收购羊毛时每百斤为7—8两白银,洋行贩到天津后就变成50—70两。① 西方商业势力的这种掠夺,对西北市场的长远、健康发展是有很大副作用的。

复次,西北地区社会经济落后,使得商贸经济受到严重的制约。因生产不发达,本地可提供的商贸产品少,而且质量也不高。西北大部分地区的农业基本处于自给状态,虽有部分地区有一定农产品输出,但基本都属于西北地区内部调节,除部分地区的棉花、烟草、瓜果外,对外无大的输出能力。畜牧业落后的生产方式,使得对外输出的产品不仅单调而且质量不高。以皮毛为例,"人民之忽略及无知识","绵羊之保护并不适当,由于皮肤病及其他原因,往往失去很多羊毛"。优良畜种的欠缺和畜种的退化,也造成"蒙甘新之羊毛除少数几种外(西宁毛及甘肃毛),皆粗劣属于制毡之用,价格最低贱之毛"②。传统手工业大部分都生产规模小,基本是为满足当地需要而生产。近代工业直到全面抗战时期才有明显进展,但能提供的产品数量也很有限。手工业和工业水平的低下,也使得大量的自然资源等得不到合理开发和利用。

再次,西北地区民众的思想观念相对也较保守。由于几千年的历史积淀和封建传统,西北民众的思想已形成了自己独特的体系,既有相当的包容性,也有一定的排他性。整体来说,呈现出了更为强烈的大陆文明、农耕文化的特征。这种早已植根于西北民众心中的思想文化传统,在近代的变革中相对于东南地区总是显得那么迟缓。加之西方资本主义

---

① 秦宪周等:《帝国主义洋行在甘肃掠夺剥削农牧民史料三则》,《甘肃文史资料选辑》第8辑,甘肃人民出版社1980年版。
② [俄]克拉米息夫:《中国西部之经济状况》,王正旺译,《中国西北文献丛书续编》(西北史地)第11册,甘肃文化出版社1999年版,第114、121、150、151页。

商品经济的引入,又是伴随着血腥的武装侵略,在中外的商品贸易过程中也伴随着强权和商业欺诈。这就更使得本来就把商贸业视为牟利之事加以鄙视的西北民众,在近代商品经济大潮中显得步履蹒跚。直到清末新政时,甘肃"士绅拘泥旧制,举行新政,诸多扞格"①。至于普通百姓多是"穷乡僻野,不识诗书"②。认为田土才是立命之本、谋生的正道。即使有少数富户,也"犹且恶衣恶食,貌为寒俭。并不肯经营商业"③,缺乏商业冒险和对新事物的探索精神。甚至到了民国时期,甘肃固原(今属宁夏)仍是"人民诚笃,在昔务农放牧之外,无他技艺之可言"④。在宁夏吴忠这样的商品流通要道,仍固守"以商致富,以土守之",在当地的87户坐贾中,有16户是地主兼商人。⑤ 渗透到西北民众血液中的封建伦理道德及小农意识,使得民众对商业行为不是十分认同。虽在一些地区从事商贩的人数颇多,但大都是作为自然经济的补充。

  最后,自然环境的闭塞和交通条件落后,对商品经济的发展也很不利。左宗棠曾指出:西北地区"惟陆运极艰,非舟航便利可比",造成了"劳费多则成本重",成本重又导致"销路滞则利息微"⑥。清末新政时,彭英甲也谈道:甘肃"层峦叠嶂蜿蜒数千里","贩运艰难较他省为甚"⑦。因西北人烟稀少,工程艰巨且所需资金不菲,改善西北交通难度也很大。全面抗战时期,在当时特殊历史条件下的大规模交通建设,使得西北的商贸运输有了质的变化。但因处于战时经济时期,交通建设具有较强的应急性,规划也不尽完善,其对商贸经济推动力有限。此外,环境的闭塞和交通的落后,也会影响到民众的思想意识,正所谓"山性使人塞",这也会影响到商贸经济的发展。

---

 ① 彭英甲:《甘肃劝业道宣统三年第一期报告书》,甘肃官报书局1911年石印。
 ② 《甘肃商务情形说略》,《甘肃官报》,宣统元年冬月间2期4册。
 ③ 《甘肃商务情形说略》,《甘肃官报》,宣统元年冬月间2期4册。
 ④ 佚名:《民国固原县志》上,宁夏人民出版社1992年版,第194页。
 ⑤ 张山林、牛百川:《吴忠回族工商业概况》,《吴忠文史资料》第1辑,1987年编印。
 ⑥ 《左宗棠全集》(书信)卷三,岳麓书社1996年版,第478页。
 ⑦ 《甘肃商务情形说略》,《甘肃官报》,宣统元年冬月间2期4册。

第二章　近代西北地区的商业交通

自汉代张骞开通通往中亚和欧洲的商路后,在相当长的历史时期内,丝绸之路成为中国与西方最重要的商贸通道。汉"使者相望于道","一岁中使多者十余,少者五六辈,远者八九岁,近者数岁而返"[①]。唐贞观年间,"伊吾之右,波斯以东,职贡不绝,商旅相继"[②]。宋代以后中国海上对外贸易的兴起,但西北的商道仍在缓慢发展。13世纪蒙古人横扫欧亚大陆,曾在西北建立了庞大的驿递交通网络,为与各地的商贸交往提供了巨大便利。清代随着多民族国家的形成和巩固,更使得西北与内地的商贸联系日益紧密。并逐步形成了以古丝绸之路为基础,各种干支道相辅相成的商业交通网络。近代西北地区的商贸交通,正是在此基础上不断地发展演化,逐步形成了特色十分明显的商贸交通运输体系。

第一节　近代西北重要商道及演化

西北地区因幅员辽阔,自古以来商业贸易对运输的依赖度就很高,商贸交通在社会经济中长期占有重要的地位。在与国内其他地区及国外的经济交往方面,西北地区皮毛、药材等土特产品的输出,以及茶叶、棉布、日用百货等的输入,每年的数量都十分可观。此外,就西北地区内部而言,因区域广袤,自然环境相差悬殊,各地社会经济、物产差异

---

① 《史记》卷一二三《大宛列传》。
② 《唐大诏令集》卷一三〇。

较大，不同地区或民族间为了互通有无，商业交往也很频繁。故交通运输无论是对西北与外部的商业贸易，还是对西北区域内的经济交往，都具有很重要的意义。近代西北地区的频繁的商贸运输活动，促使运输道路不断改进和完善。到了全面抗战时期，基本形成以公路为主的商贸运输道路体系。

一 传统的商贸运输线路

西北地区驿道的修建可追溯到秦驰道。汉、唐以后随着对外的物资文化交流，交通道路条件也大为改善。元代和清代大规模的开拓和建设边疆活动，更使得西北地区的驿道建设得到了大发展。这些官方修筑的驿道不仅为政治军事需求服务，也为西北地区的商贸运输提供了很大的助益。此外，西北还有一些地方借助河流，因河而兴的水上运输线路。进入近代以后，这些重要的传统运输线路基本被沿用，并在为西北地区商贸经济提供服务的同时，自身也被人们进一步的改造和完善。

（一）陆路商贸运输线

清中期以后西北最主要的陆路商贸交通线，是在古丝路基础上演化而来的陕甘新驿道。这条驿道横贯整个西北，东可出陕西潼关与内地相连，西可经新疆伊犁与中亚相通。三国时开辟的由甘入川的阴平古道也很有名，"阴平从宕昌起，沿岷江而下，合白龙江，沿江而下至武都县城，东南行至大安庙，舍江入沟，经三河、琵琶、洛塘、枫相、姚渡直抵（四川）昭化，计长约300公里"[①]。西北地区较重要的商道还有：甘肃兰州进入绥远（现内蒙古东部地区）的甘宁包（头）驿道；由陕西长安经榆林到绥远的陕绥驿道；新疆古城（清乾隆四十一年设奇台县）到科布多（在今外蒙）的驿道等。清中后期为在陕西秦巴山区放垦，还开通了汉中至兴安（今安康），直通白河的驿道。清代的驿道主要职责是保证官方的公文函件传递，以及方便官员、兵丁往来。驿道归工部车架司管理，同时，省、府、州、县也设有相应管理机构。沿途每30千米左右设有驿站，驿站配备有马匹，有的还配备驿牛和驿

---

① 樊执敬：《关于阴平古道的我见》，《武都文史资料选辑》第3辑，1990年编印。

卒。这些大量的驿道、驿站，为西北地区的商贸运输提供了不少便利条件。

　　清代官府还曾开辟有一些专门的商道。如为方便向西北运输茶叶，开辟了陕南经凤翔、秦州（今甘肃天水市），以达巩昌府（今甘肃陇西，因早期茶马司设于此）的通道。1826年（道光六年）清政府曾拔骆驼40峰，开辟了内地到新疆的一条重要驼运干线（俗称"大西路"或"大草地"）。它起自京师，经归化城，北出蒙古草原，取道乌里雅苏台、科布多（现均属蒙古国）抵达镇西（今新疆巴里坤）或奇台。陕西巡抚陈宏谋，捐资整修了从蓝田至商州300余里的盘山碥路。此外，还有民间开辟的经青海朗木寺入川、经青海海南入藏、经新疆南疆入藏等商道。这些道路构成了清代西北地区商贸运输的网络体系。

　　近代之初，由于西方列强的入侵和商业掠夺，中国的自然经济开始逐步解体。但西北地处腹地，受西方经济掠夺的影响要小得多，仍保持着浓厚的传统生产生活方式。西北地区的商贸状况变化也不是太大，商道还基本沿袭清中期的格局，商贸运输仍是以陕甘新驿道为主线。这条官道不仅是西北最主要的商贸要道，也是重要的政治、军事要道，连接着西安、兰州、迪化（现乌鲁木齐市）、伊犁几个西北地区的重要政治中心。

　　19世纪60年代爆发的西北叛乱，使得交通道路设施因战乱大量被毁。为了军事斗争和恢复西北社会经济的需求，左宗棠对交通道路设施进行了大规模整修。以最重要的陕甘新驿道为例，路面被拓宽到10丈左右，许多险要路段进行了改建。为提高通行能力，防止河水对道路的破坏，架设了许多桥梁。仅甘肃境内泾州（今泾川）到平番（今永登）段，就架桥80余座。路旁植树以保护路基和供人乘凉，从陕西长武到甘肃会宁600余里间，共植树26万余株。[①] 后来，为了平定新疆阿古柏叛乱，左宗棠还开辟了"甘新间道"。从玉门三道沟向北经马鬃山到达塔勒纳沁（沁城），再绕向巴里坤、古城，可不用经过安西与哈密间的戈壁，省去翻越天山之劳顿。

　　左宗棠出兵新疆后，还命西征军对新疆境内的其他道路大力整修，哈密到巴里坤、托克逊到喀喇沙尔的道路，被"锤幽凿险，化险为夷"。还

---

① 罗正钧：《左宗棠年谱》，岳麓书社1983年版，第382页。

在玛喇尔巴什到爱吉特虎修路530里、大小桥梁20多座。喀什以南筑路数百里，修建桥梁30多座。为了方便调运粮饷等物资，左宗棠还曾下令整修川陕道路。"利用汉时开褒斜道。先从褒城籓运到红崖，再陆运200里到斜谷，再沿斜谷水北经湄县，入渭河"，"上达（甘肃）秦州、巩昌"①。1884年（光绪十年）新疆建省后，巡抚刘锦棠也对新疆境内道路大力整治，以省会迪化为中心，开通省内驿道15条。② 道路的整修除了为当时的军事斗争提供了有力保障外，还为西北的商贸运输提供了便利。

为了确保驿道畅通，清政府还增加了许多站、堡、台。据统计陕西共设有驿站110处，堡19处，台1处。共有驿夫、杠夫4360名，驿马、塘马、递马3264匹，马夫1704名。每年支出费用合银155000两以上。③ 甘肃共有驿站132处，驿伕2158人，所伕1226人，驿马3224匹，牛444头。每年支工料银116924两，粮10334石，料6976石，草229749束。④ 新疆因为地域辽阔人口稀少，地形又十分复杂，全省驿道总长达21782里。为了更好地满足当时的军政需要，设立的驿站多达261个。⑤ 当时驿道的条件相差较大，有的驿道可通行大车，有的驿道仅可使用骆驼等驮畜。

辛亥革命后，首先是因外蒙古在沙俄的策动下发生叛乱，致使由京师通往新疆的"大草地"驼运线被切断。商人们不得不开辟了由归化（今呼和浩特）经内蒙古草地到古城的线路（俗称"小西路""小草地"或"甘边路"）。并以此干线为骨架，形成了到肃州（酒泉）、凉州（武威）等地的驼运支线道路。此外，民国后邮政和电信业的兴起，导致传统驿递制度逐渐走向衰败。1914年北洋政府正式废除了驿递制度，许多官办驿站被裁撤。加之这时国家政局动荡不定，西北地方军阀相互间又争斗不息，无力顾及交通运输事业，西北的交通道路建设大受影响。以甘肃省为例，交通

---

① 秦翰才：《左文襄公在西北》，岳麓书社1984年版，第165—166页。
② 曾问吾：《中国经营西域史》中编，商务印书馆1936年版，第382—383页。
③ 陕西公路交通史编委会：《陕西公路运输史》（近代公路运输），人民交通出版社1988年版，第3页。
④ 甘肃公路交通史编委会：《甘肃公路交通史》第1册，人民交通出版社1987年版，第141页。
⑤ 曾问吾：《中国经营西域史》中编，商务印书馆1936年版，第382—383页。

建设费1912年尚有218669元，到1915年被削减到48771元。①

但因交通运输的需要，西北各地的旧驿道仍存在。道路管护也多由官方转入民间，依赖民间"修桥补路""积德行善"的传统意识，由民间自发或官方出面组织进行。如新疆的道路养护，由县长"先查明某路由某段至某段归某庄管，应由某庄乡约督同花户分段修理"②。但因民间财力有限，故道路多缺乏系统的管理和维护，通行能力受到严重影响。但也有一些地方官府衙门，为了某种目的进行一些道路维护。在1919到1920年间，陕西省长刘镇华为有效控制关中地区，曾先后3次下令整治驿道。1923年陕西省长公署为向陕北运送救灾粮，曾令整修三原至肤施（今延安）的官道。这种整修一定程度提高了道路通行能力。但多是因事修路，故缺乏系统性和长远规划。更有甚者，一些地方官借修路敛财。如陕西临潼县政府曾9次向民间摊派修路款项，但实际从未整修过道路。③

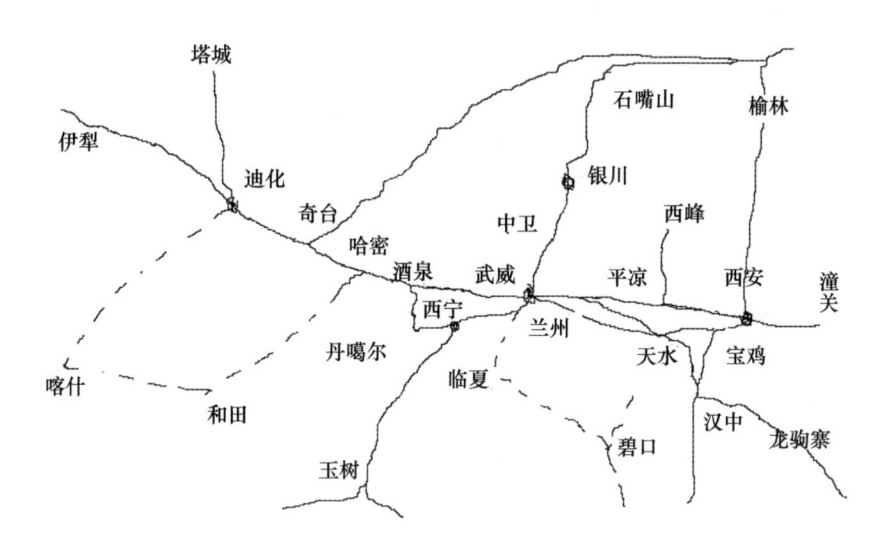

图2-1 近代西北地区重要商业交通驿道线路示意图

---

① 刘郁芬：《甘肃通志稿》卷四一《财赋六·会计类》。
② 《民国八年八月二日迪化道尹公署317号训令》，转引自新疆维吾尔自治区交通史志编委会《新疆公路交通史》第1册，人民交通出版社1992年版，第11页。
③ 陕西省交通史志编委会：《陕西公路运输史》第1册，人民交通出版社1988年版，第3—5页。

（二）水路商贸运输线

西北地区河流一般水流较急促，能用于运输的水道不多，主要限于黄河及其支流河段。黄河上游主要是传统的筏运线路：从青海贵德沿黄河到兰州称南线，全程约360多千米；青海西宁沿湟水入黄河至兰州称北线，全长210多千米。此外，还有甘肃境内沿洮河、大夏河入黄河到兰州的航线（这一带是木材主产区，木筏多于皮筏）。清末民初随着甘青地区皮毛出口的兴盛，兰州到包头的皮筏运输逐步兴盛起来，该航线长达1880多千米，沿途多急流险滩，惊涛骇浪拍岸，航行十分艰难。自中卫向下到包头，黄河水流较为平缓，故木船运输在此较发达。在黄河的重要支流渭河，陕西宝鸡以上流急弯多，多放木排者。宝鸡以下可行船，还可经黄河转入河南、山西。故在渭河下游的宝鸡、虢镇、咸阳、草滩、交口、白杨寨等，形成了几个颇具规模的水运码头。

西北除黄河流域外，还有少量的河流可以通航。发源于陕西宁羌县的汉江，是西北与湖北等地联系的水道，沔县大安镇以下，船只可直抵汉口。汉江支流丹江，自陕西商县至龙驹寨可季节性行船。清中后期陕南商州知州为改善通航条件，曾对龙驹寨通汉口商路中的龙驹寨到竹林关段航道进行了疏通，使得龙驹寨以下大船可经荆紫关到老河口转入汉江。发源于甘肃南部的嘉陵江，阳平关以下通行木船，直抵四川、重庆，它是甘肃陇南和陕西汉中与四川、重庆联系的重要商道。新疆北疆船运业，主要是在伊犁河中游地区。新疆南疆船运业，主要在塔里木河支流喀什噶尔河、阿克苏河。塔里木河中下游因多沙滩，故行船极为困难。

总体而言，因西北的自然环境等原因，近代传统的商贸交通道路条件很差。俄国人克拉米息夫曾指出：由蒙古通往新疆的道路，"完全尚在原始状态中"，"此种道路简直无欧洲人所谓道路之意义，特用以指方向而已"①。就是一些官修驿道，抵御灾害能力也极差。特别是当雨季到

---

① ［俄］克拉米息夫：《中国西部之经济状况》，《中国西北文献丛书续编》（西北史地）第11册，甘肃文化出版社1999年版，第61页。

来,"中国西部则有些地方绝对不可通行"①。甘、川两省虽相邻,然因高山阻隔,交通状况非常不便。尤其进入文县境内,栈道沿白龙江两岸峭壁修建,"皆断崖绝壁,插木凿山"②,险象环生。即使同一省份之内,交通联络也很困难。如从西宁到玉树,用牦牛运输需40天左右。从新疆的古城至哈密,骆驼需要10天左右的时间。至于西北地区的少量水运线路,也多是利用天然水道,其航行过程也极为艰险。

二 近代化交通设施的兴建

西北地区近代化交通设施出现较迟,直到20世纪20年代后,新型交通运输设施才出现。但由于西北地区工业化水平较低,社会经济能力有限,加之工程施工难度较大,铁路、民航只能说是开了个头。西北地区的近代交通设施,最终只能是选择成本、技术要求相对较低的公路,以公路建设为主要发展方向。特别是在全面抗战时期,因战时的军事和经济建设需要,特别是对苏的易货贸易,大大加速了西北的公路建设,西北的骨干公路在此时基本形成。这些公路的建成和投入使用,使得西北地区的商贸运输条件得到了极大改善。

(一) 公路设施的兴建

西北的公路交通建设事业,最早发端于西(安)潼(关)公路。1919年驻守陕西潼关的张藩与当地官绅贾晋、刘宗向等,组建了西堂汽车股份有限公司,开始筹划买车修路,直到1922年历经"千辛万苦始告厥成"。③西潼公路通车后,人们看到了公路运输的好处。1923年陕西省当局编制了《修治省道大纲》,准备以西安为中心,"拟定干路4条,支线19条。俟干支路线修筑成功,再考察情形,酌量添辟"④。1926年冯玉祥部国民军控制陕西后,又整修了西兰路中的西安到长武段,与甘肃

---

① [俄]克拉米息夫:《中国西部之经济状况》,《中国西北文献丛书续编》(西北史地)第11册,甘肃文化出版社1999年版,第62页。
② 白长斌:《文县志》卷一《疆域》。
③ 《长安交通之现状》,《道路月刊》1923年第4卷第3号。
④ 陕西省道局:《修治省道大纲》,《道路月刊》1923年第7卷第2号。

段公路相衔接。1930年修筑了西安到凤翔的公路。1934年动工修建西安到汉中的公路（1936年10月完工）。1935年动工修建汉中到宁羌的公路（1936年秋完工），以及西安到紫荆关的公路（1936年夏完工）。① 截至全面抗战爆发前，陕西建设的公路线路有：西潼段，西凤陇段，咸榆段，长坪段，渭大韩路，原大路，西固路，原渭路等。②

甘肃的公路交通事业起步较晚，直到20世纪20年代初才被正式提出，真正开始兴建是1925年后的事。冯玉祥部国民军在控制甘肃省政后，为了军事需要着手修整道路。其中最为重要的有西（安）兰（州）公路的甘肃段，及兰州到宁夏的道路。1927年又整修了兰州到西宁的道路。同时，还要求河西各县动员民工，对原甘新道进行扩建。经过此次整修后，这些道路勉强可通行汽车。中原大战后冯玉祥战败退出甘肃，中央势力介入甘肃。省政府主席朱绍良企图把甘肃作为国民政府控制西北的战略要地，准备修建甘肃到新疆、甘肃到青海、甘肃到宁夏、甘肃到陕西，以及甘肃通往四川的公路。但直到抗战爆发前，甘肃公路建设进展不大。全长400余千米的甘川一线（又称华双公路），仅完成了180千米。全长约700千米的甘川二线，也只建了兰州到会川的140千米。③而且所修道路多是土路，通行能力也很差。

新疆因受苏俄的影响，筹划修筑公路的事可追溯到1917年。当时卸任的伊犁镇守使署参谋王应榆，建议修筑古城到归绥的公路，并获得了北洋政府的批准。主政新疆的杨增新虽表面也认为于国防、经济都有好处，但实际上对此并不感兴趣，以新疆财政困难等为由予以拒绝。直到20世纪20年代，在北洋政府的再三催促下，新疆才设立了公路局，开始修建了省城至古城（今奇台）的道路。1926年又动工修建省城经塔城到苏联斜米杨的道路（1928年该线路建成通车）。此外，这一时期新疆

---

① 陕西省交通史志编委会：《陕西公路运输史》第1册，人民交通出版社1988年版，第13、34、47、68页。
② 陕西省银行经济研究室特刊之一：《十年来之陕西经济》，1942年出版，陕西省档案馆藏，档号：C12—0—206。
③ 甘肃公路交通史编委会：《甘肃公路交通史》第1册，人民交通出版社1987年版，第209、212页。

修建的可通汽车的道路还有：迪化到伊犁、迪化到喀什、迪化到哈密的道路。①

宁夏、青海两省的公路建设状况更落后。1932年前宁夏可通车的公路全长约386千米。② 全面抗战爆发前，又完成了通往内蒙古（包头到银川）、甘肃（兰州到银川线）公路本省境内段的修建。青海在1927到1935年间，除国民政府规划修建的甘青公路外，还以西宁为起点修建了几条省内的道路。这些路段大都是在原大车道基础上整修的，其质量极为低劣，不少路段实际上也无车可跑，不久大都被废弃。总体而言，西北地区的公路建设是很落后的，截至1934年，西北地区总共修通公路8135千米（参见下表）。1936年曾有人从青海循化乘驮骡到西宁，深有感触地说："边地交通困难，直非内地人梦想所能及。"③

表2-1　　　　　　截至1934年西北各省公路修筑情况④

省份	公路里程（千米）	
	计划修筑	实际修通
陕西	3469	1509
甘肃	7094	1353
新疆	1758	1528
宁夏	2839	2839
青海	2362	906
合计	17522	8135

西北公路建设大规模铺开，是在全面抗战爆发前后。九·一八事变后，日本帝国主义得寸进尺，不断制造事端入侵华北，国民政府迫于形

---

① ［苏］苏帕洪·苏乌鲁夫：《回忆新疆及乌鲁木齐运输事业兴起和发展》，《乌鲁木齐文史资料》第16辑，1993年编印。
② 《二十一年宁夏之交通》，《交通杂志》1932年第1卷第5期。
③ 马鹤天：《甘青藏边区考察记》，甘肃人民出版社2003年版，第133页。
④ 本表根据《中国经济统计年鉴·交通》（商务印书馆民国二十四续编），第533—556页相关资料编制。

势不得不应对。当时的国际形势也发生了急剧变化，德、日法西斯势力崛起，而西方一些国家则极力推行绥靖政策。为反对德、日法西斯斗争的共同需要，中、苏两国关系得到了较大改善，苏联表示如日本对中国发动战争，苏联将愿意向中国提供援助。在这一历史背景下，1935年苏联开始帮助修建从霍尔果斯至星星峡的公路，该路东连甘肃西接苏联。同时，国民政府也开始整修西兰公路。次年，又开始了甘新公路的勘测。七·七事变后形势急转直下，国民政府已认识到："抗战与交通，相为表里，不可或分。"① 1937年9月国民政府令甘肃抢修甘新公路，以便运输苏联军援物资。这几条公路的修建和连接，成为"西北唯一之国际交通线，抗战以来，其对国家之贡献至为伟大"②。

为了连接西北和西南两大后方，1938年1月国民政府令加紧甘川公路的修建。甘川一线（华双段）于年底建成通车，使兰州到成都的距离减少400多千米。次年6月底甘川二线兰州到岷县通北口段364千米完工（因条件所限甘川二线未能修通）。③ 1939年1月国民政府为了提高通车效率，决定对川陕公路进行改造，对一些桥梁进行了加固，部分路段进行了改建和铺设路面。1940年5月又对成都至七盘关段420千米道路进行了改造。④

此外，全面抗战时期还修筑了一些省际公路。比较重要的有：1937年修建了宁夏银川到甘肃平凉的公路；1938年在原国民军整治的道路基础上修通了兰州到宁夏银川的公路；1938年3月对原因工程资金缺乏停建的甘青公路进行续建；1940年修建了连接陕甘两省的平凉到宝鸡的公路；1942年修筑了青藏线的西宁至玉树段；1945年开工修筑青新公路西宁至南疆婼羌段（该路因资金等原因，仅完工了倒淌河至茫崖段1071千米）。此外，还有汉中到白河、白河到老河口、烈金坝到阳平关等公路。

---

① 公权：《抗战与交通》，《抗战与交通》1838年第1期。
② 傅安华：《西北交通概况》，西北文化学社：《西北资源》1941年第1卷第4期。
③ 参见凌鸿勋《西北公路三年来之工程与管理》，《交通建设》1944年第4期。
④ 中国公路交通史编委会：《中国公路交通史》第1册，人民交通出版社1990年版，第288页。

全面抗战时期，国民政府对西北公路建设的投入巨大。仅以西兰公路为例，到1939年累计投资449.4万元，1941年到1944年间，又拨付改善工程款2930万元。① 使得西北公路在国家公路体系中占有极其重要的地位，干线公路数量和通车里程都占到了全国的约三分之一（参见下表2-2）。这种投入在近代西北交通建设史上是空前的，取得的成就也令人瞩目。

表2-2　　　　　　　　　抗战时西北主要公路干线②

公路名称	长度（千米）	起讫地
西汉	448	西安—汉中
汉白	533	汉中—白河
川陕	561	成都—褒城
老白	230	老河口—白河
西兰	704	西安—兰州
宝平	177	宝鸡—平凉
宁平	374	银川—和尚铺
甘新	1992	兰州—迪化
甘川二线	601	兰州—昭化
华双（甘川一线）	411	华家岭—双石铺
甘青	189	河口—西宁
青藏	827	西宁—玉树
康青	720	营官寨—歇武
迪霍	655	迪化—霍尔果斯

注：为便于统计，本表将原书中小数点后数据做四舍五入处理，原书将迪霍路与甘新路合并计算，本表按习惯将其分开统计。

西北许多地方在国民政府的号召下，也开始大力修建县乡公路。陕西为了加强与关中各地的联系，修建了长益公路（西安三桥镇到宝鸡益

---

① 甘肃公路交通史编委会：《甘肃公路交通史》第1册，人民交通出版社1987年版，第231页。
② 本表根据中国公路交通史编委会《中国公路交通史》第1册，人民交通出版社1990年版，第280—282页资料编制。

门镇），还在秦巴山区修建了勉略、勉阜、桓关等公路。甘肃到1942年"县乡道路奉令自修筑者计51县，总长约9750余公里"①。新疆截至1944年修建了博乐至五台、哈巴河至布尔津、乌苏至阿勒泰、绥定经惠远至三道河、哈密至巴里坤、乌苏至塔城、塔城至裕民、沙雅至库车、奇台至阿勒泰等十余条线路。②但也应看到西北公路条件总体还是比较差，特别是一些省、县公路。如青海到1949年号称有公路3143千米，但能通车的仅有472千米。③尽管如此，抗战时西北地区的大规模公路建设，极大地促进了西北交通事业的进步，也为商贸经济发展提供了一定的有利条件。

（二）其他交通设施的兴建

西北地区筹议建铁路始于洋务运动时期，1880年刘铭传鉴于沙俄对西北的觊觎，提出修建铁路以固边疆。清末新政时期，国内兴起了社会变革的浪潮。1903年清政府商务部颁布《铁路简明章程》，宣布向地方、民间开放铁路建筑权。同时，还计划有两条铁路干线沟通西北与内地：一是由洛阳经西安到兰州；一是由张家口经科布多（今属蒙古国）抵新疆。1907年两广总督岑春煊（曾任过甘肃布政使）在其有关铁路规划设想中，也提出了甘肃铁路建设问题。同年，陕甘总督升允上奏筹办陕甘两省铁路，并筹资130万两白银。但结果是"电咨往复，终无成议"④。1909年陕西巡抚恩寿奏准设立陕西铁路公司，准备商办西安到潼关的铁路，以便"将来取道泾凉、直达兰州，为西北干路之枢"⑤。但直到北洋政府覆灭，偌大的西北地区仍无一寸铁路。

南京国民政府建立后，实现了国家的名义统一。为了加强西北同内地的联系，也是为了强化中央政权对西北地区的控制力，决定加快对陇海铁路线的建设。1930年开始动工将陇海铁路由河南灵宝向西延伸。

---

① 《甘肃统计要览·建设》（1943年），甘肃省图书馆藏。
② 参见新疆维吾尔自治区交通史志编委会《新疆公路交通史》第1册，人民交通出版社1992年版，第69—75页。
③ 青海省志编委会：《青海省志》（商业志），青海人民出版社1993年版，第274页。
④ 宓汝成：《中国近代铁路史资料》第3册，中华书局1963年版，第1125页。
⑤ 宓汝成：《中国近代铁路史资料》第3册，中华书局1963年版，第1128页。

1932年陇海铁路修到了潼关，1935年1月终于通到了西安，陕西境内总长度共约204千米。同年春，又开始动工修建西安至宝鸡的铁路，1937年3月该铁路线竣工。此时，"曾有人向铁道部建议，主张放弃西通兰州之计划，另由宝鸡南向成都，当时议论纷纷，铁道部亦未定一是"①。

全面抗战爆发以后，因苏联援华物资开运，公路交通运输压力加大。国民政府因此决定将陇海铁路西延入甘肃，并于1939年5月成立了宝（鸡）天（水）工程处。但该路地质条件复杂，工程量巨大，加之战时经济紧张，修修停停，直到1945年年底才通车（甘肃境内46.1千米）。1946年国民政府用以工代赈的办法开修天水到兰州的铁路，直到新中国成立前夕只完成了土石方的3.6%左右。② 1943年国民政府还在开发西北的口号下，派陇海铁路副总工程师等人，勘探甘新、甘青铁路。1945年陇海铁路局再次派人对甘青铁路进行勘测，但遭到了马步芳的阻挠。除此而外，1939年4月为解决抗战后大批工厂迁往关中带来的能源问题，动工修建了同官煤矿至咸阳的138.4千米铁路支线。此时还在关中地区还修建了全长106.2千米的宝鸡至双石铺、全长78千米的渭南至白水，以及宝鸡虢镇至陇县的3条窄轨铁路线。③

西北航空业起于20世纪30年代初，南京国民政府与德国汉莎公司合办欧亚航空公司。1932年5月该公司首先开通了南京经西安到兰州航线。④ 1932年年底又开辟了上海经南京、济南、北京、归化、哈密、迪化航线，该航线还曾一度延伸到了塔城。⑤ 1934年后该公司还开辟有：西安经南京到上海、西安经郑州到北平、西安经成都到昆明、兰州经银川到包头、兰州到重庆、兰州到西宁等航线。1939年3月国民政府中央航空公司染指西北，开通了重庆经兰州到哈密、兰州经南郑和成都到重庆、兰州到西宁等航线。1939年9月中苏两国合组航空公司，又开辟了

---

① 傅安华：《西北交通概况》，西北文化学社：《西北资源》1941年第1卷第4期。
② 中共甘肃省委研究室：《甘肃省情》第1部，甘肃人民出版社1988年版，第234页。
③ 参见金士宣等《中国铁路发展史》，中国铁道出版社1986年版，第518—520页。
④ 《兰州百年大事记》1932年5月条，《兰州文史资料选辑》第4辑，1986年编印。
⑤ 马飞熊：《回顾解放前新疆的邮政》，《新疆文史资料选辑》第1辑，新疆人民出版社1979年版。

哈密到阿拉木图航线，使得中苏航空实现了联航。1942年中国航空公司还试飞过重庆经成都、兰州、肃州、迪化、伊犁、莎车抵达白莎瓦的国际航线。1947年4月中央航空公司开辟了上海经兰州到迪化航线。1948年1月中国航空公司开辟了北京经绥远、宁夏到兰州等航线。近代虽在西北开辟的航线貌似不少，但因政治、技术等原因，许多航线空有其名，航班少且不固定，有的开航没几次就处于停航状态。

显然，西北地区的近代化交通设施建设，总体来说还是比较落后的。公路建设虽开始于19世纪20年代，但直到抗战时公路交通条件才有了较大改善。铁路、航空仅只是起步，在商业运输领域的应用很少。就公路建设而言，因战时经济的困难和应急性，使得道路修建方面也受到不少局限，车辆通行状况不佳。如1944年10月通车的西宁至结古公路，试车时平均时速只有17千米，汽车还被困在冰窟中达10天之久。[①] 此外，公路网密度也很小，主要限于大中城市，对西北的许多边远地区和山区来说，交通状况则变化不大。西北许多地方与外界联系极为不便，"故一县即为一交通单位"，普通民人"非有重大事故，不轻易越境"[②]。这对西北的商业贸易而言，能够带来的实际改观还是有限的。

第二节 传统商业运输方式及变化

在近代西北地区的商贸运输中，传统的运输方式长期居于重要的地位。因西北地区自然环境差异很大，传统的商贸运输工具也多是因地制宜，故也造成了运输工具的门类的繁多。在车辆运输中，仅大车就有木轮、铁轮、胶轮等名目之分。畜驮最常见的有：骆驼、骡、马、驴等，在青海、甘南和新疆部分地方，还有颇具特色的牦牛驮运。此外，人背、肩挑在一些山区也较普遍。如在清末民初，从甘肃西和去四川茶园背茶的"背脚子"，"从成都、万县等地到西和达1600多里，往返一趟就得

[①] 《青海民国日报》1944年11月17日。
[②] 顾颉刚：《西北考察日记》，甘肃人民出版社2002年版，第202页。

70多天"①。但在大多数情况下，这种运输方式多用于短途贩运，故在此不做探讨。

一 大车运输

畜力车运输在西北地区历史久远，民众在长期的生产活动中发明了许多种类的车辆，使用不同的牲畜牵引，以适合不同地区或不同物资的运输。当历史进入近代后，在西北地区商品运输中畜力车仍占据着重要地位，长途贩运多依赖骡马拉的木轮大车和铁轮大车，短途贩运多使用驴车和牛车。随着与西方商业贸易的发展，运输使用的车辆也开始有了改良。特别是在全面抗战前后，性能较优越的胶轮大车因运输效能好，在政府的提倡下快速兴起，并在长途运输中逐步占据了重要的地位。

（一）传统的畜力车辆

近代之初，西北地区的商贸运输最常见的是使用马或牛拉的木轮大车。马车每车载重600斤左右，可日行五六十里，较适合长途运输。牛车多为小型木轮车，日行二三十里，主要适用于短途运输，每车载重300—400斤。铁轮大车是由木轮大车改良而来，轮周镶有铁瓦，负载能力大为提高，由4匹马拉之，每车可载重2400斤。新疆车的种类就更多，而且不同路况、不同地区可能使用的车也不一样。如在库车以南多土路，用木轮大车较多；库车以北多沙石路，均用铁轮大车。北疆地区的大车一般可载重400斤，如增加到3匹马拉，可载重1000—1500斤。南疆地区的马车（"亚里亚"），车轮子一般要比北疆的大一些。而在伊犁、塔城地区，马车多为三个轮子（"塔兰其"），载重在600斤左右。此外，新疆还有种四个轮子的马车，老百姓称之为"台车"。②

近代西北的大车运输条件极差，多是利用官修驿道和民间大车道进行。19世纪60年代中期，左宗棠出任陕甘总督，受命镇压西北"回

---

① 黄金鼎：《西和商品转运中的背脚子》，《西和文史资料》第2辑，2004年编印。
② 刘德贺：《解放前新疆的交通运输业》，《乌鲁木齐文史资料》第6辑，新疆青年出版社1983年版。

乱",其所部每年需军费1200万两之巨,① 基本上是"用东南之财赋,赡西北之甲兵"。而大量的军火、物资也要靠进口或它处协济,这些物资主要是靠车辆驿运递解。在左宗棠奉命平定新疆时,为了保证军需运输,左宗棠采用了官民并举的办法,仅在凉州(今武威)到肃州(今酒泉)间就投入大车2000多辆。② 左宗棠为更好地动员民众参与运输,大力扶持西北的商业运输,并且厚予商家运价,还将官车低价贷、售给百姓。如三套大车每辆成本是164两,售价则为130两;双套大车成本是118两,售价为92两。③ 左宗棠对民间运输的扶持,使得西征军物资运输得到了基本保障,也有力地支持了西北地区商贸运输业的发展。

西北地区日用品的输入和土特产的输出,也主要是依靠大车转运。据统计近代经由陕西运到甘肃的茶叶一项,年均就可达1.5万余担。④ 此外,还有大量布匹、瓷器、食糖等许多日用商品也需从内地输入。到了清光绪年间,货物运输的范围更广,国外的大量洋货也纷至沓来。西北地区的大宗产品,也通过陕甘大道转运到国内各地,作为重要商道枢纽的泾阳,年征过境厘金可达4.8万余两。⑤ 甚至还有一些机器、建材等物资也通过大车来运输周转。1907年(光绪三十三年)修建兰州黄河铁桥,为了将在德国订购的工件、机具等运到兰州,甘肃省当局组织民间运输力量,出动了四轮、六轮等各式大车40余辆,历时10个月,共分36批,沿着陕甘驿道进行了千里大转运。⑥ 在当时的交通条件下,利用人力、畜力将成吨重的桥梁部件从河南新乡运到兰州,可谓是件了不起的事情。

民国后西北地区陷于军阀混战的局面,驿站因无经费大都被裁撤或

---

① 秦翰才:《左文襄公在西北》,岳麓书社1984年版,第70页。
② 秦翰才:《左文襄公在西北》,岳麓书社1984年版,第115页。
③ 秦翰才:《左文襄公在西北》,岳麓书社1984年版,第114页。
④ 甘肃公路交通史编委会:《甘肃公路交通史》第1册,人民交通出版社1987年版,第366页。
⑤ 宋伯鲁:《续修陕西通志》卷三五《征榷》。
⑥ 甘肃公路交通史编委会:《甘肃公路交通史》第1册,人民交通出版社1987年版,第174页。

废弃，但民间的商业驿运并未停止。据 1923 年统计，陕西关中 23 县共有各类大车 28273 辆。① 车辆除主要承担棉花、布匹、茶叶等日用品的输入，以及皮毛、烟草、药材等土特产的输出外，还承担西北各地区间的物资运输任务。当时西北的驿运条件极其艰辛，以兰州到成都的甘川线为例，许多地段高山险阻，车辆无法直接运达，中途还要靠人背、肩挑进行周转。兰州到迪化的道路也极为艰辛，旅途达 48 马站之遥，还需途经沙漠戈壁无人区，当时人们曾形容："出了嘉峪关，两眼泪不干，前看戈壁滩，后看鬼门关。"②

（二）胶轮大车的兴起

全面抗战爆发后，随着中苏贸易开展，西北货物转运量剧增，国民政府为了有效地解决当时的运力，采取了多种运输工具并举的方针。这时为了提高运输效率，国民政府大力提倡使用胶轮大车。在官方的提倡和支持下，胶轮大车在陕甘两省发展了起来的。截至 1937 年 8 月，陕西已有胶轮大车 8000 余辆。③ 甘肃除民间拥有相当数量胶轮大车外，不少中央驻甘机关也有胶轮大车。如中茶西北分公司、复兴公司西北分公司、贸易委员会西北运输处等，都有数量不等的胶轮大车。④

1938 年秋武汉会战失败，"铁路、航运相继沦陷，复以海口被封，物资输入，备受限制，而汽车运输，以配件、燃料缺乏"，难以大力发展。"因是全国朝野，乃移转目标于古代的驿运，以期我故有之人力与驮力，以补公路运输之不足。"⑤ 1938 年 10 月国民政府要求，在各地大力发展驿运业。1939 年 1 月交通部还在重庆成立了驮运管理所，统筹全国驿运事务。在国民政府的推动下，西北地区形成了以兰州为中心的驿运

---

① 陕西省交通史志编委会：《陕西公路运输史》第 1 册，人民交通出版社 1988 年版，第 19 页。
② 陈茂春：《兰州市的行栈业》，《甘肃文史资料选辑》第 13 辑，甘肃人民出版社 1982 年版。
③ 陕西省交通史志编委会：《陕西公路运输史》第 1 册，人民交通出版社 1988 年版，第 75 页。
④ 甘肃公路交通史编委会：《甘肃公路交通史》第 1 册，人民交通出版社 1987 年版，第 391 页。
⑤ 洪文瀚：《甘肃驿运之今昔》，《建设评论》1948 年第 1 卷第 4 期。

干线网。在主要驿运干线上都有政府设立的驿站,如从四川广元到新疆哈密,"每 30 公里设一旅客服务站,每站可容一二百人"①。此外,还有大量的私营车驼店、行栈,分布在各交通要道上。当时的驿运以发展胶轮大车运输为主,按经营主体而言,可分为公营和私营两种类型。

地处中苏贸易要道的甘肃,物资转运任务很重。特别是 1939 年 3 月后,苏联汽车队只负责把货运送到甘新交界处的星星峡,然后由中方负责接运,中方运输的压力陡然加大。同年 7 月甘肃便设立了车驼管理局,并在酒泉、张掖、兰州、平凉等地设立了办事处,将驿运纳入了官方管理渠道。甘肃为了抢运物资调集了大量的运力,1939 年预征胶轮大车达 1200 辆,②但仍无法满足要求。同年 8 月蒋介石电令:"着由陕甘两省各征胶轮大车 600 辆交贸易委员会应用",③进一步强化苏联援华物资运输。1940 年为了进一步加强与西南的联系,弥补战时运力不足,国民政府交通部又成立了兰(州)星(星峡)车驮运输所,由交通部公路运输总局直接领导,国民政府斥资 5200 万元,开辟了长达 2300 千米的从四川广元,途经陕西、甘肃到新疆哈密的驿运线。

在苏联援华物资正式起运后,有一些物资苏方只负责运到迪化。新疆当局为了转运这些物资,曾动员了大车 2000 余辆。④1940 年新疆在公路运输局下设驿运股(后改驿运部)。1943 年因盛世才与苏联反目,大量土特产不得不运往内地销售,并从内地购买日用工业品。为解决运力不足问题,在迪化成立了驿运处,在原来 200 辆大车的基础上,增加铁轮大车 50 辆,胶轮大车 30 辆。⑤1940 年 10 月陕西为了加强驿运管理,成立了驿运管理处,先后修建了洛川至白水大车道,以及连接陕、豫、

---

① 《西北驿站工程处报告》,甘肃省档案馆,档号:48—1—129。
② 《甘肃省政府主席朱绍良就组织车驼局运输情形给行政院水陆运输联合委员会电》,甘肃省档案馆,档号:21—1—305。
③ 《甘肃省政府主席朱绍良就请饬速征陕甘两省胶轮大车六百量给陕西省政府蒋鼎文电》,甘肃省档案馆,档号:21—1—306。
④ 杜重远:《到新疆去(十九)》,《抗战》(三日刊),第 48 号。
⑤ 刘德贺:《解放前新疆的交通运输业》,《乌鲁木齐文史资料》第 6 辑,新疆青年出版社 1983 年版。

鄂边界的商县白河道、长安安康道、长安石泉道、周至城固道、眉县留坝道5条驿道。① 在1940年前后，第八战区运输处为支援绥远抗战，在宁夏绥西也分别成立了运输分处，"以临河为主地，吴忠堡为接连地，石嘴山为集积地"②。

在滇缅交通线被日军切断后，西南地区对苏贸易的海路交通断绝，许多物资不得不改由西北出口，西北的交通运输量进一步加大。国民政府为加强运力协调，在川陕实行驿运联运制，成立川陕驿运干线联运办事处。该处可调配的胶轮大车，由原来的500余辆增加到2600余辆。此外，因胶轮大车已无法满足需求，政府开始动员各类传统车辆以应急。据统计仅1942年，甘肃征调的车辆有：胶轮大车1260辆、铁轮大车2576辆、人力手推木轮车1585辆。因仍无法满足对苏贸易运力需求，贸易委员会西北运输处自造胶轮大车1200辆，将其中的1000辆胶轮大车贷给民间经营。③ 1943年年底仅归陕西省驿运管理机关登记、管制的胶轮大车为566辆、铁轮大车1077辆、人力车1179辆。④

为使西北的驿运更好地为抗战服务，达到效率最大化、最合理化，当时把驿运物资分为：甲类物资（抗战和出口物资）；乙类物资（人民生活必需品，主要包括：棉布、棉花、药材、杂货、食盐等）；丙类物资（人民生活日用品）；丁类物资（其他）四大类。据对陕西统计，驿运中甲类物资占到了65%，承运的乙类物资占24%，而丙类物资占10%，丁类物资仅占1%。大车首先需保证运输抗战和出口物资，体现了抗战第一的原则。同时，也要兼顾民生。如当时仅陕西长泾驿运支线，1942年

---

① 陕西省交通史志编委会：《陕西公路运输史》第1册，人民交通出版社1988年版，第138—139页。

② 宁夏档案局（馆）编：《抗战时期的宁夏——档案史料汇编》（上），重庆出版社2015年版，第121页。

③ 甘肃公路交通史编委会：《甘肃公路交通史》第1册，人民交通出版社1987年版，第391页。

④ 陕西省交通史志编委会：《陕西公路运输史》第1册，人民交通出版社1988年版，第115页。

就运食盐 15500 余吨。① 另据甘肃驿运座谈会 1943 年 5 月 27 日的记录记载：仅两周时间甘肃驿运机关就由兰州发往定西官盐 194400 公斤；由兰州发往武威杂货 18870 公斤；由兰州发往酒泉、玉门空油桶（回收的汽油桶）57760 公斤；由兰州发往四川广元羊毛 72020 公斤。② 可见驿运在支持抗战、保证民生方面的作用。

二 畜力驮运

西北地区以畜牧业见称于世，在长期的历史过程中，畜牧业和人们的生产、生活形成了密切的关系。在西北地区的商贸交通运输中，畜力也充当了一个十分重要的角色，近代以后的情况也大体如此。如甘肃天水"清末民初，运输主要依靠驼、马、驴驮运，其路线由天水经张家乡入陕，或由徽县经两当入陕。两线每月十五帮，每帮三五十四（峰）不等"③。特别是在民族地区和边远山区，因严酷的自然环境和落后的交通道路条件，使得民众对畜力驮运的依赖度更高。民众在长期的运输实践中，因地制宜地创造出了各种各样的畜力驮运方式。但一般用于长途商业运输的牲畜，多是能负重且耐劳的骆驼、骡、马、牛、驴等大牲畜。

（一）骆驼运输

骆驼在西北地区的商业运输方面有着独特的作用，"骆驼颇适宜于运输"，"有路线无路线，皆可安舒前进"，并"能断水草 10—15 日"，驮载能力也强（每峰骆驼可载货 150—200 公斤）。故在道路条件较差的西北，"骆驼仍为最有价值之牲口"。④ 特别是新疆自然环境严酷，沙漠戈壁众多，在境内外的商业运输中，长期以骆驼为主要运输工具。清代在内地入新疆最重要的驼运干线——绕道外蒙古长约 7000 里的"大西路"上，最主要的运输工具就是骆驼，常年有数以百计的驼帮往来穿梭。因

---

① 陕西省交通史志编委会：《陕西公路运输史》第 1 册，人民交通出版社 1988 年版，第 122 页。
② 《兰州各有关机关第二次驿运座谈会记录》，甘肃省档案馆，档号：48—1—129。
③ 两当县志编委会：《两当县志》，甘肃文化出版社 2005 年版，第 305 页。
④ [俄] 克拉米息夫：《中国西部之经济状况》，《中国西北文献丛书续编》（西北史地）第 11 册，甘肃文化出版社 1999 年版，第 63 页。

"陕甘道有车马之烦顿,税卡之重困"。而蒙古草地"无盗贼之患,关卡之苦"。故当时出入新疆的货物,"走陕甘只十之二、三,走草地者十之六、七"①。

清末新疆古城(今奇台)是与国内华北地区贸易的重镇,因而成为繁华一时的骆驼商业运输中心。出现了近40家大小骆驼店,专门承揽各类货物的运输,著名的有安德堂、天顺魁(后迁包头)等。20世纪20年代,因为外蒙古闹独立封边,"小西路"逐渐取代"大西路"。在"小西路"上商队云集,"商队有时有1000牲口组合而成。此种商队分成数组小队,每队15至20骆驼。每8匹至10匹骆驼有一夫子"②。据统计1930年新疆投入"小西路"运输的骆驼高达18000多峰。③后因甘肃军阀马仲英进军新疆,新疆战乱迭起,"小西路"商道的驼运因之一落千丈。

骆驼运输在新疆其他地区也很兴盛,省内驼运线路更是遍布。由古城通往迪化的称为"上八站",前往伊犁、南疆的驼队多经此路,因水草丰美,沿途村镇较多,人称富八站;由古城经哈密抵达嘉峪关的称"下八站",因此道人烟稀少,还要翻越天山达坂,条件极其艰苦,又称穷八站;由古城通往乌里雅苏台、科布多(现均属蒙古国)的称"前营""后营";由古城通往吐鲁番盆地的则泛称"南路"。④ 20世纪30年代前后,仅在东疆的哈密、巴里坤,从事商业运输的骆驼就有3000余峰。⑤ 甚至在新疆对俄贸易中骆驼运输也有重要的作用。清末民初,北疆地区的骆驼"每岁载货由迪化至斜米省,约计一万五千只"⑥。全面抗

---

① 曾问吾:《中国经营西域史》中编,商务印书馆1936年版,第401页。
② [俄]克拉米息夫:《中国西部之经济状况》,《西北文献丛书续编》(西北史地)第11册,甘肃文化出版社1999年版,第63页。
③ 曾问吾:《中国经营西域史》下编,商务印书馆1936年版,第679页。
④ 新疆通志(商业、外贸)编委会、新疆档案馆:《新疆商业外贸史料辑要》第1辑(内部发行),1990年编印,第50—52页。
⑤ 新疆省志编委会:《新疆通志》(商业志),新疆人民出版社1998年版,第77页。
⑥ 王树枏:《新疆小正》,《中国西北文献丛书》(西北民俗文献卷)卷119,兰州古籍书店1990年影印版,第305页。

战爆发后，新疆曾一次就调集了3500峰骆驼，参与转运苏联援华的物资。① 后随着新疆公路交通运输的不断发展，骆驼的商业运输业务每况愈下。在新疆的驼运中心古城，1941年从事商运的骆驼仅剩5000峰，到新中国成立前夕已不足400峰。②

近代在甘宁青和陕北一带，骆驼也是重要的长途运输工具，故民间饲养骆驼众多。清政府对骆驼养殖也曾予以多方扶植，如"同治二年（1863），府（凉州府）宪转饬遵于镇（番）地，导民养驼，以裕地富民"。"秋季，有司将银1500两，谕令变卖草秣辅助越冬。"③ 直到民国初年，西北许多地方养骆驼之风仍盛行。仅在陕北榆林的三岔湾村，喂养的骆驼曾达到3000峰之多。④ 不少有实力的商人也自养骆驼运货。清末兰州茶商马合盛，在其家乡甘肃民勤养有大量骆驼，仅白骆驼就有3000峰之多。⑤ 甘肃河西安西县（今瓜州）的一些商号也有自己的骆驼商队：长胜西商号到1922年有骆驼800多峰；万泉生商号1926年有骆驼380多峰。⑥ 宁夏银川的大商号也大都有自己的驼队。清光绪年间天成和曾购买20多峰骆驼从事贩运，1923年后随着生意的发展，所养骆驼一度达到了200余峰。⑦

当时的骆驼运输业十分繁盛，曾有人描述甘肃河西的骆驼运输状况："草豆为刍又食盐，镇番（今民勤）贯走参覃；载来纸布茶棉货，卸至泾阳又肃甘。"⑧ 甘肃张掖作为河西的商业重镇，骆驼运输向来比较发

---

① 杜重远：《到新疆去（十九）》，《抗战》三日刊，第48号。
② 新疆通志（商业、外贸）编委会、新疆档案馆：《新疆商业外贸史料辑要》第1辑（内部发行），1990年编印，第52页。
③ 谢树森：《镇番遗事历鉴》卷10。
④ 陕西交通史志编委会：《陕西公路运输史》第1册，人民交通出版社1988年版，第15页。
⑤ 徐力学：《古道纵横演兴衰——兰州古代陆路交通史略》，《西北史地》1988年第1期。
⑥ 王曙等：《清末至民国时期的安西四大商号》，《甘肃文史资料选辑》第42辑，甘肃人民出版社1996年版。
⑦ 李凤藻：《天成和商号》，《宁夏文史资料选辑》第17辑，宁夏人民出版社出版1986年版。
⑧ 转引自徐力学《古道纵横演兴衰——兰州古代陆路交通史略》，《西北史地》1988年第1期。

达，北到包头、绥远、张家口等地，驮运皮毛、食盐、农副产品，返程运回日杂、煤油等；南到青海西宁等地，驮运粮食、手工业品，换回皮毛、肉食等；东去陕西宝鸡、汉中，驮运皮毛、食盐、土特产等，换回布匹、铁器、日杂。① 直到20世纪30年代，"兰州西赴青海各地及新疆，北赴宁夏、绥远、蒙古等处，其往来货物，多赖驼运"②。骆驼运输在青海也有重要地位，青海的食盐多由骆驼转运甘肃各县，马步芳家族的湟中实业公司，也有专门的骆驼运输队。陕北因与蒙古商贸往来频繁，从事商业运输的驼队也不少。如榆林在明代就是边贸重镇，清代与蒙古的边贸更是兴盛，故久有驼城之声誉。

全面抗战爆发后，甘宁青地区骆驼运输仍占有重要地位，民间养骆驼也很普遍。1941年张掖地区有骆驼5098峰（张掖2200峰，高台1048峰，山丹1850峰）。③ 安西县的晋兴协商号，在抗战时有骆驼180多峰。④ 甘肃因处于对苏贸易的交通要道，为了抢运对苏贸易物资，省政府也曾大量征雇骆驼。1939年9月甘肃车驼局仅在酒泉一地，就征雇从事运输的骆驼2000峰，⑤ 其中240峰骆驼从酒泉往星星峡运送应交付苏联的皮张，回程又从星星峡运回航空油30吨到甘肃安西。⑥ 交通部西北公路运输管理局，仅在甘肃永昌就征雇了209头骆驼，原准备从武威转运油料到兰州，后改运其他货物。⑦ 1939年11月日军切断了陇海铁路，占领了山西潞盐产地，西北东南部地区食盐紧缺。西北盐务局征雇了5000峰骆驼向陕西运送青海食盐，但仍无法完成任务，甘肃车驼局又增

---

① 王世积：《甘州驼运考》，《张掖地区文史资料》第1辑，1999年编印。
② 潘益民：《兰州之工商业与金融》，商务印书馆1935年版，第88—89页。
③ 王世积：《甘州驼运考》，《张掖地区文史资料》第1辑，1999年编印。
④ 王曙等：《清末至民国时期的安西四大商号》，《甘肃文史资料选辑》第42辑，甘肃人民出版社1996年版。
⑤ 《交通部西北公路运输管理局为利用凉州即将启程之驼队装运本局油料来兰给甘肃省车驼管理局公函》，甘肃省档案馆，档号：21—1—296。
⑥ 《财政部贸易委员会西北办事处就由星星峡运航空油至安西运费等问题给甘肃省车驼管理局公函》，甘肃省档案馆，档号：21—1—306。
⑦ 《交通部西北公路运输管理局就凉州现无东运油料征驼请运载他项货物事给甘肃省车驼管理局公函》，甘肃省档案馆，档号：21—1—296。

调平凉载运处的310峰骆驼帮助盐务局运盐。①

因全面抗战时期，甘肃的商业运输任务异常沉重，而大量征雇的骆驼又多为民间个人所有。甘肃省驿运部门为了提高效率和便于管理，在自愿结合的基础上，以县、区、乡分别联帮编队，每队约30到50峰骆驼，发给队旗，并指定1人为队长，驼户也可选代表负责与官方的交涉。通过这样的办法，在甘肃组织起了庞大的骆驼运输队伍。据统计1939年，甘肃从事长途运输的骆驼有3.7万峰之多。仅省驿运部门征雇的骆驼：1940年为18919峰，1941年为3842峰，1942年为11070峰，1943年为6914峰，1944年为7502峰，1945年为7018峰。② 为了适应商业运输的需要，在驼运商道上除了政府设立的驿站外，还出现了不少私人组建的驼行、驼栈等，以接待驼队和招揽各种民间的商运业务。

（二）其他畜力驮运

骡马驮运在西北许多地方也很发达。陕南因环境和道路条件限制，在一些重要的商业城镇都有大批骡马驮畜。20世纪30年代，洛南的景林镇每天出入的山货有2万多斤，来往的驮运骡马在八九十匹。③ 一些经营过载业务的商号还自养骡马，如龙驹寨的德胜新行养骡马600多匹。④ 在1928年前，甘肃河州地区（今临夏）的骡马驮运也很兴盛，因各马帮的长期经营，他们逐步形成了较固定的线路：广河、和政、康乐的1300多匹骡马，多走四川、汉中、兰州；永靖北乡碱土川一带500多匹骡马，多走西宁、汉中、四川中坝；临夏南川一带驮队有骡马400—500匹，多走兰州、四川；临夏东川一带驮队有骡马200—300匹多走兰州；临夏上、下西川共有驮骡马500—600匹，上西川多走夏河、循化、化隆藏区，而下西川多走四川。⑤ 新疆在民国后，南疆的喀什、莎车、和田等

---

① 西北盐务局：《关于请拨车驼的代电》，甘肃省档案馆，档号：21—1—303—23。
② 甘肃公路交通史编委会：《甘肃公路交通史》第1册，人民交通出版社1987年版，第391页。
③ 车进行：《解放前景林镇山货行和运输与》，《洛南文史》第4辑，1986年编印。
④ 胡伯益：《烟茶布三帮在西北产销概况》，《陕西文史资料选辑》第23辑，陕西人民出版社1989年版。
⑤ 张思温：《河州经济琐谈》，《临夏文史》第2辑，1986年编印。

地，官商转运许多货物多靠马帮转运。1930年杨增新从印度购买一批英国军火，为转运这些军火曾一次征调驮马1400匹，行程长达2000余千米。①

在西北的一些地区，如甘南、青海、新疆高寒山区，因特殊的自然环境，使用牦牛作为驮运工具也很普遍。清末民初，每当甘青牧区羊毛输出的夏末秋初时节，驮运羊毛的牦牛队遍布青藏高原，将大量羊毛集中到青海的西宁、湟源，以及甘肃的拉卜楞等地，换取河西等周边地区运入的粮油，和由外地贩入的茶布等日用品。还有商人用牦牛从青海哈姜往四川贩盐，"每次牛驮恒以数千计"，"年运万余驮"。② 当时的主要线路有：西宁经结古（玉树）至拉萨、康定、甘孜等地；西宁至河西、甘南等地；西宁至且末等地。此外，在西北还有不少地方，也使用毛驴进行商业运输的。但因毛驴驮运量较小，故多用于短途运输。如陕北许多农户利用农闲时节，常赶着自家毛驴到蒙地做些小生意。

全面抗战爆发后，虽国民政府大力鼓励发展胶轮大车运输，但因西北地区道路交通条件较复杂，特别是在山区畜力驮运仍是重要的商贸运输方式。据统计1939年甘肃从事民间运输的骡、马、驴，分别为146000匹、176000匹、720000头。1942年仅甘肃省驿运管理机关征雇的驮骡、驮马、驮驴达13813匹。③ 在全面抗战爆发前后，青海的马步芳成立了1000多头牦牛组成的运输队，往返于青海西藏之间从事商贸活动。在缅甸沦陷后，国民政府与印度协商开通了印（度）新（疆）援华物资运输线，盟国将物资运到克什米尔的列城，由新疆方面负责组织驮畜接运。1944年夏新疆曾一次准备了马匹1600多匹，将列城的货物先驮运到叶城，再由汽车转运内地。为了帮助翻越雪山达坂，还曾雇用了当地500

---

① 新疆维吾尔自治区交通史志编委会：《新疆公路交通史》第1册，人民交通出版社1992年版，第134页。
② 《西京日报》1935年5月12日。
③ 甘肃公路交通史编委会：《甘肃公路交通史》第1册，人民交通出版社1987年版，第391页。

头牦牛帮助运输。①

三 船筏运输

西北地区河流相对较少，水流量一般都不大，而且滩险流急，给水路运输带来许多不便。但在自然经济时代，水路运输又是最为廉价的运输方式。西北地区的各族民众，经过长期地实践和不断探索，按照不同的自然环境条件，创造出了许多借助水流的运输方式，有的还极富民族或地域特色。当历史进入近代后，随着商品经济的逐步发展，这些运输方式被进一步地应用和改造，也成为西北地区商贸运输的重要力量。

（一）船运业

西北地区的水运主要在黄河流域，黄河"贵德以上，河身较狭，不能畅行舟筏，仅有渡船"。贵德与共和间，"水势较稳，所用木船较多"，但可船运的区间距离不远。共和往下则不适合行船，"如欲往下游运货，则需用皮筏"②。故黄河船运主要集中在宁夏中卫到内蒙古河套段，此段的水流相对平缓。甘宁青地区的皮毛、药材多集中于此，运往包头再转输各地。此处使用的"船有高帮、七站、小五站三种名目。高帮船，长三四丈，宽丈余，深三尺，平底，两头为尖形，吃水二尺"；"七站船，长四丈余，宽约二丈，两头宽约一丈，深五尺，平底，吃水三尺半左右，能载重三万余斤"；"小站船，大小不一，式与高帮略同"③。

黄河支流渭河发源于甘肃境内，流于崇山峻岭之中，"极不利航行"。宝鸡至西安北之草滩，"河水小时亦不利行舟"。"西安北之草滩以下"，"河床较深"，"均可自由通航"。"陇南之药材、四川之卷烟、汉中之茶货"，"多自此向下游启运"④。地处渭河边的咸阳是重要的水旱码头，关中的棉花、小麦，甘肃的皮货、药材等集中于此，通过水路转运

---

① 杨再明：《周折转运美援物资》，《新疆文史资料选辑》第 24 辑，新疆人民出版社 1992 年版。
② 傅安华：《西北交通概况》（下），西北文化学社：《西北资源》1941 年第 1 卷第 5 期。
③ 林鹏侠：《西北行》，甘肃人民出版社 2002 年版，第 204—205 页。
④ 傅安华：《西北交通概况》（下），西北文化学社：《西北资源》1941 年第 1 卷第 5 期。

到河南、山西等地。清光绪时，咸阳年可额解船税846两余。① 西安城北的草滩镇是著名的盐码头，山西的食盐多在此卸货；白杨寨是著名的煤码头，山西煤炭多在此卸船。20世纪30年代中期，随着陇海铁路线进入关中地区，渭河的船运业逐步走向衰退。

汉江是西北与长江中下游地区联系的重要水道，船自陕西沔县大安镇可直抵汉口。汉江上游的汉中为水陆转运重地，两岸码头依江傍水，船只、驮队云集，清末每年输出额为10万余两白银。汉江边的白河口，"群山夹峙一水，船舶往来"，由汉口贩来的布匹、绸缎、杂品，外洋的各种日用工业品等，"近销兴汉，远及川甘"，每年可抽各种厘金6万余两。② 19世纪二三十年代，汉江水运业进入鼎盛时期，往来船只2000余艘。大船载重可达60吨，小的载重在7—8吨之间。木船因水道或用途不同形制不一，有鸭首船、揪子船、铲子船、毛板船（一次性运输船，货到后连船一同卖掉）。全面抗战时因武汉三镇陷落，通往汉口的水路被断绝。后国民政府第五战区后勤部，在安康成立了两个木船运输队（船100艘，平均吨位20吨），负责往老河口运输各类军需。③ 汉江的支流丹江，自龙驹寨以下船可经老河口转入汉江，因而也成为近代商品运输的重要水陆码头。

嘉陵江是陕西汉中与四川联系的重要商道。清同治年间左宗棠为进军西北，曾利用嘉陵江从四川运输军粮。全面抗战时期，西北与四川的政治、经济往来加强，嘉陵江航线的重要性日益凸显。1939年陕西省建设厅对嘉陵江上游河道进行了疏通，使得阳平关以上的部分河段也可通航。因该航道可和川陕公路联运，成为战时西北和西南两大后方商品运输的重要通道。嘉陵江的支流白龙江是甘川贸易的重要通道。全面抗战时为减轻甘川公路的运输压力，曾借原古栈道开辟了兰州到碧口的驿运支线，大量的货物被转到甘肃文县碧口镇，再装船南运四川、重庆，碧

---

① 宋伯鲁：《续修陕西通志》卷三五《征榷》。
② 宋伯鲁：《续修陕西通志》卷三五《征榷》。
③ 参见《安康汉江水运史》，《安康文史资料选辑》第4辑，1991年编印，第23、96、30页。

口常年往来的船只约有100余条。①

新疆伊犁河"伊宁以下，始可运行小船和木筏，至固尔扎附近（现中国与哈萨克边界处），河幅展宽"，"可通行普通木船"②。1767年（乾隆四十一年）官方曾利用该河段运送过军粮。近代中俄贸易开始后，伊犁河商业运输逐步兴起。伊犁河中游地区居民，将上游木筏运来的货物集中上船，沿河而下到霍尔果斯与俄商贸易，俄国输入新疆的物品也走此水道。③ 南疆的塔里木河因中下游多沙滩，船运早期主要集中在塔里木河上游的支流喀什、阿克苏两河的河段。1944年新疆省政府为解决南疆运输困难，曾令阿克苏专员公署在塔里木河试办航运。该公署造小木船10只，从阿克苏河入塔里木河，航程达1000余千米。1946年1月设立塔里木河航运局，拟分5年整治塔里木河，使其能达到通船的目标，后因时局变化未能完成。④ 此外，新疆额尔齐斯河"承化以上，水流较急，河幅也窄"，⑤ 仅可通行小船，以下船运可通俄斋桑泊。

（二）筏运业

筏运在西北地区也占有较重要的地位，常见的筏运有木筏、皮筏之分。木筏运输主要集中在河流上游地区，如黄河上游采伐的木材被编成木排，由贵德放运兰州、包头等地贩卖。黄河上游的支流洮河，由临洮、临潭等地放运的木筏也不少，每筏连木料100至300根不等。黄河另一支流大夏河因河水较小，放运的木筏每筏连木30根左右，且多为木桁条、椽子等小料。⑥ 青海民和的川口镇，每年有大批木筏由湟水入黄河，将永登、连城等地采伐的木料运输到兰州等地。⑦ 黄河最大的支流渭河，上游林区所产木材，也多通过渭河编筏贩运到宝鸡、咸阳等地。陕南的

---

① 王紫瞻：《碧口水运概况》，《甘肃文史资料选辑》第27辑，甘肃人民出版社1987年版。
② 傅安华：《西北交通概况》（下），西北文化学社：《西北资源》1941年第1卷第5期。
③ 黄大强：《伊犁河航运史话》，《伊宁市文史资料》第11辑，1995年编印。
④ 新疆社会科学院历史研究所：《新疆简史》第3册，新疆人民出版社1987年版，第415页。
⑤ 傅安华：《西北交通概况》（下），西北文化学社：《西北资源》1941年第1卷第5期。
⑥ 张思温：《河州经济琐谈》，《临夏文史》第2辑，1986年编印。
⑦ 张士全：《川口的筏运业》，《民和文史资料》第1辑，1993年编印。

汉江流域有木筏，甚至还有竹筏，但同样是为了放运木、竹材，货运一般多用船。此外，新疆伊犁河上游，塔里木河及各支流也有木筏。但总体来说，西北地区使用木筏运输货物的规模不大，有些地区因为河水原因，木筏放流的季节性也很强。

西北地区最为著名的是皮筏运输，在近代西北交通运输史上曾有过辉煌的一页。提起皮筏人们自然会联想起古老的黄河，以及青藏高原和生活在高原上的古老民族。其实就皮筏演化的历史而言很久远，黄河流域用皮囊渡河，较早见于记载的是《后汉书》南匈奴列传所载：公元65年（东汉永平八年），匈奴在朔方（今内蒙古河套地区）作马革船，准备迎接叛汉的南匈奴。至于结皮囊为筏，见于记载的是《后汉书》邓禹传所记：东汉中期曾发湟中六千人攻迷唐羌，缝革为船以渡河。因皮筏质地轻，漂浮力很强，非常适合游牧民的生产和生活需要，后就在黄河上游地区被广泛使用。清康熙年间有人曾描述甘肃河州地区皮筏摆渡的情景："须臾裸其体，鼓舞贯牛革；革中气已充，束之以薇缠；三五连为筏，置之河之侧；扶掖蹬其上，飘忽意得得；仓促发中流，荡漾轻若翼；高下为狂波，惊悸为失色。"①

早期皮筏运输多使用的是牛皮筏，因"黄河上游峡多水紧"，"船不能驶行"，老百姓便"以整牛挖去骨肉"，"缚其四肢，用以做袋，以项为袋口"②。再将若干牛皮袋绑在用柳木做的筏架上，组成一只只皮筏，然后用几只木桨划水。皮筏所用皮袋从几个、几十个到数百个不等，最大的皮筏长达20多米，宽7—8米，约需牛皮袋120个（羊皮袋600多个）。羊皮筏制作也大体如此。两种皮筏的不同之处是：牛皮筏可将运输货物装在皮袋内，空筏时袋内充草，故有人称其为"草筏"；羊皮筏则先将皮袋浸泡柔软，灌入清油和少量食盐，再人工给皮袋充气，羊皮袋内不装货物。用于长途运输的多是大、中型皮筏，小筏多用来摆渡或短途周转。皮筏运输业兴起之初，主要集中在兰州以西黄河上游及其支流，

---

① 张瓚：《河州志》，《中国西北文献丛书》（西北稀见方志）卷四九，兰州古籍书店1990年影印版，第629页。
② 慕寿祺：《甘宁青史略》（正编）卷三〇，兰州俊华印书馆1936年版。

初期的筏户几乎全是回民，所贩运的货物也较杂，主要是皮毛、粮油等。

在清光绪年间，皮筏开始大量用于长途运输。起因是甘青地区的一些西方传教士在传教的同时，他们还收购皮毛进行贩卖。因当时陆路交通极为不便，他们便雇用当地的筏客为其运送。清末民初，甘宁青地区的皮毛通过天津大量出口，导致兰州到包头的航线逐步火了起来。兰州因此成了西北皮筏运输的中心，不仅周边地区的货物汇集兰州，通过黄河水路东运，青海的皮筏不少也在兰州停留改组大筏。兰包航线多急流险滩，航行十分危险。每年航期从农历三月到十月，其中五、六、七月时光最好，这时黄河水位较高，航速快，每天可达100多千米。皮筏到达目的地后，卸下货物，然后将皮袋拆开晒干，用牲畜驮回。因回程极费时日，所以一般每年只能航行两次。

20世纪20年代京绥铁路通到包头，西北土特产也可由包头经铁路转运京、津等地。皮筏运输也因此有了大发展，一些汉民也卷入皮筏运输中去。兰州及附近地区从事皮筏运输的有：兰州帮30余户，共有30吨大筏30多只；靖远帮10余户，共有15吨皮筏十四五只；青城帮有30吨的大筏七八只。① 青海仅民和一地，有筏户五六十户（多为中小筏，20吨大筏只有10余只）。据1933年对青海化隆、循化两县调查，分别有载重8吨左右的皮筏300只、200只。② 皮筏的结构这时也发生了变化，羊皮筏以其成本低（1个30吨牛皮筏约需1500元，同等羊皮筏只需600元）、航速快（羊皮筏比牛皮筏快1倍）、吃水浅等优点，逐步在长途运输中取代了牛皮筏。

全面抗战爆发后，甘肃的皮筏运输业被纳入政府驿运机关管理，为战时运输服务。仅1937年10月到年底，甘肃军运处征雇皮筏往宁夏运送飞机用油12000加仑，军粮150000多斤。③ 1941年后甘肃临夏附近各县的军

---

① 王信臣：《解放前甘肃的皮筏运输业》，《甘肃文史资料选辑》第3辑，甘肃人民出版社1987年版。
② 翟松天：《青海经济史》（近代卷），青海人民出版社1998年版，第182页。
③ 刘呈芝：《抗战初期的甘肃军事运输处》，《甘肃文史资料选辑》，第25辑，甘肃人民出版社1987年版。

粮,被集中到永靖的莲花、唵歌集等地,然后用皮筏运到兰州再转运前线。甘肃省驿运管理机关1941年征雇皮筏58只,1942年征雇皮筏达200只。①第八战区运输处宁夏绥西运输分处,因"本管区沙漠地多,汽车殊难发挥作用",要求"黄河解水时,可充分利用皮筏"运输。②青海马步芳则借战时经济统制之名,组织起了拥有皮筏百余只的水运机构,基本上垄断了青海的皮筏水运业。皮筏运输一度还被引入西南地区。1941年夏国民政府油矿局为缓解汽油运输困难,曾组织皮筏赴嘉陵江运油,6月6日自四川广元起航,6月21日抵达重庆,共运油料约32吨。③

就全面抗战时期而言,皮筏运输业有所衰退,到1942年兰州周边皮筏运输户减少到21户(见下表)。这主要是因为日本占领了东部沿海地区,接着又攻占了包头,兰包航线被迫中断,西北地区货物只好改由新疆出口。加之,汽车运输业逐步兴起,这也使得皮筏运输的货源减少。故这时皮筏运输主要集中在甘青地区,皮筏从黄河上游各地将畜产品和土特产运到兰州,再用汽车经甘新、甘川等公路运出。抗战胜利后筏户恢复了自营,这时因国际、国内局势好转,与东部地区的商品贸易又趋活跃,皮筏业又开始兴盛起来。故近代西北地区的皮筏水运业,在当时交通不便的情况下,曾在商贸运输中发挥过重要的作用。

表2-3　　　　　　　1942年兰州市皮筏业字号统计④

字号	资本(元)	经理人	字号	资本(元)	经理人
福盛	1600	马得福	玉兴恒	1500	魏玉珠
玉兴诚	1500	王信臣	全顺源	1500	苏有全

---

① 甘肃公路交通史编委会:《甘肃公路交通史》,第1册,人民交通出版社1987年版,第391页。

② 宁夏档案局(馆)编:《抗战时期的宁夏——档案史料汇编》(上),重庆出版社2015年版,第122页。

③ 《资源委员会甘肃油矿局为羊皮筏由广元航运汽油至重庆牛角沱码头请予参观指导给有关单位函》,重庆市档案馆,档号:02410020000340000012000。

④ 本表根据:《兰州市皮筏商业同业公会会员名册》(民国三十一年七月)编制,甘肃省档案馆,档号:60—2—164。

续表

字号	资本（元）	经理人	字号	资本（元）	经理人
玉盛和	1600	洪金玉	义成公	1400	滕宝义
德盛明	1200	鲜福德	德盛永	1400	牛殿华
万和祥	1100	唐万和	述源长	1400	郝述华
金盛源	1500	洪金堂	忠盛福	400	陈忠魁
福盛祥	1800	马德福	聚川成	1200	曾锡洛
兴玉和	1400	张兴玉	玉龙魁	1200	张秀龙
永发成	1400	马成才	德兴恒	400	马源林
德泰兴	500	马骥德	乾盛昌	1200	马河图
全盛福	1500	马得图			

综上所述，近代西北地区商贸运输方式极其落后。清末至抗战主要是大车和畜驮，水运主要集中在黄河、汉江等少数河流。运输方式的落后，使得商业运输很难谈到效率，并使得商品的成本大幅增加。如从奇台到乌苏里雅台850千米，每36磅货物运费可高达4.38两白银。[①] 高昂的运价对民间商业贸易非常不利，新疆因与内地交通不便，"商货之载途者，恒数月而不达，刍粮之烦费，赢息之亏损，成本之重滞，在在足为商蠹"[②]。外来工业品因运输不便价格暴涨，20世纪初的西安，"物值昂上，远过平津"[③]。同时，也导致了西北许多资源，因运输成本太高无法有效利用。如青海的食盐因运输成本太高，主要销往甘青周边地区。陕南因运输不便，"山内粮食绝贱"[④]。但由于当时国家工业基础薄弱，即使在汽车运输业兴起后，传统的驿运在商贸运输中仍占有重要地位。1940年曾有批苏联援华物资急需转运，汽车仅承运了其中的3040吨，其

---

① [俄] 克拉米息夫：《中国西部之经济状况》，《中国西北文献丛书续编》（西北史地）第11册，甘肃文化出版社1999年版，第171页。
② 王树枏：《新疆图志》卷二九《实业二·商务》。
③ 胡时渊：《西北导游》，《中国西北文献丛书》（西北民俗文献）卷127，兰州古籍书店1990年影印版，第255页。
④ 严如熤：《三省山内风土杂谈》，《中国西北文献丛书》（西北民俗文献）卷127，兰州古籍书店1990年影印版，第66页。

余的 4300 吨则是驿运承运的。① 传统驿运在西北商贸运输中的地位,由此也可窥见一斑。

第三节 近代化商业运输业的兴起

近代化的运输工具汽车、火车、飞机、轮船,在西北地区出现均比东部地区要晚,在商业运输领域的应用就更迟。近代西北地区的商业运输中,相对而言汽车运输业的发展状况要好一些。因全面抗战时期特殊的历史条件,使得汽车在商业运输中得到了较大范围的使用。铁路运输在西北只是一个初步的开端,主要限于陕西关中一隅。民航虽开通了几条重要航线,但因旧中国工业落后,民航器械、技术完全依赖外国,致使其运力小而且成本很高,除邮寄少量皮毛、水烟等产品外,很少被用于商品的运输。轮船运输在西北地区曾搞过几次,都属于实验性质的,基本均以失败而告终。

一 汽车运输业

在西北地区最早尝试使用汽车运输是在1911年,当时伊犁将军府所属的羊毛公司曾从俄国购进两辆汽车,在惠远和宁远间从事客运活动,但此举并没能维持多久。② 后来西北一些地方官府或军阀,为了各种目的开始购进汽车。如1922年甘肃省督军陆洪涛从天津购进一辆小汽车,但只是供自己玩乐的。汽车真正从事规模化的商业运输,则源于陕西西堂汽车股份有限公司。而汽车运输业的发展壮大,则是全面抗战爆发以后的事。

(一) 汽车运输业的兴起

1922年8月西堂汽车股份有限公司获准经营西安到潼关间货物运输,开启了西北商贸运输的新风尚。截至20世纪30年代初,陕西先后成立了利泰等8家私营汽车行,主要在西凤、西长等公路线上运营。③

---

① 龚学遂:《中国战时交通史》,商务印书馆1947年版,第107页。
② 新疆省志编委会:《新疆通志》(公路交通志),新疆人民出版社1989年版,第346页。
③ 陕西省志编委会:《陕西省志》(大事记),三秦出版社1996年版,第307页。

1922年甘肃一些民间人士也曾发起组织汽车公司，但均未有结果。1925年冯玉祥部国民军入甘后，所部军车常行驶于兰州到西安之间，有时也兼做点商务性的经营活动。因汽车运输利润丰厚，致使一些商人也逐步卷入汽车运输业。到1934年兰州有商车130余辆（多为外省在兰营运车辆，属甘肃的仅40余辆）。① 宁夏和青海的汽车运输业情况更为落后。偌大的青海到1934年，平均7万多平方千米才有1辆汽车。

新疆愿"长为太古之民"的杨增新，对发展公路运输无多少兴致。但俄道胜银行为扩展在新疆的业务，"曾由天津方面以汽车三十六辆运新，不幸长途艰困，损坏极多，及抵新省，大都无用，其完好者仅得一辆"②。直到1926年夏，新疆地方当局才决定由天津购进汽车30辆。次年8月，新疆省建设厅正式设立汽车总局，并新建一个汽修厂，后又陆续购进15辆，往来于省城与奇台之间。1930年新疆允许私人介入汽车运输业，开始出现了私营汽车公司，最为著名的是1932年成立的新绥汽车公司。③ 故西北的汽车运输业起步晚，发展也很缓慢。据统计到1934年，西北5省共有汽车330辆（参见下表）。

表2-4　　　　　　1934年西北各省拥有汽车数量统计④

省份	拥有汽车（辆）	备注
陕西	172	内含5辆脚踏机动车
甘肃	43	
宁夏	45	
青海	10	
新疆	60	
合计	330	

---

① 《兰州百年大事记》1934年1月条，《兰州文史资料》第4辑，1986年编印。
② 张大军：《新疆风暴七十年》第5册，兰溪出版社1980年版，第2369页。
③ 新疆省志编委会：《新疆通志》（公路交通志），新疆人民出版社1989年版，第346页。
④ 本表根据《中国经济统计年鉴·交通》，商务印书馆1935年版，第533—556页相关资料编制。

1935年南京国民政府全国经济委员会公路处，在西安成立了西北国营公路管理局。同年9月该局接管了西兰公路，并在西兰公路投入车辆49辆（其中客车12辆，货车35辆，工程车2辆）。西北国营公路管理局还租用商车15辆，承运邮件并附带搭乘旅客业务。1936年该局车辆发展到了124辆，但仍无法满足运输的需要。① 同年，经国民政府交通部批准成立了西兰公路商车理事会，组织了60部商车在西兰公路上运营。当时的公路多为驿道或大车道改建，故质量较为低劣。如最为重要的西兰公路，也常是晴天一身土、雨天一身泥，故被民众戏称为"稀烂公路"。在国民政府相关部门的带动下，陕甘地方汽车运输业也有所发展。陕西开通了凤翔到汉中、宁强的汽车运输业务。甘肃省政府也批准在兰州设立新绥汽车公司，该公司主要利用旧有的大车道，经营河西走廊地区的运输业务。

（二）汽车运输业的发展

全面抗战爆发后，西北成了抗战大后方和对苏贸易通道。在国民政府的大力支持下，西北的汽车运输业也发展了起来。1937年10月苏联援华物资开运后，新疆和甘肃按国民政府的指令，成立了相应的军事运输管理和接待机构。与此同时，中方偿还苏联的贸易物资也开始输出，致使当时的运输能力严重不足。"虽有三四个所谓辎重汽兵团，但由于种种原因，确实力不胜。"② 国民政府不得不大幅调整西北公路运输机构，扩充其营运范围和经营规模。1938年东部的海路运输中断，许多对苏贸易物资改道西北。同年9月，国民政府在兰州组建了西北公路运输管理局，拨给该局汽车369辆。1939年8月又陆续新增汽车500辆。③ 到当年年底，西北公路运输管理局汽车数量达到1292辆（见表2-5）。④

---

① 王化机：《西北公路局概略》，《甘肃文史资料选辑》第14辑，甘肃人民出版社1983年版。
② 王化机：《西北公路局概略》，《甘肃文史资料选辑》第14辑，甘肃人民出版社1983年版。
③ 参见《西北公路运输》，西北公路运输局1939年编印，第17—18页。
④ 《本局运输工具有多少》，西北公路运输管理局：《西北公路》1939年12月第1卷第20期。

表2-5　　1939年12月西北公路运输管理局拥有汽车情况①

	客车	卡车	小座车	旅行车	救济车	修理车	合计
俄制	38	1063	5		1	6	1113
德制	43	88				2	133
美制	21	22	2	1			46
合计	102	1173	7	1	1	8	1292

注：关于西北公路运输管理局汽车拥有数量说法不一，据甘肃省志编委会编《甘肃省志》（公路交通志）记载：1939年底为1307辆，最盛时达1383辆。

西北公路运输管理局以兰州为中心（其营运线路的58%在甘肃境内），行车范围涉及西北五省，以及四川、湖北、河南、绥远等地，营运里程达4600余千米（见表2-6）。② 为了解决当时汽油奇缺的问题，该局决定利用天水盛产木炭的条件，将天水区段的苏制吉斯—5型汽车（共20辆）改装为木炭车。③

表2-6　　抗战时期西北公路运输管理局汽车运营主要线路④

名称	起止	名称	起止
西兰线	西安——兰州	华双线	华家岭——双石铺（陕西）
兰星线	兰州——星星峡	汉白线	汉中——白河口（河南）
宝广线	宝鸡——广元（四川）	平宁绥线	平凉——银川——陕坝（现内蒙）
甘青线	兰州——西宁		

西北地方政府、机关单位和商家所属汽车，这时数量也有所增加。陕西全省汽车最高拥有量为661辆。⑤ 甘肃的汽车主要集中在兰州，其他

---

① 本表根据：《本局运输工具有多少》，西北公路运输管理局：《西北公路》1939年12月第1卷第20期资料编制。
② 钮泽全：《抗战中之西北公路运输》，交通部西北公路局：《西北公路》（月刊）第5卷。存甘肃省档案馆，档号：资（杂志）162—1。
③ 甘肃省志编委会：《甘肃省志》（公路交通志），甘肃人民出版社1993年版，第854页。
④ 王化机：《西北公路局概略》，《甘肃文史资料选辑》第14辑，甘肃人民出版社1983年版。
⑤ 陕西省交通史志编委会：《陕西公路运输史》第1册，人民交通出版社1988年版，第89—90页。

地区数量很少,到1941年兰州有私营汽车50辆。① 新疆因与苏联的关系汽车运输发展稍好,据统计1941年共有私营汽车190辆,各机关单位到1943年共有汽车172辆。盛世才与苏联闹翻后,新苏贸易中断,汽车、油料及配件断绝,到1944年私营汽车仅剩23辆。② 宁夏、青海两省,本地的汽车数量无多。

全面抗战时期,为了确保战略物资运输,提高行政效率和车辆运输能力,国民政府交通部在行政、交通管理、车辆等方面采取了一系列措施。如设立了公、商车管理所,加强了对商车的统一调配等。陕西因苏联援华物资入川运输压力加大,对商车开始实行统制和调配。1937年11月为了承担陕川贸易物资运输,除西北公路局所属的300辆汽车外,截至1939年年底,陕西出动汽车数千次,共转运各类物资14批。③ 1945年有4570吨盟国援华物资需由四川广元运往陕甘,西北公路运输管理局仅完成了1370吨,其余都由陕西的商车完成。④ 新疆也采取了相应管制措施,民营汽车由新疆公路运输管理局负责调度。1937年10月苏方援华物资正式起运,部分物资运到新疆迪化后,再由新疆方面转运到兰州,新疆除大车外还组织了40辆汽车参与转运。⑤ 直到抗战胜利后,政府才放开对汽车运输的管制,恢复了商家汽车自行营运的局面。

除与苏联易货贸易物资外,汽车还承担了军需及大后方建设等各项运输任务。1939年7月陕西一次抽调汽车近100辆,从汉中往安康运送弹药、粮食等物资。⑥ 为了加强抗战时人员和物资交流,还在甘陕、陕川间实行了汽车客货联运。1943年后因盛世才与苏联闹翻,新疆物资极端缺乏。为确保新疆的稳定,国民政府从湖南、四川、重庆等地调运物

---

① 刘耀武:《原兰州私营汽车业简史》,《兰州文史资料选辑》第3辑,1985年编印。
② 新疆省志编委会:《新疆通志》(公路交通志),新疆人民出版社1989年版,第346页。
③ 陕西省交通史志编委会:《陕西公路运输史》第1册,人民交通出版社1988年版,第85页。
④ 田霞:《陕西公路运输在抗战中的作用》,《抗日战争研究》1994年第1期。
⑤ 杜重远:《到新疆去(十九)》,《抗战》(三日刊),第48号。
⑥ 陕西省交通史志编委会:《陕西公路运输史》第1册,人民交通出版社1988年版,第85页。

资驰援新疆。1944年西北公路运输管理局仅从兰州向新疆转运：红茶4486箱（161970公斤），食用糖517件（58213公斤），棉布1万匹（重57000公斤）。①

全面抗战时期汽车还承担了一些特殊运输任务。1939年5月为防止成吉思汗陵被日寇所盗，西北公路管理局会同陕西出动车辆百余次，将成吉思汗陵转运到甘肃榆中的兴隆山。九一八事变后，故宫博物院的部分珍贵文物被运往南京。日军进攻南京后，其中约700箱通过火车被秘密转运到宝鸡。后西北公路管理局动用汽车300余车次，将这批文物转运到了成都。1943年8月到1944年年底，西北公路局还应农林部委托，从西安运送河南难民8000余人到新疆。②此外，部队的换防和调动、接送入伍新兵和复转军人等，也有不少的公、商车辆被征调、征雇去服务。

抗战胜利后，西北地区汽车数量有了较大增加。陕西截至1948年5月有私营汽车公司18家，车辆共计829辆。陕西省各机关单位，还有公车约百余辆。此外，交通部所属陕西七运处，截至1949年5月有汽车329辆（西安100辆，汉中229辆）。③甘肃因当时中央驻甘单位和部分军车拍卖，私人汽车数量大增。仅兰州市有私营运输公司30家，共有汽车943辆。④新疆到1949年省公路局有货车128辆，交通部所属新疆六运处，也有各种货车178辆，全疆的私营汽车达266辆。⑤1946年青海借修青藏公路之机，挪用中央补助修路款，购进了120辆汽车，到新中国成立前夕共有公、私汽车216辆。⑥

汽车在商贸运输中的应用，很大程度上改变了西北交通运输困难的

---

① 新疆维吾尔自治区交通史志编委会：《新疆公路交通史》第1册，人民交通出版社1992年版，第189页。
② 陕西省交通史志编委会：《陕西公路运输史》第1册，人民交通出版社1988年版，第86页。
③ 陕西省交通史志编委会：《陕西公路运输史》第1册，人民交通出版社1988年版，第154、136页。
④ 甘肃公路交通史编委会：《甘肃公路交通史》第1册，人民交通出版社1987年版，第440页。
⑤ 新疆省志编委会：《新疆通志》（公路交通志），新疆人民出版社1989年版，第346页。
⑥ 翟松天：《青海经济史》（近代卷），青海人民出版社1998年版，第178页。

状况。1933年8月绥新公路正式通车,从呼和浩特至乌鲁木齐12天即可到达,大大节约了运输时间。此外还可大大降低成本,据俄人克拉米息夫估算,汽车运价仅约是骆驼运价的1/3到1/4。① 全面抗战时虽因特殊的历史条件,汽车运力十分紧张,加之汽油、汽车配件极缺,导致了汽车运价暴涨,但汽车在商贸运输中仍有十分重要的作用。特别是在滇缅公路封闭后,西北公路一度几乎成了唯一的国际贸易通道,西南等地大批贸易物资也改经西北转运苏联。为了抢运这些战略物资,在川陕线曾一次就抽调陕、甘商家汽车300余辆。② 除中苏贸易外,当时西北与西南两大后方的物资交流,甘肃玉门的石油制品、药材、水烟,陕西的原棉,宁、青的食盐输往西南,西南的日用百货、布匹、糖、茶、机具、配件输往西北,也在很大程度上依赖汽车。

二 铁路、轮船、飞机

西北地区的铁路、轮船运输比东部地区要晚得多。直到全面抗战爆发前后,铁路运输才正式在西北得到运用。轮船商业运输出现在民国初年,但均处于实验阶段,没能形成规模,最终也以失败而告终。飞机用于商业运输在世界范围而言出现的也迟,大约是在一战以后。在中国出现则到了20世纪30年代,在西北出现还要再晚一些。这些近代化交通运输工具,在西北商贸运输中作用有限,特别是轮船、飞机实际作用微乎其微。但也无可否认,毕竟还是开了西北商贸运输方式近代化的先声。

(一)铁路运输

近代西北地区的铁路运输业主要局限于陕西关中地区,甘肃仅有陕甘交界葡萄园到天水北道埠的46千米铁路。尽管如此,近代西北铁路事业的发展将西北东部与内地连接了起来,对与内地的商贸发展无疑是有促进作用的。宝天铁路开通也为甘肃货物运输开辟了一条通道,如1947

---

① [俄]克拉米息夫:《中国西部之经济状况》,《中国西北文献丛书续编》(西北史地)第11册,甘肃文化出版社1999年版,第81页。
② 甘肃公路交通史编委会:《甘肃公路交通史》第1册,人民交通出版社1987年版,第363页。

年盐务局"天水分局已运盐万担至北道埠,甘盐闻将利用(铁路)货车陆续转运宝鸡"①。此外,宝鸡到双石铺的铁路,将陇海铁路与甘川二线、陕川公路连接了起来,便捷了陕甘、陕川的商贸运输(1945年夏,宝天铁路建成前夕该铁路拆除)。

同时我们也应看到,铁路对近代西北地区商贸经济作用的局限性:首先,其地域主要限于关中和甘肃东部少数地区,辐射力很有限。而且"火车只能到北道埠,离天水城还有三四十里远,中间经过渭河,必须靠汽车来接运"②。其次,宝天铁路的建设质量低劣,"因战时物资匮乏,路轨杂合而成,长短阔窄,参差不一","车头车厢均为耆龄"。加之,该线路"曲弯既多,又以路基新筑,地土未固"③,一年中有多半时间不通车,有人戏之曰:"宝天段,瞎胡闹,不塌方,就掉道。"④ 宝天铁路的运输效率,更是大打折扣。至于宝鸡至双石铺、渭南至白水、宝鸡虢镇至陇县3条窄轨铁路线,均为战时应急而建。

(二)轮船运输

1907年(光绪三十三年)"新政"期间,陕甘总督升允将近代轮船运输提上了议事日程,指示甘肃洋务局与比利时参赞谈判,商定从比利时购买火轮船在黄河上营运,计划订购75马力和64马力两种规格船。原约定合同订立后六七个月便可在兰州交船付款,但"第三方林参赞将事情搞砸了"⑤。1918年兰州士绅购得汽船2艘,利用黄河固有水道从事航运,在宁夏中卫到内蒙河套段运营。第二年,甘肃督军张广建也购汽轮2艘在此营运。⑥ 1935年5月全国经济委员会山西分会,在包头制造汽船3艘,从包头出发试航宁夏横城。⑦ 但最终这些在黄河上的尝试都以

---

① 《宝天铁路修复甘盐利用车运》,《盐务月报》1947年第6卷第8期。
② 《宝天铁路通车,公路铁路联运》,《运输周刊》1948年第105期。
③ 李乃铮:《天水行》,《纤维工业》1947年第2卷第2期。
④ 中共甘肃省委研究室编:《甘肃省情》第1部,甘肃人民出版社1988年版,第234页。
⑤ [芬兰]马汉达:《马汉达西域考察日记》,王家骥译,中国民族摄影艺术出版社2004年版,第440页。
⑥ 傅安华:《西北交通概况》(下),西北文化学社:《西北资源》1941年第1卷第5期。
⑦ 吴忠礼:《宁夏近代历史纪年》,宁夏人民出版社1987年版,第230页。

失败收场。

清末民初俄国人在伊犁河下游开办轮船公司,1914年俄驻伊犁领事要求将其航线上延,准俄商在伊犁河全流域通航。并且"在伊犁河栽插标记,实行测量"①,但遭到了中国的拒绝。俄方不顾中方反对,其轮船公司往来于俄七河省与伊犁之间。在北疆的额尔齐斯河段有人建议,"宜筹款举办航运,以与俄现行之轮衔接"。但杨增新看到"俄人对于阿尔泰亟欲扩张势力,以求达其侵略目的"②,也予以坚决拒绝。直到1937年7月,裕新土特产公司以336900美元,租借苏联货船5艘,在伊犁河、额尔齐斯河上承运进出口货物,伊犁河当年完成的货运量达16600吨。③ 此外,1926年汉口英国洋行为扩大纸烟销路,曾派人乘坐汽船沿汉江到陕西安康等地。④ 虽近代的轮船运输在西北命运多舛,但也不失为西北开了新风气。

(三) 航空运输

1930年国民政府与德国合办欧亚航空公司(中国承担所需费用2/3,德国承担1/3)。该公司内分营运、财务、机航3组,营运、财务由中方负责,机航由德国负责,计划开通由中国上海经苏联到欧洲的航线。1932年5月后,欧亚航空公司陆续开通了内地到西北的几条航线。1931年冬新疆省政府从苏联购进两架小型飞机。1932年又购进了3架苏波—2型飞机,和3架埃尔—1型飞机。1933年9月盛世才为防止南京政权指染新疆,公开拒绝欧亚航空公司飞机在新疆飞行,迫使欧亚航空公司迪化办事处于当年10月撤走。1935年后经过双方协商,新疆只允许欧亚航空公司飞机经兰州到哈密,哈密到新疆迪化等地由新疆的飞机负责飞行。

---

① 杨增新:《呈复伊犁河航业情形文》,《补过斋文牍》(甲集上),辛酉三月新疆驻京公寓初版。
② 杨增新:《呈明阿尔泰航业应从缓办文》,《补过斋文牍》(甲集上),辛酉三月新疆驻京公寓初版。
③ 新疆省志编委会:《新疆通志》(商业志),新疆人民出版社1998年版,第83页。
④ 《安康汉江水运史》,《安康文史资料》第4辑,1991年编印,第99页。

1936年新疆又从苏联购进飞机，正式成立了自己的航空队。① 当时的航空运输主要是客运，附带运输行李、邮件等物品。

全面抗战爆发后，航空业主要转向军事方面。据曾在新疆中运会工作的王得瑜回忆，1937年10月到1939年9月，经新疆哈密转到中国内地的飞机共985架。② 苏联援华的飞机在阿拉木图移交后，再由中方飞行员驾驶，经伊犁、迪化、哈密飞到兰州，每批约9到12架。早期主要为U—16型单翼战斗机，后为U—15型双翼战斗机，以及CB型、TB3型轰炸机。后因长途飞行成本很高，也易发生飞机机件磨损，改用载重汽车运送飞机部件到哈密（每架飞机零件约需3辆卡车），由苏方人员帮助组装后再飞兰州（每架飞机组装需7—10天）。③ 此外，苏联支援中国的飞机零件、油料、通讯设备，还有一些弹药，也有一些是由苏方援助的重型轰炸机运回国的。

这时的中央航空、中国航空开始介入西北民用航空领域。同时，中苏双方为了反法西斯斗争的需要，1939年9月合组了一家航空公司。1941年中德断交，原欧亚航空的业务被移交给中国方面。西北民航业的发展一定程度改变了西北的闭塞状况，促进了与外界的接触和交流。西北的一些水烟、砂金、名贵药材、珍贵皮毛等货物，也有使用航空运输的。如甘肃兰州所产的水烟，曾通过空运到上海等地。中央、中国两航空公司为了促进货运，还曾用运费打折的办法鼓励土货外运。但当时民航技术水平很低，如20世纪30年代，欧亚航空公司西安到兰州的航班，每机仅能容纳4人，而且票价高达180元。④ 就其运载能力和价位来说，显然对大部分商品运输是不适宜的。

总体来说，近代化的交通工具在西北出现较晚，而且发展极其缓慢。

---

① 新疆省志编委会：《新疆通志》（民用航空志），新疆人民出版社2001年版，第13—14页。

② 王得瑜：《新疆中运会之我闻我见》，《新疆文史资料选辑》第24辑，新疆人民出版社1992年版。

③ 李瑞：《关于哈密中运会航空站1937年到1939年末期间情况概述》，《哈密市文史资料》第3辑，1999年编印。

④ 顾颉刚：《西北考察日记》，甘肃人民出版社2002年版，第179页。

火车、轮船、飞机运输只是开了个头，在商贸运输中的作用十分有限。直到全面抗战时，汽车在商贸运输中才发挥了较大的作用。因中国本身工业落后，汽车配件极缺，导致维修困难，成本居高不下。如西北公路运输管理局有车1300余辆，能维持正常运营的后来仅有400余辆。① 再以该局汽车运输成本为例，1940年货运价格每吨千米2.06元，同期的驿运每吨千米只有0.50元。② 这就使得汽车在商贸运输中的应用受到限制，除国际贸易物资、官办商业机构的货物使用汽车运输相对较多外，一般民间商业运输使用汽车是很有限的，甚至官方物资也不得不依靠驿运。就以甘肃而言，1942年驿运完成的货物运输99578吨，相当于有1300余辆汽车的国营西北公路运输管理局的16倍。③ 但也应看到，近代化交通工具在商贸运输中的应用，加快了商贸物资周流的速度和效率，大大降低了西北地区的封闭性，一定程度打破了区域市场的狭隘性，有利于国家层面的市场共同体的形成，其积极意义是显而易见的。

---

① 王化机：《西北公路局概略》，《甘肃文史资料选辑》第14辑，甘肃人民出版社1983年版。
② 甘肃公路交通史编委会：《甘肃公路交通史》第1册，人民交通出版社1987年版，第339、376页。
③ 甘肃公路交通史编委会：《甘肃公路交通史》第1册，人民交通出版社1987年版，第391、409页。

第三章　近代西北的主要商业势力

近代在西北地区从事商贸的人和机构情况较庞杂，为了便于考察和研究，我们必须对其进行分类。相关研究具体分类的方法较多，对各种分类方法有不同看法，对于有些定义也有歧义，如"官僚资本"还是"国有资本"等。在此为了研究方便，将按照从事商贸活动的主体来划分，大体而言可以为私商、西方商业势力、官商三大类型。私商主要指的是私人独资或合资组成的各类商业机构。鉴于近代有许多商家前门开店后门生产，手工业和商业有时是融为一体的，商的概念和今天可能有一定差异。西方资本主义商业势力主要是指洋行和其直接代理商。他们近代在西北地区的势力也很强，特别是沙俄曾在新疆商贸领域某些特定时期几乎居于垄断地位。官方在不同时期对商贸业介入的方式也不一样，这里的官商是指官方直接出资、控制和经营的商业机构。这些商业势力既有着明显的区别，又在一定条件下相互联系和依存。

第一节　商帮为核心的私营商业

私营商业在近代西北地区的商贸活动中最为活跃，特别是在发展地方经济，加强西北与外界的经济联系方面不可或缺。私营商业不仅数量很大，而且所经营商品的种类庞杂，其规模大小相差也很悬殊。私营商业在不同时期、不同地区，其发展情况也很不一致。但总的来说，西北地区的私营商业是以商帮为核心的，特别是一些著名的大商帮，他们一般都或多或少有官方背景，垄断或控制着茶、布、皮毛、药材等一些重要物资的交流。此外，他们还依托中心城市或区域商业中心，通过代理商或小商贩控制并影响着广大农牧区的商业活动。私营商业在西北地区的长期经营过程中，也使得自身在不断地发展演化，并逐步形成了自己的一些特色。

一 各种私营商业势力

明清时期大量的外地商人来到西北经商，他们走南闯北不惜到穷乡僻壤以牟利。生存环境的极大不确定性，以及精神方面所承受的各种压力，使得他们希望得到某种帮助和精神上的慰藉。而传统的中国社会是宗法制社会，主要以血缘为纽带来构建乡村社会。但因同一家族又多是聚族而居，地缘也自然成了乡村社会的重要因素，人们也常以此为基础守望相助。故在传统社会中家乡或籍贯也成为人们仅次于家族的另一种标志，具有相同地缘的人往往更容易获得认同。远在异乡的商人多生活在城镇，显然不可能像在自己的家乡依靠血缘关系去构建自己的互助机构，他们只好退而求其次，从而使得血缘社会纽带逐步向地缘纽带转化，形成了主要以地缘为基础，附以亲族关系的商人团体——商帮。

商帮的形成是一个缓慢的过程，到清中后期在西北地区达到了鼎盛，在许多城镇都设有不同商帮的活动基地——会馆。商帮在推动西北地区商贸业发展方面起到了积极作用，商人通过加入不同商帮以联络相互间的情感，并在商业活动等方面可相互照应，这在一定程度上也可降低商业风险。此外，以地缘为主构建的商帮灵活性也很大，能更好地适应出门在外的环境：如地域划分按需可大也可小；同一商帮内关系也可有密有疏等。西北地区不同的商帮有着不同的帮规和组织，"各帮之中各自为联，联各有董，不相关属"[①]。甚至各帮在商业经营中，也有自己的主要行业和特色。总的来说，西北地区私营商业的商贸活动，正是以这些大大小小的商帮为核心。游离于商帮之外的小商小贩，虽数量众多，但大

---

① 新疆通志（商业志、外贸志）编委会、新疆档案馆编：《新疆商业外贸史料辑要》第 1 辑，内部发行，1990 年编印，第 166 页。

都是小本生意，无多大实力可言，他们大多依附于各大商帮去谋生。

进入近代以后，虽然西北地区有所谓晋、陕、京、津、湘、蜀、豫、鄂八大商帮的说法，但究竟在西北经商的商帮有多少，很难有一个准确的说法。因各地的划分标准不同，大部分地区习惯是按省籍来划分商人。但也有地方是将几个省的商人放在一起。在甘宁青地区人们常把山西、陕西商人放在一起，通称其为山陕帮。有的则因河北、天津、北京在清代均属直隶，故将这几个地方的商人划在一起，统称京津帮。还有少数地方并不完全以地域划分。"西安旧式商店，多以出产品之种类及出产地域而区分团体"，"以致有业帮、乡帮界限，隐相对峙"①。此外，一些商帮还帮中有帮。在甘肃陇南的四川商人，又分为省赵帮（成都金堂赵镇）、中坝帮（包括江岫、绵阳、绵竹）、中路帮（包括广元、南部、阆中、南充）、渝帮（重庆）。②在陕西白河经商的湖北商人，也有黄州帮、武昌帮之分。还有一些商帮的内部分法，在不同地区可能不一样。如晋帮在甘宁青地区一般被分为上府帮、绛太帮、路南帮，而在陕西一些地方则被分为兴县帮、交城帮、平遥帮、榆次帮等。

（一）西北地区的外来商帮

近代西北本地商贸经济发展程度低于内地，在西北有实力的商人大多是外地人，故西北当地民众称他们为客帮或客商。客帮在西北的商业贸易中占有极其重要的地位。据对西北的商贸中心兰州统计，有记载的各种商会会馆有十余个，基本都是外来客商组建的。所涉及的商人远到云、贵、浙、赣、皖、苏、粤，近及周边的川、晋、鄂等地。③新疆在建省后，迪化（今乌鲁木齐）已有两湖、江、浙、川、云、贵、豫等地商人建立的商会会馆。④甚至在陕南的一个商贸口岸白河，也有江西、武昌、黄州等外来商人建立的会馆。近代在西北经商的外来商人以北方

---

① 陕西省经济研究室特刊之一：《十年来之陕西经济》，启新印务馆1942年版，第154页。陕西省档案馆藏，档号：C12—0—206。
② 谭祖德：《解放前碧口镇药材业概况》，《文县文史资料》第77期，（1987年油印本）第4页。
③ 陈永革：《兰州清代会馆》，《城关区文史资料选辑》第7辑，1999年编印。
④ 昝玉林：《会馆漫记》，《乌鲁木齐文史资料》第8辑，1985年编印。

为多，势力最大且影响时间最长的外来商帮为山西商人，其次为京津、湖南商人。在西方商业势力大肆进入西北及官商势力兴起前，他们在西北的商业贸易和金融流通等相关领域称雄。

晋商做生意颇有历史传统，在西北经商的历史起于明代。清中后期势力达到鼎盛，成为西北地区最大的商帮，在西北地区商贸业发展过程中，也具有举足轻重的作用。如晋茶（晋商从湖北等地贩运加工的"米心""川字"等茶）在新疆北疆地区的普及就是与晋商密切相关的。近代以后，晋商在西北商贸领域仍有很大的优势。人们曾评价"晋商不重门面，外表不如平津商号之华丽，而内部充实"①。晋商内部各帮也各有所长，所经营的商品门类也各有侧重。如在甘宁青地区，路南帮多贩布、茶；上府帮在票号、银钱业方面居优；绛太帮多把持海菜（酱园）、行栈等行业。

晋商势力可以说遍及西北各地。在陕西晋商"商业几遍全省"，② 尤其在陕北地区，晋商榆次、平遥、交城等帮势力非常大。民国初年在陕北的横山县，晋商占当地商号的一半。甘肃兰州更是晋商云集之地，全面抗战时期晋商曾一度达万人之众。③ 据1919年对宁夏城（今银川）调查，商家中"晋商居十之六"。④ 宁夏著名的八大商，敬义泰、天成西、隆泰裕、合盛恒、百川汇、广发隆、福新店、永盛福均为山西商人所开。⑤ 清末民初，青海西宁经营布匹、杂货的商人多为"晋帮"。到20世纪二三十年代，当时西宁的布匹、土产、杂货、茶叶、酱园几乎都被其垄断。⑥ 晋商还"握新（疆）省商业之大权"，⑦ 迪化的蔚丰厚、天成

---

① 新疆通志（商业志、外贸志）编委会、新疆档案馆编：《新疆商业外贸史料辑要》第1辑，内部发行，1990年编印，第163页。
② 陕西省经济研究室特刊之一：《十年来之陕西经济》，启新印务馆1942年版，第165页。陕西省档案馆藏，档号：C12—0—206。
③ 张世钰：《略谈原兰州经商的绛太帮》，《兰州文史资料选辑》第5辑，1986年编印。
④ 林竞：《蒙新甘宁考察记》，甘肃人民出版社2003年版，第56页。
⑤ 刘继云：《旧银川的八大商号》，《宁夏文史资料选辑》第12辑，1984年编印。
⑥ 张志珪：《略谈在西宁经商的山西绛太帮》，《西宁城中文史资料》第4辑，1991年编印。
⑦ 曾问吾：《中国经营西域史》下编，商务印书馆1936年版，第686页。

亨、协同庆最为有名。在"协饷时代汇兑最盛，几为山西人所垄断"①。新疆重要的商业贸易通道——古城（今奇台），几家著名的大商号均为晋商所开。在古城的 17 届商会会长中，有 10 届是由晋商担任，商会委员中晋商占约 39.47%。②

晋商的势力还渗透到西北许多小城镇，甚至偏远的农牧区。清末民初，陕西陇县最大的商号万顺贵、顺天荣均为山西人所开。20 世纪二三十年代，甘肃河州（临夏）著名的晋商商号有：渊发明、敬信义、协成乾、自立合、同心协等。该地晋商多起自光绪年间，东家也多为万泉、猗氏人。③ 其"资本甚大，握商界之牛耳"，其会馆建筑也"甚壮丽"。④ 宁夏磴口汉人占三分之一，"皆山西之沁州、府谷、河曲等处来商于此者"⑤。据有关记载："至解放前夕，全宁夏共有四百多大小店铺，其中山西商号约占百分之七十五。"⑥ 在青海民和的川口镇，有较大商号 14 家，其中 12 家为晋商，其余 2 家为陕商，并修有山陕会馆。⑦ 青海大通广惠寺的衙门街，"有商号三四十家，半为晋人"⑧。

京津商人早在清代立国之初，就经大西路赴漠北（外蒙古）及新疆北疆地区贸易。在平定噶尔丹时许多京津商人又随军西进，后一些商人留在本地经商为生。清同治年间左宗棠平定新疆，各地商人又蜂拥而至。"天津之杨柳青人，北平之清苑人亦多挟商品逐十一之利"⑨。"首蒙霜露，冒锋镝，随大军而西。"⑩ 他们挑着货担跟随军队"赶大营"，为西

---

① 新疆通志（商业志、外贸志）编委会、新疆档案馆编：《新疆商业外贸史料辑要》第 1 辑，内部发行，1990 年编印，第 163 页。
② 新疆省志编委会：《新疆通志》（商业志），新疆人民出版社 1998 年版，第 77 页。
③ 刘圕田、秦宪周：《山陕商人在河州经营土布始末》，《临夏文史资料选辑》第 2 辑，1986 年编印。
④ 马鹤天：《甘青藏边区考察记》，甘肃人民出版社 2003 年版，第 23 页。
⑤ 林竞：《蒙新甘宁考察记》，甘肃人民出版社 2003 年版，第 44 页。
⑥ 刘继云：《旧银川的八大商号》，《宁夏文史资料选辑》第 12 辑，1984 年编印。
⑦ 马德章：《川口镇山陕会馆》，《民和文史资料》第 2 辑，1987 年编印。
⑧ 马鹤天：《甘青藏边区考察记》，甘肃人民出版社 2003 年版，第 180 页。
⑨ 新疆通志（商业志、外贸志）编委会、新疆档案馆编：《新疆商业外贸史料辑要》第 1 辑，内部发行，1990 年编印，第 163 页。
⑩ 王树枏：《新疆图志》卷二九《实业二·商业》。

征军提供"布料、绑腿带、中草药、旱烟"等各种用品。① "军中资粮充积,战胜所获,恣意奢汰,不屑较锱铢,故津商大获其利。"② 加之精于算计,"征贱居贵,多用此起家"③。新疆收复后,"当局师移民实边之旨,除募人屯垦外,复广招商贾"④。京津商人多由行商变坐贾,"由搭棚摆摊到开设商店"⑤,很快地发展了起来。清末"伊犁所属各城,均有开设京货铺,系天津商民者多"⑥。

"京津帮为最有魄力,根基既固,其手段与经营亦最有方法,人富朝气。"⑦ 不少京津商人还出入官府,入赀捐官买衔,虽为商人却顶戴花翎。这种结纳官吏,游媚贵人的做法,为他们在新疆取代晋商奠定了基础。民国以后,京津商开始"执新(疆)省商业之牛耳"⑧。他们"资本殷实,多经营百货绸缎,省内各大邑均有分号,并兼营土产运销内地,故获利甚厚"⑨。迪化、塔城、阿克苏、和阗等重镇多为津商盘踞。在迪化的240家商号中,京津商几乎占到60%。⑩ 尤其在迪化大十字一带,大小商铺90%为津人所开,故有"小杨柳青"之称。⑪ 甚至边远的新疆小镇承化寺(今阿勒泰),"是地商民多来自京津"⑫。京津商在西北其他

---

① 魏大林:《古城货郎》,《奇台文史资料》第26辑,1991年编印。
② 新疆通志(商业志、外贸志)编委会、新疆档案馆编:《新疆商业外贸史料辑要》第1辑,内部发行,1990年编印,第165页。
③ 王树枏:《新疆图志》卷二九《实业二·商务》。
④ 新疆通志(商业志、外贸志)编委会、新疆档案馆编:《新疆商业外贸史料辑要》第1辑,内部发行,1990年编印,第165页。
⑤ 新疆通志(商业志、外贸志)编委会、新疆档案馆编:《新疆商业外贸史料辑要》第1辑,内部发行,1990年编印,第196页。
⑥ 许国祯:《伊犁府乡土志》(商务)。
⑦ 新疆通志(商业志、外贸志)编委会、新疆档案馆编:《新疆商业外贸史料辑要》第1辑,内部发行,1990年编印,第163页。
⑧ 曾问吾:《中国经营西域史》下编,商务印书馆1936年版,第686页。
⑨ 新疆通志(商业志、外贸志)编委会、新疆档案馆编:《新疆商业外贸史料辑要》第1辑,内部发行,1990年编印,第163页。
⑩ 新疆通志(商业志、外贸志)编委会、新疆档案馆编:《新疆商业外贸史料辑要》第1辑,内部发行,1990年编印,第166页。
⑪ 新疆通志(商业志、外贸志)编委会、新疆档案馆编:《新疆商业外贸史料辑要》第1辑,内部发行,1990年编印,第206页。
⑫ 谢晓钟:《新疆游记》,甘肃人民出版社2003年版,第300页。

地区也有较大的势力。20世纪初在青海晋帮、陕帮、京津帮竞相抢购皮毛，但因京津帮有洋行撑腰，其他商帮无可奈何。甘肃也是"行销皮毛药材，则多津商"①，"山西、陕西及本省资本较小之皮商"②，无力与之抗衡。宁夏至新中国成立前夕，京津商也占到全省商户的15%左右。③

湘帮在西北地区兴起较晚，但发展速度却很快。他们主要得益于西北茶销业的改革。19世纪60年代西北叛乱，造成了西北地区茶销业一蹶不振。左宗棠在整理甘肃茶务时，给予了湖南茶商税收以特殊优惠，并许他们在兰州开设官茶号——南柜，在西北各地推销湖南的茯茶。在茶票分配中也予以照顾，如1882年（光绪八年）陕甘两省发茶票336票，"拨给南柜三百一十六票，拨给东柜二十票"④。湖南茶商还借"湘人从征功最多，势亦称盛"之机，"朋党比周，不下于津人"⑤。因"湘商有军政界之关系，根基益厚"⑥，在西北茶叶贸易中势力大增，晋商遭到排挤，茶利从此不复再来。

民国以后新疆虽然宣布解禁晋茶，但规定茶税："南商（湖南商人）每票课银250两，厘金93两6钱，新疆地方课银100两；而晋商每票课银5700两，新疆地方再课银100两（均为省票，杨增新时发的一种纸币）"⑦，湖南商人明显占优势。在官方的大力扶持下，湖南茶商在茶销业仍处于绝对优势。1921年湖南人在迪化开办的升恒茂茶庄，以经营茶叶品种齐全而闻名，年仅细茶就销售200担（2万斤）。⑧湖南商人虽借官势而起，但所经营商品相对单调，且"货殖非所长"⑨，后随着新疆政

---

① 刘郁芬：《甘肃通志稿》卷二八《族八·实业》。
② 马鹤天：《甘青藏边区考察记》，甘肃人民出版社2003年版，第55页。
③ 刘继云：《旧银川的八大商号》，《宁夏文史资料选辑》第12辑，1984年编印。
④ 升允：《甘肃新通志》卷二二《建置志·茶法》。
⑤ 王树枏：《新疆图志》卷二九《实业二·商务》。
⑥ 新疆通志（商业志、外贸志）编委会、新疆档案馆编：《新疆商业外贸史料辑要》第1辑，内部发行，1990年编印，第166页。
⑦ 曾问吾：《中国经营西域史》下编，商务印书馆1936年版，第627页。
⑧ 新疆通志（商业志、外贸志）编委会、新疆档案馆编：《新疆商业外贸史料辑要》第1辑，内部发行，1990年编印，第259页。
⑨ 王树枏：《新疆图志》卷二九《实业二·商业》。

局的变动，很快就走向了衰落。如民国后在南疆的玉陇哈什八栅，虽仍有17家湖南商人，但"多借官款，典当放帐为活"①。

四川与陕甘青三省接壤，又素称天府之地，擅地利之饶，物产丰盈。故四川商人多以贩卖川货、药材等为生，在西北的陕南、陇南等地有一定实力。在陕南汉中、略阳等地，有不少四川商人经营食糖、药材、川纸等。在甘肃陇南的碧口镇，川帮利用白龙江水运之便占尽先机。原甘肃岷县的中药材行业，抗战前有河北、陕西、四川三帮，陕帮势力最强。"抗战军兴，交通阻梗，川帮乃代之而起，药材改由重庆发往香港。"②但就西北大部地区而言，四川商人的势力有限。且其"俗尚纤啬、昧于远图"③。如四川虽广产蚕丝，仿造湖绸、宁绸、贡缎，质量与江浙不相上下。但在新疆贩卖者多非四川商人，而是天津商人。"津商间岁一入蜀，致丝绸、丹漆之属，赢息倍称"，"大利反归津人"④。川人在新疆则以酒馆、弹棉花、做鞭炮为生，较著名的有洪春园、洪升园等。⑤ 此外，还有众多的人从事挑担贩卖、理发、捶背、掏耳朵等。据1938年对新疆商贸重镇古城调查，川人主要集中在理发行业。⑥ 显然，西北地区的四川商人的总体经济实力、经营水平都相对比较低下。

河南紧邻陕西，是西北进入中原的必经之道。故近代河南人在西北经商的也不少，特别是在陕西一些地方或行业有一定实力。西安著名的绸布庄长发祥，是由河南人开办的。在西安的银钱号中河南人也占有重要的地位，著名的德兴泰就是河南帮所开。甚至西安的高档清真饭店清雅斋，也是由河南人高沛然在1934年创办的。到20世纪30年代前后，韩城当地12家较有名的商号中，河南人开办的有6家，其中恒兴泰、明

---

① 谢晓钟：《新疆游记》，甘肃人民出版社2003年版，第225页。
② 《兰州武都碧口广元邮路详情》，《现代邮政》1948年第3卷第4期。
③ 王树枏：《新疆图志》卷二九《实业二·商业》。
④ 王树枏：《新疆图志》卷二九《实业二·商业》。
⑤ 新疆通志（商业志、外贸志）编委会、新疆档案馆编：《新疆商业外贸史料辑要》第1辑，内部发行，1990年编印，第260页。
⑥ 新疆通志（商业志、外贸志）编委会、新疆档案馆编：《新疆商业外贸史料辑要》第1辑，内部发行，1990年编印，第189页。

顺义、学礼楼、天义长在当地很有名气。① 在凤翔的皮货业中，河南商人也占有重要地位。甘肃兰州的"绸缎河南人居多"。② 新疆古城金银首饰业中，河南人也有一定地位，如德盛银楼、德义银楼是很有名的。③ 但总的来说，河南商人在整个西北地区处于弱势。《新疆图志》谈到河南商人时说：河南物产虽不亚于四川，"而皆道远难致，故豫蜀无大贾"④，多靠贩药材或设典肆为生。在西北大部地区其势力甚至弱于四川商人，如在新疆的药材经营领域，川人尚开药铺，河南人则不过肩挑药担谋生。

湖北商人在西北地区除在陕南等少数地区有一定实力外，多为挑担走街串巷的商贩。在新疆的湖北商人来货都是零星日用品，回货则以伊犁老鹿角为主。且湖北人多兼营手工业，如制售鞭炮、弹棉花、制衣服等，更多的人是靠手工技艺去获利。《新疆图志》谈到湖北商人时指出："无恒业，多执贱工，其力不足以自振，则依附于湘人，仰机利而食。"⑤ 在全面抗战爆发后，新疆古城的湖北商人多从事贩卖猪肉、裁缝业。⑥ 故湖北商人在近代西北客帮中是较弱的一支，甚至有学者认为，"严格说鄂帮不完全属于商帮"⑦。

西北的其他外来商人势力就更弱。近代西北地区的山东商人往往不得不处于仰人鼻息的地位。在20世纪40年代初，青海西宁及各县的部分山东商人，纷纷加入山陕会馆，希望借助山陕帮的势力以求生存。在新疆古城的山东商，多以开饭店、贩蔬菜为生。⑧ 其他如赣帮（江西）、

---

① 李长喜：《清末到解放韩城县京货业兴衰概况》，《韩城文史资料汇编》第6辑，1986年编印。
② 彭英甲：《陇右纪实》卷一二《办理农工矿商总局》，甘肃官报石印书局1911年。
③ 新疆通志（商业志、外贸志）编委会、新疆档案馆编：《新疆商业外贸史料辑要》第1辑，内部发行，1990年编印，第265页。
④ 王树枏：《新疆图志》卷二九《实业二·商业》。
⑤ 王树枏：《新疆图志》卷二九《实业二·商业》。
⑥ 新疆通志（商业志、外贸志）编委会、新疆档案馆编：《新疆商业外贸史料辑要》第1辑，内部发行，1990年编印，第189页。
⑦ 参见魏丽英《明清时期西北城市的商帮》，《兰州学刊》1987年第2期。
⑧ 新疆通志（商业志、外贸志）编委会、新疆档案馆编：《新疆商业外贸史料辑要》第1辑，内部发行，1990年编印，第189页。

歙帮（安徽）在西北的势力很有限，多局限于一隅。他们在有些行业也有一定实力，如陕南安康的生漆生意，主要由赣帮、歙帮和陕西华县商人控制，且有约定俗成的经营区域：赣帮主要做汉口、北京的生意；歙帮主要做上海、宁波等地的生意；华县帮主要做天津、青岛等地的生意。至于云贵等地商人，在西北地区势力就更弱了。

(二) 西北本地的商帮

西北本地的商帮有陕帮、陇帮、缠商等说法，关于本地商帮的划分标准也不一。如陇帮的实际包含内容可能不一，有的因回商主要分布在甘宁青地区，而这三省1929年前均属甘肃，故将回商包括在陇帮之内，但也有人将回商单独列出。西北本地的各商帮中，除陕帮有较大的实力外，其余多为二级、三级的批发或零售商。最为典型的就是青海的"歇家"，20世纪二三十年代，其势力随着国际皮毛贸易的兴隆虽有了一定的发展，但主要还是利用本地人的优势做中间代理商，替洋行或大客商收购牧区的皮毛，并替他们推销牧民所需的一些日用工业品以牟利。

陕西商人的兴起得益于特殊的地理和人文环境。陕西在西北属经济发达之区，加之地缘优势及人文风情相近，使得陕西商人在西北各地有更多的便利条件。陕西"自昔多贾，西入陇蜀，东走齐鲁，往来交易，莫不得其所欲"①。特别是"陕甘分省，遂使山陕商人在甘（包括现宁、青）的贸易形势发生了新变化。山西商人由于开辟了沿蒙古草地南端入疆的新商路，主营南大路贸易，从而为陕西商人在甘（新疆乌鲁木齐以东，原是甘肃的镇迪道）势力增强提供了难得的发展空间。陕西经营布匹、茶叶、皮革、烟草商人成为贸易大帮"②。近代以后，陕西商人在西北商贸业中仍占有重要的地位。在甘肃兰州的"钱业、布庄、杂货、木行陕人居多"③。陕商在一些中小城镇也有相当的实力。在甘肃凉州（武威），"商人以陕籍为多，晋次之，津又次之"④。民国初年临夏的陕帮德

---

① 张潮：《松窗攀语》卷四《商贾记》。
② 见甘肃省永登县红城山陕会馆简介《会馆历史》。
③ 彭英甲：《陇右纪实》卷一二《办理农工矿商总局》，甘肃官报石印书局1911年版。
④ 林竞：《蒙新甘宁考察记》，甘肃人民出版社2003年版，第102页。

和生商号，资本额在60万以上，成为当地数一数二的大商号。① 陕商势力还深入一些边远之地，据马鹤天对青海结古（今玉树）关帝庙所悬的一块木匾考证：1925年在当地的29家商号中，有9家为陕西商号。②

陕西商人在近代西北的棉、布贸易中有着很大的势力。兰州、西宁的布商多为陕西商人，陕西三原商人长期以来更是以贩卖布匹而闻名。另外，在西北"回乱"爆发以前，西北的茶销业中除晋商外就数陕商势力较大，每年有约600万斤的湖茶、川茶，以及陕南茶叶转运至陕西泾阳焙制、压封。陕西商人在西北的水烟、药材等行业中也有重要的地位。兰州的水烟业长期为陕西同朝帮商人所控制，一林丰、协和成等烟号资本高达百万两白银，在上海、西安、苏州、武汉、天津、洛阳、成都、包头等地都有连号或驻庄。陕西华阴的商人基本垄断了西宁的药材生意，他们不仅收购药材，甚至还采挖、自制中成药出售。此外，因陕西是西北与东部地区、华中地区贸易的重要通道，不少陕商还利用其区位之便，大量从事各种日用百货、皮毛、药材等长途贩运活动。

随着近代西北地区商贸经济的发展，西北其他地区的本地商人势力也开始逐步成长。在甘肃兰州茶销业中，马合盛商号在泾阳设有自己的加工点，还有自己的运输队，茶叶收购、加工、运输、销售实行一条龙服务。甘肃民勤的驼商在长期的贩运中也实力渐增，清光绪年间还在甘州（今张掖）建立了专属自己的会馆。③ 新疆古城的甘肃人主要是"以苦力为主的搞运输，开磨房、粉坊、纸房、擀毡、加工皮毛、做鞋、织口袋，以至做木活、铁活、泥水活等"④。最为著名的有从事驼运的邱家场子、义盛永栈房等。新疆迪化也有不少甘肃商人，并组建有自己的会馆。随着西北皮毛的大量输出国际市场，在青海皮毛贸易业中一些本地商人也逐步成长起来。青海湟源的李耀庭早年曾在湟源、四川茂县给人

---

① 马鹤天：《甘青藏边区考察记》，甘肃人民出版社2003年版，第23页。
② 马鹤天：《甘青藏边区考察记》，甘肃人民出版社2003年版，第458页。
③ 会馆建于光绪十八年（1892），占地约4亩，现位于张掖市第二中学内。
④ 新疆通志（商业志、外贸志）编委会、新疆档案馆编：《新疆商业外贸史料辑要》第1辑，内部发行，1990年编印，第266页。

当学徒,后开设"歇家"、包揽税务发家,在青海西宁、果洛、玉树,以及西藏、天津均有其分号。据知情人估计,"十多年来,获利总额即达银元170多万元"①。西宁的廖氏三兄弟开办的裕丰昶商号,在青海也是富甲一方。

西北地区的一些少数民族富有经商传统。在甘宁青地区回族商贩众多,多从事皮毛贩卖,或其他小本生意,也有个别有一定规模的商家。最有代表性的是清末民初崛起的甘肃临潭西道堂,到19世纪20年代,已成为农工商一体的经济实体。民国初年宁夏吴忠商业因黄河水运而崛起,在当地"八大家"中,回族商人占了七家,其中天成合资本超过20万银元。② 随着清末与沙俄的贸易增长,新疆少数民族商人势力也有了一定的发展。"新疆土著缠回,好贾趋利甚于汉人。"常常"以土货往,以洋货归,时获赢羡"③。"商北路者多回民","岁一往还焉。""商南路者多缠民","三四岁始一归"④。民国以后"经营商业",更"有长足之进展"⑤。其中著名的有伊犁地区的玉山巴依、雅和普开设的福盛行,是新疆第一大民营商贸机构。玉山"有资本二百余万",雅和普"亦六七十万"⑥。南疆喀什地区的玉满巴依,通过贩卖羊毛起家。"这些商号,除和天津、四川有商业联系以外,还和印度、美英以及俄国有贸易往来。"⑦

但总体而言,西北大部地区人的思想观念较保守,经商的人一般也很少,有较大实力的西北本地商家就更少。就以陕西而言,除关中等少数地区外,商业贸易在大部地区并不发达。清末民初,陕南略阳"物产不饶,民多务农,鲜为商贾,食货之通与四方者罕矣。查城乡惟有小商百余户,

---

① 贺勋:《湟源绅商李耀庭生平》,《湟源文史资料》第2辑,1996年编印。
② 张山林、牛百川:《吴忠回族工商业概况》,《吴忠文史资料》第1辑,吴忠市政协1987年编印。
③ 王树枏:《新疆图志》卷二九《实业二·商业》。
④ 新疆通志(商业志、外贸志)编委会、新疆档案馆编:《新疆商业外贸史料辑要》第1辑,内部发行,1990年编印,第270页。
⑤ 曾问吾:《中国经营西域史》下编,商务印书馆1936年版,第686页。
⑥ 谢晓钟:《新疆游记》,甘肃人民出版社2003年版,第148页。
⑦ 新疆通志(商业志、外贸志)编委会、新疆档案馆编:《新疆商业外贸史料辑要》第1辑,内部发行,1990年编印,第166页。

若巨商大贾,其地无有"①。近代甘肃"即间有厚富之家,而钱藏贯朽,麦积红尘,并不肯经营商业"②。甘肃经商的人也主要限于少数地区,如东部的秦安地区多小贩,中部的河州(今临夏)多回族商人,西部的民勤则是多为赴新疆、蒙古从事长途贩运的人。民国后青海本地人在西宁从商的约占商户数的一半,但他们多经营日杂或摆摊设点等。还有少量自产自销一些日杂品,或代人购销、转运等。贸易市井,"屯贱卖贵,谋蝇头之利"③。甚至到全面抗战后,地处要道的甘肃固原(今属宁夏),"坐商一般是在大街小巷有一两间铺面,资金约在五十元到一百元左右,他们多数是夫妻店,其中有极少数雇一个或两个学徒或店员"④。

在西北边远民族地区情况就更落后。在甘肃海原(今属宁夏)民人"向以农牧为业,并无大商巨贾。市场虽有营业,均系小本生意"⑤。甘肃隆德(今属宁夏)"隆人不暗行货为商,不习居货为贾"⑥。在甘肃河西的古浪县,本地人最主要的商业活动就是酿酒,有"烧房十余户,出酒甚多"⑦。至于青海"蒙人经商多为喇嘛资本,领自寺院,贸易亦大,惟其范围以本省境内为限,无远行至内地省区者"⑧。新疆因缠民"少智虑,而好储蓄,窖藏镪金,终秘弗取",大都"坐视泉币不得流通"⑨。故虽"缠民居行贸易者亦凡有徒,然无富资巨本"⑩。许多地方仍是"土著缠民不知行商坐贾"⑪,"地瘠民稀,市廛廖落"⑫。南疆地区的布鲁特游牧民,"无城

---

① 佚名:《略阳县乡土志》(实业·商)。
② 彭英甲:《陇右纪实录》卷八《办理农工矿商总局》,甘肃官报石印书局1911年版。
③ 张珌美:《五凉全志》卷五《中国方志丛书》,(台湾)成文出版社有限公司1970年版,第601页。
④ 李敬:《解放前固原的商业概况》,《固原文史资料》第3辑,1989年编印。
⑤ 刘华编校:《明清民国海原史料汇编》,宁夏人民出版社2007年版,第179页。
⑥ 陈国栋等:《重修隆德县志》卷一《民族·生计》,平凉文元书局1935年石印版。
⑦ 唐海云:《古浪县志》卷六《实业志》。
⑧ 黎小苏:《青海之经济概况》,《新亚细亚》1934年第2期。
⑨ 新疆通志(商业志、外贸志)编委会、新疆档案馆编:《新疆商业外贸史料辑要》第1辑,内部发行,1990年编印,第270页。
⑩ 蒋光陛:《疏勒府乡土志》(实业)。
⑪ 刘润道:《哈密直隶厅乡土志》(商务)。
⑫ 曹凌汉:《精河县乡土志》(实业)。

无郭","无日用杂货店铺",甚至"衙署所需食物,皆须赴阿克苏采购"①。新疆焉耆地区的乌恩索珠克图盟,至1947年仍是"农业基础未固,商业尚未建立"②。故近代西北地区除陕商外,本地商人真正有规模的很少,大多数为小本买卖。

二 私商的基本特点

西北地区的私营商业历史渊源久远,长期以来在西北社会经济生活中,发挥着极其重要的作用。近代以后,西北各地的私营商业兴衰起伏不定,变化也很大。这些兴起时间早晚不一,实力强弱悬殊的商家,虽存在着许多差异,但总的来看,他们也存在着许多共性的东西。这些共性的形成,既有深厚的历史根源,也与西北地区独特的环境,以及时代的特征和演化相关。

(一)多以同乡关系构成商帮体系

私商多结为一定的帮,各商帮内部也是帮内有帮,组成各帮的核心也有所不同。以兰州的山西商人为例,新中国成立前曾在渊发明商号工作过的杨作柱先生谈道:路南帮在西北经商最早起源于山西万泉县(今万荣)阎景村的李氏家族,以及猗氏县(今临猗)尉庄村的王氏家族。后来亲戚朋友互相引荐,逐步形成了晋商内以稷山、万泉人为核心的一个集团。③ 而上府帮是以山西榆次(今晋中)、太谷、平遥、介休等地人为主。绛太帮则以绛州(今新绛)、太平(该地今属襄汾)等地人居多。再以晋商较多的新疆古城(今奇台)为例,当地的晋商都是同乡关系,成群结伙来古城经商,直到民国时期依然如此。1927年来的有山西孝义的郑启章等9人。1929年有山西祁县范永琪等12人。④ 其他大的商帮情况也大体如此。甘肃的水烟业基本为陕西的同朝帮所垄断,同朝帮的核

---

① 谢晓钟:《新疆游记》,甘肃人民出版社2003年版,第186页。
② 吐娜编:《民国新疆焉耆地区蒙古族档案选编》,新疆人民出版社2013年版,第147页。
③ 杨作柱:《先有渊发明后有河州城》,《兰州晚报》2007年7月1日。
④ 新疆通志(商业志、外贸志)编委会、新疆档案馆编:《新疆商业外贸史料辑要》第1辑,内部发行,1990年编印,第243—244页。

心是同州府(今大荔)和朝邑(今并入大荔)人,约定俗成的帮规是非同朝人莫用,从股东到学徒,非亲即故,外人不得插足其间。在新疆"津帮兴起后,因亲及亲,因友及友,原籍杨柳青人,络绎出关,或为行商,或为坐贾"①。

同一商帮因历史、物产等种种原因,在商业经营上也有较大的趋同性。同治西北"回乱"后崛起的湘帮,多以茶销业称雄西北各地。一些商帮内部的各小帮也大体如此。如陕帮内部的各帮:韩城帮多经营棉花,西安帮多经营杂货,榆林帮多贩皮毛,凤翔帮多贩烟酒,华阴人多贩药材。每个商帮对内可能有不同派系,而对外则是一帮。虽也有外人利用某种关系加入其他帮的,但这只是个别的特殊现象,他们在帮中的地位也较低下。近代西北盛行的商帮制,对内通过协调防止内部的竞争,对外则利用帮会的力量构成严格的壁垒。商帮起着保护帮内商人的市场及行业,从而达到排斥外人的资金渗透和介入,确保他们的经营垄断权和商业利益。

(二)经营管理模式多为家族式

近代西北的私营商业,虽也有商号的生意规模很大,店铺、分号众多,但基本管理理念仍是传统的理念。一般独资经营的商号,外人是根本无法插手的。一些规模较大的商号,独资开办比较困难,则多由族人、亲友、同乡通过合伙或入股等方式去经营。合资经营的商号股东可能有在店股东(掌管经营),和不在店股东(不参与经营)之分。而商号的实际负责人,多由家族成员或出资较多的人出任,一般非本家族的成员是不能接管该家族生意的。以甘肃永登红城镇的双合成商号为例,据其后人说该商号是由他的二爷与其他几个人合伙开办的。因他家出了一半的银两(总资本1600两),所以掌柜的就由他二爷出任。后来他二爷离去后,又由他的父亲去接替。② 其他商帮也大体如此。新疆迪化的京津

---

① 新疆通志(商业志、外贸志)编委会、新疆档案馆编:《新疆商业外贸史料辑要》第1辑,内部发行,1990年编印,第194页。

② 王文元:《寻访兰州最后的晋商会馆》,《兰州晚报》2007年6月17日。

帮：同盛和为周玉丰、周跃亭父子所开；① 瑞盛祥鞋帽店为肖子瑞、肖一青兄弟所开；② 德聚和绸布庄为任各武、姚希贤同乡所经营。③

合资商号的财会制度相对严格，使用旧的传统式样的账册。因这种账册很难真实反映出资产负债与盈亏情况，出资方为了防止舞弊，要求每笔账都要如实记载。如晋商玉合泉商号有总账（又称大帐），流水账（又称往来账），还有浮账、水牌。浮账是临时记账，过一段时间再将浮账归纳记入总账。五天一小结，一月一大结。水牌、浮账由柜台的学徒和伙计负责，流水账由管账先生负责，总账由老板亲自掌握。④ 商号每年年终都要提取一定比例的公积金。宁夏银川晋商八大家的所谓"财神股"就是如此，假如股东为10人，分红时按11股计算，其中1股留作发展基金，每3年要递增1股，就变成12股，其中2股留作发展基金。⑤ 然后依据所定的规矩进行利润分成。新疆迪化的同泰兴商号，是由孝义堂和春发堂合资经营的，所得利润股东取6成，经理人2成，公积金2成。⑥ 在兰州水烟业中多是按"人钱各半"进行分配。东家（出资人）和掌柜（实际经营人）按照约定，掌柜虽说可得相当的"人股"红利，但不能向本号投资以占"银股"红利，东家也不会分占掌柜的"人股"红利。⑦ 通过这种办法，将出资方和经营代理人之间的关系固化。资方代理人是无法通过入股、竞争的途径，去取代商号的投资人，从而确保

---

① 新疆通志（商业志、外贸志）编委会、新疆档案馆编：《新疆商业外贸史料辑要》第1辑，内部发行，1990年编印，第209页。

② 新疆通志（商业志、外贸志）编委会、新疆档案馆编：《新疆商业外贸史料辑要》第1辑，内部发行，1990年编印，第223页。

③ 新疆通志（商业志、外贸志）编委会、新疆档案馆编：《新疆商业外贸史料辑要》第1辑，内部发行，1990年编印，第221页。

④ 新疆通志（商业志、外贸志）编委会、新疆档案馆编：《新疆商业外贸史料辑要》第1辑，内部发行，1990年编印，第251—252页。

⑤ 刘继云：《旧银川的八大商号》，《宁夏文史资料》第12辑，宁夏人民出版社1984年版。

⑥ 新疆通志（商业志、外贸志）编委会、新疆档案馆编：《新疆商业外贸史料辑要》第1辑，内部发行，1990年编印，第212页。

⑦ 严树棠等：《解放前的兰州水烟业》，《甘肃文史资料选辑》第14辑，甘肃人民出版社1982年版。

了商号主人或家族的产权安全。但如果是领东掌柜（创办人），一般不受此约束，也不能随意辞退，多为终身制。

（三）商号内存在着较强的封建剥削

商号大都在同乡、师徒的名义下，掩盖着很强的人身依附和封建剥削关系。商号内部人员各地叫法可能各异，但一般大体有4种成员：东家（出资人）、掌柜（实际经理人）、店员、学徒，个别商号或许还有些杂务人员。各家店铺均有约定俗成，或制定成文、不成文的号规或铺规。在甘肃永登保存的晋商《大顺成号规》中，对店员有许多明文限制：不许随意出入；不能在外过夜；不许赊借钱物；不许交接不肖；不许暴珍天物；不许偷懒；不许嫖妓、赌博、吸鸦片；不许转借银钱等等。① 宁夏银川八大家商号也有："严禁店员带家属或亲朋进店居住"，"严禁店员夜不归号"，"严禁店员逾期不归"等。② 店家通过这些规章制度，实现了对铺号的严格管理。甚至店员的日常行动、人身自由都被限制。在新疆古城（今奇台）的天元成商号，当伙计的头两年必需站栏柜（没顾客也不许坐），第三年才有坐的权力。③ 也有一些个体小铺面，因为人员不多，而且是沾亲带故，管理相对宽松些。如在迪化"小有名气"的杨家肉店，"该店除雇佣几名亲戚外，全家五六口人都是服务员"④。

商号内各类人员各自的权力和义务都有严格规范。古城（今奇台）的天元成商号，有大掌柜1人，二掌柜1人，管账1人，门市3—4人，伙计6—7人。⑤ 商号普通店员（伙计）约占到60%，他们是干工作的主要力量，具备一定的技术能力和经验。伙计可分为内外两种：外伙计是纯工资劳动者，随用随雇，不能参与分红等福利；内伙计虽也为雇用，

---

① 转引自王文元《晋商在兰州的往事》，《兰州晚报》2007年6月10日。
② 刘继云：《旧银川的八大商号》，《宁夏文史资料》第12辑，宁夏人民出版社1984年版。
③ 新疆通志（商业志、外贸志）编委会、新疆档案馆编：《新疆商业外贸史料辑要》第1辑，内部发行，1990年编印，第246页。
④ 新疆通志（商业志、外贸志）编委会、新疆档案馆编：《新疆商业外贸史料辑要》第1辑，内部发行，1990年编印，第227页。
⑤ 新疆通志（商业志、外贸志）编委会、新疆档案馆编：《新疆商业外贸史料辑要》第1辑，内部发行，1990年编印，第246页。

地位明显要比外伙计高一些，有些亲信或与店主沾亲带故的，还可能获得重用或被提拔。内伙计多是学徒出师后成为店里的店员，店员一般实行年薪制，每3年还可享受一次探亲假。店员的工资多少完全由掌柜的决定，在兰州的晋商商号，每年给店员的工资由几十元到几百元不等。年终掌柜的或东家还会根据每个人的表现，用"馈赠"或"暗塞"的方式发给员工奖金。① 清末宁夏银川八大家店员的年薪8到30多两白银不等。② 新疆奇台的天元成商号，第一年伙计每人12两白银，第二年后按业绩每年加2、4、6两不等。只有等到年薪能达到50两后，才有资格入股分红。③ 内伙计所担责任也较重要，商品的流通、周转、销售等具体事务都由他们操作。

学徒的地位最低。据对宁夏固原地区调查，学徒可占到20%左右。④ 他们劳动时间最长，身受双重压迫，对店主而言是雇工，对师父而言是学徒。当学徒还需要进行一些考验，一般需有人引荐或作保，最好是同乡或亲族。据新疆木垒县的范守瑾回忆，他是1924年进疆的，同行11人先投靠同乡的三兴和商号，后自立门户的。⑤ 此外，还有本人是否可靠、能否吃苦耐劳、有无不良习惯等。学徒在起初每天的任务是做杂务，如宁夏银川八大家商号，"学徒要给长者端饭、洗衣服、做店内其他零杂活，跳水、喂猪、倒尿、铡草"。"晚间打烊（即停止营业），学徒们又要给长辈们泡好茶，打好洗脚水、铺好被褥，然后才敢做个人私事，如练习写字，或恳请业师口授生意经和教授珠算。半夜里，还要起来喂牲口和守夜的狗。"学徒的生活正像当时流传的顺口溜所描述那样："开门

---

① 张世钰：《略谈原兰州经商的绛太帮》，《兰州文史资料选辑》第5辑，1986年编印。
② 刘继云：《旧银川的八大商号》，《宁夏文史资料》第12辑，宁夏人民出版社1984年版。
③ 新疆通志（商业志、外贸志）编委会、新疆档案馆编：《新疆商业外贸史料辑要》第1辑，内部发行，1990年编印，第246页。
④ 李敬：《解放前固原的商业概况》，《固原文史资料》第3辑，1989年编印。
⑤ 新疆通志（商业志、外贸志）编委会、新疆档案馆编：《新疆商业外贸史料辑要》第1辑，内部发行，1990年编印，第244页。

扫地涮烟袋，提壶倒尿暖铺盖。"① 到一定时间后，看店主或师傅的喜好才能决定你能否进店。刚入门的学徒一般不许直接去学做生意，只能按师父分派干装卸门板、搬运货物等活。学徒在 3 年满师之前，也不能上柜台营业，也没有工资或其他报酬。一般按照"进门 4 两银"的例规，给少量零花钱或年钱。熬到了出师，才可以独当一面。

（四）不少商人兼营高利贷

近代西北地区的商家虽以经商致富起家，但也常借放高利贷以求富。有的商号还将商业活动转换为高利贷，为了多销货物对农牧民进行赊销，通过赊销收账掠夺农牧民的土地房屋。一些商人在农村拥有的田产、宅地，就是通过所谓的"收账"得来的。在甘宁青农村地区农民常因婚丧嫁娶等事，不得不向商家赊购一些物品，商家将本息折为粮食。秋后如不能清偿，就可能转化为高利贷，或以房屋、地契等作为抵押。还有的商家采用预购等办法掠夺农牧民。民国前宁夏中宁县宁安一带农民，常以种植的枸杞为担保，"采取预售形式向富户借贷，作价时以低于市场一二成作为利息"②。新疆南疆的大商人玉山巴依，"冬春把预购羊毛款以年息 36% 贷给农民。夏收以后又以低于市价 30% 的价格把农民的羊毛强行收去"，使得许多农牧民沦为他的债务人。③

也有商家干脆直接发放高利贷以牟利。在乌里雅苏台（在今外蒙古）经商的晋商商号大义德、盛魁等，大量向当地蒙古王公、贵族放款收利，有的月息可高达三分。同时，还向他们赊销各种日用等。各王公均定期以骆驼或马、牛、羊等牲畜，偿还所欠本利及货款。晋商将每年从蒙古王公手中收购所得的骆驼、马、牛、羊各类牲畜赶到归绥（今呼和浩特）售买。通过放贷和赊销这种方法，每年可获得远超过经商的高额利润。新疆"各商号以其高利贷借钱与土人，除每年得 36% 以上利息

---

① 刘继云：《旧银川的八大商号》，《宁夏文史资料》第 12 辑，宁夏人民出版社 1987 年版。

② 中宁县志编委会：《中宁县志》，宁夏人民出版社 1994 年版，第 408 页。

③ 新疆通志（商业志、外贸志）编委会、新疆档案馆编：《新疆商业外贸史料辑要》第 1 辑，内部发行，1990 年编印，第 276 页。

外,并取其牲畜等物以续其本金,而其买收价格竟低于通常市价之30%,至土人有息不能偿者,遂永远为商号债务人"①。宁夏直到全面抗战时期,"普遍存在于各县、镇间集资组成的小商号与高利贷密切结合着,形成为商业高利贷的统一体"②。据对宁夏同心县调查,商人是高利贷的重要来源,在高利贷的发放者中商人占比高达35.5%。③

(五)一些大商帮儒商色彩浓厚

随着中国封建社会进入末期和商品经济的发展,耻于言利的儒家思想受到了越来越强的挑战。人们开始强调"义中取利","陶朱雅范,管鲍遗风"。商人也日益注重自身修养,在商业活动中也重视伦理道德等问题。商人儒化、儒生经商的现象也日益增多,形成一种新的商业文化氛围。晋商在这方面较有代表性,他们在会馆的设计等方面,尽力要显现出文化的色彩,建筑既要看起来辉煌,也要透出风雅之韵。如原兰州的三晋会馆,门前有副对联写道:"吾乡多贤豪,汉云长、隋仲淹、唐仁贵、明敬轩,上下两千年,文德武功人宛在;此邦真形胜,东崆峒、西祁连、南朱圉、北贺兰,纵横入万里,黄河青海我来游。"④

此外,许多商号在招人时除需有一定文化外,对人品也有明确的要求。还重视员工对传统文化的学习。甘肃河州的渊发明商号,要求员工读《古文观止》《朱子治家格言》《曾国藩家书》等。在经营方面也有不少相关理念,强调做生意信守诚信、老少无欺、薄利多销。商家还关注一些社会公益事业,如办学、举办文化娱乐活动等。这些都为商家赢得了声誉,也能使外地商帮与当地社会关系更为融洽。大商帮们的一些经营理念,也影响到本地商家甚至小商贩。如在甘肃固原(今属宁夏)商家强调:"买卖不成仁义在。""待顾客必须十分和气","不得嫌麻烦、求省事,使顾客不悦出门"。"宁愿货等客,不让客等货。""宁做一去百

---

① 新疆通志(商业志、外贸志)编委会、新疆档案馆编:《新疆商业外贸史料辑要》第1辑,内部发行,1990年编印,第165页。
② 宁夏档案局(馆)编:《抗战时期的宁夏——档案史料汇编》(下),重庆出版社2015年版,第629页。
③ 同心县志编委会:《同心县志》,宁夏人民出版社1995年版,第452页。
④ 王文元:《兰州会馆——晋商纵横西北的根据地》,《兰州晚报》2006年2月26日。

来之商业，不做一去不返之生意"等。①

通过以上分析我们可以看出，近代西北地区的私营商业具有较强的封建性因素，这种局面直到全面抗战时期才有明显变化。这对于西北地区商贸经济的近代化进程显然不利，也对他们自身的发展造成了许多不利影响。虽然如此，我们也应看到，近代西北的私营商贸业对本地社会的巨大影响。他们在一定程度上满足了人民生活需求，提高了民众的生活质量。他们的活动也促进了西北同外部的经济联系，带动了地区经济的发展。还直接或间接地为地方财力做出贡献，如乾益升承办新疆茶销30余年，为当地"共纳过课厘税银四百余万两"②。

第二节 西方商业势力的入侵

西北地区与国外的商贸活动历史悠久。清王朝建立后，鉴于西北边疆局势的复杂，在对外贸易方面实行了较严格的管制政策。但地处祖国边陲的新疆，与中亚等地的边贸活动仍在进行。近代以后随着沙俄对外领土扩张活动的增强，对我国新疆的经济渗透活动也日益加剧。1851年双方订立的《伊犁塔尔巴哈台通商章程》，使他们正式获得了对新疆的贸易权，并逐步在当地外贸活动中占据了优势。英国商人通过其印度、阿富汗殖民地，也逐步地向南疆地区渗透其商业势力。西北其他区域由于地处祖国腹地，西方商业势力渗透的力度要小一些，早期主要是通过间接的手段，推销其工业品并掠夺原料。19世纪末因国际皮毛贸易的兴起，外国洋行开始在陕甘宁青地区设立洋庄或代办机构，直接介入西北腹地的商贸活动中去。

一　俄英商人在新疆的活动

俄国商人在西北地区从事商贸活动较早，乾隆时期因准噶尔余党依

---

① 李敬：《解放前固原的商业概况》，《固原文史资料》第3辑，1989年编印。
② 新疆档案馆：《新疆与俄苏商业贸易档案史料》，新疆人民出版社1994年版，第29页。

附沙俄,清政府为保障边境安全,曾对在新疆喀什噶尔等地的俄商进行清理。明令新疆"不许俄人通商。俄人不得已,常优待浩罕人,经浩罕人手转售俄货与新疆"①。甚至有俄国商人采用冒充中亚商人、贿赂地方官吏等手法,以规避清政府对俄商业贸易活动的限制。此外,"俄中贸易在新疆也通过向塔城、固勒扎(今固尔扎)和阿克苏派遣商队的形式进行着"②。1805年(嘉庆十年)俄国还曾经派使臣企图取得在新疆开展贸易的权力。近代以后,在巨额利润的刺激下,俄国商人来新疆从事贸易的逐年增多。英国及其殖民地商人,虽早在鸦片战争后就在南疆活动,但与新疆大规模的商业贸易则是在"阿古柏事件"后。这时他们一面极力扩充自己的商业势力,一面不断地在南疆同俄国争夺势力范围。

(一) 俄国商业势力在新疆的扩张

第一次鸦片战争,英国用武力打开中国大门后。沙俄也不甘示弱,1850年(道光三十年)中俄双方在伊犁进行谈判,1851年(咸丰元年)迫使清王朝订立了《伊犁塔尔巴哈台通商章程》。在该条约中清政府虽拒绝了俄商在南疆的贸易要求,但承认了他们在伊犁和塔尔巴哈台贸易的合法性。沙俄在该条约的第二条中,还获得了治外法权、领事裁判权等。并通过第三条取得了在新疆贸易的免税权,即所谓的"彼此两不抽税"。③1852年春(咸丰二年)又借条约中所允诺的特权,在伊犁、塔城划定所谓的"贸易圈",并于同年夏动工开建。1853年10月(咸丰三年)在伊犁城东之金顶寺,俄商开辟了贸易商场。起初共修建房屋48间,有俄国商人86名。④后经不断扩充,市场"宏敞富庶,鳞次栉比,号称繁盛为各城之冠"⑤。1853年11月(咸丰三年)在塔城西北隅,俄商修建房屋51间,共

---

① 曾问吾:《中国经营西域史》中编,商务印书馆1936年版,第459页。
② 孟宪章主编:《中苏贸易史资料》,中国对外经济贸易出版社1991年版,第198页。
③ 王铁崖:《中外旧约章汇编》第1册,生活·读书·新知三联书店1957年版,第78页。
④ 《奕山等奏伊犁盖房完竣商民彼此相安折》,《筹办夷务始末》(咸丰朝)卷六。
⑤ 新疆通志(商业志、外贸志)编委会、新疆档案馆编:《新疆商业外贸史料辑要》第2辑,内部发行,1990年编印,第2页。

有俄商 92 名。① 塔城的"商贸圈","东面一百九十四丈,南面一百三十丈,西面二百四十丈,北面二百八十八丈"②。至此,伊犁、塔城变为俄国商人的重要立脚点。俄商还在塔城创办了著名的天兴洋行,该行主要是从俄国运进布匹(主要是"喀拉洋布")、生铁、五金器具、火柴、石油、杂货等工业品,然后从新疆运出皮张、棉花等原料。

第二次鸦片战争期间,俄国人又趁火打劫。在中俄《北京续增条约》中,迫使清政府同意开放南疆的喀什,要求俄国人在当地"可盖房屋,建造堆房、圣堂等地"。"并照伊犁、塔尔巴哈台给与空旷之地一块,以便放牧牲畜。"③ 虽划地设立"贸易圈"之事因与条约规定不符被拒绝,但俄国商业势力从此侵入南疆地区,库车、莎车、阿克苏、和田等地,俄商足迹遍及。他们还向东疆地区扩展势力,在吐鲁番、奇台等地也设立了分站。1864 年(同治三年)新疆发生了反清起义,次年,浩罕军官阿古柏在南疆封建头人金相印勾引下入侵新疆。1871 年(同治十年)俄国又借口防止阿古柏,直接派兵侵占了伊犁。1872 年(同治十一年)他们还同阿古柏签订所谓"俄阿条约",俄以承认阿古柏在新疆的统治,换取俄商在南疆经商贸易等特权。④

1881 年(光绪七年)清王朝为了收复伊犁,不得不与俄签订《中俄改订伊犁条约》《改订陆路通商章程》等。俄借机进一步扩展其在华的商业势力,获得了在新疆全境贸易的免税权。同时"俄商自俄国贩货,由陆路经过张家口,通州前赴天津,或自天津运往别口及中国内地,并准在以上各处销售"。俄国商人如"前往肃州贸易,货帮至关而止,应得利益照天津一律办理"⑤。1882 年冬(光绪八年)俄还在喀什设立领

---

① 《丰绅等奏塔尔巴哈台盖房完竣商民彼此相安折》,《筹办夷务始末》(咸丰朝)卷七。
② 轶名:《新疆四道志》(伊塔道·塔尔巴哈台厅·商贸圈),《中国西北文献丛书》(西北稀见方志文献)第 60 卷,兰州古籍书店 1999 年影印版,第 623 页。
③ 王铁崖编:《中外旧约章汇编》第 1 册,生活·读书·新知三联书店 1957 年版,第 150—151 页。
④ 参见新疆社科院历史所《新疆简史》第 2 册,新疆人民出版社 1980 年版,第 158 页。
⑤ 王铁崖编:《中外旧约章汇编》第 1 册,生活·读书·新知三联书店 1957 年版,第 381—385 页。

事，俄商在城北通过租赁房屋开辟市场，使该地"洋行林立，华厦相接"①，成为南疆俄商的大本营。塔城原"贸易圈"因新疆民众反清起义毁于战火，1883 年（光绪九年）俄商又在城的东北隅重建。俄商势力扩张迅速，致使"塔城商权，握于俄商"②。1895 年（光绪二十一年）俄国设领事馆于迪化，俄商借机租地辟商场于南梁。地方虽不大但安排得很好，"那是一个一条街道的住区，街道两旁是俄国侨民的住房和商店"③，故老百姓俗称其为"洋行街"。

起初，在"贸易圈"的俄商往来人员有限，活动范围也很少出"贸易圈"。"夷官司门启闭，不许夷人进城，亦不许在外逗留。年来运货之人随来随去。"④ 19 世纪 80 年代后，随着地域的扩展人员倍增，定居、贸易等事务繁多，便形成了一套殖民色彩浓厚的管理制度。由"贸易圈"最有势力的商人组成商人代表会，实行所谓"自治制度"。具体负责处理的事务有：向商人征收、摊派市场运营各项费用；街道、桥梁、排水等设施的维修；商约、警务人员薪金；领事馆拘留所经费拨付等。日常事务则由商约来管理，商约由商人代表会选举，或由俄领事直接任命。商约虽管理"贸易圈"日常事务，但不能独立行事，必须依照领事的指令办理。这实际就形成了一种治外法权，领事成了这片土地的真正管理者，中国政府反而无权过问其事。⑤

19 世纪 80 年代后，俄国为了鼓励本国货物出口，给予俄商出口货物奖励，规定运 1 马驮货到新疆奖 16 卢布。⑥ 由于俄国政府的鼓励，加之贸易特权的保护，俄国商人便蜂拥而至。早期进入新疆的天兴洋行，

---

① 新疆通志（商业志、外贸志）编委会、新疆档案馆编：《新疆商业外贸史料辑要》第 2 辑，内部发行，1990 年编印，第 4 页。
② 谢晓钟：《新疆游记》，甘肃人民出版社 2003 年版，第 339 页。
③ 新疆通志（商业志、外贸志）编委会、新疆档案馆编：《新疆商业外贸史料辑要》第 2 辑，内部发行，1990 年编印，第 4 页。
④ 新疆通志（商业志、外贸志）编委会、新疆档案馆编：《新疆商业外贸史料辑要》第 2 辑，内部发行，1990 年编印，第 10 页。
⑤ 新疆通志（商业志、外贸志）编委会、新疆档案馆编《新疆商业外贸史料辑要》第 2 辑，内部发行，1990 年编印，第 10—12 页。
⑥ 包尔汉：《新疆五十年》，文史资料出版社 1984 年版，第 9 页。

又在乌鲁木齐等地建立分支机构，进一步扩充自己的势力。而其他俄商也不甘示弱，1881 年在塔城开设了德和洋行。1883 年在乌鲁木齐创设了德盛洋行、吉祥涌洋行。此外，俄商还陆续在新疆开办有：茂升、吉利、大力、忠信洋行等。据包尔汉回忆：民国前新疆较大的俄商洋行有 8 家，以乌鲁木齐"贸易圈"为基地，他们还在新疆一些地方设有分店。① 华俄道胜银行还在伊、塔、喀 3 城设有分行，并发行纸币，吸取储蓄、垄断汇兑，给俄商在资金方面提供支持。俄新贸易也随之快速增加，俄国商人在新疆的势力蒸蒸日上。民国以后，德、美等国也在新疆设立了 3 家洋行（见表 3 - 1）。

表 3 - 1　　　　　　　新疆设立的外国洋行情况②

国别	洋行名称	成立时间	创办人	资本额（卢布）
俄国	天兴洋行	1851 年	伊不赖巴依	500000
	吉祥涌洋行	1852 年	热木赞卡尼什夫	500000
	仁忠信洋行	1861 年	台吉鄂斯满	1300000
	吉利洋行	1880 年	满苏尔江巴依	700000
	德和洋行	1881 年	热依木江巴依	1000000
	德盛洋行	1883 年	阿洪霍加	120000
	茂盛洋行	1883 年	沙木克江	300000
	大力洋行	1911 年	伯里迪亨	不详
德国	顺发洋行	1917 年	舍尔灭尔	不详
美国	壁利洋行	1918 年	伯林尼尔伯落斯	不详
	华美洋行	1930 年	伊林米克	不详

进入 20 世纪以后，俄商的足迹几乎遍及全疆所有县份，塔城、伊犁俄商势力大增。1898 年（光绪二十四年）迪化还仅有俄商数家，约计 200 多

---

① 包尔汉：《新疆五十年》，文史资料出版社 1984 年版，第 6—7 页。
② 新疆通志（商业志、外贸志）编委会、新疆档案馆编：《新疆商业外贸史料辑要》第 2 辑，内部发行，1990 年编印，第 36 页。

人，到了1907年（光绪三十三年）俄商增加到30多家，人数超过800人，① 变成了俄商的另一重要据点。此外，俄国还利用俄商贸易不纳税作为诱饵，引诱新疆本地的一些人加入俄籍，这更使得新疆的俄商、俄侨遍地（参见表3-2）。这一时期，一批有实力的俄商崛起。德和、德盛洋行资本均在百万卢布以上。吉祥涌的资本总额高达300万卢布，其占有市场的范围遍及南北疆各地，并且东出哈密、镇西到甘肃，甚至远达陕西、汉口等地。1913年7月吉祥涌一次就向哈密贩运，"由兰州购得官茶三千二百块"。同年8月，"又运到官茶二千块"②。随着俄商势力的增加，1914年他们又要求仿照塔城之例，在喀什无偿划拨土地建立所谓"商贸圈"。新疆地方当局以"塔城等处未取地价，实因该处当时地旷人稀，官地甚多"。而"喀什户口稠密，绝无官地可拨"予以拒绝。③

表3-2　　　　　　　1909年在新疆俄商和俄侨情况统计④

地区	户数	人口数	地区	户数	人口数
塔城	不详	3844	乌什	40	236
宁远	1163	3325	库车	33	88
霍尔果斯	45	不详	英吉沙尔	29	77
惠远	51	不详	于阗	26	68
绥定	46	126	吐鲁番	19	83
塔勒奇	164	不详	和阗	12	39
奇台	30	139	巴楚	10	30
迪化	不详	532	沙雅	7	16
阜康	6	9	若羌	3	10
孚远	3	18	伽师	6	8
哈密	不详	不详	疏勒	2	5

① 王树枏：《新疆图志》卷五七《交涉五》。
② 新疆档案馆：《新疆与俄苏商业贸易档案史料》，新疆人民出版社1994年版，第36页。
③ 新疆档案馆：《新疆与俄苏商业贸易档案史料》，新疆人民出版社1994年版，第64—65页。
④ 本表根据曾问吾《中国经营西域史》中编，商务印书馆1936年版，第469—471页资料编制。

续表

地区	户数	人口数	地区	户数	人口数
镇西	不详	不详	焉耆	2	4
莎车	280	732	轮台	1	4
喀什噶尔	112	302	柯坪	1	3
温宿	56	112			

1917年俄国爆发十月革命，国内经济受到了严重打击，对新疆的贸易也明显下降。因苏联新政权宣布废除不平等条约，迪化的俄国洋行已无贸易特权，其中3家停业回国，剩余的加入中国国籍。① 新疆各地的俄商也逐步撤走，如哈密到1922年3月，仅剩德盛和吉祥两家洋行。② 在当时俄国与新疆的商业贸易的中心伊宁，已出现了俄商"无货输入"的局面，反而是中国商人从内地贩入的"津货颇形畅销"。③

19世纪20年代中期，随着当时苏维埃政权的巩固和社会经济的恢复，苏俄在新疆贸易中的地位又迅速回升。所不同的是废除了一些不平等条约，苏联的国有商贸企业取代洋行在新苏贸易中占据了主导地位。因苏联急需恢复国民经济，但又受到西方世界的围困，新疆既可提供苏方所需原料，又可推销他们的工业品。对新疆而言既解决了农副产品出路，也换回了日用工业品。因双方贸易的互补性很强，苏方也向新疆提供有一些优惠。在这个大背景下，两块的商贸关系也进一步得到了强化。

(二) 英及殖民地商业势力在新疆

英国及其殖民地的商人，在新疆的商业活动可追溯到鸦片战争前，他们多借道克什米尔、浩罕等地贩卖鸦片和杂货。19世纪60年代之后，清政府已无力掌控新疆，一些英国殖民主义者便窜入南疆进行各种非法活动。而借乱窃据新疆的阿古柏，极力去向英国方面表白，愿同英建立所谓通商

---

① 昝玉林：《外商洋行与迪化贸易圈》，《乌鲁木齐文史资料》第12辑，1989年编印。
② 新疆档案馆：《新疆与俄苏商业贸易档案史料》，新疆人民出版社1994年版，第149页。
③ 谢晓钟：《新疆游记》，甘肃人民出版社2003年版，第148页。

贸易关系。1869年（同治八年）他派遣伊赫拉汗赴印度与英联络，英属印度总督为了鼓励阿古柏，给他一批枪支弹药和修理军械的设备。1874年春（同治十三年）双方订立了所谓"英阿条约"，主要内容有：英国承认阿古柏为喀什噶尔与叶尔羌地区的"艾米尔"；阿古柏承诺英及附属国商人自由出入南疆地区，入口税额不得超过2.5%；英向南疆地区派驻政府代表、商务代理人；英人还被允许在南疆购房、置地等。①

阿古柏与英国签订的非法"英阿条约"，为英国及殖民地商业势力进入新疆提供了便利。每年都有英印等商队进入南疆地区贸易，在巨额利润的刺激下，英印等商人开始在南疆地区扩展其势力范围。阿古柏败亡后，英国及其属地商人开始效仿俄国商人，在新疆贸易"暂不纳税"。这就进一步促进了英国及其所属殖民地商人势力的增长，到20世纪初期，英及附属殖民地的商人和侨民在新疆势力大增，以南疆为基地向东疆的哈密等地扩张（见表3-3）。但由于商业交通运输条件的限制，再加上沙俄的竞争和排挤，所以比起俄国来他们在新疆的商业势力仍处于劣势。

表3-3　　　　　1909年英及所属殖民地侨、商在新疆情况②

地区	户数	人口数	地区	户数	人口数
吐鲁番	5	5	伽师	12	16
轮台	1	3	英吉沙尔	21	32
库车	11	41	莎车	1104	2811
温宿	15	26	叶城	40	52
柯坪	1	2	和阗	19	50
巴楚	21	51	于阗	6	8

二　西北其他地区的外国商业势力

鸦片战争前后，西方商业势力逐步经东南沿海向西北腹地渗入。不

---

① 参见新疆社科院历史所《新疆简史》第2册，新疆人民出版社1980年版，第159页。
② 本表根据曾问吾《中国经营西域史》中编，商务印书馆1936年版，第477页资料编制。

过早期列强的商业渗透是间接的,其商业势力直接介入陕甘宁青地区较迟。最早始于 1879 年(光绪五年),驻天津的英洋行雇员葛某(一说是宁普星)来到宁夏的石嘴山。他发现当地农牧民们竟然用羊毛去沤粪,而这时国际羊毛生意日趋兴盛,便以每百斤 2 两银子的价钱,共赊购了羊毛 4 万斤运抵天津,以每百斤 20 两银子卖出,葛某因此发了大财。消息一出便引起了轰动,洋行为操控西北的皮毛贸易,纷纷开始深入西北腹地设庄或寻找代理人。

(一)洋行势力的快速崛起

洋行最早进入的地方是宁夏的石嘴山,该地因有黄河水运之利,交通相对要方便一些。1880 年(光绪六年)英商高林洋行开始在此地设庄。此后,陆续有 10 家洋行先后到了石嘴山,资本较大的有仁记、新泰兴、天长仁、平和、瑞记、兴隆 6 家。[①] 1892 年(光绪十八年)外国商人开始直接介入青海的皮毛贸易,英商新泰兴洋行经宁夏前往青海西宁设庄。此外,1897 年(光绪二十三年)英国传教士因看到巨大的商业利益,曾贩运大批洋布在青海循化的保安(今属青海同仁县)销售。据档案资料记载:"该教士等(克省吾、僖德生)于八月十五日到保(安镇)……兹于九月初一日,该教士(僖德生)觅雇附近九房头屯民骡五头,跟随脚夫四名前往洮州(今甘肃临洮),搬接家眷驮运货物,……又往来拉布楞、贵德一带,一则传教,二则贸易。"地方官吏"阻挡数次,全不遵听"[②]。

1899 年初夏(光绪二十五年),僖德生夫妇引起了早已对其不满的当地藏民愤慨。"本年五月二十三日午后,保安附近各番猛来聚集城外,……喊声如雷,到教士门首围攻楼墙周围",僖德生被赶来官兵"从墙救出"[③],官府派员护送到兰州。僖德生夫妇被逐出藏区,固然有着很深的宗教、文化等方面的因素。但也不可否认与洋人在青海的贸易活动,触动了原有的商业利益格局有关。故保安十二族在善后条款中明

---

① 刘廷栋:《帝国主义洋行在石嘴山》,《石嘴山文史资料》第 2 辑,1983 年编印。
② 《为报英教士克省吾、僖德生游历处所并出入境日期事呈西宁府》,青海省档案馆,档号:07—永久卷—2181。
③ 《为妥为保护入循化传教洋人事饬循化厅》,青海省档案馆,档号:07—永久卷—2188。

确要求:"不准洋人住坐保安买卖羊毛。"这次事件在一定程度上阻滞了洋行进入青海的脚步。但《辛丑条约》订立以后,清政府奉行"量中华物力,结与国欢心"的政策,各国洋行纷纷大举进入青海等地收购皮毛等畜产品。① 到清王朝覆亡前,外国洋行的足迹已遍及陕甘宁青地区。

辛亥革命后西北地区开始陷入内乱,但洋行恃有不平等条约的保护,其活动并未受大的影响。1913年甘肃督军张广建决定对洋货抽"值百抽五"的税,后又将税额增加到15%,洋行的生意因此受到一些影响。但因国际市场羊毛畅销,导致西北地区皮毛贸易更为兴盛,也使得洋行的势力大增。洋行在陕甘宁青地区究竟设有多少分支机构,因其各种记载不一,一些机构变化频繁,无法确切统计。但可以肯定的是洋行分布范围很广:宁夏的石嘴山、银川、中卫;甘肃的兰州、河州、张家川;青海的西宁、湟源均成为洋行的聚集中心。这些地方洋行数量众多,如在兰州先后就有:英商悦和、居利、新泰兴、高林、仁记、兴隆;德商瑞记、平原、孔士、安原、米利等洋行。② 根据本人目前看到的资料,在甘宁青地区的洋行有近30家(见表3-4)。各洋行根据业务需要或季节设立的分支机构、临时庄口——如英商仁记洋行、新泰兴洋行都有许多"外庄"或代理商,不包括在统计数据内。

表3-4　　　19世纪末20世纪初甘宁青地区的洋行名录③

国别	洋行名称
英国	仁记、新泰兴、天长仁、礼和、高林、聚利、普伦、怡和、平和、兴隆、悦和、明义
德国	孔士、安利、米利、平原、安原、世昌、德泰、美最时、瑞记、德斯股
俄国	美最新、瓦利、华北、古宝财

---

① 参见青海省志编委会《青海历史纪要》,青海人民出版社1980年版,第88—89页。
② 甘肃省志编委会:《甘肃省志》(商业志),甘肃人民出版社1993年版,第29页。
③ 本表主要依据:刘廷栋《帝国主义洋行在石嘴山》,《石嘴山文史资料》第2辑,1983年编印;青海省志编委会《青海历史纪要》,青海人民出版社1980年版;秦宪周等《帝国主义洋行在甘肃掠夺剥削农牧民史料三则》,《甘肃文史资料选辑》第8辑,甘肃人民出版社1980年版;甘肃省志编委会《甘肃省志》(商业志),甘肃人民出版社1993年版等资料编制。

续表

国别	洋行名称
美国	慎昌
法国	永兴
日本	春天茂

洋行往往以一些靠近牧区，或交通相对便利的地方为中心向周边地区扩散。清末驻石嘴山洋行的"外庄"遍及周边许多地方，不仅宁夏的阿拉善、额济纳旗（现属内蒙古）、银川、中卫等地有其分支机构，甘肃的靖远、平番、固原（现属宁夏），以及陕北的三边（靖边、定边、安边）也有他们的分支机构。洋行通过这些分支机构，将收购的羊毛集中后发运到天津等地出口。如甘南地区所产皮毛，洋行利用与农牧民有往来的某些商人、过载行、皮毛贩子，由洋行预付现款给他们赴藏区收购。然后集中到河州、拉卜楞，通过黄河皮筏贩运出境。甘肃河西的皮毛靠畜力驮运集中于兰州，或直接启运经由蒙古草地到包头转出。甘肃陇东的皮毛主要集中于张家川一带，驮运到汉中后经汉江到汉口贩出。青海皮毛以西宁、丹噶尔（湟源）、循化为收贩中心，沿黄河支流湟水或黄河东运。洋行还利用分支机构或代理人，借贩皮毛之便带洋货到农牧区推销。

（二）洋行势力的逐步退出

20世纪20年代以后，西北地区局势日益混乱，军阀混战造成商务风险加大。加之地方官僚、军阀介入皮毛贸易活动，致使商业竞争力度也不断加大。1921年宁夏石嘴山的洋行开始收束业务，瑞记等4家洋行首先撤回天津。到了1926年石嘴山剩余的高林等6家也相继撤走，皮毛收购生意委托给了银川的"八大家"。① 甘青地区的一些洋行也开始逐渐撤返天津，他们"尽可能在天津收货"。一切收购、运输交中国商号代理，"既省却许多麻烦，又免去贩运途中风险"②。但还是有一些洋庄留

---

① 《石嘴山洋行情况简介》，石嘴山博物馆藏。
② 青海省志编委会：《青海历史纪要》，青海人民出版社1980年版，第90页。

了下来,甚至个别洋行还在拓展业务。如1926年英商新泰洋行、仁记洋行为抢购羊毛,还在青海的鲁沙尔开设分号。① 直到1937年,美最时、普纶等数家洋行仍驻庄于青海的丹噶尔。② 驻甘肃东部张家川的一些洋行,也是到抗战爆发前后才撤走。在许多洋行撤出甘宁青后,西方商业势力对西北的影响仍存在。他们这时主要是利用在国际贸易中的主动权,通过间接方式控制着皮毛等重要商品的贸易。其商贸活动所涉及的范围、数量都在增加。除收购羊毛、驼毛、各种皮张之外,还收购许多贵重物资,如砂金、牛黄、鹿茸、麝香等,并大力推销棉布、日用百货等西方工业品。

第三节 官方商业势力的兴起

自古以来官方在西北地区的商贸经济中,就一直扮演着极为重要的角色。无论汉代还是盛唐,在当时的丝绸之路贸易中,官方既是积极的提倡者,也是极其重要的推动者。清代西北地区的商贸业,更成驾驭边疆民族的一种手段。为了使商贸业能更好地为自己的政治目的服务,清政府采取一些行政手段或特许经营等办法,对重要商贸物资进行控制。近代之初,虽因历史条件的变化,官方对商业贸易的控制方式、范围都有一定的变化。但官方通过控制重要物资、特许经营等方式,控制商业贸易的传统仍被延续了下来,如食盐贸易中的专商引岸、茶销业中的引票制等。不过一般来说,官府很少直接进行商业经营活动。西北地区官方直接开办商业机构,起源于清末"新政"时期。民国以后西北各地的一些官僚、军阀,为了谋取更多的经济利益,利用手中权力大肆染指商贸业。到了全面抗战爆发前后,形成了地方、国家一起上的局面,官方资本所控制的各类商业机构,也在西北地区快速兴盛了起来。

---

① 张生佑等:《建国前鲁沙尔镇的工商业概况》,《青海文史资料选辑》第17辑,青海省政协1988年编印。
② 马鹤天:《甘青藏边区考察记》,甘肃人民出版社2003年版,第241页。

一 地方官办商业机构

近代西北地区官府直接从事商业贸易活动，先是由地方政府发起的。1905年（光绪三十一年）伊犁将军为了解决财政困难，向光绪皇帝奏称：当地蒙、哈牧民的皮毛，常被迫"转售俄商，盘剥受欺"。所以"请立官局，兼设毛皮公司，收回利权"①。经清政府同意后，伊犁将军在宁远城开设了皮毛公司，"以砖茶、缯布易蒙哈羔犊或皮毛为尝"。公司曾一度取得了一些成效，也多少减轻了俄商对牧民的盘剥。"公司乃稍轻其息，于是商人不得恣取，民困少苏"②。辛亥革命后，该公司因政局动荡倒闭。此外，1910年（宣统二年）塔城地方政府也声称"塔城出产以毛皮为大宗"，俄商、缠商则常设法以低价收购，"蒙哈受其愚弄，贫困日甚"。要求仿照伊犁"在塔城设立毛皮公司"③。但不久因清王朝垮台，此事最后无果而终。

（一）地方官营商业机构的兴起

西北地区的官办商业机构真正兴起是民国以后的事，这与当时国家的政局密切相关。北洋政府统治时期政局动荡不定，大小军阀更是混战不息，原国家给西北的协饷已无法保证。而西北地区这时也是军阀混战不断，盘踞各地的大小军阀招兵买马，不断扩充他们的地盘和实力。在冯玉祥部国民军1925年入甘前，甘肃已形成了所谓的"四回""四汉"8股军阀势力。他们为在相互争斗中占据优势，大力扩充各自实力。如盘踞西宁地区的马麒，所部宁海军清末不到700人，1923年扩充到3700人。随着军队的扩充和战乱，军费在财政支出中所占比重暴增。陕西当政者也如走马灯般地轮换，战乱更是持续不断。新疆外有白俄匪军之祸、内有各种变乱，财政问题更为严重。大量的军费开支和战乱，导致各省的财政赤字日益严重，一些军阀、官僚便开始想法敛财，利用政治权力

---

① 《清德宗实录》卷五四五，光绪三十一年五月癸酉。
② 新疆通志（商业志、外贸志）编委会、新疆档案馆编：《新疆商业外贸史料辑要》第2辑，内部发行，1990年编印，第104页。
③ 刘锦藻：《皇朝续文献通考》卷三九二。

直接介入商业贸易以牟利。

1912年9月青海的马麒在任西宁镇总兵后,遂利用手中权力将其开设的德顺昌商号移设于西宁。并在他的官署下设总务处长,由其亲自兼任德顺昌商号的总经理,为所部"宁海巡防马步队全军"筹措粮饷。实现了将商贸活动与政治权力的相结合,形成了官僚资本商业的雏形。1929年马麒的次子,时任青海暂编第一师师长马步芳,用加入股份等办法将乡绅马辅臣的义源祥商号并吞。并在西宁设立总商号,先后还在湟源、鲁沙尔、化隆、乐都等10多个地方开设分号,在包头、天津设有驻外办事机构。义源祥商号的业务是将当地所产皮毛、沙金、中药材等贩到天津,然后采购所需的各类军需、布匹等物资。1930年马麒又将德顺昌西宁总店改名为德兴店,经营范围也进一步扩大,几乎进入青海的各类大宗物资均需经德兴店来批发。1931年马麒死后其弟马麟代理青海省主席。马麟接收手了德兴店。并借其省主席身份1932年又在西宁开设协和商栈,经营皮毛、药材等,与马步芳的义源祥商号竞争。[①]

新疆因民国后内地协饷断绝,杨增新推行所谓"就地筹款",开始加强对商业贸易的控制。1913年他指示在镇西、奇台、塔城等地,成立官办或官商合办的皮毛公司。1928年金树仁上台后,在此基础上由新疆省政府出面,成立了新疆官营土产运销公司。该公司主要收购皮毛等畜牧产品以及棉花等农副产品,并运销天津,或直接交予苏联在新疆的苏新贸易公司,以换回当地所需的各类工业品。1933年盛世才当政后,将土产运销公司改为裕新土产公司,公司资本总额50万银元,分为5000股,每股100元,财政厅认购2550股,剩余的由商民认购。[②]该公司名为官商合办,但实际为官方所控制,由省财政厅厅长直接兼任该公司的理事长,包尔汉被指定为总经理。裕新土产公司负责承担对苏贸易的任务,主要收购棉花、生丝、葡萄干、羊毛、皮张、驼绒等,换取布帛、糖、烟、五金制品等,并在伊犁、塔城、喀什、阿克苏等地区设立分公

---

① 参见青海省志编委会《青海历史纪要》,青海人民出版社1980年版,第120—121页。
② 新疆通志(商业志、外贸志)编委会、新疆档案馆编:《新疆商业外贸史料辑要》第2辑,内部发行,1990年编印,第107页。

司，在巴里坤、奇台、吐鲁番、库车、星星峡等地设立办事处。为了便于运输还成立了专门的汽车运输部，将新疆省银行的81辆汽车划归该公司。① 裕新土产公司集商业、供销、外贸为一体，各分公司、办事处由公司直接管理，地方官吏一般不得干预。

  宁夏的官办商业机构起步晚一些。1912年5月马福祥被任命为宁夏镇总兵，开始了其经营宁夏的事业。1920年因为在甘肃争督风潮中失败，被任命为绥远都统，② 由其侄子马鸿宾接统宁夏。1931年1月蒋介石任命马鸿宾为甘肃省代主席，但遭到各派势力反对被扣，只得退回宁夏。同年，马鸿宾呈请中央财政部批准成立了宁夏银行，用来发行钞票和控制宁夏的金融。1933年2月马福祥之子马鸿逵接替马鸿宾控制了宁夏省政，宁夏银行自然落入马鸿逵的手中。宁夏银行的具体业务除垄断宁夏的金融外，还大量进行商贸活动，宁夏的各类皮毛、药材、土碱均由其经营，宁夏银行实际是金融兼营商业的机构。1937年因枸杞买卖生意一度兴隆，宁夏银行还曾出资20万元组建专门的机构——富宁商行，借以垄断当地的枸杞经营。宁夏银行还有另一个任务就是公开进行烟土贸易，1937年曾一次强行用"官价"收购鸦片260多万两。③

  （二）地方官办商业机构的发展

  全面抗战爆发后，国家为适应战时经济的需要，加强对重要物资的控制和调配。1938年10月国民政府发布了《非常时期农矿工商管理条例》，该条例对国民经济各部门从生产到流通领域进行全面统制，主要包括粮食、日用必需品、工业器材、农牧及矿产外销物资、专卖品5大类。并令各省成立地方国营商业机构，以促进省际的物资流通，保障民生必需品的供应，并配合政府进行管制物价、平抑价格的工作。同时，还要求各省经营的贸易机构：不得与中央战时经济政策相抵触；未经许可不

---

  ① 新疆省志编委会：《新疆通志》（商业志），新疆人民出版社1998年版，第80页。
  ② 1920年12月，甘肃军阀在"甘人治甘"口号下，驱逐皖系甘督张广建，回族军阀力挺马福祥督甘，但遭汉族军阀死命反对。北京国民政府为缓和矛盾，调绥远都统蔡成勋为甘督，马福祥为绥远都统，蔡并未到任，实际由汉族军阀陆洪涛护理。
  ③ 参见宁夏政协文史委员会《宁夏三马》，中国文史出版社1988年版，第55、271页。

得经营中央经营之专卖业务；不经相关负责部门的委托，不得擅自收购国家统制物资。在这种背景下，陕甘两省先后成立了官办商业贸易机构。宁青新各省原有的地方官办商贸机构，借战时物资国家统制之名，进一步加强了对当地重要商贸物资的控制。

1938年陕西成立了战时物资运输调整处，下设贸易、运输两个科和会计室。1940年年底该机构被陕西企业公司接收，陕西企业公司下设总务部、贸易部（战时物资运输调整处改组）、生产部3部，以及会计室、调研室2室。该公司实际以商业贸易为主业，如1942年公司总资本为1200万元，贸易约占900万元。[①] 贸易部的具体业务，先是抢救河南沦陷区的物资，后负责采购生产原料及生活资料。从陕西本省采购的主要是煤、生丝、木料等，从四川采购的主要有糖、纸、丝绸等，从甘肃等地主要购进羊毛、冰碱等。在国民政府对棉花、棉纱、布匹实行管制后，该机构按照国民政府的计划收购棉花、土布。在关中主要产棉区设点收购棉花，所收棉花运往四川；在兴平、礼泉等地设土布收购站，所收土布销往甘肃等地。据对陕西企业公司贸易部统计：1941年购销总额为4148587元，其中本省购销额为1211064元，河南的购销额为2364185元，四川的购销额为1553338元。1942年购销总额为9984013元，其中本省为4498112元，河南的为4055944元，四川的为584350元，甘肃的为845607元。[②] 1945年5月后西安的物价狂跌，陕西企业公司的商业贸易几乎全部停顿，接着12月物价又出现了暴涨。经过这两次打击后，1946年该公司的贸易部不得不关门。1947年陕西企业公司经几番紧缩、遣裁，最后剩十几人负责清理和办理结束。1949年5月西安解放后，陕西企业公司被接管。

1941年甘肃因物资供应紧张，市场有"一日之间三易其价者"。"多数日用品价格在二十天内，涨至百分之六十"，"其他最低亦涨至百分之二十"。[③] 为"安定民生"，"实行物资动员"，"引导商业"。[④] 同年6月

---

① 肖之仪：《陕西省企业公司的兴衰十年》，《西安文史资料》第7辑，1980年编印。
② 肖之仪：《陕西省企业公司的兴衰十年》，《西安文史资料》第7辑，1980年编印。
③ 甘肃省档案馆：《建国前资料·2·财经》第387卷，第3页。
④ 甘肃省档案馆：《建国前资料·2·财经》第387卷，第7页。

甘肃省政府在"调剂物资供应，发展地方经济"的口号下，在兰州组建了官商合办的甘肃省贸易公司。该公司确定股金603.8万元法币（合战前60万元左右），官方占66.23%（400万元法币），商家占33.75%（203.8万元法币）。① 商股参股人员多为官员、地方豪绅及部分大商人，后来还陆续增过资。公司员工约300余人，内设有管理、布匹、茶叶、杂货、皮毛、药材、仓库、运输8部，在武威、岷县、张掖、酒泉、平凉、天水、夏河等地设分公司或办事处，在重庆、西安、洛阳等地设有办事处。甘肃省贸易公司名为官商合办，实际由官方一手操纵，首任董事长为省民政厅长，后来又改由省建设厅长接任。其主要业务是大量购进棉、布、糖、茶等日用生活必需品，"以配合平抑物价及掌握物质政策"②。此外，还从事部分甘肃农副产品的经销和贸易，以及接受其他机构委托的购销业务。1941年下半年，该公司购入货物总值1300余万元法币（约合银币100万元），实际销售600余万元法币。1942年购入货物总值1670万元法币（约合银币50万元），实际销售1109万元法币。这些物资主要是通过政府渠道，从陕西、河南、四川等地收购而来。此外，还通过收购本地一些毛织品、药材、水烟等产品外销或调剂余缺。抗战胜利后，该公司业务逐步衰微。1948年后公司的基本业务已实际处于停滞状态，1949年8月兰州解放后被接管。

全面抗战爆发后，国民政府西迁，对西北地区的控制力得到了加强。鉴于此时鸦片贸易由宁夏省政府出面既恐不雅，又恐蒋介石借口找麻烦。同时，也是为了摆脱中央对其金融的监管和制约，减少政治上的风险。1938年6月马鸿逵将宁夏银行由官办改组为官商合办（资本额150万元，其中官股100万元，商股50万元），实际该银行还是官府控制，并由马鸿逵亲任董事长。③ 该行在省内宁朔、中卫、中宁等地设立分行，还先后在西安、兰州等处设立了11个办事处，在京津等沿海大城市还设有负责联络的单位。马鸿逵将鸦片专卖权由宁夏省政府转交给宁夏银行

---

① 甘肃省档案馆：《建国前资料·2·财经》第387卷，第7页。
② 《甘肃省贸易公司档案》，甘肃省档案馆：档号：47—1—10，第20页。
③ 陈育宁主编：《宁夏通史》（近代卷），宁夏人民出版社1993年版，第134页。

（每年由政府统购的烟土达二三百万两①），还提供军车帮助贩运。1938年曾以高于原价八九倍的价格，一次售卖官方所藏烟土达83万余两，以换回宁夏银行私自发行的省钞。为了确保官营商业利益的最大化，还将宁夏所产皮张划为军需，对羊毛则实行专卖，禁止私商买卖。宁夏银行利用政治特权，逐步垄断了宁夏的商贸业。宁夏的主要物资：烟土、粮、盐、毛皮等，均由宁夏银行经营。马鸿逵为此还成立了所谓的"缉私队"，甚至动用军警力量，确保宁夏银行对商贸业的垄断。②1947年马鸿逵将富宁商行从宁夏银行系统分出，单独组织富宁企业有限公司，总资本额为30亿元法币，马鸿逵家族及军、政界控股87.67%，主营皮毛收购、外贸等业务。③

1938年马步芳正式出任青海省主席，接收了其叔马麟开办的协和商栈，将他的义源祥商号改组为德兴海商号。协和商栈、德兴海商号的"东翁"这时均是马步芳。协和商栈各分支机构，"由马步芳军队的营、团级以上军官任经理"④。德兴海分支机构的经理，多由当地"县长、专员公署商务处长或各地驻军的团长、营长、副官兼任"⑤。马步芳还借口防止重要物资资敌，宣布对青海羊毛和各种皮张、药材等实行统制，规定全省所有出产毛皮、中药材统归协和商栈收买。1939年又发布了《青海协和商栈组织规程及统营皮毛药材暂行办法》，规定统营的办法、名称、价格由该商栈自定，这种管制一直延续到了1949年。马步芳凭借军政特权，基本完成了对青海商贸业的垄断。协和商栈还直辖有：工厂、仓库、运输等机构。德兴海商号在青海省内各地也遍布其分支机构，并与县、乡基层政权相结合，地方官员、保甲长、王公、头人都成了德兴海的代理人。其业务基本涵盖了青海大部分行业。⑥1946年马步芳又将

---

① 刘柏石：《宁夏银行》，宁夏人民出版社1987年版。
② 宁夏政协文史委员会：《宁夏三马》，中国文史出版社1988年版，第267页。
③ 刘继云：《富宁公司内幕》，《宁夏文史资料选辑》第17辑，宁夏人民出版社1987年版。
④ 青海省志编委会：《青海历史纪要》，青海人民出版社1980年版，第188页。
⑤ 青海省志编委会：《青海历史纪要》，青海人民出版社1980年版，第189页。
⑥ 参见青海省志编委会《青海历史纪要》，青海人民出版社1980年版，第188—190页。

协和商栈、德兴海和其他官僚资本企业合并,改组为湟中实业有限公司。① 该公司集商贸、工矿、畜牧、金融为一体,在兰州、西安、汉口、天津、上海设立办事处,全省设 248 个所谓的合作社,实现了对青海经济的高度垄断。到 1947 年该公司在贸易方面:输入商品总值为 5580 万银元,输出物资总值为 8200 万银元。②

新疆的盛世才为了保持其势力范围,极力与中央争夺商贸利益,不断加强对本地商贸和重要物资的控制。1937 年初盛世才为完全控制裕新土特产公司,由省财政厅拨款认购了全部股权。1939 年公司又重新制定条例,增资 150 万银元,全部由财政厅分期拨付。公司盈利的 60% 作为红利归政府所有,"成为政府财政收入的重要来源之一"③。1942 年新疆的裕新土特产公司增资至 1000 万元新(疆)币,并改订了土产特公司的条例。在已垄断当地皮毛、蚕丝等对苏贸易物资的基础上,又被指定为购销土特产的专办机构,以及进口物资的专营机构。1943 年省财政厅又颁布《茶、糖、火柴专卖办法》,授权裕新土特产公司拟定细则,并负责组织代理商供货。裕新土特产公司内设营业、土产、茶糖、专卖、运输、会计、稽核、总务 8 个部,还有秘书、统计 2 个室。下属有 11 个分公司,47 个县级办事处,县下还有分处、门市部、收购站等,垄断达到了巅峰。④ 1944 年又在蚕丝重点生产地和田地区实行统制。⑤ 1944 年 9 月盛世才被迫离开新疆后,国民政府派吴忠信主政新疆。1945 年 2 月裕新土特产公司被改组为新疆贸易公司,除军需、公项、外贸外,"其余一切土产悉任人民自由经营"⑥。并撤销了该公司原设在县乡的网点,减少

---

① 参见青海省志编委会《青海历史纪要》,青海人民出版社 1980 年版,第 197 页。
② 青海省志编委会:《青海省志》(商业志),青海人民出版社 1993 年版,第 3 页。
③ 新疆通志(商业志、外贸志)编委会、新疆档案馆编:《新疆商业外贸史料辑要》第 2 辑,内部发行,1990 年编印,第 110 页。
④ 新疆通志(商业志、外贸志)编委会、新疆档案馆编:《新疆商业外贸史料辑要》第 2 辑,内部发行,1990 年编印,第 126 页。
⑤ 参见新疆省志编委会《新疆通志》(商业志),新疆人民出版社 1998 年版,第 80、83 页。
⑥ 新疆通志(商业志、外贸志)编委会、新疆档案馆编:《新疆商业外贸史料辑要》第 2 辑,内部发行,1990 年编印,第 112 页。

了其对商贸业的垄断性。同时，为了解决与内地的物资交流问题，在重庆、天津、上海等地设立了分公司或代理机构。张治中主政新疆后，1946年7月"为统筹工商业之繁荣发展"，将贸易公司与省营各工厂，"合并改组为新疆省企业公司"[①]。

二 中央所属西北商贸机构

随着近代边疆地区民间贸易的兴起，以及西方资本主义商业势力在西北的渗透和扩展，中央政府主导的一些传统贸易方式——如茶马、绢马贸易等，因不合时宜逐步退出了历史舞台。西北地区的商业贸易在近代商贸经济的冲击下，无论经营的物资和方式均发生了很大的变化。在这一历史背景下，中央政府参与商业经营之风开始兴起。但因北京国民政府对西北的实际控制力较弱，故中央政府很少能直接介入西北各省的商贸业。1927年南京国民政府成立后，开始大力推行国家资本主义的经济方针，在西北大力扩展官方商业资本势力，但遭西北地方势力、军阀的抵制。全面抗战爆发后，国际、国内形势发生了重大变化，这为中央政府插手地方商贸业提供了前所未有的历史机遇，使得中茶、复兴、富华等在西北的商业势力得以迅速扩展。

（一）中央所属商贸机构在西北的尝试

南京国民政府在西北地区最早涉足的商贸领域是盐业。1928年借关税自主运动与西方列强改定约章之机，南京国民政府力图统一全国的盐政。食盐产销由财政部下设的盐务总局负责，在食盐产地则设立盐务管理局，在销售食盐的地区设立盐税局。原盐运使、榷运局等管理机构一律撤销，以便事权归一。在此背景下，南京国民政府在甘肃兰州设立了花定盐运公署，负责西北地方盐政的监管。1929年甘宁青三省分治以后，宁青两省的盐务管理业务也分开，各自独立设立榷运局。1931年南京国民政府正式发布了《盐法》，决定统一盐税，提高税率，改进缉私，

---

① 新疆通志（商业志、外贸志）编委会、新疆档案馆编：《新疆商业外贸史料辑要》第2辑，内部发行，1990年编印，第133页。

整顿盐场，就地征税等。1932年又决定合并食盐税种为：正税、销税、附税3项，以改变民国以后盐税征管混乱的局面。但因牵扯到各方的利益，西北的地方军阀、当政者都在极力争夺盐税，加上还涉及一些民族地区的特殊历史遗留问题，故《盐法》未能在西北各省彻底推行。按规定原该属国家的食盐税收，也多落入地方军阀、地方头人之手。

蒋冯阎中原大战后，南京国民政府势力逐步深入西北，尤其是甘肃省政被中央所控制。南京国民政府为了统一西北的盐政管理，1934年在作为主要销盐区的陕西成立了盐务收税总局。为管理陕北产的少量土盐，后又设立了陕西盐务办事处（后改为盐务管理局）。[①] 1933年南京国民政府开始与马麟商定，将青海的盐务纳入财政部管理。1935年又与青海的蒙古王公谈判，承诺茶卡等8个盐池按租赁方式由国家承租，每年给现金1万元（1939年增为1.2万元，1940年增为2万元），[②] 食盐200担（每担100斤），青海军队用盐直接由茶卡盐仓调拨等条件。青海各方面同意将本省的盐务，全部移交到西北盐务局在湟源所设的办事处。[③] 1935年又与宁夏马鸿逵协商，在财政部同意每年补助军费6万元的条件下，马鸿逵同意撤销其宁夏省榷运局，并交出食盐的经营和税收权。[④] 这样国民政府财政部算是正式接管了陕甘宁青的盐务（当时新疆食盐由盛世才控制，陕北食盐主产地花马池、宁夏盐池由陕甘宁边区控制）。此外，全面抗战爆发前夕，中国茶叶公司也开始直接插手西北的茶销业，但也是遇到了重重的阻力。

（二）中央所属商业机构垄断地位的形成

全面抗战爆发后，随着国民政府西迁和国家对西部控制力的加强，以及对战略物资的统制，中央政权对西北的商贸业介入越来越深，并对主要物资盐、茶、布、皮毛等基本实现了垄断。1938年先是陇海铁路被

---

① 阎馨远等：《盐制概略》，《西安文史资料》第5辑，1983年编印。
② 青海省志编委会：《青海省志》（盐业志），黄山书社1994年版，第66页。
③ 马遇良：《解放前的青海食盐概况》，《青海文史资料选辑》第9辑，青海人民出版社1982年版。
④ 吴忠礼：《宁夏历史纪年》，宁夏人民出版社1987年版，第234页。

截断，山西潞盐产区（运城盐湖）也被日寇占领。东部食盐来源基本断绝，关中、陕南以及甘肃东部地区食盐短缺。为了统一调配西北的食盐资源，国民政府在兰州成立了西北盐务总局。西北盐务总局陆续成立了凉州、三陇、青海、宁夏、中条5个盐务公署，由此便基本控制了除新疆、陕甘宁边区外的西北食盐运销活动。

全面抗战爆发后不久，中国茶叶公司归口到贸易委员会管辖，将湖南安化茶厂作为定点砖茶生产厂家，所产砖茶由中茶公司全部贩往西北。1941年4月南京国民政府决议，对盐、糖、烟、酒、火柴、茶叶6种生活必需品实行专卖。1942年行政院决定将地方经营的茶务，移交给中国茶叶公司去经营，将茶税列入统税中征收，左宗棠的茶票制至此寿终正寝。1942年7月中国茶叶公司西北分公司在兰州正式成立，该公司既负责西北甘宁青新各省的茶叶内销事宜，也是对苏茶叶贸易的管理机构。这样私营茶商领票经营茶销业的局面结束，不得不依附于中国茶叶公司西北分公司，国家基本实现了对茶叶贸易的垄断。

全面抗战爆发后，按照中苏双方易货贷款贸易协议规定，中方需向苏联提供农副产品、矿产品等。为了保障对苏的易货贸易，1938年贸易委员会西北贸易办事处（设在兰州），以富华贸易公司西北分公司的名义与苏联签订合同，收购西北地区的皮毛等物资，定期交付给苏联，而价款则在重庆结算。1942年国民政府宣布实行政企分开，外贸事务交由富华公司代理，后富华与复兴合组成了中国复兴商业公司。次年，复兴公司在兰州正式设立西北分公司，负责羊毛、羊皮、猪鬃、驼毛、羊肠等土产的收购及出口。复兴公司西北分公司在甘肃各地还建有仓库（宁青两省皮毛贸易由地方控制，新疆则由裕新公司垄断），还在皮毛集中的产区设立有分支或代理机构，并在甘新交界的星星峡设立办事处，专门负责向苏方交货。[①]

1943年夏国民政府发布了《全国羊毛统购统销办法》，宣布对陕甘

---

① 马公瑾：《中国复兴商业公司西北分公司述略》，《甘肃文史资料选辑》第14辑，甘肃人民出版社1982年版。

宁青各省羊毛实行统购统销，复兴公司的垄断地位进一步被强化。据估计复兴公司在抗战期间，每年仅在甘肃统购的羊毛有 500 万斤之多（甘肃年产量约 1200 万斤），统购的羊皮也占到了甘肃年产量的 50%（年产量约 350 万张）。① 陕甘地区所产的猪鬃，也大部分由复兴公司的分支机构收购。由于复兴公司有着国家授予的外贸垄断权，迫使宁青甚至当时绥远（内蒙古西部地区）的地方官僚资本所收购的皮毛，也不得不转售予该公司。如青海的皮毛由马步芳的协和商栈收购后，用皮筏转运到兰州卖给复兴公司。绥远的则由绥远银行负责收购，然后再转卖到兰州。

此外，国民政府为了保证抗战时期对重要物资——棉花、布匹、日用必需品贸易的控制，在其直接控制的陕甘两省还相继成立了一些公司。比较著名的有陕西中棉公司福生庄，甘肃农本局福生陇庄。1942 年 2 月国民政府又成立了物资局，对陕西所产棉花宣布实行统购统销。1943 年为了进一步强化对棉花、棉纱、布匹的管制，又成立了花纱布管制局。为加强对甘宁青三省的专卖事业控制，在兰州还成立有火柴专卖甘宁青分公司等机构。

第四节　各种商业势力的消长

在近代西北地区的商贸活动中，民间私营商业一直很活跃，而且层次、门类都较为庞杂，但就其发展状况来看，私营商业的势力在不断被削弱。就私营商业中居核心地位的大商帮而言，虽在不同时期或不同地区情况差异较大，总体趋势仍是日益走向衰落。不少著名的老字号商铺倒闭，还有一些则为了生存受控于人，或寻隙觅缝地生存着。近代私营商业的这种状况，是与西方商业势力在西北的扩张，以及民国后官办商贸机构的崛起有关，他们极大地挤压了私商的活动空间。此外，也与私营商业自身的某些弱点相关，严重地影响着私营商业的发展。

---

① 孟非：《抗战时期的甘肃贸易》，《社会科学》（甘肃）1987 年第 6 期。

一 外资与官商对私商的挤压

清中期以后,西北地区的私营商业,特别是晋陕等商帮在官府的鼓励和扶植下,逐步成为西北商贸活动中的主要力量。但进入近代以后,这种局面发生了变化,随着外国资本主义商业势力逐步进入西北,以各大商帮为核心的私营商业开始遭到外国商业势力的排挤。民国后西北地方官办商业势力开始兴起,与私营商业间的竞争也逐步加剧。特别是全面抗战时期,各类官办商贸机构凭借政治权力,几乎垄断了西北对外贸易和许多有利可图的商业活动,对私营商业造成了更为沉重的打击。

(一)外国商业势力对私营商业的排挤

外国商业势力对西北私营商业的排挤,首先是发生在近代与国外通商贸易最早的新疆地区。俄商通过《伊犁塔尔巴哈台通商章程》,获得了设立"商贸圈"等贸易特权。第二次鸦片战争中,俄诱迫中国订立的《北京条约》,俄商又取得进入南疆地区的贸易权。俄国商人的势力扩展到南北疆的主要城镇,并向东疆、甘肃河西渗透。后来俄、英还利用阿古柏事件,窃取了在整个南疆地区的通商贸易等权利。这必然会导致以晋商和京津商为代表的内地商人,与俄英等外国商人之间发生激烈的竞争。因外国商人在新疆享有各种贸易特权,内地商人在新疆的地位遭到严重挑战。

1881年(光绪七年)俄国又借交还伊犁为筹码,进一步扩大俄国商人的活动范围。特别是俄商免税贸易的特权,导致了俄国商业势力在新疆势力的快速增长。新俄双方的贸易由1884年(光绪十年)的210万卢布,增加到1895年(光绪二十一年)759.3万卢布。[①] 俄国的布匹、日用品等商品开始席卷整个新疆,抢占了内地贩运的国货在新疆的市场。俄商利用《陆路通商章程》中规定,允许他们经甘肃嘉峪关运土货回国,并可减免1/3税收的条文,借机从内地采购土货在新疆贩售。此外,他们还插手茶叶的贩销,常以假道为由,在新疆沿途"撒销"茶叶。西

[①] 魏永理:《中国西北近代开发史》,甘肃人民出版社1993年版,第279页。

伯利亚大铁路修通后，俄商还由海路再经铁路转运，将已出口的茶叶贩到新疆，"伊塔边卡倒灌之茶层见叠出"①，借以夺取中国茶商在新疆之利。英国及其殖民地商人，也极力插手南疆贸易与中国商人争利。

此外，在新疆的俄英商人经营的许多商品，不少与各商帮的货物具有同质性。如俄英商主要收购物资为皮毛、畜产品、棉花、沙金等；主要贩卖物资为布匹、日用工业品，然后才是些金属制品和其他类商品。同期，内地商帮也主要经营的是皮毛、畜产品、布匹、日杂类产品。但因外商在资金、技术等方面的优势，还享有免税等特权，而华商则需抽取税收。"每年收银六七万两"，不仅"事属偏枯，无以折服华商之心"②。更使得新疆的内地商人相形见绌，无法与俄、英商人竞争，造成了外商势力日益壮大，内地商人势力不断被削弱的局面。1906年（光绪三十二年）英印商人仅在喀什地区的贸易额即为360.5万马克。1909年（宣统元年）在新疆的英印商户达1257户。③ 俄商在新疆势力更大，到民国初年"全疆四十县中，无一县无俄国商民"④。甚至在伊宁"市面商权，皆握俄人之手"⑤。

在西北其他地区，因19世纪末国际市场皮毛生意火爆，"西宁毛""宁夏皮"已声名远扬，大量洋行开始进驻西北腹地。甘宁青等地所产的皮毛及各类土特产，"多为洋行及山西商人收买"⑥。改变了过去当地毛皮、土特产主要是由晋商贩运的局面。到了光绪末年，随着国际市场羊毛价格上涨，高额利润引得更多的洋行介入。甘肃甘南、临夏、张家川，青海西宁、丹噶尔，宁夏中卫、石嘴山，以及陕北榆林，都成了洋庄聚集之地或皮毛收购中心。他们以海关的三联票单收货，各商帮很难与之匹敌。在兰州每当洋行"毛筏启运时"，筏子散布在黄河百余里河

---

① 新疆档案馆：《新疆与俄苏商业贸易档案史料》，新疆人民出版社1994年版，第50页。
② 新疆档案馆：《新疆与俄苏商业贸易档案史料》，新疆人民出版社1994年版，第1页。
③ 参见新疆社科院历史研究所《新疆简史》第2册，新疆人民出版社1980年版，第364—365页。
④ 杨增新：《补过斋文牍》甲集（下），辛酉三月新疆驻京公寓初版。
⑤ 谢晓钟：《新疆游记》，甘肃人民出版社2003年版，第148页。
⑥ 彭英甲：《陇右纪实录》卷十三《开办织呢局》，甘肃官报石印书局1911年版。

面，运毛的皮筏上插有写着"保护"二字的旗子，"不纳国税"，税务人员也不敢蹬筏查验。① 在洋行的竞争下一些商号败走，如宁夏吴忠的自立忠等4家晋商商号先后被迫撤柜。有些则委身于洋行，如银川的晋商八大家所收羊毛全部转卖给洋行，连其所销售的货物中也有70%来源于洋行。② 20世纪20年代后期，不少洋行撤出西北腹地后，一些商人开始往天津贩运皮毛。但天津市场皮毛价格是由洋行操纵的，所以他们也只能处于被动地位，分洋行的一点余润而已。

（二）官办商贸机构对私商的打击

近代西北地区的私营商业，特别是一些商帮对官府有很强的依赖性。故官方政策的变化，对其发展会产生重大的影响。清中期为了巩固西北边防，清政府在甘新地区实行协饷制，每年划拨四五百万两白银，这一政策延续到近代。1884年（光绪十年）新疆建省后，清政府继续每年向新疆、伊犁、塔城三地，拨付336万两白银的协饷。1904年（光绪二十年）因中央政府财政困难，协饷仍有298万两之巨。③ 因官方押运协饷费用巨大，便多通过晋商的票号来汇兑，晋商则收取汇水或手续费，这对巩固其在西北地位具有很大作用。民国后协饷基本断绝，致使一些晋商"遂无事可做"，④ 致使迪化金融汇兑业中晋商多"改营他业"。⑤ 1901年（光绪二十七）前后新疆官方为解决军饷，准许一些津商发行油布票子，"如存100两现钱，即可发行1000或2000两的布票，等于增加一二十倍资本"。商家因此获得厚利，官府则用商号发行的票子发兵饷。1910年（宣统二年）会党王高升在迪化放火，"焚毁大部津帮商号后，官方即禁止津商发行布票"⑥。一些津商因此受损，"有的天津东家抽回

---

① 秦宪周等：《帝国主义洋行在甘肃掠夺剥削农牧民史料三则》，《甘肃文史资料选辑》第8辑，甘肃人民出版社1980年版。
② 苗子安等：《宁夏八大家》，《宁夏文史资料》第17辑，宁夏人民出版社1987年版。
③ 曾问吾：《中国经营西域史》下编，商务印书馆1936年版，第623页。
④ 曾问吾：《中国经营西域史》下编，商务印书馆1936年版，第686页。
⑤ 谢晓钟：《新疆游记》，甘肃人民出版社2003年版，第104页。
⑥ 新疆通志（商业志、外贸志）编委会、新疆档案馆编：《新疆商业外贸史料辑要》第1辑，内部发行，1990年编印，第193、194页。

资本，有的将大化小，分散经营"①。

　　民国以后官办商业机构逐步兴起，对私营商业的打击更为严重。宁夏的马鸿逵凭借政治权力，1933年后逐步将宁夏银行改组为商业垄断机构，控制了重要物资的贸易。马鸿逵为确保他们的商业利益，还常借各种名义打击私商：省城要搞警政，所需服装费要由商户负担；要办银行或企业，商家则必须入股。甚至马鸿逵给其父建"云亭纪念堂"，各商家也得捐款，天成和商号就捐了1000元。②此外，还有各种名目的敲诈手段。1943年到1945年，马鸿逵多次迫使商家代购军用白老布，市价每尺3元多，但马鸿逵仅给商家半价。甚至借没有向官方报备、走私资敌等罪名，直接没收商家的布匹、棉花等紧缺物资。给商户派兵役也是重要的敲诈手段之一，仅晋商商号天成西一家，被摊派兵役勒索超过6万银元（150人，每人400银元）。在宁马的打击和排挤之下，宁夏城（今银川）晋商的八大商号有5家先后倒闭。③

　　青海马步芳家族控制的义源祥、德兴海商号，不仅在青海各地遍设分支机构，将军政权力与经商结合在一起。当地皮毛、沙金、药材的经营业务基本被垄断，由官方贩运到天津向外商换取军火。造成了义源祥商号"独占一切，其他商号不能竞争"的局面。全面抗战时期，又借战时经济之名管制了皮毛经营，使其"全归义源祥收买"，④私营商业被进一步排斥。在青海兴盛一时的"歇家"要么倒闭，要么投靠马步芳以苟延残喘。青马还通过强借银元还纸币、低价向私商强购布匹的手法掠夺私商。青海商会会长赵文翰（晋商）就遭马步芳多次刁难和迫害，甚至被以"吸食鸦片罪"逮捕。赵文翰为了保命，只得将自己的商号捐献给马步芳。⑤在官商凭借政治权力的排斥、打击下，青海稍有规模的私营商业多难以维持。

---

①　新疆通志（商业志、外贸志）编委会、新疆档案馆编：《新疆商业外贸史料辑要》第1辑，内部发行，1990年编印，第199页。
②　苗子安等：《宁夏八大家》，《宁夏文史资料》第17辑，宁夏人民出版社1987年版。
③　苗子安等：《宁夏八大家》，《宁夏文史资料》第17辑，宁夏人民出版社1987年版。
④　马鹤天：《甘青藏边区考察记》，甘肃人民出版社2003年版，第232、403页。
⑤　参见青海政协文史委员会《青海三马》，中国文史出版社1988年版，第237—239页。

新疆较有实力的晋帮、津帮、湘帮多是借官势而起,对官府的依赖度就更高。1925年7月的一份档案记载,晋商张启孝为其天义代当铺经营得顺利,竟然活动官府为其出告示曰:"开设天义代当,照章取息以资便民,唯恐刁民抬价估当,妄生兹扰,禀请出示禁戒。"① 至于商家多方奉迎官府以求庇护,更是司空见惯的事。如晋商玉和泉每逢年节,都给县府送酒,财政局送礼,给当地驻军送猪肉。② 但私商还是不时会遭到敲诈勒索,特别是盛世才时期私商不断遭到打击。首先是为了偿还苏方的贷款,授予官办裕新土特产公司外贸专营权,控制了新疆对外的重要物资销售,私商被从外贸领域排挤出局。裕新土特产公司还借官势和垄断权,对收购物资压级压价。如且末县土产公司收购羊皮,每张仅0.1—0.2元（次者每张0.06元）。同时,在销售生产、生活物资时,"又任意涨价搭配,从中谋取厚利"③。此外,盛世才在新疆推行他的所谓"六大主义",打着反帝、反封建的旗号不断打击私营商业。1933年盛世才借口商会会馆"维护狭隘地域观念"④,新疆各地商会的会馆被没收,交给各民族文化促进会改作它用。1937年盛世才出动卫队,借口商家有通敌嫌疑将3家津帮大商号查封。同泰兴经理在承诺不泄露监狱秘密、不翻供的条件下,1939年春被释放,并发还部分财产。曾任迪化总商会会长的同盛和经理,被关押到盛世才1944年离开新疆后才获释。德兴合经理被投入监狱折磨致死,财产被全部没收,家属也被逐出乌鲁木齐。⑤

在陕甘两省私商的境遇要好一些,但也不断遭到官商的排斥。特别是全面抗战爆发后,复兴、富华、中茶在陕甘各地开设分支机构,它们

---

① 新疆通志（商业志、外贸志）编委会、新疆档案馆编:《新疆商业外贸史料辑要》第1辑,内部发行,1990年编印,第243页。
② 新疆通志（商业志、外贸志）编委会、新疆档案馆编:《新疆商业外贸史料辑要》第1辑,内部发行,1990年编印,第254页。
③ 新疆通志（商业志、外贸志）编委会、新疆档案馆编:《新疆商业外贸史料辑要》第2辑,内部发行,1990年编印,第111页。
④ 昝玉林:《会馆漫记》,《乌鲁木齐文史资料》第8辑,1985年编印。
⑤ 杨梦九:《盛世才查封同泰兴等三家商号经过》,《乌鲁木齐文史资料》第6辑,1984年编印。

在国家政权的支持下,基本控制了重要物资的交易。1938年成立的陕西战时物资运输调整处,及1941年成立的甘肃省贸易公司,这些地方官营商业机构的成立,更进一步强化了对重要物资的控制。1942年后国民政府宣布花纱布管制、外贸物资的统制及专卖政策,这些都对私营商业造成很大冲击。此外,它们还借助官方权力打压、掠夺私商。甘肃省贸易公司在收购本地土特产时也多借用政治权力,如1943年为强行低价收购甘南羊毛,省政府曾令夏河保安司令部协助。1944年在收购岷县等地麻布时,省政府下令地方当局催收,甚至捕押逃跑农户。① 陕甘两省不少商号在官商垄断的排挤下,加之战时的经济困难,其生存也极为艰难。

二 私营商业的日益衰落

近代西北地区政局的动荡不定对私营商业的影响很大,使其发展历程起伏跌宕不定。就拿私商中的核心各大商帮而言,虽然随着近代时局的变化,一些商帮走向衰落,另一些商帮可能借机而起,但总的趋势是私营商业日益走向衰落。这其中的主要原因除了前面已经谈到的私商具有很大的封建性,以及外国资本主义商业势力的排斥和官僚资本商业的打击外,还与西北地区私营商业间的竞争,以及自身的一些其他因素相关。这些问题在各商帮中均表现很明显,使其难以与时俱进跟上时代前进的步伐。

(一) 各商帮之间的竞争

因为商帮以地域和亲族关系相结合,对内有着相互协调的重要作用。但对外商帮则有着很强的排他性,这就易导致各商帮间时常会产生激烈的竞争。如"在新疆的内地商人,为了竞争,派系十分严重"②。就以清中期在西北兴盛的晋陕商而言,在私营商业中鹤立鸡群,许多商帮都难望其项背。但进入近代后,他们在茶销业中的地位遭到湘帮的严重挑战。

---

① 李剑夫:《我所知道的国民党甘肃省贸易公司》,《甘肃文史资料选辑》第8辑,甘肃人民出版社1980年版。
② 新疆通志(商业志、外贸志)编委会、新疆档案馆编:《新疆商业外贸史料辑要》第1辑,内部发行,1990年编印,第166页。

作为西北茶销中心的兰州，东、西二柜每年领茶引 28996 道（1 道运茶 100 斤）。① 尤其是以晋陕商为核心的"东柜"，更是贩运茶叶主力，故不少晋陕商人因此获得了厚利。19 世纪 70 年代湖南茶商借左宗棠整理甘肃茶务取晋陕商而代之，大力推销湖南产"茯茶"（砖茶）。

左宗棠平定新疆过程中，湖南茶商也趁机向新疆发展。新疆茶叶归"乾益升包办，每年担任此间税课壹十余万两"②。伊犁将军曾借口当地民众不习惯南茶，奏准开设伊犁茶号，允许晋茶进入伊塔地区销售。后清政府因晋茶"侵占南茶引地"，"不准晋茶私贩"③。1905 年 3 月（光绪三十一年）清廷令伊犁茶号停办，"晋商遂尔绝迹"④。1913 年 8 月塔城地方官以抵御俄茶倒灌为名，提出"乾益升一家独销，无如新疆地方辽阔，兼之缠回、蒙、哈嗜茶如命，该茶商一家力量薄弱，不足以供给全省人民食用"，建议"驰运茶禁令"⑤。1914 年 1 月杨增新也建议"今欲挽回利权，应速驰贩运私茶禁令"⑥。晋茶虽得以重新进入新疆，但需课以重税，在重税打击下晋商在新疆的茶销业中一蹶不振。

在西北地区的皮毛贸易中，长期以来是晋陕商居于主导地位。19 世纪 50 年代后，随着新疆市场对俄英的开放，新疆许多皮毛已由俄英商人收购贩出，内地商帮从新疆收购转运内地销售的业务大受影响。到了 19 世纪末 20 世纪初，甘宁青地区的皮毛收购也因洋行的介入，出现了激烈竞争的局面。除洋行在西北各地设庄外，京津商人也大肆介入皮毛购销业。因京津商人有着出口市场的优势，且有些背后还有外商为其撑腰，晋陕商不得不退居其次，将皮毛贸易的主导权让与京津商。

民国后曾经称雄西北的晋陕商，最早在新疆地区开始衰落。晋商因"关内无协饷至新，其利益虽受损失"，许多商号不得不"改营他业"，

---

① 升允：《甘肃新通志》卷二二《建置志·茶法》。
② 新疆档案馆：《新疆与俄苏商业贸易档案史料》，新疆人民出版社 1994 年版，第 25 页。
③ 新疆档案馆：《新疆与俄苏商业贸易档案史料》，新疆人民出版社 1994 年版，第 7 页。
④ 新疆档案馆：《新疆与俄苏商业贸易档案史料》，新疆人民出版社 1994 年版，第 49 页。
⑤ 新疆档案馆：《新疆与俄苏商业贸易档案史料》，新疆人民出版社 1994 年版，第 42 页。
⑥ 新疆档案馆：《新疆与俄苏商业贸易档案史料》，新疆人民出版社 1994 年版，第 52 页。

昔日辉煌已不复存在。① 在北疆伊犁的绥定城，"南关多缠商，城内多津商"②；惠远城"城内多京津商人，城外则缠商群居"③。在南疆疏勒，"城内多津商而兼汇兑营业，城外皆缠商"④。仅在东疆的古城，晋商仍具有较大势力。京津商的势力已明显超越晋商，"执新省商业之牛耳"⑤。晋陕商人在西北其他地区，因遭湖南、京津等地商人的挑战，虽未完全失去优势，但也失去往昔的盛况。民国初年甘肃临夏尚有晋陕大商号30多家，但到20世纪30年代基本大都倒闭，"仅渊发明号尚能维持"⑥。在全面抗战爆发前，青海西宁虽仍有25家较大的晋商商号，但实际上多是勉强维持生存。

随着晋陕商人的衰落，西北地区的其他商帮也是好景不长。主要依靠政治势力兴起的湘帮，因"货殖非所长，故凭藉虽厚而不能有所为"⑦，民国后也很快随着政局的变动走向衰落。到了20世纪30年代后，京津商也因"急功利，喜夸诈"，整天出入官场，"侈靡无度"⑧，也逐步显现出了颓势。曾借地理、人和等优势兴起的本地一些商家，如新疆的少数民族商人玉山巴依、雅和普，甘青藏区借贩羊毛起家的本地商人李庭耀、临潭的西道堂等也曾风光一时。但这种局面并未能持续多久，到全面抗战爆发前，在外商和官僚资本的夹击，以及私商之间的激烈竞争下衰落。

（二）经营方式和理念的落伍

以地域和亲友关系结合的传统商帮，比较好地适应了封建时代的商业环境，但却不能很好地适应近代已变化的新环境。近代以后晋陕商人的经营理念相对于京津帮已明显落伍。天津口岸的开放，使得京津帮与

---

① 谢晓钟：《新疆游记》，甘肃人民出版社2003年版，第104页。
② 谢晓钟：《新疆游记》，甘肃人民出版社2003年版，第141页。
③ 谢晓钟：《新疆游记》，甘肃人民出版社2003年版，第143页。
④ 谢晓钟：《新疆游记》，甘肃人民出版社2003年版，第207页。
⑤ 曾问吾：《中国经营西域史》下编，商务印书馆1936年版，第686页。
⑥ 马鹤天：《甘青藏边区考察记》，甘肃人民出版社2003年版，第23页。
⑦ 王树枏：《新疆图志》卷二九《实业二·商业》。
⑧ 王树枏：《新疆图志》卷二九《实业二·商业》。

洋行联系密切,京津帮在与洋行交接的过程中,受到了一定程度的欧风美雨洗涮,具有更多的近代商业意识。在左宗棠平定新疆的过程中,京津商人能借赶大营很快在新疆发展壮大,是与其进货渠道优于晋商,经营理念又较晋商为优有关,故能很好地抢占商业先机。"山西帮大部分是经营日用必需品,多系粗糙商品;津帮的大部分是丝绸、呢绒、海味、百货、瓷器。"①1916年谢晓钟在视察新疆阿尔泰时也谈道:京津商"知识早已开通"②,又善捕捉商机,使山陕商无法与之匹敌。但京津帮在落脚新疆后则不思进取,也没能完全突破传统商帮的模式。20世纪30年代曾问吾谈到新疆的京津帮时说:"不能打破乡土观念,缺乏冒险精神,均抱发财还家主义"③,是他们衰败的重要原因之一。

直到全面抗战时期,京津沪等地的许多新式商业机构为避战祸西迁。在兰州仅食品业就有稻香村、上海酱园等十几家内迁企业。这些来自经济发达地区的商业机构,带来的不仅有资金技术,还有近代化的经营方式。这就加速了原旧有商帮的分化和商业模式的转化,原来许多传统商帮所开的老"字""号""房",被迫改组或撤销归并。有的商家开始改变过去的家族经营模式,将所有权同经营权分置。对管理人员实行参股制(身股),推行与业绩挂钩的年薪制。对普通员工也给予了一些福利待遇,已明显地逐步向近代商业模式转化。但私营商业的好景不长,随着抗战进入相持阶段,战时经济困难的加剧,官私商之间的竞争加剧,官方不断强化对重要物资的控制。在这种情形下,以传统商帮为核心的私营商业,已明显无法完成自身的蜕变,借以挽回其颓势。抗战胜利后,内战使得西北的商业雪上加霜,迅速走向了衰败。

近代西北地区商贸领域中的三股主要势力,他们的关系呈现出较复杂的状态,总的来说是既相互依存又相互竞争。私营商业在西北的崛起和发展,特别是像晋陕、京津、湘帮那样的大商帮,无可否认是得益于

---

① 新疆通志(商业志、外贸志)编委会、新疆档案馆编:《新疆商业外贸史料辑要》第1辑,内部发行,1990年编印,第46页。
② 谢晓钟:《新疆游记》,甘肃人民出版社2003年版,第330页
③ 曾问吾:《中国经营西域史》下编,商务印书馆1936年版,第686页。

官方的扶植政策，或从官方获取了重要商贸物资的特许交易权。但这又使得他们又不得不受制于官，官方往往利用政策和行政权力，在商业贸易方面对他们起到引导和限制的作用。可以说官府为了其政治和军事等目的，对私商采取的方针是既鼓励又控制。民国后官僚资本大力指染商贸业，这就导致私商与官商之间竞争。官方开始逐步改变对私商的扶植政策，甚至借政治权利打击私商，正所谓成也官、败也官。外国洋行势力也同样，一方面借助中国商人在西北扩展势力，一方面为获取高额利润又不断挤压中国商人。在三方的相互较量中，官商因手中有政治特权，外商可凭借不平等条约及资本优势，私商无疑成了弱势的一方。加之本身的弱点，私营商业逐步走向衰落也就成为必然。

综上所述，西方资本主义商业势力凭借不平等条约，以及官办商业机构凭借政治特权经商，这正是中国半殖民地半封建社会历史条件下的必然结果。它严重地阻碍了民间商贸业的发展，其负面作用是十分明显的。但也不能否认，西方商业资本的入侵，在打击西北地区传统商业的同时，也必然会给被入侵地带来新的经营方式，刺激传统商业或多或少向近代方向转化。这对本地商业的进步是有积极意义的，尽管这不是他们的本意。官办商贸机构在某些特定条件下，也会有一些积极的作用。特别是在战时环境，一些任务是私商无力完成的。全面抗战时期，国民政府在兰州设立的复兴公司西北分公司、中茶西北分公司，用皮毛、茶叶等物资换回了许多重要的战略物资，有力地支援了抗日战争。官办商业也曾为民生提供了一些保障。陕西企业公司的贸易部，为后方工业生产采购了不少原料。甘肃贸易公司，借助官方渠道也为民众提供了布匹等大量日用必需品。新疆裕新土产公司，通过与苏联贸易还引进了先进的生产设备和技术。

第四章　近代西北城乡的商贸经济

近代西北地区内部的商贸活动，总体来说可分为两个大的层次：一是以城镇为中心的商贸活动。这种商贸活动规模相对较大，商业运作中的目的、分工都较明确，市场划分也较细。而且商家的内外联系能力也较强，如陕西三原的布商，兰州的茶商等。二是以农牧区集市为基础的商贸活动。这种商业活动主要是互通有无，交易频繁但规模一般都较小，交易手段也较为原始。两者之间既有明显的区别，又相互高度依存。以各类城镇为中心的商贸活动，正是借助集市贸易将其触角伸向了最基层，收购各种农牧土特产品，并推销其贩运的各种日用百货。而乡村集市的商贸活动正是因为有各类城镇为依托，才使其收购的各类产品得以售出，同时也使得所销售的日用百货有了较稳定的货源。

第一节　商业城镇及其商贸活动

城镇是人类社会发展到一定阶段的产物，城镇化的程度往往会标志着社会的进步度。施坚雅在谈到中国历史上的城市时，曾将中国划分为九个地方区域，指出"每区都支持着一个社会经济体系；这些经济体系的空间结构，各有一个相互联系着的中国式城市群落或多或少地结合起来"①。西北地区作为华夏文明重要发祥地，商业城镇的兴起可追溯到秦以前，兴盛于汉、唐时期。特别是汉代以后，随着汉武帝的扩边和丝路

---

① ［美］施坚雅主编：《中华帝国晚期的城市》，叶光庭等译，中华书局2000年版，第13页。

贸易的发展，西北许多城镇日益繁荣兴旺。东汉时甘肃河西武威，"通货羌胡，市日四合"，"不盈数月，辄致丰积"①。近代后西北地区城镇的分布格局，受古丝绸之路的影响很大，重要的商贸城镇广布于古丝绸之路沿线。随着近代商品经济的缓慢发展，这些大大小小的城镇逐步构成了对内对外的商业贸易体系。尽管它们并不十分完善，但在西北商贸经济中的作用巨大。

一　西北的重要商业城镇

近代西北地区的城镇地位是不一样的，在社会功能方面的表现也是不尽相同。施坚雅在研究清末城市化时，将中国的城镇依其行政职能将它们分为三类：高级治所所在地（省、府）；低级治所所在地（县、厅）；非行政治所所在地。并认为："所有行政中心都是中心地"②，这些中心地自然在本地区的商贸活动方面也具有特别的作用，这一结论也基本符合近代西北地区的实际。为了便于了解和研究，笔者拟将西北地区的城镇按其在商贸活动中的地位，并适当结合行政区域考虑，划分为西北地区的中心城市、区域性的中心城市，以及地方小城镇三个层级进行论述。

（一）西北地区的商业中心城市

陕西西安是西北地区最古老的中心城市，西安城经明代的扩修后，城东西长近7里，南北宽约5里，城周24里。因西安地处富饶的关中地区，"楼橹壮丽，雉堞璀巍，南北两京以下当首屈一指"③。西安又位于西北的东部，交通条件相对也便利一些。由这里东可出中原，西可抵达甘肃、新疆，经汉中、安康还可入四川、湖北，过榆林则到达内蒙古、宁夏，自古就是西北最大的商业贸易中心。民国后西安已逐步向近代城市迈进，城市建设也有了明显的进步。"西京饭店及西北饭店，建筑设

---

① 范晔：《后汉书》卷二一《列传·孔奋传》。
② ［美］施坚雅主编：《中华帝国晚期的城市》，叶光庭等译，中华书局2000年版，第256页。
③ 龚柴：《陕西考略》，王锡祺辑：《小方壶斋舆地丛钞》第1帙。

备，在西北尚属难得。街道亦甚宽敞，人车分行"①。在 20 世纪 30 年代后，陇海铁路修筑到了西安，进一步加快了当地的发展，商业"日呈繁荣之象"。西安与周边的咸阳、三原、泾阳、宝鸡等，构成了关中商贸经济圈，到 1936 年 3 月西安市已有商号 6337 家。② 全面抗战爆发后，随着人口移入和工业发展，西安商业更趋繁荣。据统计 1947 年全市人口达 55 万余，③ 是名副其实的西北第一大都会。

甘肃兰州自古便是西北的军事重镇和交通枢纽，东通秦、豫，南达巴、蜀，北通宁夏、包头，西通新疆，西南通青海、拉萨。兰州城经明正统年间扩建，城周 18 里余，设有 9 座城门。1764 年（乾隆二十九年）陕甘总督府移驻兰州后，政治、经济地位得到进一步提升。此外，"该处系藏番要道，藏内所产之物，悉自青海而来"，"难以悉数"。清光绪年间"省（兰州）内极繁华，南方各货悉可购办"，"京洋土产，几于百物俱备"④。清末民初西北皮毛贸易兴起后，又成为甘青地区皮毛集散中心，商业更趋繁荣。"洋广杂货，由东、北两路而来；葡萄、棉花、桂子皮、雅尔缎，由口外（嘉峪关外）而来；川绉、川缎、茶叶，由南路而来；红花、藏香、氆氇、皮毛，由西路而来。至于湖南之散茶，汉口之砖茶，三原之大布，湖北产之蓝布，以及陕西棉花、纸张，均由东路而来，米则来自宁夏。统计以上各项输入，约一千万两左右。至于输出，则以毛为大宗，牛皮次之，杂皮次之，药品（材）、水烟又次之，毡毯又次之。统计各项，总数在七百万两左右。"⑤ 到全面抗战时，兰州的战略地位进一步提升，成为当时对苏国际贸易的中枢，商贸业发展达到了鼎盛时期。

宁夏（今银川）原是清宁夏将军和甘肃省宁夏道台驻地，"城周十

---

① 陈庚雅：《西北视察记》，甘肃人民出版社 2002 年版，第 293 页。
② 陕西省经济研究室特刊之一：《十年来之陕西经济》，启新印务馆 1942 年版，第 20 页。陕西省档案馆藏，档号：C12—0—206。
③ 西安市政府：《西安市政统计报告》（1947 年 8 月—1948 年 6 月）。
④ ［德］富克：《西行琐录》，王锡祺辑《小方壶斋舆地丛钞》第 6 帙。
⑤ 林竞：《蒙新甘宁考察记》，甘肃人民出版社 2003 年版，第 79 页。

五里余，为门六"，"雉堞巍峨，市街整齐"①。以大什子为中心，逐步形成了粮油、肉食、柴市、估衣、木料、骡马等专业市场。山陕、京津等外地商人将甘草、枸杞、苁蓉、锁阳、发菜、大麻等贩出，贩入布匹、绸缎、茶、烟、杂货等。19世纪末因皮毛贸易宁夏商业更趋繁盛。"土产输出品以羊毛、皮革、蒙盐为大宗；输入品京、洋杂货居多，由张家口运入宁夏，分销省城（兰州）及甘、凉一带。"②因商贸业的繁盛，出现了晋商"八大家"等有较大规模的商号。此外，"附近由天津、汉口来之商人不少"，"城内有当铺19家，大杂货店17家"③。1929年宁夏建省后，宁夏城地位进一步提升，人口也增加到6万左右，市街繁盛已与包头不相上下。到了1933年城内"八大家"的资本总额已达250万元，40家中等商号的资本总额约150余万元，30多家小商号的资本总额约30余万元。④到了20世纪30年代中期以后，本地的官僚资本商业兴起，在天津、上海等地设立行栈，大量推销当地土特产并贩入洋杂货。

西宁位于青藏高原的东北部，"为西藏、青海入甘门户"⑤。原是西宁办事大臣和甘肃省西宁道所在地，也是西北民族贸易的重镇。周边的"土产沙金、皮毛、马匹、木料、狐狸、牛黄、鹿茸、麝香之类"汇集于此。⑥据《甘肃通志稿》记载："每年秋冬间，兰州商人分往收买，以行销于东南。"蒙藏民众也多将青盐、马匹贩到此，"以易官茶、青稞、杂货"。光绪末年外国洋行、京津帮到西宁收购羊毛、皮张，皮毛生意骤然兴起，"西宁毛"因此名扬天下。因西宁商业多长途贩运，故当地过载业较发达。过载业依照经营范围分为山货与布匹两大类，山货过载行多在东关，布匹过载行多设于城内。民国以后西宁商业有了较大发展，大商号主要集中于东大街，小户商家多在东关、石坡、大新、饮马、观

---

① 叶祖灏：《宁夏纪要》，正论出版社1947年版，第28页。
② 彭英甲：《陇右纪实》卷一二《办理农工矿商总局》，甘肃官报石印书局1911年版。
③ 白眉：《甘肃省志》，《中国西北文献丛书》（西北稀见方志文献）第33卷，兰州古籍书店1990年影印版，第81页。
④ 高良佐：《西北随轺记》，甘肃人民出版社2003年版，第204页。
⑤ 彭英甲：《陇右纪实》卷一二《办理农工矿商总局》，甘肃官报石印书局1911年版。
⑥ 彭英甲：《陇右纪实》卷一二《办理农工矿商总局》，甘肃官报石印书局1911年版。

门等街。1929年青海设省后，西宁的地位得到了加强，取代丹噶尔（今湟源）成为青海地区民族贸易的中心。据1936年统计，西宁被列入"班次"的商号695户（"班次"以营业额多少评定，最少的1000元），① 但资本额一般都不大。全面抗战后，官僚资本在本地商贸业已处于垄断地位，民间商业的发展则命运多舛。

迪化（今乌鲁木齐）为原甘肃镇迪道所在地，清代驻有重兵并设有都统，与伊犁将军府相呼应，1884年（光绪十年）新疆建省后成为政治中心。"其地为四达之区"，"字号商铺鳞次栉比，市衢宽敞"，"茶寮酒肆优伶歌童工艺技巧之人无一不备。繁华富庶甲于关外"②。"登城北关帝庙戏楼，城市皆俯视历历，富商大贾聚居旧城南北二关。"③ 俄商在此设有吉祥涌等商行，新疆民众每年也用骆驼载皮毛、棉花、葡萄等，由迪化至俄的斜米省从事贸易。1906年原独立设置的满、汉两城合并，城"周十一里五分二厘，辟有七门"。"南关多缠商，南大街多晋商，藩后街多津商，东大街则众帮杂处"④，成为新疆的重要商业中心。"无论京津苏俄来货，均需到此分卸转运，故春秋驼队，千百成群，日用之品，陈列于肆。"⑤ 民国后俄商势力益盛，"俄国商埠，洋楼栉比商货云集"⑥。在苏联帮助下，盛世才时期当地交通事业有了很大改进，不仅强化了新疆与内地的经贸往来，也进一步提高了迪化在商贸活动中的地位。全面抗战时期，中苏两国易货贸易兴起，迪化又成了中苏贸易的重要通道。

（二）区域性商业中心城市

沿丝绸之路古道及周边地区，形成了一批中等规模的城镇，这些城镇数量较多，地理位置一般都很重要。如陕西关中的咸阳、三原、泾阳、

---

① 廖霭庭：《解放前西宁一带商业和金融业概况》，《青海文史资料选辑》第1辑，青海人民出版社1979年版。
② 满洲七十一：《新疆纪略》，王锡祺辑：《小方壶斋舆地丛钞》第2帙。
③ 纪昀：《乌鲁木齐杂记》，王锡祺辑：《小方壶斋舆地丛钞》第2帙。
④ 林竞：《蒙新甘宁考察记》，甘肃人民出版社2003年版，第104页。
⑤ 新疆通志（商业志、外贸志）编委会、新疆档案馆编：《新疆商业外贸史料辑要》第1辑，内部发行，1990年编印，第166页。
⑥ 谢晓钟：《新疆游记》，甘肃人民出版社2003年版，第104页。

渭南，位于西北经济发达之区，既是当地的商业中心和物资集散地，同时，在西北与国内其他地区的商贸活动中也有重要的地位。位于关中盆地西北边缘的凤翔，东关"街市十数里，坐贾万余家，百货充牣"①。其地西通甘肃天水，南可通汉中。清咸丰时已有过载行20余家，西去秦州运货的骡马年约七八千匹，交易额每日可达五六万两之多，故被誉为"银凤翔"。②陕南的汉中、安康利用汉江之利，沟通了长江流域与西北地区，商贸活动一直很兴盛。此外，陕北的榆林地控大漠，进可入蒙古，退可守边塞。明代万历时已是与蒙古贸易的要地，有粮食、牲畜、木料、薪炭等市场。近代以后陕北及内蒙古伊克昭盟的毛皮、食盐、药材在此汇集，外地的粮食、布匹、茶叶、日用品也被大量贩入。

甘肃陇东的平凉，"城分内外城。东关庙街，由内城东门，至外城东门，长一里有半，路幅宽二丈半。商贾客栈并集于是"。"商业殷盛，多烟草、皮毛、石碳之商品。此外钱行、当行20余处。""东关有宏大之山陕会馆，内附商务总会"，"为长安皋兰（今兰州）间之第一都会"③。全面抗战时期，商贸业有了长足进步，据1944年统计商家达到420余家。④天水为古之秦州，为陇南最大物资集散中心。"五城相接，而中城及西关最为殷阗。"⑤全面抗战时甘川公路又经此地，"东毗陕西，南接四川，西近临夏"⑥，当地商贸经济也因此得到进一步发展。据统计1938年从业商号424家，1942年增加到540家。⑦河州（今临夏）为黄河上游最大的皮毛集散地，光绪初年陆续来此的洋行达十余家，青海循化、甘肃拉卜楞等地的羊毛，均先集中于河州后雇羊皮筏东运，最盛时有大小

---

① 白寿彝：《回民起义》第4册，神州国光社1956年版，第220页。
② 参见宋伯鲁《续修陕西通志》卷三五《征榷二·厘金》。
③ 白眉：《甘肃省志》，《中国西北文献丛书》（西北稀见方志文献）第33卷，兰州古籍书店1990年影印版，第67页。
④ 甘肃省志编委会：《甘肃省志》（商业志），甘肃人民出版社1993年版，第31页。
⑤ 刘郁芬：《甘肃通志稿》卷二八《民族八·实业·商》。
⑥ 任盛治：《最近的陇南》，《新西北》1939年第1卷第4期。
⑦ 参见《天水市城镇集体经济志》，天水市城镇集体经济管理局2001年编印，第384—385页。

商号2000余家。① 肃州（今酒泉）"东迎华岳，西达伊吾，南望祁连，北通沙漠"②，是河西地区贸易的重地。绥远、新疆、甘肃、陕西来货常交汇于此，"胡贾华商凫集麇至"，"五音嘈杂"③。1881年（光绪七年）俄国商人取得前往肃州的贸易权后，又成为俄商向西北腹地推进的基地。

宁夏中卫位于黄河左岸，是黄河水运必经之道，距阿拉善蒙古较近，也是蒙古青、白盐和皮毛贩运必经之地，故商业素称发达。该地有商店200多家，"人家千余"。"洋广杂货由宁夏运来，年约十余万两，直接由天津来者二三万两。""白布来自陕西三原，岁千余捆"，"纸、铁由西安来"，价值"万余两"。当地输出主要为"枸杞约一千四五百担"，"甘草千余担"，"红枣二千数百担"，"皮毛二百余万斤"④。宁夏固原（曾属甘肃）清初是三边总督所在地，又位于西（安）兰（州）公路和银（川）平（凉）公路边，商贸业一直较兴盛。清中期就形成了米粮市、白米市、山货市，鸭子巷、炭窝子、南河滩是著名的农贸市场。光绪中期以后，山陕冀鲁川商人聚集，输入的货物有布匹、茶糖等日用品，输出为食盐、皮毛等。⑤ 到民国时期，固原城已有大小商人1777人。⑥

青海地广人稀，居民多以游牧为生，但也有个别较著名的商贸重镇。如青海的丹噶尔（今湟源）在清中期已是西北民族贸易重镇，每年贩自牧区及西藏的货物，总货值在120万两上下。⑦ 清光绪年间皮毛贸易兴起以后，各国洋行来此设庄，又成为西北地区的皮毛贸易重镇，商贸更趋繁盛。城区街衢纵横，"粮市在东街、永寿街，青盐市在隍庙街南，柴草市在东西大街，牛羊骡马市在东关丰盛街，羊毛市在西关前街"⑧。1929

---

① 马鹤天：《甘青藏边区考察记》，甘肃人民出版社2003年版，第23页。
② 见现酒泉市鼓楼四门匾额。
③ 张维校：《肃州新志》（名胜·街市），《中国西北稀见方志》第7册，全国图书文献缩微复制中心1994年版，第561页。
④ 林竞：《蒙新甘宁考察记》，甘肃人民出版社2003年版，第63、65页。
⑤ 李敬：《解放前固原的商业概况》，《固原文史资料》第3辑，1989年编印。
⑥ 李敬：《解放前固原的商业概况》，《固原文史资料》第3辑，1989年编印。
⑦ 杨景升：《丹噶尔厅志》卷五《商业》。
⑧ 邓承伟：《西宁府续志》卷二《建置志·城池》。

年前有商户1000余户，资本总额超过500万元。①

哈密是新疆东门户，地当甘新之冲，北通镇西，西北通奇台、迪化，西南通吐鲁番，东南通肃州、敦煌。虽"本地出产甚微"，但"为关内外运输货物经由之路"。在左宗棠平定新疆时，"大军屯聚，取多用宏，商贾云集"。此后，"京、津及陕、甘一带，往迪化、古城之洋广杂货、纸张、布匹，岁经此地者，辄百余万。由吐鲁番来之葡萄、棉花，经此往包头、甘肃者，五十余万。此外则俄商洋行，由敦煌、镇西收买皮毛，汇归于此者，约十余万"②。伊犁筑有惠远、惠宁（今伊宁）等9城，自1851年（咸丰元年）《伊犁塔尔巴哈台通商章程》签订后，惠宁城与俄通商，"街市繁华，贸易殷盛"③。城北关绿树夹道，俄商群居，是近代西北地区对外贸易的中心之一。塔城有满、汉两城，也是近代西北最早对外开放的口岸，洋街"其地周约八里"，"横亘汉满二城之北"。喀什噶尔有回（疏附）、汉（疏勒）两城，商务主要集中在回城，与中亚地区贸易源远流长。新疆建省以后，回城被拓展到"十二里七分，规模之大，过于省城"，"北大街、西大街、大寺前，布八栅诸处"。城北关外，英、俄商人杂居混处。成为"葱岭之东，一大都会"④。

（三）地方商业小城镇

西北地区还分布有数量庞大的县城和镇。在中国的传统社会中，每一县既是行政区划，又可能是一个自给自足的经济区域，故这些县镇多为地方性的政治中心兼具经济功能。近代以后随着西方资本主义的入侵，以及商品经济发展的影响，这些具有较强自然经济性质的小城镇，也逐步被赋予了更多与外部经济的关联度。有些县城或镇的商贸业还很繁荣，起着承接城乡物资流通的作用，在商贸活动中开始显现出自身的意义。但因西北特殊的社会历史条件，也有些县治所在地政治功能并不与经济功能相一致。如在一些牧区或边远之区设立的县或厅，主要出于政治需

---

① 林生福：《湟源民族贸易概况》，《湟源文史资料》第4辑，1997年编印。
② 林竞：《蒙新甘宁考察记》，甘肃人民出版社2003年版，第151页。
③ 李德贻：《北草地旅行记》，甘肃人民出版社2002年版，第26页。
④ 谢晓钟：《新疆游记》，甘肃人民出版社2003年版，第339、194、196页。

要或军事震慑，基本不具备多少商贸等功能。甚至像位于关中西部边缘的宝鸡县，其商贸业的重心长期是在虢镇，全面抗战时因铁路修到宝鸡才迅速成为商贸重镇。

陕西陇县县城位于丝绸之路故道，历史上称"千陇古道"。因该地西北通陇东，西南通陇南，东通关中，故四方物资汇集。特别是每年当牲畜贸易的"春会""冬会"，四面八方的牲口贩子云集。故当地有民谣曰："洮州的马，凉州的驴，关中骡驹很出奇。秦川的牛，陕北的羊，南北二山猪娃似牛胖。"① 甘肃的泾川是由陕入甘的门户，商业一直较兴盛。自清末到民国，该地陆续产生了广兴永、同兴永、同春永、恒益裕、邦盛福、荣顺隆、庆顺太、庆顺发、庆顺成9大商家。其中庆顺成有资本白银10万余两，"该号财广有信"，还发行过自己的钱票。到了民国时期，该县城有商号134家之多。② 清光绪末年，新疆的昌吉城有居民500余户，有商铺和手工作坊200余家。"汉、回、维族商人都在这里经营商业和手工业。"③

西北也有少量典型的经济重镇，它们在商贸业中具也有重要的地位。如宁夏"吴忠堡为灵武县属巨镇"，"地濒黄河，为水陆交通孔道"。"商业之盛"，"仅次于省城（指银川）"④。京包铁路通车后，吴忠商业已相当发达，一些商号自备骆驼前往包头等地进货贩卖，获利也十分可观。到20世纪30年代初，有的大商户资本超过了20万银元。⑤ 固原县的三营、七营、蒿店因地处交通要道，经商的人也不少。三地在民国时期分别有商人938人、221人、314人。⑥ 青海的鲁沙尔（今湟中）因地处农牧交界区，又是宗教重地（塔尔寺所在地、宗喀巴诞生地）。清光绪年

---

① 朱鸿禧等：《民国时期的粮食牲口集市及春会冬会》，《陇县文史资料选辑》第8辑，1988年编印。
② 武建勋等：《解放前泾川商业概述》，《泾川文史资料选辑》第2辑，1991年编印。
③ 戴良佐：《清光绪末昌吉县的商业概况》，《昌吉文史资料选辑》（昌吉经济发展资料）第15辑，1992年编印。
④ 叶祖灏：《宁夏纪要》，正论出版社1947年版，第29页。
⑤ 宁夏政协文史委员会：《宁夏三马》，中国文史出版社1988年版，第282页。
⑥ 李敬：《解放前固原的商业概况》，《固原文史资料》第3辑，1989年编印。

间已有德盛隆、璞成珍、顺盛源、永顺兴等商号。清末民初固定商家发展到了30家左右。到了新中国成立初有坐贾49家，行栈23家，摊子商68家。① 此外，还有像陕西宝鸡的虢镇、甘肃通渭县的马营镇、庆阳县的西峰镇等也有一定的名气。

但我们也应看到，因西北地区人烟相对稀少，大部分县城的规模都很小。故在商贸经济方面的功能也显得很有限，和中原、东部地区差距很大。在20世纪二三十年代，陕西长武县"城周三里"，"人口稀少，商业不振"。乾县"城中亦多荒凉区，热闹所在仅一部"②。甘肃高台"城内商店仅一十六家，计大商号七家，小商号九家"。安西"总计县城商店仅六七家，均系小本生意"③。甘肃西吉（今属宁夏）县城，"总计本城人口一千五百九十一人，率多业农者，余为小贩"④。隆德（今属宁夏）"县府屋宇仅二进，作三楹。自入城以抵府门，满目萧条"⑤。宁夏除去银川、吴忠、中卫三地外，"其他各县的商号，大多规模很小，进出口货都没有直接采办的资力，实际上等于上述三处各大商号的分销所和采办所"⑥。青海化隆县城有人口100余户，"经营茶、布零售商七八家，小杂货铺也不上十多家，小摊贩四五家"⑦。清末新疆温宿"有汉回小商数十百家，京货铺约十家以上"⑧。新疆和硕县面积达30600余平方千米，但至1949年全县丁口仅3906人，有所谓小贸商31家。⑨ 新疆乾德县城（今米泉），仅"有农商兼营四五家小铺和饭馆，一家车马店"⑩。

---

① 张生佑等：《建国前鲁沙尔镇的工商业概况》，《青海文史资料选辑》第17辑，青海省政协1988年编印。

② 陈庚雅：《西北视察记》，甘肃人民出版社2002年版，第287、289页。

③ 高良佐：《西北随轺记》，甘肃人民出版社2003年版，第120、145页。

④ 《（民国）西吉县志》第四章集市。宁夏社科院图书馆藏。

⑤ 高良佐：《西北随轺记》，甘肃人民出版社2003年版，第32页。

⑥ 宁夏档案局（馆）编：《抗战时期的宁夏——档案史料汇编》（下），重庆出版社2015年版，第618页。

⑦ 马文辉：《略谈解放前化隆的商业概况》，《化隆文史资料》第5辑，1985年油印本。

⑧ 佚名：《温宿乡土志》（实业）。

⑨ 吐娜编：《民国新疆焉耆地区蒙古族档案选编》，新疆人民出版社2013年版，第301页。

⑩ 王泽民：《解放前夕乾德县城概况》，《米泉文史》第1辑，1988年编印。

此外，商贸业在许多县份的社会经济中的分量也很小。如 1945 年甘肃鼎新县的所谓商税，实际为田和房契税 70 元、驼捐 950 元、牲畜屠宰税 300 元，① 真正的商业贸易税几乎可忽略不计。

从上面叙述中我们可以看出，西北地区的商业贸易重镇主要是省、府、道、州、县所在地。这主要是因为西北地区人口相对稀少，社会经济发展水平也较低，商品的生产和消费能力也自然较低。此外，西北自古为征战之地，民族成分又较复杂，筑城设治都要考虑到这些因素。故西北城镇的政治、军事功能与经济功能的重合度相对较高，这也导致各地的商贸中心多在行政中心地，非行政中心所在地的那种纯粹经济重镇则很少。这也从一个侧面反映出了近代西北地区商贸经济的落后。尽管如此，这些不同类型的城、镇在西北地区商贸经济中构成了一个较为完整的商业链条，故它们在西北地区商贸活动中的作用是不能忽视。

二 城镇商贸组织的演化

进入近代以后，西北城镇商贸业管理的组织形式仍是传统的，清政府秉承传统的重农抑商思想，一般无专设的商业管理机构。西北大部地区主要的商业机构是按商帮组成的会馆，或按行业组成的行会。它们散布在西北的大大小小商业重镇，作为商家联络情感、制定商业活动规则、组织商业活动等的主要机构。随着近代西北商贸业的发展以及洋行的涌入，这些传统的自发组织的城镇商贸机构，因对商贸业的管理能力和约束力都有限，故显得越来越不合时宜。到清末"新政"时，清政府为了鼓励工商业发展，开始着手推动商贸组织的近代化。民国以后，这一过程逐步趋于完善。但在这一过程中，政府对商贸组织的影响力也日益强化。

（一）传统的商贸组织

近代在相当一段时间内，西北的商贸组织仍基本沿袭旧有的传统。以商帮为核心的会馆有着重要的作用，商人们借此服务同乡，还可调

---

① 佚名：《鼎新县志》（建置志·正杂各税统计表）。

节一些内部的矛盾。但会馆的局限性一般较大，对于在同一地方来自不同地域的同行难以有效约束。为消除同行业商家不必要的内耗，一些地方又有按行业组成的行会（又称行帮），来履行一些自我管理、自我服务的职责。行会与官方的关系相对要更密切一些，有的本身就是官府为了便于市场管理要求组织的。如青海西宁在1739年（乾隆四年）设立的斗行，就是因官府在城内和东关设了3处粮、面交易市场，规定所有粮、面交易都必须在市场内进行。并指定了16家粮行介绍交易并量升，每交易粮食1石收取佣金制钱400文或银元2角。斗行除向西宁府购买官制升子，及缴纳在升上加盖火印费用外，还需轮流无偿供应西宁道、府、县衙门喂马、喂鸡饲料。① 再如陕西的宝鸡县和虢镇，官府为了市场管理方便，鼓励成立了行会组织，"县城有八个，虢镇有十个"。到1906年"大成春、隆盛复、永盛泰、顺兴永"就演化成虢镇商行的四大行头。②

　　西北地区还有一些实际功能如同行会的组织。在西北的茶销中心兰州，官方为了管理方便要求茶商设立茶柜。最早设立东、西两柜，每柜设1总商，由柜内各商号公举并报官厅加委，每3年为1个任期。总商身份亦官亦商，下设师爷（文牍）、管台（会计）各1人。这些人都领取固定的补贴，负责掌管散商的姓名、地址，以及核查保结的虚实、造册领票，还要承担督促缴纳税款的责任。③ 在陕西咸阳的棉花业中，1818年成立的花商会馆，实际上也是个行会组织。清同治年间花商行改行香长制，后又演化为会董制。在同行商户中推举一些大户当香长或会董，负责解决一些商业经营中的问题和经费摊派等。④ 在新疆民族地区还有商总、商约等名目。如新疆的呼图壁县，在民国初年商民曾推举殷实有声望的人出任商总，管理当地的商业事务。其主要职

---

① 翟松天：《青海经济史》（近代卷），青海人民出版社1998年版，第228页。
② 韩自兴：《宝鸡县商团组织概观》，《宝鸡县文史资料》第9辑，1991年编印。
③ 参见查郎阿《甘肃通志》卷一九《茶马》。
④ 姜维成：《清末至民国时期的咸阳工商业管理组织》，《渭城文史资料》第4辑，1998年编印。

责是:"协助官府交纳税收,摊派各种差役,调解商户纠纷,筹办庙会节日的戏剧社火。"①

传统的行会一般须向官府领取行贴,定期缴纳贴费才能经营。行会组织排除自由经营,垄断性较强,行规也比较严格。"各店必须入行,恪守行规,并担任行中费用。"② 有的因全行业共领一张行贴,经营者一次固定,成为不许他人插足的领域。清末青海丹噶尔(今湟源)成为羊毛集散地,羊毛交易中常因过秤发生纠纷。官府就特制两种大、小杆秤,指定专人并发给秤行贴,规定所有羊毛交易须由秤行用官秤过秤方有效。秤行人员在羊毛交易中收取佣金,定期向官府缴纳例费。秤行行贴由行头保管,其成员报酬按股(共10股)分配,子孙世袭。

行会在会员的商品购入、保管、运输、营业等方面,均有许多限制性的规定或干脆强摊硬派。如清末在甘肃张家川,斗、秤等行行头须到政府去包行,要送上包金及人情礼。一般只有与官府有关系的人,或地方大绅士才能包到。斗行在粮食交易中左右着市场价格,买卖双方成交价格需经斗行评议,过斗后蒲篮所剩半斗粮食归斗行(称"折蒲篮底子")。炭户卖炭需到炭行过秤,过秤前炭行人先取走十几斤到二三十斤炭后才能开秤(称"打佣"),过秤后再交炭价的5%作为佣金。百货过秤同样需要"打佣",完成交易后还需给货价10%佣金。食盐过秤则一般不需"打佣",只需交10%的佣金即可。③

(二)各地商会的逐步创建

清末"新政"时期,清政府为巩固其摇摇欲坠的统治,宣布推行社会改革。1903年9月7日清政府下诏,要求在中央正式设立商部。1904年元月又颁布了《商会简明章程》,规定"凡属商务繁盛之区,设立商务总会。而商务稍次之地,设立分会"。并明确指出:"商会总理、协理有保商振商之责",还可以代商人向官府"秉公伸诉"。该章程规定商会

---

① 李长青:《呼图壁县工商联发展简史》,《昌吉文史资料选辑》(昌吉经济发展史资料续)第16辑,1993年编印。
② 潘益民:《兰州之工商业与金融》,商务印书馆1935年版,第38页。
③ 穆启圣:《解放前张家川的斗行和秤行》,《张家川文史资料》第2辑,1989年编印。

的职权是：处理商务诉讼、负责调查商情、处理商人破产、受理设立公司、申请专利权，以及文契债券公证、发行标准账簿等。从以上内容我们可以看出，清政府此时已开始着力推进商业管理模式的近代化。在清廷的倡导下，西北地区的商业管理模式也开始发生转化。

1908年（光绪三十四年）在商务较发达的陕西，和作为陕甘总督府所在地的甘肃，率先在省城成立了商务总会。陕西商会成立后，会址设在东大街万顺德商号院内。在其颁布的《陕西省商会法》中，宣布本商会宗旨是："图谋工商业及对外贸易之发展，增进工商之公共福利。"① 甘肃省商务总会因是初创，先是由官府派员办理，由劝业道管辖，借商品陈列所的地方办公，初期开办经费500两白银也由厘金局垫支的。1910年（宣统二年）后交由商家自办，公举总理、协理、商董各1人。"凡行号东人，家道殷实、饶有资本，或亲身经理商业，熟悉市情，资格较深者，均附会报名，列为会友。"② "省（城）内客商土商，无论票庄、当行、烟行、木行、银行、京货、杂货及工作各行，所有自立各本行会首均归商务总会管辖。"③ 1911年4月（宣统三年）新疆也设立了迪化总商会，推举会董处理日常事务，并拟在新疆各属下设分会。因迪化总商会成立之初官府过多的插手，连商会会长也是官府指派的，故民众对该商会并不认可，只有97家商号入会（当时迪化有商家764户）。④ 此时，在西北其他一些地方也建立了少量商会组织。如1904年（光绪三十年）甘肃固原（今属宁夏）成立了商业公所，后被改组为商务总会。此外，像陕西咸阳商会、甘肃西宁府（今属青海）商会、新疆宁远县商会等，均成立于清末"新政"时期。

北洋政府成立后，以发展实业（包括工业、商业）相号召。1914年9月工商部仿日本商业会议所改订的《商会法》60条公布。同年11月工

---

① 《商会及各种同业公会法一览表》，西安市档案馆，档号：53—29—53。
② 彭英甲：《陇右纪实》卷一八《设商务总会》，甘肃官报石印书局1911年。
③ 升允：《甘肃新通志》卷二四《建置·实业》。
④ 昝玉林：《迪化总商会的成立与活动》，《乌鲁木齐文史资料》第6辑，新疆青年出版社1983年版。

商部又颁布了细则20条。1915年12月又再次改订公布。在北洋政府的推动下，民国初年西北各地方商会陆续建立。如陕西的府谷县商会、凤翔县商会，甘肃定西县商会、天水县商会，宁夏海原县商会，青海的大通县商会、湟源县商会，新疆的奇台商会、伊宁商会，均成立于这一时期。除各府、州、县商会外，按规定在商业繁盛的镇也可设立商会，如陕西宝鸡的虢镇也设立了商会。但因西北的商贸经济不发达，一般在镇设立商会机构的很少。

商会所需的费用来源在不同地区、不同时期可能不一致，但多由商民自己统筹。如陕西凤翔县商会的费用主要依赖会产，将商会所有的土地出租，水地收租4斗（每斗约15斤），旱地收租2斗，年可收取地租七八十石。还有商会的沿街房产，租给商家以收取租金。① 甘肃固原（今属宁夏）商会则"无常年经费"，开支临时摊派或捐助。② 宁夏各地商会则由政府统一规定："缴纳会费及其他用款以在列资本额比例摊出之。""一万元者为一单位"，"一万元至二万元者为二单位"，往后"每增一万元加一单位"。"资本额计算除房屋器具不计外，所有货物市价或计算现款以现存数目计算。"③ 青海西宁商务分会则是"按四季催收会费，作为商会经费"④。

尽管早期商会存在着许多问题，但它的设立还是有积极的意义。首先，一定程度可保护商人的利益。在中国传统的"抑商"政策下，商人的合法利益往往缺乏法律保护，商人只有靠结帮来实现一定的互保，或交结官府、买官爵以求自保。新疆的京津帮商人极为典型，靠交结宴游、花钱捐官，希冀在商贸经营方面能得到官方庇护。而清末商会的成立，从组织上强化了商家与政府的联系，更多地把过去官商之间的私交，转化成一种正式的有组织的公务交往。商会这时不仅是一种管理组织，同

---

① 周渊如：《凤翔县商务会概述》，《凤翔县文史资料选辑》第6辑，1987年编印。
② 李敬：《解放前固原的商业概况》，《固原文史资料》第3辑，1989年编印。
③ 宁夏档案局（馆）编：《抗战时期的宁夏——档案史料汇编》（下），重庆出版社2015年版，第456页。
④ 参见《清末民初——1929年建省前西宁市商业情况》（油印本），青海省图书馆藏。

时还肩负起了保商、振商的职责。其次，在抵制外国洋行方面商会也可发挥一定作用。新疆迪化总商会自1919年始，为打破俄商在出口中的定价权，"自行规定土特产合理价格，鼓励本国商民收购经营"①。最后，商会成立也一定程度有利于西北商贸业的近代化。甘肃商务总会成立后，"商民知识渐开化，除旧日涣散之习"②。新疆迪化总商会还针对一些商家固守传统，"多不习惯订立书面合同"，会长一般会鼓励订立合同，"充当各种合同的见证人，并在合同上加盖自己的图章"③。

（三）商会法规及组织的完善

南京国民政府上台后为了推进经济建设，发布了一系列的政策措施。对商贸业影响较大的是1929年颁布的《民国商会法》，不仅规范了商会的相关组织和管理问题，而且进一步强调商会组织要促进商业经济的发展。商会法的颁布对西北各地商会的建设产生了推动作用，各地都纷纷对商会的立法进行修订，进一步明确职责、理顺关系。青海根据其精神修订的省商会章程中规定商会职责为：（1）筹议工商之改良与发展；（2）关于工商业之征询及通报；（3）关于国际及省际贸易之介绍及辅导；（4）关于工商业之调处及公断；（5）关于工商业统计调查编纂；（6）关于商业市场之维持及管制；（7）关于各机关委托及咨询；（8）关于工商事业之建议；（9）关于工商事业范围内其他事项。④此外，新疆迪化总商会在会长职责中还规定有：调解商民纠纷，照顾已故会员遗孤，主管救济等。甘肃固原（今属宁夏）商会的主要职责，也是"维护市场秩序，解决商户间较小的纠纷"等。⑤可见南京国民政府的这些举措，在推动商会组织的完善和商业贸易的近代化方面所起的作用。

全面抗战时期，国民政府加强了对商贸活动的控制。1942年国民政

---

① 新疆通志（商业志、外贸志）编委会、新疆档案馆编：《新疆商业外贸史料辑要》第2辑，内部发行，1990年编印，第250页。
② 张蕊兰编：《甘肃近代工业珍档录》，甘肃文化出版社2013年版，第425页。
③ 新疆通志（商业志、外贸志）编委会、新疆档案馆编：《新疆商业外贸史料辑要》第2辑，内部发行，1990年编印，第246页。
④ 参见翟松天《青海经济史》（近代卷），青海人民出版社1998年版，第226—227页。
⑤ 李敬：《解放前固原的商业概况》，《固原文史资料》第3辑，1989年编印。

府颁布了《非常时期人民团体组织法》，要求对商会组织也进行改组，由原来的会长制改为理、监事制，并特别强调商会直接受政府和国民党党部的领导。商会会员代表大会每年召开一次，如理事会确认有必要，或经商会代表人数的十分之一人请求，或监事会出面请求，均可召开临时会议。如1945年5月陕西省商会联合会成立已满二年，"按照人民团体法二年须改选理监事二分之一之规定"，"依法举行改选。计本会共有会员七十六单位，实列到五十一单位，应出会员代表八十五人，实到八十一人，超过三分之二，即于本月二十三日上午九时依法改选，并请各机关长官莅会监选"。选出理事10人（连同留任理事共21人），选出监事3人（连同留任监事共为7人）。"所有全体理监事均即时宣誓就职"，① 由社会部专员、民间代表、省党部社会处处长作为监誓人。

南京国民政府通过不断地加强和规范商会建设，也使商会成为战时国家经济管制的重要工具。如在抗日战争进入相持阶段后，为保证抗战物资供给和对付日寇的经济战，国民政府还利用商会组织加强对物资的管控。在与沦陷区一河之隔的陕西，国民政府经济部力图通过商会掌控重要物资流动情况，制定了七项填送业务报告表办法。并要求"各地商会应按季填具业务报告表，于每季终了后十五日内呈送"；"商会对各业公会之填送业务报告表工作，应负督催指导之责"；"商会及各业公会填送业务报告表，应加盖各该会依法领用之图记，并由主席签名盖章"，以示负责。对于"不按期填送业务报告表或填表时草率将事，应由主管官署予以警告，其情节较重者，并应依法论处"②。

全面抗战时期，由于战时经济和大后方建设的需要，国民政府对商会工作极为重视，通过新的法规和商会改选，使得商会从制度上、组织上进一步规范化。这在一定程度上也加速了西北地区各级商会的建设步伐，对西北商业组织的近代化是有一定推动作用的。据档案记

---

① 《为本会本届改选情形暨理监事宣誓就职连同理监事姓名册呈赍鉴核备查由》，陕西省档案馆，档号：72—3—512。

② 《检发商会及重要商业同业公会业务报告表式仰遵照转行各该会依式填报由》，陕西省档案馆，档号：72—3—168。

载在相对边远的新疆，到 1944 年也大体建成了完整的全省商会系统（见表 4-1）。①

表 4-1　　　　　　　　1944 年新疆商会会员分布情况②

地区	商会数	会员数	地区	商会数	会员数
迪化地区	12 个，	5620 人	阿山地区	4 个	457 人
伊犁地区	13 个	5898 人	和田地区	7 个	1496 人
喀什地区	8 个	4714 人	焉耆地区	10 个	1742 人
阿克苏地区	8 个	2309 人	哈密地区	4 个	962 人
塔城地区	6 个	1752 人	莎车地区	4 个	1362 人

（四）同业公会的建立

民国后随着西北地区社会风气的逐步开化，以及本地商业贸易的日益扩展，各种商贸行会组织也在发展。到 20 世纪 30 年代初，西安的商业行会分工日趋细密：有广货、山货、过载、土布、茶叶、水烟等名目。兰州的商业已有 30 余行，有些行会还具有相当的规模。如京货行中有大小百货店 80 家，全行业资本总额 64.2 万元；杂货行中有商店字号 32 家，全行业资本总额 74.9 万元；茶叶行有商店字号 32 家，全行业资本总额 46.5 万元。③青海的西宁、湟源也形成了众多的行业，青皮行（蔬菜、水果）、布匹行、番货行（少数民族用品）、饮食行、牙行等。新疆的商业行业分工也日益细化，有百货、绸缎、杂货、干鲜食品、皮商、药材、米粮、木材、五金等 12 行。④

1937 年南京国民政府为适应商贸业的变化，同时也是为强化对商贸

---

　　① 新疆通志（商业志、外贸志）编委会、新疆档案馆编：《新疆商业外贸史料辑要》第 2 辑，内部发行，1990 年编印，第 254 页。
　　② 新疆通志（商业志、外贸志）编委会、新疆档案馆编：《新疆商业外贸史料辑要》第 2 辑，内部发行，1990 年编印，第 254 页。
　　③ 参见潘益民《兰州之工商业与金融》，商务印书馆 1935 年版，第 54—56 页。
　　④ 新疆通志（商业志、外贸志）编委会、新疆档案馆编：《新疆商业外贸史料辑要》第 2 辑，内部发行，1990 年编印，第 255 页。

活动的控制，开始对原有的行会组织进行改造，要求全国各地成立同业公会，其负责人由行业代表大会选举。并明确要求同业公会需接受当地商会管辖，而商会又需各地国民党党部的指导。同业公会虽有国民政府加强管控商家的意图，但也有一定的积极意义。它将更多的商人组织了起来，扩大了商人的社会影响力，增强了人们对商业的重视程度。到1939年西安市共成立了39个同业公会（包括部分手工、商业运输业），还有19个独立设置的行号。① 截至1941年兰州陆续建立起来的同业公会有20余个（包括商业运输业）。② 新疆全省到1944年有同业公会23个（包括手工业、商业运输业）。③

国民政府还把同业公会制度推广到各县。在新疆东部商贸中心古城（今奇台），"则不论工商各业，一律分行推选干事进行管理"，而"县商会通过各行的干事进行管理的"④。截至1938年年底，古城已有27行（包括部分手工、运输业），共推举干事46人。⑤ 1944年2月甘肃固原（今属宁夏）也开始陆续成立同业公会，先后成立了21个同业公会（内有手工作坊等）。共有大小商家、作坊主584家加入同业公会。各同业公会均设有理事长、常务理事、监事等。⑥ 随着同业公会的逐步建立，在许多地方延续多年的行会封建垄断性如行头世袭制也被废除，使得私营商业得到了一定的解放。如在青海西宁同业公会成立后，清中期以来的斗行世袭制被废除，斗行一度发展到120多家。⑦

综上所述，清末"新政"时期带有自治性质的机构——商会的出

---

① 《解放前西安商会、同业公会概况》，《陕西文史资料选辑》第23辑，陕西人民出版社1989年版。

② 根据1942年1月到4月《甘肃民国日报》《西北日报》相关资料整理。

③ 新疆通志（商业志、外贸志）编委会、新疆档案馆编：《新疆商业外贸史料辑要》第2辑，内部发行，1990年编印，第254—255页。

④ 新疆通志（商业志、外贸志）编委会、新疆档案馆编：《新疆商业外贸史料辑要》第1辑，内部发行，1990年编印，第185页。

⑤ 新疆通志（商业志、外贸志）编委会、新疆档案馆编：《新疆商业外贸史料辑要》第1辑，内部发行，1990年编印，第185页。

⑥ 李敬：《解放前固原的商业概况》，《固原文史资料》第3辑，1989年编印。

⑦ 翟松天：《青海经济史》（近代卷），青海人民出版社1998年版，第228页。

现，反映出了西北社会渐进性的开放，国家政权开始逐步把部分社会公共事务的管理权，一定程度让渡于商人阶层。同时，也是商人阶层逐步觉醒和趋向自主、自治的一种体现。这种变化使得商人们能更多地参与到社会事务中来，并有可能在一些情况下分享某些管理甚至决策权。如迪化商会曾在一年内议事22次，完成决议案65件。伊宁县商会一年内议事达147回，决议109件。① 商会作为一种民间社团相应的社会活动空间被扩展，这既是西北社会的一大进步，也使得商人群体能更好地显示其存在的价值。但总体来说，西北地区商业管理模式近代化的改革并不彻底。如在新疆古城的铺、庄、字、号，仍是沿袭旧的传统，"以行归属八帮"②。至于在一些边远地区，传统商帮仍有很大的势力。

  民国后无论是北京还是南京国民政府，均在推动商会组织建设方面做了一定工作，这对推动西北商贸经济的进步是有利的。但作为以集权为统治基础的政府来说，不可能让商会向着完全自治团体的方向发展。他们向商人群体让渡部分权利，是为了更好地服务官方所设定的目标。所以在官方推进商会建设的过程中，也利用手中的权力逐步在干涉或影响商会的事务。如南京国民政府一面一定程度鼓励商人自治，但一面又在指导的名义下，企图实现商会组织的党化。特别是在全面抗战后，随着国家权威在西北地区的重塑和强化，这种趋势进一步被强化。在1946年5月，陕西省政府批复的由省建设厅制定、并由省党务指导委员会审定的《商会及工商工业公会章程准则》，虽进一步细化了商会和工商工业公会的权力和义务。但党务部门的所谓"指导"作用也实际被进一步强化，企图通过各级国民党党部的所谓"指导"，极力将商会和行业公会纳入其党国体系中去。③

---

  ① 新疆通志（商业志、外贸志）编委会、新疆档案馆编：《新疆商业外贸史料辑要》第2辑，内部发行，1990年编印，第246—247页。
  ② 新疆通志（商业志、外贸志）编委会、新疆档案馆编：《新疆商业外贸史料辑要》第1辑，内部发行，1990年编印，第188页。
  ③ 《准陕西省党务指导委员会函复审订各县商会及工商工业公会章程准则业经复加整理令仰查照通令各县参考由》，陕西省档案馆，档号：72—3—382—1。

三　城镇的商业贸易活动

近代西北城镇的形成与西欧近代城镇的形成道路不同，即使与东部城镇相比也有着自己明显的特点。西北地区城镇一般来说军事、政治性很强，许多城镇是由古代军事要地演化而来，如陕西志丹（北宋保安军）、甘肃宁县（西魏定安县）、宁夏固原（北宋镇戎军）、青海西宁（东汉西平郡）、新疆巴里坤（清镇西厅）等。西北地区城镇这种强烈的军事、政治性，使得商业贸易不单纯是一种经济活动，它必须要服从国家或地方政权的政治或军事需要。直到近代以后，这种特点仍十分明确地残存着。外国资本主义势力的入侵中国，曾确使得某些地方出现了以商贸为主的城镇。但就整个西北地区而言这样的情况很少，即使有一般也规模较小，而且对西北地区的影响力也有限。故近代西北地区城镇的商贸活动，长期是以传统的模式为主。

（一）传统的商贸活动及特点

首先，内外经济交流是西北城镇商业最主要的经济功能。近代西北大多城镇的手工业不发达，商品市场竞争力差，难以满足人们的生活需求，工业品更是稀缺。西北地区城镇功能结构的先天不足，特别是手工业和工业的落后，使得对外的经济依赖度非常高，绝大部分日用手工业品需输入。甚至到民国初年，在西北最大的城市西安还是"手工业仍属旧式"，"凡百工所需，皆取给于外，物值昂上，远过平津"[1]。至于一些边远小城镇情况就更差。甘肃"古浪之商既乏物料，又无巧工，所争者亿中之利，但凭时运，虽有所赚，得亦不多"[2]。这就造成了西北地区城镇的商业活动，主要是采购外地的手工业品和工业品，收购本地的畜产品和土特产贩出。商家利用工农业产品间的巨大剪刀差，来获取较高的商业利润。无论早期的商帮、洋行，还是后来崛起的官僚资本商业，贩销外来日用和收购本地土特产品均是其商业活动的重要内容。

---

[1] 胡时渊：《西北导游》，《中国西北文献丛书》（西北民俗文献）第127卷，兰州古籍书店1990年影印版，第255页。

[2] 张之浚：《古浪县志》卷六。

正因如此，近代西北地区的许多城镇的发展，大都与其在内外物资交流中的地位相关。在清末西北的重要民族贸易中心之一青海丹噶尔（今湟源），除农业区与牧业区的各类产品交易外，每年还需自内地大量运入各种日用工业品。大布自内地运来，每年大约有1000卷（每卷32匹），共值白银2.5万两左右；细泥瓷器，有经汉中贩来的，也有从天津购得者，每年约有100多担；铜器也皆自内地运来。① 清末崛起的宁夏银川的八大商号，也均备有自己的驼队或骡马队。主营业务是从山西等地购进土布、土线，及各类手工业品（约占销售额的70%），或是从天津贩运蜡烛、细布、铁器等洋货（约占30%）。②

民国后的情况基本依旧，只是输入的洋货比例在不断增大。如宁夏银川的八大商号购进洋货金额占到了七成，而且品种、数量均大增。③ 俄货在新疆的扩张更为迅猛，俄国制造之布匹、毛呢、洋缎、五金品、纸张、文具等，甚至皮革制品、小麦都被俄商推销到新疆。在伊犁的伊宁城，"发售俄国商品，沿用俄商习惯"④。20世纪30年代，地处西北腹地的兰州市面所销售"川绸、川缎、茶叶，由南路而来"，"至于湖南之散茶，汉口之砖茶"，"湖北产之蓝布"，"均由东路而来"⑤。甚至到了全面抗战时期，西北工业有了较大发展，但这种状况基本依旧。如1943年甘肃省贸公司所购入的货物，棉布占到49%，其次为其他日用品：洋烛700箱、颜料1000多桶、糖类6万斤、纸3万刀、散茶7000多斤、砖茶2.4万块。⑥

与此同时，商家还大力收购贩运畜产品和土特产，借以换取手工业品和工业品。青海的丹噶尔早年是对内地皮毛贸易中心之一，羔羊皮

---

① 杨景升：《丹噶尔厅志》卷五《商业》。
② 刘继云：《旧银川的八大商号》，《宁夏文史资料选辑》第12辑，宁夏人民出版社1984年版。
③ 刘继云：《旧银川的八大商号》，《宁夏文史资料选辑》第12辑，宁夏人民出版社1984年版。
④ 谢晓钟：《新疆游记》，甘肃人民出版社2003年版，第148页。
⑤ 林竞：《蒙新甘宁考察记》，甘肃人民出版社2003年版，第79页。
⑥ 陈鸿胪：《论甘肃的贸易》，《甘肃贸易》（季刊）1943年第4期。

"蒙番自口外运出售于本境"，每年西安、兰州等地皮毛商收购后运销外地，"最多十五六万张，少亦十余万张"。"大羊皮，每年约一万数千张"，"牛皮由蒙番玉树运来销售者，每年约一万余张"，"骆驼毛（16两为1斤）自蒙番运来，每年约二万斤"①。19世纪末期国际皮毛市场需求大增后，洋行开始在西北各大城市及皮毛集散中心设庄经营，丹噶尔又成为洋行聚集之地。甘肃夏河、张家川也是国内商贩聚集之地，他们收购皮毛等畜牧产品远贩国内或国际市场以牟利。

西北的中药材产量大也很驰名，是商人收购贩运的重要物资。如陕南盛产药材，仅安康一地出产药材200余种，批量运销国内其他地区的约有50余种。②青海的药材多由陕西商人大量贩销内地，还有的甚至还专门雇人去采挖。新疆的外来商人，返回时多携带当地名贵药材。作为我国第二大药材输出省的甘肃，1934年仅经兰州一地输出药材143261斤，价值133232.73元。③宁夏银川的八大家商号也大量经营土特产生意，收购枸杞、甘草、发菜，发运给港商或广东等地商人。此外，像陕西的棉花、生丝，甘肃的水烟、毛褐，新疆的夏夷绸（又称霞衣绸）、地毯等手工业品，也有不少被收购贩运到国内其他地区。

其次，城镇商业的另一功能是服务城市及周边居民。由于西北城镇是内外物资流通的基地，这种商业上的聚集导致了人口的聚居，使得城镇自身也得到了发展。随着城镇的发展和人口增加，居民对商业服务的需求推动了商业扩张，具体体现在：一是商业店铺数量的增加和繁盛。银川在宁夏设省后城市快速发展，到1935年商号数量也发展到428家。④西安也因人口稠密、民众需求旺盛致使商业繁荣。城内东大街"均为百货、绸缎、皮货、纸庄等商店"；"西大街桥梓口，多杂货店；北大街只西半面多商店，东半面则否"；"南大街有山货店、首饰铺等"⑤。二是商

---

① 杨景升：《丹噶尔厅志》卷五《商业》。
② 《抗日战争前后的安康中药材市场》，《安康文史资料选辑》第2辑，1985年编印。
③ 高良佐：《西北随轺记》甘肃人民出版社2003年版，第54—55页。
④ 谷苞主编：《西北通史》第4卷，兰州大学出版社2005年版，第227页。
⑤ 陈庚雅：《西北视察记》，甘肃人民出版社2002年版，第293页。

家向城外拓展新市区。民国后随着西安城市逐步拓展，造成了西安城外的东关各种行店聚集，故有"西安繁荣甲西北，东关繁荣甲西安"之说。① 兰州也是随着人口增加商业向城外扩展，"行店在南关"，"金城关山货肆比居"②。在一些中小城镇因人口规模较小，居民消费对商业的促进作用不如大城市那样明显，但对商贸活动的繁盛还是有一定影响的。

近代西北地区城市化进程较为缓慢，城镇不仅数量少而且规模一般都较小，甚至一些重要的城市人口都不多。甘肃省城兰州1941年设市时，人口只有17.2万余。③ 新疆哈密汉、回两城人口共2万多。而小城镇居民就更少，抗战前的敦煌，城中居民仅有204户。西北地区城乡人口比例，以城市化居于中等水平的甘肃而言，据朱允明估算到抗战胜利前后，全省城镇人口约66万,④ 仅仅占全省人口总数的10.63%（全省总人口621万）。⑤ 城镇人口数量不多，有较大消费能力的大中城市稀少，这就致使一些商家把他们的注意力转向了周边地区。如在1926年西安因南大街盐商增多，一些小盐商便使用手推车到周边乡村，以食盐换回山货。⑥

虽然城镇周边民众消费能力相对低一些，但由于人口数量相对众多，其总量还是十分可观的。此外，自然经济时代乡村在人们心中有着特殊的意义，许多达官贵人、富商大贾叶落要归根，故乡村也有少量购买力很强的大户。加之城镇周边也是部分食品和土特产的来源地，商家也可以一举两得，在销售自己的商品的同时还可收购粮食和当地土特产。如陕西咸阳的晋盛东商号，其销售对象除城市市民，主要针对农村人口。"它和别的大店一样实行赊销，每年秋麦两料下乡收账。""将收到的粮

---

① 郭敬仪：《旧社会西安东关商业掠影》，《陕西文史资料选辑》第16辑，陕西人民出版社1984年版。
② 刘郁芳：《甘肃通志稿》卷二八《实业·商》。
③ 甘肃省志编委会：《甘肃省志》（大事记），甘肃人民出版社1989年版，第288页。
④ 朱允明：《甘肃乡土志稿》，《中国西北文献丛书》（西北稀见方志文献）第30卷，兰州古籍书店1990年影印版，第429页。
⑤ 甘肃省志编委会：《甘肃省志》（大事记），甘肃人民出版社1989年版，第300页。
⑥ 刘文礼：《旧社会南大街的盐店》，《碑林文史资料》第2辑，1987年编印。

食就地封存,第二年青黄不接时又放贷出去。"① 20 世纪 30 年代,新疆呼图壁县城的商家每到春天把从乌鲁木齐购来的俄货,诸如洋布、洋糖、洋火、毛呢、煤油,由内地贩去的茶叶、绸布、红糖,以及新疆当地所产的褡裢布、大布、草纸、毡毯等贩到乡下赊销。到秋收时节下乡去收账,并借机收购小麦、玉米、糜、谷等粮食和其他农副产品,在农闲入冬后运入乌鲁木齐销售。②

最后,城镇一些有实力的商家还把目光放在了农牧区。西北地域非常辽阔,要想直接深入广大农牧区营销,许多商家一方面会感到力有不逮,另一方面营运成本也太高。所以许多大商家利用自己资本等方面的优势,以大中城镇为基地,通过在小城镇或乡村设分店,或寻找代理商的办法拓展自己的商业空间,由下一级商贩替他们去推销商品,并收购他们所需的土特产。新疆的"各大商号除有支店外,并分遣小贩往各地,赊出货物以易牲畜、皮毛,而各商号与脚夫(运输商)及钱庄,皆有相当之合作"③。青海西宁的晋帮聚益、福益等商号,除从内地自购自销外,主要从兰州、西安、三原等庄口接收货物,批发给乡镇小商号或小贩去贩售。这样大商家既可直接或间接地占领农牧区市场,也缩短了他们的资金供应链。小商贩或分布于城乡的代理商,也有了稳定的供货来源和土特产销路。双方合作达到了各取所需、扬长避短的目的。

甚至西北地区的许多洋行也采取类似的办法,将机构设在像兰州、迪化这样的大中城市,以及紧靠农牧区或位于交通要道的像张家川、石嘴山这样的小城镇。借助代理商去推销其商品,并到牧区收购皮毛和土特产。在 19 世纪末甘宁青皮毛贸易兴起后,驻青海西宁、丹噶尔(今湟源)的许多洋行,"通过歇家以钱或茶、布粮食等大量收买羊毛"④,不少歇家又借助于与农牧户关系更密切的许多小商贩收集零散的皮毛。故

---

① 《民国时期咸阳商业部分行业》,《渭城文史资料》第 4 辑,1998 年编印。
② 杨德新:《忆解放前呼图壁县的工商业》,《呼图壁县文史资料》第 3 辑,1986 年编印。
③ 新疆通志(商业志、外贸志)编委会、新疆档案馆编:《新疆商业外贸史料辑要》第 1 辑,内部发行,1990 年编印,第 164 页。
④ 青海省志编委会:《青海历史纪要》,青海人民出版社 1980 年版,第 89 页。

青海的歇家因此而起，曾经盛极一时。在新疆的许多俄国洋行机构，也大都借助乡村小商贩、商董去帮助他们推销货物，收购皮毛、生丝、棉花及其他特产，使他们的商业触角得以遍及南北疆地区。

总体来说，近代西北地区城镇商贸业发展还比较缓慢，所面临的不利因素也是多方面的，但政府对商贸活动的控制是一个重要因素。清政府曾对商贸活动设立过许多相关的限制。西北东部农业区的食盐，西部牧区的茶、粮，还有青海蒙藏地区、新疆南北疆地区，都有许多具体的贸易限定。此外，还有青海湟源等地的斗行、秤行中的行贴，甘肃兰州茶柜中的茶票等。一旦私商与官方利益发生冲突，私商必须给官方让路。这种利用政府权力干预，间接或直接控制商贸活动的情况非常普遍。民国以后，官僚资本直接介入西北的商贸活动，这种依存于封建官僚体制的商业，本身有很大的封建性和垄断性，对私营商业发展的负面作用不言而喻。加之传统的商人又多抱有以工商求富，以土守之的思想，以及经营理念上的日益落伍，这就导致商品经济长期难以发展起来。

（二）抗战后商贸业的发展转型

全面抗战时期，西北地区的商贸经济发展面临双重性的局面：一方面是与东部地区联系的商路被切断，加之国民政府对重要的物资管制，使得民营商业机构的活动受到很大的局限；另一方面伴随国家政治和经济中心西移，抗战大后方建设力度的加大，东部大量商贸机构的迁入，以及对苏易货贸易的开展，又为西北的商贸经济注入了活力，使得西北的商贸业有了一定的发展。特别是古丝绸之路沿线的城镇，由于经济的发展和交通条件的较大改善，商贸业的进步更是明显。

在全面抗战时期，陕西虽失去了东向贸易通道的地位，但是却成了内迁潮的最大受益者。城市的人口数量大增，工商企业也较繁盛。在商业基础较好的西安，1940年有商户7000多户，[①] 这是前所未有的成就。到1949年已有49个同业公会，[②] 仅货栈业就发展到310余户，从业人员

---

① 陕西省志编委会：《陕西省志》（商业志），陕西人民出版社1999年版，第41页。
② 《解放前西安商会、同业公会概况》，《陕西文史资料选辑》第23辑，陕西人民出版社1989年版。

达4900余人。① 兰州这时已俨然成为西北的商贸周转中心,中苏国际贸易线的开通,苏联贸易办事处的设立,以及盐务、中茶、复兴等中央企业纷纷在兰州设立分公司,致使兰州的商贸业有了较大的发展。兰州1944年民营商业达2252户,资本总额为10818935元。其中户数最多的是杂货业,有商户377户,其次为粮食业和面粉业,分别有商户183户和118户。② 1945年新疆迪化虽人口不到10万,但作为新疆的政治经济中心和对苏贸易通道,迪化全市商业已有17个同业公会,③ 商贸业也有相当大的进步。

沿古丝绸之路的许多中等城市也受益较多。1943年陕西关中的三原商号达7300多家,咸阳400户,陕南的安康2000户,④ 甘肃平凉在20世纪40年代初,已"是个手工业兴旺,商业繁荣的城市,成为西北地区商品贸易聚散中心"。"出现了一些私营大商行、过载行、客货栈。""最出名的商号如文茂祥、厚致福、文盛祥、文盛裕等。"⑤ 固原(今属宁夏)商贸业也有较大进步,据统计到1945年有杂货业商家101家,粮食面粉业95家,皮毛业86家,百货业55家,干果42家,牙纪38家,还有国药、银饰等。⑥ 此外,随着交通条件改善,新的商业城镇快速兴起。如宝鸡在20世纪30年代前,商业经济还十分萧条,不及当时的虢镇。随着陇海铁路入境和抗战大后方建设,宝鸡商业取代虢镇迅速兴起。仅县城绸布店就发展到57家,纸烟行40多家,药材行28家。⑦ 到1949年全县同业公会达42个,会员1324人。⑧

西北的其他一些中小城镇商贸活动也有进步。据1943年对陕西统计:

---

① 刘升昌:《旧社会西安的货栈贸易业》,《西安文史资料》第6辑,1979年编印。
② 参见甘肃省志编委会《甘肃省志》(商业志),甘肃人民出版社1993年版,第31—32页。
③ 新疆通志(商业志、外贸志)编委会、新疆档案馆编:《新疆商业外贸史料辑要》第2辑,内部发行,1990年编印,第252页。
④ 魏永理主编:《中国近代西北开发史》,甘肃人民出版社1993年版,第320页。
⑤ 张应祥:《解放前平凉市场上的三行》,《平凉文史资料》第3辑,1993年编印。
⑥ 李敬:《解放前固原的商业概况》,《固原文史资料》第3辑,1989年编印。
⑦ 杨参政等:《西府重镇宝鸡》,《宝鸡县文史资料》第9辑,1991年编印。
⑧ 韩自兴:《宝鸡县商团组织概观》,《宝鸡县文史资料》第9辑,1991年编印。

渭南328家，凤翔300家，朝邑150家，礼泉120家，潼关800户，耀县765户，商县270家。① 1943年在甘肃陇南的岷县，各类商家也达到了2000余家，年营业额448100元。② 即使在新疆一些边远地区，商业进步也是很明显的。据档案资料统计，1944年全省商会联合会下属商会机构有76个，会员达到26312人。如按行业分：绸缎业5463家，土产商3950家，药业（包括中西兼营）95家，杂货商107000余家，金银首饰店103家，铜器店170家，铁器店396家，其他五金业（包括翻砂）409家，其他商号5293家，还有从事商业运输的货栈、骆驼店等。③ 考虑到新疆地广人稀的情况（1949年人口约430万），这一成就还是很可观的。

　　全面抗战时期，西北商业的进步还表现在质的方面。在外来商业机构的带动下，西北城镇商业也在逐步走向近代化。近代以来西北城镇商业虽较繁盛，但其经营方式和理念一般都较落后，私营商号大多仍是以家族为核心的传统商业。随着抗战时期大量内地商贸机构的西迁，如在西安有来自上海的五洲大药房，浙商开办的南华食品公司、天津商人开办的鸿安鞋店等。兰州仅食品业就有来自上海的天生园、中国酱园，来自天津的鲜味斋、稻香村等。这些来自经济发达地区的商业机构，不仅促进了西北城镇商业的繁荣，而且还带来了新的经营方式，从而带动了本地商贸业的进步，使得新型商贸公司不断出现。

　　全面抗战时期，百货公司、商场、股份公司等新式商贸机构在西安出现，使西安具有了更多的现代化商业气息。以在西安新北巷八号设立的陕甘贸易股份有限公司为例：公司筹资"所有股本七十万元均由发起人认缴足额，以十万元作为固定资本，以作生财器具及修缮房屋之用，其余六十万元作为营运资金之用"。从每年盈利分配来看，"除依法提存十分之一为公积金，次提股息外，余按一百分分配如下：股东红利百分之五十，董、监事酬劳百分之十，经、协理及职工花红百分之三十，公益金百分之五，

---

① 魏永理：《中国近代西北开发史》，甘肃人民出版社1993年版，第320页。
② 陈鸿胪：《论甘肃的贸易》，《甘肃贸易》（季刊）1943年第4期。
③ 新疆通志（商业志、外贸志）编委会、新疆档案馆编：《新疆商业外贸史料辑要》第2辑，内部发行，1990年编印，第253—254页。

社会事业补助金百分之五"①。从该公司的发起人来看，有毕业于北洋大学、圣约翰大学、河南卫辉法文专科学校、西北工学院、浙江大学，最低教育背景为宁波中学毕业，其中还有4人在新式企业任过职。②陕甘贸易股份有限公司，显然已是一个较完整意义的近代商贸企业。

此外，传统的商业机构和模式也开始演变，特别是在大中城市表现明显。以西安大千贸易股份有限公司为例，该公司可以说是由旧向新转化的典型。在该公司的9个发起人中除1人为教员外，多为旧商铺的人员：刘光庭曾是西安德茂恒木料行经理，薛德义为郑州花记布庄会计，刘培岩为孟县利生布店会计，张群英为西安大千国药社仓库主任，还有两人为旧商铺店员。③但在其发起的新商业机构中，运作模式已完全近代化，有董监事会，有《营业计划书》，公积金、股金、社会公益金等提取都有章可循。全面抗战时期的兰州，传统的商业模式也开始瓦解，一些传统的商贸机构为适应新的商业环境也开始改组。1945年兰州市有商贸股份公司12家，分支公司17家，总资本额为8685.74万元（包括官办商贸机构）。④

尽管西北城镇商贸业全面抗战时进步明显，但其发展道路仍较艰辛，特别是民营商贸企业。1939年抗战进入相持阶段后，国家经济困难对商贸业影响巨大。以有着官方人士背景的西安西京国货股份有限公司为例：1941年该公司销货总额达3482782元，1942年全年销货总额10282589元，1943年全年销货总额22624336元，1944年全年销货净额35300183元，1945年全年销货净额83165146元。⑤表面上看来堪称业务繁荣，年

---

① 《陕甘贸易股份有限公司营业计划书》，陕西省档案馆，档号：72—3—376。
② 《陕甘贸易股份有限公司发起人姓名、经历及认股数目表》，陕西省档案馆，档号：72—3—376。
③ 《西安大千贸易股份有限公司发起人姓名、经历及认股数目表》，陕西省档案馆，档号：72—3—593—1。
④ 《甘肃商业公司设立状况表》，《甘肃省统计年鉴》（1945年）。
⑤ 以上数据见《西京国货股份有限公司三十年度营业报告书》《西京国货股份有限公司三十一年度营业报告书》《西京国货股份有限公司三十二年度营业报告书》《西京国货股份有限公司三十三年度营业报告书》《西京国货股份有限公司三十四年度营业报告书》，陕西省档案馆，档号：72—3—198。

年营业额倍增。但实际则是维持艰难,以1941年为例,"考之销货数量与历年比较,再由销货总之增加而资金反感不符补充诸点观察,均足证明本年度之营业增加并非发达象征"。首先是通货膨胀造成"本年度物价之突飞猛进"。"至按月份分析销货情形,则相距十分悬殊,亦足徵本年度物价之突飞猛进。"年初以每月10余万元之营业逐增,4月至27万之高点盘旋回,8到9月间突起骤升,10月间竟达56至57万之最高峰。其次税负沉重,全年平均成本1元,负担税运2分3厘;销货1元计,约毛利1角8分9厘,销货1元开支9分9厘2,每元净益为8分9厘8。全年计得毛利658173.53元。除去营业开支及什项损益345372.33元外,净获纯利312801.20元,年终"依法纳税,照章分配公积金、股息、红利、奖金"①。西京国货股份有限公司是有名的大企业,其情况尚且如此,普通民营商业的日子就更艰辛了。

民营商贸企业的生存艰难,还表现在抗战后期一些地方出现的倒闭潮。随着日本帝国主义的经济封锁加剧,为保障物资供给坚持抗战,国民政府对重要物资的控制越来越严。许多物资实行配额或政府通过官方渠道调拨,致使不少私营商贸企业难以经营而停业。虽国民政府严令:"各指定企业及物品,其生产者或经营者(未)经经济部核准,不得歇业停业或停工。"②陕西省政府还出台了商号倒闭补救办法,但仍无济于事。以西安大华百货商店为例,"因连年在敌区抢购货物,屡次损失,已经亏赔不堪设想,本年豫战一次损失百万余元之货物"。"又因银行迫收借款甚急"③,不得不停业清偿。据西京市商会统计,西安市1944年6月1日至7月20日,歇业的商家有49家。④

全面抗战时期,官办商贸机构因有一定的特权可凭借,在西北商贸

---

① 《西京国货股份有限公司三十年度营业报告书》,陕西省档案馆,档号:72—3—198。
② 《为布告令仰转饬本市各业行号来府办理登记并不得擅自歇业由》,陕西省档案馆,档号:72—9—187。
③ 《(陕西省建设厅)第四科签呈1944年7月5日于省警察局》,陕西省档案馆,档号:72—9—189。
④ 《西京市商会三十三年六月一日至七月二十日歇业商业统计表》,陕西省档案馆,档号:72—9—189。

第四章　近代西北城乡的商贸经济

活动中十分活跃。当时的中茶西北分公司、花纱布管制局、西北盐务局等机构，在西北的茶、布、食糖供给，以及食盐调剂等方面做了不少工作。各省的省营商贸机构利用其遍及各地的分支机构，在城镇商贸活动中也发挥着重要作用。以甘肃省贸易公司为例，1941年6月成立后通过各种渠道大量调进布匹平抑物价，使得兰州市面"晴雨蓝布七月份跌3.33元，雁塔布八月份跌32元"①。当年该公司"以平价对各机关配货总值达6308695元"②。1942年、1943年、1944年，向甘肃各机关和商业机构都调配了大量各类货物（见表4-2），以缓解市场物资紧缺压力。新疆裕新土产公司喀什分公司，1943年2月"为了调剂市面和供应民众需要"，"以价值15万元的新疆币货物分发各县、局售卖；另以15万元批发喀什各商铺零售；并准备石油数十普特交由工商会代为零售"③。

表4-2　　1942—1944年甘肃省贸易公司向各单位配销货物④

单位类别	1942年（元法币）	1943年（元法币）	1944年（元法币）
党政机关	2323512.53	11926231.50	20640120.88
军事机关	2317860.30	7794236.00	13618557.50
文化机关	316544.66	1797844.50	9752416.00
生产机关	674011.60	3383959.40	6988517.50
金融机关	607811.24	2508132.50	5021789.9
交通机关	341285.05	2921164.59	6831037.37
合作社	255242.39	1518383.00	18285808.00
商业机关、商号	2234188.33	6723840.00	9309794.52
其他	11100327.32	7969063.09	12193749.82

---

① 甘肃档案馆：《建国前资料·2·财经卷》第378卷，第14页。
② 甘肃档案馆：《建国前资料·2·财经卷》第378卷，第17页。
③ 新疆通志（商业志、外贸志）编委会、新疆档案馆编：《新疆商业外贸史料辑要》第2辑，内部发行，1990年编印，第177页。
④ 本表根据甘肃档案馆：《建国前资料·2·财经卷》第378卷，第17页；《甘肃省贸易公司档案》，档号：47—1—157，第22页；《甘肃省贸易公司档案》，档号：47—1—10，第43—44页资料整理。

全面抗战时期，国民政府对西北建设的重视，国际贸易通道的开辟，使得西北的商贸业发展步入了快车道。但我们也应看到，当时毕竟是战时经济，国家经济整体困难，商贸业不可能独善其身。政府为使"奸商不易逃税，胥吏亦难中饱"，防止"杜囤积居奇""投机操纵"，① 经济管制和税收征管不断强化，加之剧烈通货膨胀的原因，使得许多商家深受影响。此外，西北城镇商贸业的近代化因素的增强，也主要限于一些经济较发达地区。至于边远和民族地区的城镇多停留在中世纪状态，经营和管理还基本保留着传统的方式。甚至有一定规模的民族商人，也"多不讲求门市"，"商品出售，行商、坐商中间的交易多是在客店中进行，客店按1—2%抽取佣金"②。在青海结古"无常设市场"，"为走集之地"③，"市中不见一商号门面，皆在民房院内，即入其室，亦不见若干货物"，"其货物多藏柜内或他室"④。这表明西北城镇商贸经济的总体水平仍很落后。

全面抗战胜利后，西北东去的商道完全打开，国民政府对物资的管控也逐步放开。民间的商人似乎看到了希望，不少人开始积极筹办新商贸企业。在西安，宏泰贸易股份有限公司（资本100万元）、⑤ 正太公司贸易公司（资本1000万元）、⑥ 中孚工商有限公司（资本100万元）、大千贸易股份有限公司等相继创立。⑦ 宏泰贸易股份有限公司在创办时声称："当此世界关系复杂密切之时，举凡一国之工商业经营势须切合时代之需要，否则难免公私之损失。商人等有鉴于此，欲经营土产、皮毛、棉花等之输出及民生日用品与五金机器之输入，以商业贸易配合我国之

---

① 《检送非常时期商业账簿登记盖印暂行办法咨请查照》，陕西省档案馆，档号：72—9—185（1）。
② 新疆通志（商业志、外贸志）编委会、新疆档案馆编：《新疆商业外贸史料辑要》第1辑，内部发行，1990年编印，第276页。
③ 马鹤天：《甘青藏边区考察记》，甘肃人民出版社2003年版，第293页。
④ 马鹤天：《甘青藏边区考察记》，甘肃人民出版社2003年版，第323页。
⑤ 《宏泰贸易股份有限公司营业计划书》，陕西省档案馆，档号：72—3—597。
⑥ 《正太贸易股份有限公司股东名簿》，陕西省档案馆，档号：72—3—600。
⑦ 《中孚工商信托社股份有限公司股东名簿》，陕西省档案馆，档号：72—3—625。

工业建设。"① 西安大千贸易股份有限公司在其营业计划书中也声称："自抗战军兴，交通断绝，土产外货无法销运，现在已告胜利，交通逐渐恢复。同仁等有见于此，拟集合资本国币二百万元"筹设贸易公司。② 后又决定"增加资本二千八百万元，并增设运输部，以利运输"。从中可见当时人们创办的热情之高。③

但不久国共内战爆发，通货膨胀也更加凶猛（以甘肃为例，1947年年底比1937年6月涨了14.5万倍④）。南京国民政府为筹战费，通过所谓"登记"加剧对商家的搜刮。一些商家为了对抗搜刮，"延不登记，意存观望"。西安市"商号约计九千余家，已办登记者仅五千六百余家"⑤。国民政府经济部为保收入，又不断加大处罚力度，许多商家最终被迫停业。1947年西安的鸿记友金店、友成金店、物华楼支店等先后倒闭。物华楼支店声称："自政府管制黄金自由买卖政策后，因货无来源，营业陷于停顿状态，以致亏累日增，势难长此支持。"⑥ 甘肃兰州1949年5月，仅在1个月内申请歇业的商店就有48家，未申请关门的70余家。⑦ 在国民政府搜刮和多重因素的打击下，西北地区城镇的商贸业很快走向衰败。

第二节 农牧区的主要商贸活动

近代西北地区的主要社会经济部门是农牧业，此外还有依附于农牧业的各种副业和手工业。无论农业还是牧业都无法满足人们的日常生产

---

① 《宏泰贸易股份有限公司营业计划书》，陕西省档案馆，档号：72—3—597。
② 《西安大千贸易股份有限公司营业计划书》，陕西省档案馆，档号：72—3—593—1。
③ 《呈请增设运输部并增加资本依法缮赍修正章程等件声请登记恳祈报转准予备案并填发新执照由》，陕西省档案馆，档号：72—3—593—2。
④ 甘肃省志编委会：《甘肃省志》（大事记），甘肃人民出版社1989年版（1947年12月条）。
⑤ 《呈报办理本市商业登记情形及拟援照商业同业公会法处罚办法可否施行谨请鉴核示遵由》，陕西省档案馆，档号：72—9—203。
⑥ 《为停止营业请鉴核备案由》，陕西省档案馆，档号：72—9—29。
⑦ 《甘肃民国日报》1949年5月28日。

和生活需要，因而商贸活动在农牧区人民生活中有着重要的意义，它是农牧区民众互通有无的一种重要方式。一般来说，西北农牧区的商贸活动有着很强的地域性，主要依托当地的乡村集镇来进行，而与外部的商业联系大多是间接的。此外，因西北地域辽阔，民族众多，物产和民俗又各异，故其商业活动的形式也是多种多样的。特别是西北的农业区和牧业区界限也较清晰，生产生活方式差别也较大。为了便于对商贸活动情况的介绍和把握，在此将对农村和牧区的商贸活动分别进行论述。

一　农业区的商业贸易活动

近代西北广大农村地区的商贸活动，受到了社会经济发展水平的制约。农民收入水平低下和商品经济观念薄弱，造成了农村社会购买力普遍较为低下。一般情况下农民生产自己所需的大部产品，对市场的依赖度不高，只是那些自己无法生产的必需品才求之于市。故近代西北地区农村自然经济色彩浓厚，各种商品交易活动主要是为了满足民众的日常基本生活，或者是调剂余缺以互通有无。因西北地区农村地域广阔，自然和人文环境差异也较大，这就造成了商品交易方式也多样化。

（一）乡村小集镇的商贸活动

在广大的西北农村地区，县以下的小集镇和各类乡村集市众多。它们向来是农民出售其农副产品，换取所需日用品的主要地点。这种集镇的历史渊源大都较久远，一般多是依据地理位置、物产、民俗等因素自然而然形成的。甘肃河州（今临夏）地区，"河镇市，州南六十里"、"定羌镇市，州南百二十里"，均在"明弘治乙卯立市，三日一聚"①。清乾隆中期，陇东的安化（今庆阳）已有石社、温泉、董志、赤城等11个村市。宁州（今宁县）也有兴平、早社、新庄寺等15个村市。新疆吉木萨尔县的三台镇，则兴起于清光绪中期。在经济较发达的陕西关中，这类具有悠久历史的集镇就更多。

近代这些历史上形成的集镇大多仍然存在，较大的集镇一般都有城

---

①　张瓒：《河州志》卷一《城池·市廛》。

郭、街道或市面，以及相对固定的商家和一些小商贩。如陕西监军镇（属今永寿），"居民尚多"，"铺店门阶对峙若高岸，集市两岸，车马中行"①。甘肃沙河堡（属今临泽），有居民50多户，商铺20多家，还有车店数家。② 宁夏叶升堡（属今青铜峡），有居民80多户，商店数家，官方还设有盐局、税局各1个。③ 甚至青海的广惠寺，距离寺院约三里有衙门街（据传蒙古台吉在此设过衙署），街道上"有商号三四十家"④。新疆吉木萨尔县的三台镇，街市虽小，但摊点、商号也算齐全，有百货6家，杂货11家，中药铺7家，还有粮油加工作坊、当铺等。⑤ 新疆南疆的大"八栅"也多依托小镇，"大商亦有铺面"⑥。多为"门左右筑土为台，旅陈估（沽）货"⑦。

乡村集镇商家大致分为三类：一是外来商户，多以地区中心城市的商帮为依托，或是他们的分支、代理机构；二是洋行设立的农副产品收购点，他们除收购皮毛等外，还推销洋货；三是本地小商贩，多从事一些低层次的中间贸易，或民众日常生活品零售。以青海的鲁沙尔镇（今属湟中县）为例：既有坐贾，也有行商，还有洋行，但人数最多的是从事餐饮、肉品、粮油、服务业的摊贩和刁郎子（货郎），几乎占到商家数量的一半左右。一般小集镇商家的实力不大，多以小本生意为生。如甘肃通渭的黑石头是个较大的村落，每月农历一、四、七逢集，附近二三十里的人都去赶集。但平时只有3家小商铺：一个粜粮的斗行，一个杂货铺，还有个小钱铺。

小集镇商户与农村联系密切，也有一些本身就是以农商兼顾。在青

---

① 陈庚雅：《西北视察记》，甘肃人民出版社2002年版，第288—289页。
② 林竞：《蒙新甘宁考察记》，甘肃人民出版社2003年版，第114—115页。
③ 林竞：《蒙新甘宁考察记》，甘肃人民出版社2003年版，第60页。
④ 马鹤天：《甘青藏边区考察记》，甘肃人民出版社2003年版，第180页。
⑤ 范作义：《三台商业史话》，《北庭文史》第5辑，1992年编印。
⑥ 新疆通志（商业志、外贸志）编委会、新疆档案馆编：《新疆商业外贸史料辑要》第1辑，内部发行，1990年编印，第164页。
⑦ 谢晓钟：《新疆游记》，甘肃人民出版社2003年版，第242页。

海的鲁沙尔,"有的以商兼农,有的以农兼商,有的以工兼商"①。新疆的承化寺(今阿勒泰)"缠民八九十家,多务力田,而经营商业者,亦在在而有"②。这些商家的服务对象也主要是农民。甘肃和政的买家集,有杂货铺20余家,摊贩10余处,此外还有斗行、柴炭市、铁匠铺。主要为方便农民购买茶、布、农具,出售粮、柴、木炭等。③ 为了吸引和招揽更多的生意,多有约定俗成的集市日。在甘肃正宁县"平子镇、路上镇、真庄镇、山河镇、勾仁镇、湫头镇,每月四、九日集;艾蒿镇、韦家镇、中庙镇、丰镇,每月四、七日集"④。甘肃漳县的新寺镇,"每月四、八日为集期",三岔镇(原名三叉驿)"每月三、八日逢集",四族镇"每月逢二日集"⑤。新疆南疆少数民族聚居地集市贸易更具特色,其习俗是一般七日一市,"谓之八栅"⑥。

虽然每个小集镇的商家实力有限,物资交流规模一般都不是很大。但因数量众多,其交易总量则很可观,故在西北地区商贸体系中占有重要地位。以中心城镇为依托的商家许多商贸活动,如推销茶、布等日用品,收购药材、皮毛等土特产,也是主要通过这些小集镇贸易来实现的。集镇起着承上启下的桥梁作用,是当地各类物资的主要集散中心。陕西三原不少集镇均是当地商业重地,如林堡,秦堡,张村,线马堡,"商业都很发达"。出三原北门到泾阳鲁桥镇,"沿途各村市场亦相当发达"⑦。甘肃陇东、天水人口较为稠密地区,类似情况也不少。青海的鲁沙尔不仅在当地藏汉交易中有重要作用,甚至一些行商、货栈还可帮助客商从

---

① 张生佑等:《建国前鲁沙尔镇的工商业概况》,《青海文史资料选辑》第17辑,青海省政协1988年编印。
② 谢晓钟:《新疆游记》,甘肃人民出版社2003年版,第318页。
③ 宁效贤:《解放前和政的集市贸易》,《临夏文史资料选辑》第7辑,1992年编印。
④ 赵本植:《庆阳府志》卷五《城池·附市集》。
⑤ 韩世英:《重修漳县志》卷二《建置志·市镇》。
⑥ 佚名:《拜城县乡土志》(实业)。
⑦ 马长寿主编:《同治年间陕西回民起义调查录》,《陕西文史资料选辑》第26辑,陕西人民出版社1993年版,第239页。

事长途贩运,远达天津、内蒙古、上海、四川、西藏等地。①

小集镇在长期的经营中有些也形成了自己的商业管理机构或规则。关中渭南许多村镇都设有牙行,如枣、蔬菜、瓜果、棉花等行。各行负责给政府纳税,包销自己行内的农产品。当地的土特产不经牙行不许卖出,外地客商不经牙行不得购入当地产品。有些小集镇为了更好地满足顾客,还形成了特色错位经营的方略。甘肃漳县"盐井镇在城南五里","因盐井产盐运贩踵至,每日为市集,交易麦豆杂货,而以盐与薪为大宗";"新寺镇在(县)城东南七十里",主要"交易粮食、杂货、药材、山货等物";三岔镇(原名三叉驿),在城西三十五里,"交易粮食、牲畜、药材等物";"四族镇在城南四十里","交易多药材、兽皮等物";草滩集在城南三十里,"交易多当归、薹芸(菜子)"②。

(二) 乡间集市的商贸活动

西北地区的农村集市种类庞杂,各地叫法也不一样。一般来说集的商业规模更小,也无多少固定商家,参与者多为小商贩和周边农民。在陕南山区因交通极为不便,山区民众除粮食外,食盐、布匹、日用品,"不得不借资商贾"③。其交易多为"定期赴场,场有在市旁者,亦有开于无人烟之处,曰荒场"④。青海"本地土著及汉回多为小本生意,并在各乡及村落设立小店,每年夏秋之际,派其店伙赴各集市售货及收买土产"⑤。乡村集市多是民间约定俗成形成的,但也有政府组织的。20 世纪 40 年代,青海为解决物资匮乏繁荣乡村经济,先后在农业区各县组建集市 90 多处。⑥ 在一些人烟稀少或山区,政府对设立集市还有一些要求和资金扶持。青海曾规定开设集市条件是,"七分务农三分营商"的地方。为了集聚人气,还

---

① 张生佑等:《建国前鲁沙尔镇的工商业概况》,《青海卫视资料选辑》第 17 辑,青海省政协 1988 年编印。
② 韩世英:《重修漳县志》卷二《建置志·市镇》。
③ 严如煜:《三省山内风土杂谈》,《中国西北文献丛书》(西北民俗文献)第 127 卷,兰州古籍书店 1990 年影印版,第 58 页。
④ 严如煜:《三省山内风土杂谈》,《中国西北文献丛书》(西北民俗文献)第 127 卷,兰州古籍书店 1990 年影印版,第 62 页。
⑤ 黎小苏:《青海之经济概况》,《新亚细亚》1934 年第 2 期。
⑥ 青海省志编委会:《青海省志》(商业志),青海人民出版社 1993 年版,第 55 页。

要求周边30里内"资本在千元以上的商号，要强迫移至集市内居住营业"。集市内经商的商户，还可享受到政府的"小本贷款"。①

新疆南疆地区乡村多设有小"八栅"，在乡村"八栅"中，"尤多集场式临时商场"②，"巴栅"的经营者也大都是流动的小商小贩。在莎车县有大巴栅5个，小巴栅11个。③沙雅县因境内人烟稀少，"素无大商，每逢八栅之期，或他处行商，或本地男妇，毋论外货土物，手携肩负，车载马驮，咸集市间"。"贸易朝集晚散。"④内地商人也到"八栅"兜售自己的货物，收购当地的土特产。只要不与清的官方利益发生冲突，清王朝多采取鼓励政策，以达到所谓"裕边实民"的目的。在南疆还有不少"私市"，主要推销一些官方控制、禁止的商品，如茶叶、大黄、丝布、玉石等。因为要躲避官方缉查，大都在偏僻的乡村集市交易。

乡村集市一般有依传统约定的各种准则，设有集长或行头进行管理，还有约定的交易日期。新疆莎车的"八栅"日，"依星期顺序排列，平均县内每天都有2—3个八栅"⑤。有的地方政府还专门制定有相关管理办法。20世纪40年代，青海省政府就制定有《各县筹设集市工作提要》，对工作原则、工作要点、指导事项都作了具体规定。集市贸易多由各行牙侩介绍成交并收取佣金，各行收取的佣金除支付集长、行头生活费及其他开支外，有的还要上缴地方政府一定费用。此外，集市管理者还会在节庆日或一些特定情况向商户筹款。如在宝鸡的一些乡间小集市，每到春节或农闲时，各店铺、商号要统筹钱款请戏班唱戏，以吸引民众和商家前来交易。⑥

---

① 程起骏等：《解放前一些地区的集市贸易》，《青海文史资料选辑》第17辑，1988年编印。
② 新疆通志（商业志、外贸志）编委会、新疆档案馆编：《新疆商业外贸史料辑要》第1辑，内部发行，1990年编印，第164页。
③ 新疆通志（商业志、外贸志）编委会、新疆档案馆编：《新疆商业外贸史料辑要》第1辑，内部发行，1990年编印，第276页。
④ 张绍伯：《沙雅县乡土志》（商务）。
⑤ 新疆通志（商业志、外贸志）编委会、新疆档案馆编：《新疆商业外贸史料辑要》第1辑，内部发行，1990年编印，第276页。
⑥ 李志忠：《露水集市天王镇》，《宝鸡文史资料》第9辑，1991年编印。

集市的交易方式灵活多样,有使用现金的,以物易物现象也较多。因集市贸易的主体人群一般是农民,他们多是互通有无,更注重商品的使用价值,所以在集市贸易中实物交换可能更方便。农民用自己生产的粮油、农副产品,直接向商人换取所需商品。集市交易物资主要有:土布、粮食、牲畜,还有农具、山货、肉食品等。因交易方式灵活,生意也较兴盛。如青海平戎驿开集第一天,参加人数达2万多人,成交额117514元法币。上五庄邦吧集市二月初九开集,赶集的人超过3万多人,商户和摊贩有160多户,营业额有8万元法币。[1]新疆南疆"八栅"的交易方式,也是"货币与实物交易同时存在,给一个馕就可吃一碗凉粉"[2]。活跃在集市上的小商贩,也主要是靠地区间的产品差异性,通过倒贩各类商品而获利,故也多愿意以物易物。

西北地区的各种庙会、山会、神会等,既是民间文化活动场所,也是重要的物资交流场所,它们同乡村集市一样也多是临时性的。西北因地域辽阔,社会习俗五花八门,所举办的会的名目繁多。仅陕南的略阳庙会就有:城隍庙会、文昌庙会、观音庙会、翻坛庙会、江神庙会、王爷庙会等名目。[3]有些庙会规模很大,宁夏城外(今银川)的海宝塔庙会,每年农历七月十五开市,多则十天半月,少则七八天。寺院山门两侧,"划地为肆,随处张幕,竞相贸易"。"商品有日用杂品,呢绒绸缎,车马挽具,生活用品等。"[4]山会则多与对山的自然崇拜有关。甘肃最著名的山会有:榆中的兴隆山会,临洮的岳麓山会,临夏的太子山会,临潭的莲花山会,会宁的桃花山会等。每遇会期不仅有丰富的文化活动,商贩也会云集于此,许多农民也借节会进行一些商品交换活动。一些地方还有各种名目的神会,当地农村的物资交流也借办神会进行。固原地区(今属宁夏)就有十余种名目神会:粮油交易有财神会,饮食、斗行

---

[1] 程起骏等:《解放前一些地区的集市贸易》,《青海文史资料选辑》第17辑,青海省政协1988年编印。
[2] 新疆通志(商业志、外贸志)编委会、新疆档案馆编:《新疆商业外贸史料辑要》第1辑,内部发行,1990年编印,第276页。
[3] 陆瑞平:《略阳古庙会与建国后物资交流》,《略阳文史资料》第12辑,1993年编印。
[4] 银川市郊志编委会:《银川市郊志》,方志出版社2002年版,第588页。

有雷祖会，药铺业有药王会，茶铺业有三馆会，山货业有火神会，酒店业有孙膑会等。①

（三）流动小商贩

在西北农村还活跃着大量的流动小商贩。他们大都属于个体商业劳动者，一般自有资本金都很少。据1949年对固原县统计，共有小商贩1198户（1677人），占商户总数的98%。其资本一般在20到30元左右，主要靠摆摊或挑担走村串巷赚取薄利。②另据对西宁地区调查：新中国建立前95%的商户是小商贩，占从业人员的77%，他们流动于各集市间或走村串户。在陕西关中的许多乡镇大量流动商贩，每到收获季节便到农村收购各种土特产，交给镇上富户或西安来的客商。③此外，在陕北还有另类商贩，他们多使用牲口驮载（民间称脚户）。这些人中除了专门给商人搞货物运输外，大多是属于利用农闲时赶脚的。他们自筹少量资金借倒贩货物补贴家用，主要贩运糜谷、皮毛、布匹、煤炭、油盐，其次还有瓷器、麻棉、纸张、糖、酒、烟等。所贩食盐来自花马池，棉花来自韩城，糖从镇川、绥德输入，砖茶贩自蒙古，瓷器、酒多被贩往定三边，食用油、煤炭多贩到陕北南部地区。④

流动小商贩一般资金奇缺，多是自筹资金或向城镇的批发商、大零售商赊贷。赊贷以半年或一年为期，到期归还本金并付利息，或以他们收购的农副产品冲抵。清光绪年间，随左宗棠大军去新疆的货郎，多为内地的穷苦人，利用同乡会做担保，从大商人那批发来货物，用货郎担在四乡销售，并收回农副产品贩卖给大商户。因赊贷的利率在60%—100%之间，故小商贩们多选择就近进货，经营上讲求勤进快销，以减少资金方面的负担和利率。⑤许多小商贩为了多销货物，也常对农民赊销，赊销对象是熟客或有偿还能力的人，生人也可赊欠，但需有一定经济能

---

① 李敬：《解放前固原的商业概况》，《固原文史资料》第3辑，1989年编印。
② 李敬：《解放前固原的商业概况》，《固原文史资料》第3辑，1989年编印。
③ 马长寿主编：《同治年间陕西回民起义调查录》，《陕西文史资料选辑》第26辑，陕西人民出版社1993年版，第100页。
④ 安明文：《民国时期横山的商业》，《横山文史资料》第3辑，1988年编印。
⑤ 魏大林：《古城货郎》，《奇台县文史资料》第26辑，1991年编印。

力的人作保。当赊销货物量较大时，一般都要立有字据，写明利率、抵押、中人等事项，作为日后追讨的依据。

流动小商贩经营的货物比较杂，农村群众日常所需用品几乎都有。油、盐、酱、醋、粮、果、糖、茶、火柴、肥皂、文具、纸张，还有简单的生产物资，犁铧、铁锨、镢头等。有人统计在新疆莎车"八栅"上，小商贩交易的货品种类有三四十种：包括大布（新疆产一种土布）、口袋、席子、衣着、木工制品、铁工制品、食品、瓜果、蔬菜、粮食、牲畜、烟叶等。这些小商贩为了能够赚更多的钱，防止跑单程，往往又是一身二任，既是日用品的出卖者，又是土特产的采购者。小商小贩的经营方式也很灵活，既可使用货币购买，也可用粮食、鸡蛋、皮毛、猪鬃等换购。这种经营方式简单实惠，更好地适应了农村的市场活动。

（四）寺院的商业贸易活动

西北农村的许多清真寺，也从事各种商贸活动。清代西北地区伊斯兰教有"三大教派"（格底目、依黑瓦尼、西道堂），"四大门宦"（虎夫耶、哲赫林耶、嘎的林耶、库仆林耶）之说。但是实际要比这多，仅虎夫耶下就有小门宦、堂20余个。[①] 各个门宦又在不断分化，具体情况就更复杂。但总的来说伊斯兰教有着强烈的崇商价值取向，在近代商品经济的影响下，在某些寺院的经济结构中，商业贸易占据极大份额，其经营规模也非常可观。清末灵州金积堡的马化龙为哲赫林耶门宦第五代教主，家业鼎盛，富甲一郡。不仅其商贸活动遍及西北各省和蒙古诸部，"擅茶、马之利"，而且将生意做到了京津、东北、汉口。甚至达到了"商之所至教亦随之"的局面。[②]

西北地区最为著名的是甘肃临潭的西道堂，全名叫"西道堂乌玛"。从社会经济的角度来看是一个农业、手工业、商业相结合的，以集体经济为主的社会团体，其中商业在其经济中占有极重要的地位。西道堂早期的商业资本主要来源于教民捐助，民国初年西道堂发展至百万资产。

---

① 马通等：《中国伊斯兰教的教派和门宦》，《西北民族学院学报》1982年第4期。
② 朱德裳：《续湘军兵志》，岳麓书社1983年版，第265页。

1919年第三任教主马明仁时，曾大力整顿农业、畜牧业各项经济实体。并为了更快地发展经济，不断强化商贸经济活动。西道堂的商业方面有行商、坐贾之分：行商主要是换取、收购藏区畜牧品、土特产；坐贾主要经营皮张、药材、丝绸、百货等。1929年已建立起6个商号，下属15个分号，还有14个商队（见表4-3）。商号经营的流动资金在20万银元左右，商队有驮牛1000头、马100匹，本金约10万银元。商队、商号主要涉足的区域为甘肃、青海、四川地区，主要业务是将藏区的皮毛、畜产品等运出，将布匹、粮食、日杂用品贩入。年营业额可达数百万元，使得商贸业成为其重要的经济支柱。

表4-3　　　　　　　　1929年西道堂商队和商号概况①

商队		商号	
名称	数量	名称	分号数量
青海果洛	4	天兴隆	8
青海玉树	2	天兴永	1
青海同德	1	天兴泰	1
青海吉尔甸	1	天兴德	1
青海三哦罗	1	天兴昌	2
四川阿坝	1	天兴亨	2
四川甘孜	1		
四川康定	1		
四川色而他	1		
甘南碌曲	1		
合计	14	合计	15

1932年西道堂开始再次进行经济调整，对原有的商号数量进行了缩减，而大力扩充了商队。为了经营蒙、绥地区的生意专门建立了骆驼商队，为经营陕西汉中、四川成都的生意成立了驮骡商队。1938年王树民

---

① 本表根据丁昱（西北师大历史系2008级学生）的调查资料编制。

在考察时谈道：西道堂"经商贸易区域，西至西藏，南至四川，北至青海之北，东至察哈尔等地"①。到1946年西道堂商队已增加到20个，有驮牛2000头，马200匹，骡30头，骆驼60峰。此时西道堂商业贸易网点遍及成都、兰州、西安、绥远，以及京、津、沪等十几个城市。此外，西道堂还注重农业和各种手工业，除向藏区输出本地出产的粮油外，还开办农副产品加工作坊，加工生产各种农副产品出售。②

综上所述，近代西北地区农村的商贸活动，大都有着较悠久的历史渊源，故受传统自然经济时期的商贸文化影响较深。这些农村的集镇、集市、南疆的"八栅"，以及小商贩，在满足农民群众的生产生活需求的同时，也为城镇提供了粮、油、肉等许多生活必需品，其沟通城乡的作用是显而易见的。但总体来说，除大中城市周边地区和关中部分地区，西北农村商贸经济总体水平不高，这主要表现在：一是经营理念和方式较落后，与近代商业模式差距大；二是经营者的层级也较低，最多的是小摊贩或货郎担，许多村镇固定店铺都不多；三是经营的商品种类也较为单调，多为生活必需品——粮、油、茶、布，以及其他副食和日杂用品。这与西北的地理位置和区域经济的落后，以及受近代欧风美雨的冲刷较少有关。

二　牧业区的商业贸易活动

西北地区是我国的重要畜牧业基地，有大量的民众以畜牧业为生。因牧区特殊的自然环境，以及牧民的生产和生活方式的特殊性，使得牧区的商贸活动有自己的独特性。相对于农民而言牧民生产的产品单调，能够自足的程度明显更低，日常生活对市场的依赖度相对要高一些。牧民必须每年定期销售自己的畜牧产品，以换回自己所需的各种生活生产用品，所需物资种类和数量都较农民要多。此外，近代西北地区的牧业多是游牧，故牧民多居无定所，商业信息也极不对称，加上交通也多不

---

① 王树民：《陇游日记》，《甘肃文史资料选辑》第28辑，甘肃人民出版社1988年版。
② 以上关于西道堂商贸活动资料来自丁昱（西北师大历史系2008级学生）的调查。

方便。这就造成了在牧区的商品流通形式，以及交易方式也比较独特。

(一) 极富民族特色的"歇家"

在甘青牧区有一种专门从事中介交易的商人——当地人称之为"歇家"。歇家起源于明代的歇役，是供商旅休息和堆放货物的店家，本和商品交易没多少关系。后来一些"歇家"看到外来商人语言不通，商贸的行情也不知，开始逐步参与到商业活动中去，演变成一种通晓汉语、蒙古语和藏语的本地牙侩。清雍正时西北地区的茶马互市制度终结，官府为了控制蒙藏地区的贸易，设立了官"歇家"招待蒙藏民众，使得当时的民族贸易"盖为官歇家所专营"①。但由于高额利益的刺激，一些人便冒险贩售私茶和粮食等。像甘肃河州的一些回民利用地近牧区，跑到青海一些地方"典赁民房私做歇家"②。一些官"歇家"也因走私可获巨利，在一些僻静之处"私开小店"，招徕蒙藏民众，"销变赃物，易口粮"③。

清道光时政府对私"歇家"由限制改为收编，要求"歇家""无论在官在私，均一律造具花名清册，由官经管"④。官借"歇家"以控制重要物资的贸易，"歇家"借官谋取垄断利益，逐步形成了"此非请领官凭者不能充"的局面。⑤"歇家"不仅仅是贸易的中间商，而且还肩负着监督蒙藏商人的粮、茶贸易等职责。如蒙古族各部落所需口粮，需先向西宁办事大臣衙门"起票换买"，"每票只准用一次"⑥。票上面需注明粮数、人数及牲口数。藏族各部落买粮同样需请领照票，"按照户口以定多寡"，"每名每日准给市升一合"，"一年按三次请票"⑦。茶叶则规定"每粮一石配茶二封，即于粮票内注明"。若购买的粮食、茶叶超出了印票允许的数额，官府会"将差役歇家一并治罪"⑧。

---

① 竟凡：《历代汉番茶马互市考》，《开发西北》1935 年第 3 卷第 5 期。
② 《西宁总兵官穆兰岱、监护西宁道知府巴彦珠禀》，《平番奏议》卷四。
③ 那彦成：《青海酌安卡隘严拿汉奸情形折》，《平番奏议》卷一。
④ 那彦成：《请严定蒙古茶疏》，《平番奏议》卷一。
⑤ 杨景升：《丹噶尔厅志》卷五《实业》。
⑥ 那彦成：《青海酌安卡隘严拿汉奸情形折》，《平番奏议》卷一。
⑦ 《西宁总兵官穆兰岱、监护西宁道知府巴彦珠禀》，《平番奏议》卷四。
⑧ 那彦成：《请严定蒙古茶疏》，《平番奏议》卷一。

近代后"歇家"已成为甘青民族地区贸易的重要角色。随着当地民族贸易的发展,"歇家"的经营范围也进一步扩大。特别是19世纪末20世纪初国际皮毛贸易兴起,洋商为获取皮毛大举向甘宁青进军。但因民族地区的语言、风俗等障碍,加之外来人又难以取信于当地少数民族群众,所以无法直接与之交易,只得依靠"歇家"帮助。"歇家"便借机居中牟利,不少演化为皮毛贸易的捐客,甚至有的不名一钱起家,并通过勾通官府演化为当地巨富。"歇家"势力曾一度几乎遍布甘青牧区和各皮毛集散地,仅丹噶尔(今湟源)最盛时就有"歇家"48家。每年经"歇家"中介经销的羊毛达400多万斤,兽皮30万张,其他畜产品20万元。①

每个"歇家"都建有很大的院落,以供前来交易的牧民住宿、存货、喂牲畜,并向他们提供免费食宿。各"歇家"均有自己熟识的常客,建立起了长期的主顾关系。牧民驮运的毛皮除有少量零售外,几乎全卖给向自己提供住宿的"歇家",而其他人是不能过问的。牧民出售皮毛所得的大部分价款,主要用于向"歇家"购买他们所需的粮食、茯茶等。一些"歇家"为拉生意,还会派人携带杂货、现金、粮食等深入牧区拜会头人、疏通关系、订购畜产品等。第二年开春,牧民便会按约定驮着畜产品去交货清账。"歇家"经营所需的资金和商品多是洋行、皮毛商预付的,或是向大商号赊欠的。1918年后因官方高价更换执照引起不满,各"歇家"纷纷将旧照交回,"歇家"特许经营制基本废除。不过"歇家"并没有消失,他们仍借在市场上的影响力,操纵着当地的皮毛交易。直到全面抗战爆发前,青海马步芳实行皮毛统制,才导致多数"歇家"歇业,少数转为马步芳家族的官商机构代购皮毛。

(二) 寺院的商贸活动

藏传佛教寺院在西北牧区不仅分布广,而且在信众中也有着极高的

---

① 阎成善:《湟源的歇家洋行山陕商和坐地户及刁郎子》,《湟源文史资料》第2辑,1996年编印。

权威性。这种权威不仅是来源于信仰，也来源于国家的扶持。清初对西北少数民族实行所谓"修其教不易其俗，齐其政不易其宜"的政策，并力图借重黄教以"安蒙古"。清政府采用封地、赐爵的办法，一方面承认宗教上层的特殊地位，另一方面将国家权威的印记也附加或渗透到宗教之中。形成了国家借寺院以强化信众对国家权威的认同，寺院则借国家权威以巩固自己的地位。如青海循化一些寺院僧侣向信众宣扬："我们念经僧家也是奉皇上家念的。"① 作盖地区的僧人也宣称："我作盖共寺院四座，共有一千僧人哩，具都是与皇上念宝国经的僧人。"②

正是因为清政府的长期扶持，近代西北主要牧区藏传佛教寺院遍布。据新中国成立初核查青海有藏传佛教寺院869座（其中嘛呢康236座），入寺僧众达6万人之多。③ 甘肃仅拉卜楞寺就号称下辖108寺。新疆的蒙古族大部分信奉藏传佛教，全疆有公明、格庆、夏里瓦3大活佛系统。庞大的寺院要维持自身的生计和宗教活动，其耗费是十分巨大的，因而经商成了许多寺院的重要经济来源。民国时曾有人指出：寺院不仅是宗教、政治、文化中心，还是经济中心。"西陲游牧民族的财富，往往是集中于寺院。"它们不仅经营农牧业，"而且又营商业，又俨然一商业公司"④。在青海塔尔寺寺院及其下属的4个院均有各自的商业系统，仅"大吉哇（财务机构）一处就有三万多两白银，银元宝数百个（每个五十两），纹银若干"⑤。

寺院经商的方式主要有：（1）寺院直接经营。许多寺院设有专门负责做生意的管家，由其负责筹资和经营商业。塔尔寺的大吉哇和各经院吉哇，在寺周围和鲁沙尔镇设有许多商铺；（2）寻找代理人经营。由寺院或僧人等集资，推举善于经商的喇嘛或他人为会首，由会首负责去经

---

① 《买吾禀买吾黑错冲突情形状》，青海省档案馆，档号：07—永久—2685。
② 《上作盖红布老民等为处置达样永保太平具的禀》，青海省档案馆，档号：07—永久—4570。
③ 《青海少数民族社会历史调查资料宗教志》（喇嘛教部分）油印本，第53页，青海省档案馆藏。
④ 李式金：《西陲喇嘛教盛行的原因》，《新西北》1945年第8卷第4—6期。
⑤ 《青海藏族蒙古族历史调查》，青海人民出版社1985年版，第163页。

营。年终账目经集资者审查,盈利则按约定比例分成,亏本则籍没其家产抵偿;(3)寺院投资商户经营。塔尔寺所在的鲁沙尔镇,不少商铺的资本实际是塔尔寺的,商户只是经营者;(4)寺院或喇嘛入股分红。在湟中、西宁的一些商号,寺院或喇嘛投资入股的也不少;(5)寺院或僧人放贷给商家以获利。甘肃拉卜楞寺的许多喇嘛,借放贷给皮毛商人牟利,"月利有五分至十分之重"①。此外,还有一些有地位的喇嘛借游方之机,携带各类货物去贩卖。

有的寺院还利用宗教节日,搞定期或不定期的庙会等,吸引商家和牧民前来交易。青海塔尔寺每年有4次大的庙会,正月的庙会最大。许多蒙藏民众都远道来此"观经",顺便进行土特产品交换。一时间商贾云集,摩肩接踵,能形成数万人的大集市。玉树的拉休寺庙会,"各地商人成群结队,浩浩荡荡而来"。"牛驮上除货物外",还带有自身所需的生活用品,"有居住用之帐竿,饮食用之肉、面"等。"货物中以茶叶为多,次为布匹,再次为杂货。甚至还有日本货(瓷器、纸烟、棉线、妇女饰物等)、印度货(布匹、喇嘛用物等)。""商场外有收税者,各货皆有税,多以羊毛、羊皮、酥油等抵之。"② 此外,像拉布楞、佑宁、却藏、结古等寺,均有自己设立的各种名目庙会。

不少寺院还划地设集立市,并有约定的集市日。每到集市日"商贩不远千里而来",交易"以皮张、茶、糖、布匹为大宗"③。各寺院的集市日相互错开,以利商贾的交易。青海海西之都兰寺,同德之拉加寺,玉树之结古寺等,皆为走集之中心。这些定期或季节性集市,甚至吸引了官办商业介入。1944年马步芳的德兴海商号,在同德的拉加寺、什藏寺,果洛的白玉寺等地开设分店。因牧区人口稀少,交通不便等因素,使得寺院的集市多是一年一次,每次逢集的时间也较长。以青海玉树地区为例,寺院集市日一般在两三天左右(参见表4-4)。

---

① 丁明德:《拉卜楞之商务》,《方志》1936年第9卷第4期。
② 马鹤天:《甘青藏边区考察记》,甘肃人民出版社2003年版,第402页。
③ 马鹤天:《西北考察记》(青海篇),国民印务局1936年版,第210页。

表4-4　　　　　　　　青海玉树藏区寺院集市日①

时间	地点	时间	地点
正月十二至十五日	觉拉寺、迭达庄、竹节寺、喀耐寺	五月初七至初八日	拉布寺
二月十二至十五日	拉布寺、惹尼牙寺	五月十四至十五日	禅姑寺
三月二十八至二十九日	结古寺、歇武寺、朵藏寺	七月二十七至二十八日	陇喜寺
三月初十日	称多东周寺	八月、九月	结古大市
四月十八至十九日	竹节青错寺	十月初七至初十日	班庆寺
四月二十八至二十九日	竹节寺	十一月十五日	朵藏寺

（三）活跃于牧区的商队

因西北牧区的特殊地理和人文环境，牧区很少有固定的集镇和商户，故商队在牧区的商贸活动中有着特殊的意义。牧区的外来商队多以商帮、洋行为依托，他们被称为"羊客""番商""客娃"等。一般牧区大都交通条件很差，商品运费、损耗都很大。如用牦牛运输，每头牦牛驮120斤左右，日行不到20千米，每天运费约合银元三四角。商队过境还要向沿途的部落头人送礼，到目的地也要向头人或寺院托情，取得允许后才可开张。途中也可能遇到驮畜摔落山沟、被水冲走、货物损伤等情况，以上这些都要打入商品成本。故越是边远地区，货物的价格自然会越高。

近代西北地区社会也很不安定，兵匪长期为患，到牧区经商的风险也很大，所以商队一般有各种保护或武装押运。有人曾描述到当时丹噶尔（今湟源）商队到牧区贸易的状况："冰天雪地中，终岁辛勤"，"荒漠绝塞，寇盗出没，而亦冒险深入，怒马快枪，驰驱峻坂巉岩之间，习为故常"②。因为商队贸易风险很大，有些商队为了路途顺利，还要举行各种复杂的仪式祈求保佑。如从事青藏贸易的商家，先要与西藏驻湟源的商务官商议启程日程（一般为农历五月），还要祭神、祭俄博等。返程时由西藏商务官举行宴请，商定启程日期后（一般为农历九月），要

---

① 本表根据周希武《玉树土司调查记》，《中国西北文献丛书》（西北民俗文献）第4卷，兰州古籍书店1990年影印版，第318页资料编制。

② 王昱等：《青海风土概况调查集》，青海人民出版社1985年版，第129页。

在拉萨八角街举行祭神仪式,还要绕街一圈,才能启程返回。①

甘青地区蒙藏部落头人或寺院也有自组商队的,将本地的货物贩到较近的商贸集散地,如青海西宁、丹噶尔,甘肃临夏、张掖,甚至四川的松潘、阿坝。牧区民众每年农历三四月或八九月组成商队到外地,用牲畜、皮毛等畜牧产品,或当地食盐、山货等,换回粮、茶、糖等日用必需品。他们需远途跋涉,备受艰辛。20世纪30年代,周希武描述在青海共和县见到的牧民组成的商队:"驱牛羊十数群,络绎而来,每群牛羊约数百头,中有番骑三十余,均负枪(有毛瑟、来福、土枪数种),上有机子,怒马飞至,状颇凶悍。"② 寺院的商队也很常见,青海玉树许多寺院有自己的常年商队。结古寺仅是个中等规模寺院,有商业资本10万银元,还有一支50人的商队。③ 在西北其他牧区也有各种商队,如新疆北疆一些牧民自组商队,甚至用骆驼运载货物,甚至往来于俄斜米省等地进行贸易。

(四)其他类型商贸活动

牧区民众也有不少人将自产的少量畜牧品等,就近拿到在农牧区交界的一些集市,如青海浩门、皇城滩,以及周边甘肃的一些小村镇进行交易。据20纪40年代调查:青海牧民"每年秋冬春三季(即阳历七月至翌年三月底),将羊毛运至附近集市","与汉民交换茶、布匹、青稞等生活用品"④。这些靠近牧区的集镇与一般农村的集镇也有明显不同之处:首先,因历代王朝常把少数民族地区的商贸活动作为一种维护其统治的重要手段,故市场贸易的规则复杂、限制很多,特别像粮食、铁器、茶叶等商品。其次,交易的物资也明显不同于纯农业区的集市,畜产品、粮食占比很大。最后,这些市场贸易的季节性也较强,牧区民众一般每年"打粮"两次。市场的商家也多是临时性的,他们"春则买皮,秋则

---

① 阎成善:《湟源的歇家洋行山陕商和坐地户及刁郎子》,《湟源文史资料》第2辑,1996年编印。
② 周希武:《玉树调查记》,青海人民出版社1986年版,第153页。
③ 翟松天:《青海经济史》(近代卷),青海人民出版社1998年版,第267页。
④ 李屏唐:《兰州羊毛市场之调查》,《贸易月刊》1943年第3期。

买毛"。季节一过，商家就会撤店回城，当地商业也随之冷落。

牧区也有一些集市，但与农业区差别也很大。每逢各种节庆等活动，四方牧民一般都喜欢聚集在寺庙周边，自然而然地形成了交易市场。"货物的集散交易"，① 多在其周边的空地上进行。甘肃的拉卜楞寺、黑错（今合作）寺，有名为"丛拉"的商品交易市场，主要交易物资为羊毛和牲畜。在牧区也有不依寺院为市者，青海柴达木的蒙古族群众，在春夏季节会约定期限集市，集市可长达20余日。周边百余里的民众"就旷野为市场，物贵者蔽于帐，物贱者曝于外，器物杂陈"②。玉树一些地方也是大家约定时间和地点交易，"略如内地乡镇之集会焉"③。牧区的集市货物交易，以物易物更是常见的方式。也有不少"货物交易仍以茶为标准；至民间往来，仍以绵羊为钱币单位"。"此种货币单位之重要缺点，由于其不稳定。"④

牧区的小商贩数量较少，多集中在农牧交界处或城镇周边，他们一般不会深入牧区去搞贩运。如在甘青牧区有一种专与蒙藏牧民做生意的小商贩，他们多依城而居，无什么资本，大多也无铺面，但一般都通藏族和蒙古族语言，擅长与蒙藏民打交道。主要贩卖一些小孩玩具、针头线脑、廉价饰物、烟酒、糖果之类，或干脆是从认识的商人处赊买一些布匹、粮食、藏刀、串珠等日用品，用这些东西与周边牧民交换皮毛、药材等产品。⑤ 清末民初西北的皮毛贸易兴起，小商贩们便赊贷资本或货物，去附近牧区收购或换取皮毛。他们同牧民的关系久远，有着较好的商贸活动的基础。这些人在价格上常会高出低进，也有一些人经营时免不了有哄骗、欺瞒的行为，故民间称其为"刁郎子"。甘肃临夏、青

---

① 李式金：《青海高原的南部重镇——玉树城生活描述》，《旅行杂志》1946年第20卷第2期。
② 周希武：《玉树调查记》，青海人民出版社1986年版，第95页。
③ 周希武：《玉树调查记》，青海人民出版社1986年版，第95页。
④ ［俄］克拉米息夫：《中国西部之经济状况》，《中国西北文献丛书续编》（西北史地）第11册，甘肃文化出版社1999年版，第47页。
⑤ 阎成善：《湟源的歇家洋行山陕商和坐地户及刁郎子》，《湟源文史资料》第2辑，1996年编印。

海一带回民,有不少人从事这种小本生意。

甘肃张家川位于六盘山区,周边地区属于半农半牧区,也是甘肃东部、宁夏南部地区著名的皮毛集散地。众多的皮毛小贩从大商号典贷一些布匹、日用品等,将其运到周边地区去换皮毛。这些小贩资本甚微、经营规模又小,一般是从牧区收购皮张后带回本地城镇,转手再卖给洋行或大商户。因商贩携带的商品多是向商号赊来的,自然要向商号交利息,而且常高于正常利率。到目的地后销售也有不少是赊销,而采购畜牧产品时又有不少是预购。这就必然会使资金周转更为缓慢,故一般较辛苦且获利不多。一旦遇到不测或亏蚀,小皮毛贩子不仅血本无归,还会因为躲避债务连家也不敢回。①

综上所述,西北牧区的商贸活动不仅形式多样,而且特色也很明显。这与西北地区的自然条件和人文环境密切相关。西北牧区各具特色的生产生活方式,以及长期的历史积淀和丰富的民族文化,因地、因时、因人制宜地造就了其商贸活动的特殊性。正是这种丰富多彩的商贸活动,为更好地满足大多数牧民的生产生活需求创造了条件,所以说牧区的商贸活动意义重大。但我们也应指出,近代西北牧区商贸经济的水平还非常落后,使其对于西北牧区经济的发展、社会的进步的推进作用大为降低。如甘青地区重要的皮毛集散地——甘南夏河(拉卜楞寺所在地),"虽商号林立,但资本大者甚少"。"其地犹半在日中为市、以物易物之时代,距近代式的商业尚远也。"②

第三节 西北区域内的商品流通

因西北地域广袤,区域间的自然条件和物产差异性很大。故西北各地区间的经济互补性很大,这就造成了不同地区、不同民族间的物资交流非常频繁。长期以来商贸已与民众的日常生活密不可分,也是近代西

---

① 麻钧、马辅臣等:《张家川皮毛业的发展》,《甘肃文史资料选辑》第42辑,甘肃人民出版社1996年版。

② 马鹤天:《甘青藏边区考察记》,甘肃人民出版社2003年版,第58、60页。

北社会经济的重要组成部分。在西北内部各地区间的商业贸易中，除了交易量较大的粮、盐、棉、布等基本生活物资外，还有许多具有地方或民族特色的手工业品等。西北地区内部的物资交流，不仅满足了不同群体的社会生产、生活需要，也加强了城乡、地区及民族间的物质和文化交流，促进了各地社会经济的发展。

一　重要生活物资的贸易

自然经济时代人们最基本的生活资料是粮油、食盐和布帛类，它们也是西北地区内部相互交易的重要物资。西北地区因特殊的生态环境，以及历史形成的社会生产分工，使得农牧业区分工相对较清晰，不同产业也各有其短长。这就造成不同地区单靠自身生产的产品，难以满足人们基本的生活需要。如西北地区的粮油主产区与主需求区并不匹配，食盐资源的分布也不均衡，至于棉花、棉布产地少，但需求范围则非常广。物产的差异性、物资生产与需求的不平衡，导致物资在西北区内不时要进行调剂，从而形成了较大量的区内商品流通。

（一）粮油类交易活动

西北大部农业区是山地旱作区，不具备太大的商品粮油生产能力，但还是可基本满足本地区的需求。就以灾害较多的甘肃而言，据曾在西北农专工作的朱允明先生在《甘肃乡土志稿》一书中研究，近代甘肃的粮食产量一般正常年份是可满足需求的。这主要是因为在部分地区还是具有一定的粮食生产能力。如陕西的关中地区，甘肃的陇东、河西地区，宁夏的黄灌区，青海的湟水流域，以及新疆的伊犁等地，都是西北的粮食主产区，有一定的商品粮油提供能力。在甘肃河西的凉州（今武威）人口稀少，"平原千里，广产粮食"[①]。新疆"本省粮食产区原为伊犁哈密南疆三区，而尤以伊犁区最为丰富"[②]。新疆绥来所产"大米、小麦或车辆或驮脚运出本境"，"每岁当在数千余石"。杂粮运出本境销售者，

---

① 彭英甲：《陇右纪实》卷一二《办理农工矿商总局》。
② 新疆档案馆：《新疆与俄苏商业贸易档案史料》，新疆人民出版社1994年版，第600页。

第四章 近代西北城乡的商贸经济

"每岁约在三四百石"①。显然，这些地区可对周边地区进行一定的调节。

全面抗战时期，东部地区沦陷，国民政府西迁，外来人口大量流入西北，造成了人口的快速增加。以甘肃为例，据朱允明先生推算流入人口约在百万。另据1945年登记，甘肃仅寄居、暂住人口为380232人。②但这时西北地区因社会相对稳定，以及国民政府对农业的扶持，如兴修水利、农贷发放、推广农业科技等，使得农业生产条件得到了较大改善，粮食产量也有较大增长。以1944年西北主要粮食作物小麦为例：陕西省产量达3313.6万市石，比1937年增加了3倍多（1937年为942.9万市石）；甘肃省也达到了空前的1083万市石。③ 这就为西北粮食市场供应提供了必要的保障。此时虽政府在粮食管理方面比以前严格，但市场供应情况还是比较正常的。总体来说，近代西北地区的粮油交易大体可分为以下四类情况：

首先，销往牧区。近代农牧区间的粮油交易规模较大，持续时间也很长。这主要是因西北最主要的社会经济部门是农业和畜牧业，这两种类型的经济本身就互补性很强。特别是牧业区对粮油的需求很大，粮油自然就成了西北最重要的交易品，每年交易的数量也很可观。在甘青牧区周边的"临夏、临潭、贵德各地之汉回商人"，将粮油等货运到牧区各地，"易换皮毛等畜产品"④。此种交易可能是由商人预先放货订货，也可能由是蒙藏人等预先放货订货，成交的情况主要看双方的交情。19世纪60年代，民族贸易中心丹噶尔（今湟源），每年经西宁府运入麦面5000石、青稞2000余石，从宁夏、河西等地运入大米、小米、黄米200余石，这些粮食大部被转销到青海牧区。到了光绪年间，丹噶尔每年进入市场的粮食增加到了万余石。⑤ 甘肃河西张掖、酒泉等地，长期也是

---

① 杨存蔚：《绥来县乡土志》（商务）。
② 甘肃省档案馆：《甘肃历史人口资料汇编》第2辑（下），甘肃人民出版社1998年版，第342页。
③ 许道夫：《中国近代农业生产及贸易统计资料》，上海人民出版社1983年版，第60、70页。
④ 张元彬：《拉卜楞之畜牧》，《方志》1936年第9卷第3—4期合刊。
⑤ 任玉贵：《清代湟源民族贸易的兴起和发展》，《湟源文史资料》第4辑，1997年编印。

青海蒙藏民众的主要粮食来源地。20世纪30年代，甚至偏处河西走廊最西端的安西县城，也是每年春间"青海番蒙持皮毛、牲畜至此，交换粮食，人众繁杂"①。

全面抗战时期，甘肃河西农业生产有了较大发展，大量青海牧民越过祁连山前往换取农产品，致使当地农产品加工业兴盛。仅张掖县挂面加工厂就有15家，年产挂面30万斤。②此时丹噶尔斗行、面行增至20余家，年经销青稞4000市石（每市石约500斤），全数销往牧区；麦面3000到5000石，半数直接销往牧区，还有部分被加工成挂面、糕点等销往牧区。每年上市的清油10余万斤（每斤24两），其中40%销往牧区的。③据马鹤天对青海玉树1937年7至9月商贸情况调查：3个月内仅输入面粉就达21300斤。④甘南夏河（拉卜楞）因皮毛贸易外来人口增加，大小商贾280余家。当地农业"耕种青稞，收获无多"，粮食也主要来自周边的临夏、临潭等地。因为长途贩运，"外来麦面杂粮货物，价极昂贵"⑤。新疆北疆的阿尔泰，蒙哈牧民"所食口粮向系商民驮运茶叶，前赴古城兑换"，"古城商民亦有前往蒙古各地贩米面、兑换砖茶者"⑥。

其次，销往城镇。随着近代西北地区城镇的逐步发展，对粮油需求也在日益增加。在清同治以前，西安所需粮食多采自周边集镇。同治以后，伴随着人口增多，出现了泰来丰、德茂生、瑞茂生等专门的粮号。到1910年粮店已发展到50余家，并在桥梓口形成了粮食街。1935年后因市区粮食需求量增大，盛丰、华丰等粮食公司便在监军镇（今永寿县）设点收粮。由于这时西安粮食采购范围扩大，还出现了专门代客买卖粮食以获取佣金的牙行。全面抗战时期，因人口流入导致市区人口大

---

① 林竞：《蒙新甘宁考察记》，甘肃人民出版社2003年版，第133页。
② 甘肃省地方志编委会：《甘肃省志》（农业志）第18卷，甘肃文化出版社1995年版，第190页。
③ 杨生祥：《湟源牙行漫谈》，《湟源文史资料》第4辑，1997年编印。
④ 马鹤天：《甘青藏边区考察记》，甘肃人民出版社2003年版，第292页。
⑤ 张丁阳：《拉卜楞设治记》，《中国西北文献丛书》（西北稀见方志文献）第24卷，兰州古籍书店1990年影印版，第110页。
⑥ 刘锦藻：《皇朝文献通考》卷四二《茶榷考》。

增,西安粮商店铺增至400多家。先后设立了晋丰、永丰、民丰、成丰、华丰、宝成、和合7家大小面粉厂,大厂日产面粉可达3700袋,[1] 所需粮食除采自本省三原、兰田、长武外,还远至甘肃陇东地区。[2] 西安的食用油也主要依赖外地,据西京市商会调查:1937年销售食用油110万斤;随着人口增加,1941年销售额为150万斤。[3] 此外,像陕西咸阳因紧邻西安,城市发展也较快,20世纪40年代咸阳有粮商24户,面粉铺46家。[4]

清末民初,兰州因水烟加工业的兴盛,周边农民多种烟草,本地粮食供应只得依赖青海河湟地区。"大宗米粮皆仰给于西路之水运",粮商用牛皮袋"实粮于中",编联成牛皮筏运粮至兰州,"西宁、乐都一带米粮皆灌输省城"[5]。后随着兰州城市的扩大,粮食采购范围也进一步扩大。以当时的德盛和米粮店为例,其销售的粮食有来自宁夏的大米,有来自甘肃东路定西、会宁等地的麦谷。兰州食用油也大量依赖外地,1932年仅从青海贩运兰州的清油达4250余担。[6] 全面抗战时兰州人口增加很快,所需粮食量大增(参见表4-5)。面粉加工业也随之兴起,1940年7月开办了西北面粉厂(日产150袋),1942年雍兴公司也开办了面粉厂(日产350袋),1943年民生面粉厂开业(日产30袋)。[7] 据统计到1944年,兰州粮业公会会员达230家(其中兼业者11家)。[8] 兰州粮食的来源更广:永登、皋兰等北山来的粮食,大都集中在桥门街;通渭、静宁东路来的粮食,多集中于东稍门;临夏、临洮南路粮食,在西稍门一带。食用油因需求大增,来源地也日益多元化,甘肃东部地区所

---

[1] 《工商业调查——陕西主要工商业》,陕西省档案馆,档号:32—1—90。
[2] 《解放前西安的粮食业》,《陕西文史资料选辑》第23辑,陕西人民出版社1989年版。
[3] 陕西省经济研究室特刊之一:《十年来之陕西经济》,启新印务馆1942年版,第155页。陕西省档案馆,档号:C12—0—206。
[4] 编辑撰稿:《民国时期咸阳商业部分行业》,《渭城文史资料》第4辑,1998年编印。
[5] 慕寿祺:《甘宁青史略》(正编)卷30,兰州俊华印书馆1936年版。
[6] 顾执中:《到青海去》,商务印书馆1934年版,第306页。
[7] 甘肃省地方志编委会:《甘肃省志》(农业志),第18卷,甘肃文化出版社1995年版,第141页。
[8] 《粮业公会会员名册》,甘肃省档案馆,档号:60—1—112。

产食用油开始大量进入兰州市场，仅马营镇（属通渭县）年输往兰州的清油就达20万斤。①

表4-5　　　　　　　　1942年兰州市粮食输入情况②

名称	数量（石）	名称	数量（石）
面粉	13140000	大米	1500
小麦	130000	黄米	1500
莞豆	40000	杂粮	10000

第三，销往人口稠密之区。市场粮油的另一流向，是由主产区流向人口密度较大的地区。陕西关中因人口密度大，工商业相对较发达，加之棉花种植的兴起，也使得粮食自给能力不断降低，故粮食需自甘肃东部等地补充。如甘肃庆阳董志塬等地的粮食，通过陕甘大道被大量贩入。位于陕甘要道的监军镇（今永寿）是该路粮食交易的集散地，来自三原等地的商人，用棉花、日杂百货等来此换粮油，故有"来时一车花，回去一车粮"之说。1944年监军镇粮行达23家之多，逢集日上市粮食可达600余石。③

陕西千阳也是甘肃东部粮食销往关中的通道，平凉、庄浪、华亭等地所产小麦、玉米、糜谷等被运抵千阳。其中80%被转贩到关中的凤翔、宝鸡等地。民国时期，甘肃庄浪的水洛镇，因往关中地区贩粮而兴盛，街上粮商汇集，每天成交量可达5万斤左右。④ 全面抗战爆发后，陕西关中的面粉加工业得到了发展，仅宝鸡市就有大新面粉公司、信通、华兴等粮行崛起。宝鸡成为关中西部地区的粮食交易中心。

最后，销往自然条件太差或非产粮区。西北有些农业区因自然环境

---

① 乔廷斌：《通渭巡礼》，《通渭文史资料》第4辑，（油印本）第8页。
② 本表根据：《兰州市每年进货调查》，《甘肃贸易》（季刊），1943年第2—3期合刊，第79页资料编制。
③ 宋志明：《民国时期的永寿商业》，《永寿文史资料》第4辑，1992年编。
④ 李旭东：《解放前水洛集市贸易之特色》，《庄浪文史资料》第1辑，1990年编印。

等原因，致使粮食生产难以满足本地的需求，只得依靠其他地方去补给。陕南的留坝地区山大沟深，当地粮食难以自给，所需小麦多来自甘肃徽县、成县、两当地区，年均输入量四五百石。①甘肃临潭地处青藏高原边缘地带，自然环境相对严酷，加之藏区民众也在此购粮，导致粮食无法完全满足需求。1932年仅从本省武山县洛门镇输入大米就有1000担。②南疆的轮台农业生产条件差，粮油均需从外地补充，"菜籽油由库车运入，每年约二千余斤"，"各项杂粮自库车、焉耆运入，每年约六千余斤"③。

此外，有些地方因经营它业，导致粮食不得不依赖输入。在宁夏的盐池、定远营一带大量产盐，并远销甘肃东部及陕西关中等地，食盐成为当地的重要经济来源。但粮食产量严重不足，粮食缺口主要由固原周边地区补给。固原以北的三营集市，每集上市粮食约50到80石（每石500斤左右），然后由商贩北运盐池等地。④新疆鄯善因大量种植葡萄、棉花，每年需"运入本境大米，通境约一百余担"⑤。此外，新疆塔城、古城等地，许多地方属半农半牧区，粮食也多依赖从产粮区补充。

总体来说，西北地区粮食贸易主要是在区内运行，很少有大批量粮食输入或输出。近代西北除左宗棠平定新疆那种特殊情况，用官款从四川、内蒙古河套，甚至俄国购粮外，一般很少能见到从区外输入粮食的情况。甚至像1929年陕甘出现罕见的大旱灾，初夏陕西已有灾民620余万，甘肃灾民240余万。面对这种局面政府也无力大量从外地输入粮食，致使最终甘肃死于饥饿者250余万人，死于疫病者60余万人，死于兵匪者30余万人。⑥故西北的粮食需求基本还是靠自己解决，以区内市场就

---

① 王楸照、吴从周：《留坝乡土志》（厅属商务）。
② 顾颉刚：《甘青见闻记》，《甘肃文史资料选辑》第28辑，甘肃人民出版社1988年版。
③ 顾桂芬：《轮台县乡土志》（商务）。
④ 李英夫：《三营集市发展沿革》，《固原文史资料》第6辑，1997年编印。
⑤ 陈光炜：《鄯善县乡土志》（实业·商）。
⑥ 《甘肃解放前五十年大事记》（1929年5月、12月条），《甘肃文史资料选辑》第10辑，甘肃人民出版社1980年版。

近调剂为主。如新疆虽靠近俄国产粮区，但"本省粮食无自外国输入者"①。

此外，地方政府为了维持社会稳定对粮食出境是严格限制的。甚至到全面抗战时期，绥远因缺粮导致粮价飞涨。为确保本省需求，宁夏省政府严厉禁止："本省各色粮食，绝对不许往省境以外，如有胆敢达（违）禁者，查获后粮即（及）运输工具，完全充公，人即治罪。"②西北粮食批量对外输出仅是个别特殊情况。在八国联军侵入北京慈禧率众西逃时，1900年8月曾令："所有宁夏购办之粮，着径行运至山西省城"，主要是因"该年本省被旱，随扈官兵食之众多，更况有妨民食"。同年9月又令："筹运宁夏各属征集仓粮四万一千石接济京军。"③

（二）食盐交易活动

西北地区食盐资源十分丰富，各省均有产盐之地。在陕西的陕北有许多地方产盐，其中定边最为著名。甘肃"产盐之富，甲于他省"④。宁夏食盐"每年产量很巨，占全省出口物产第一位"⑤。青海更是以食盐量大、种类多而闻名。新疆全省也"无百里之内无盐"之地。⑥但西北地区的食盐资源分布却不均衡，大都分布在人烟稀少的西部、北部地区。在人口较稠密的陕西关中、陕南，甘肃的东部地区及陇南，食盐资源却十分紧缺。食盐又是人民必不可少的日用必需品，这就造成了食盐在西北区内跨地域间的大流动，其规模和数量都很可观，成为西北区内重要的贸易物资之一。

近代西北地区的食盐贸易体制渊源于清中期。清王朝在入关后沿袭

---

① 新疆档案馆：《新疆与俄苏商业贸易档案史料》，新疆人民出版社1994年版，第600页。

② 宁夏档案局（馆）编：《抗战时期的宁夏——档案史料汇编》（下），重庆出版社2015年版，第618页。

③ 吴忠礼等主编：《清实录宁夏资料辑录》下，宁夏人民出版社1986年版，第1255页。

④ 盐务署、盐务稽核总所编：《中国盐政实录第二辑——西北盐务分志》（内部刊印），第184页。

⑤ 宁夏档案局（馆）编：《抗战时期的宁夏——档案史料汇编》（下），重庆出版社2015年版，第618页。

⑥ 王树枏：《新疆图志》卷三二《食货一·盐法》。

了历史上的食盐官营制度，其盐政基本上是在明代基础上进行了一些改进。如实行划界行盐，强化专商垄断等。官方对食盐贸易的控制也较严，凡犯私盐者杖一百徒三年。但因清代比明代的疆域要大得多，加之西北特殊的自然和人文因素，使得清政府对食盐贸易管理也进行了一些变通。总体来说可分为4种类型：（一）汉人为主的东部地区，直接由政府抽收盐课（见表4-6）；（二）在个别产盐地由官方设禁，以保证政府的食盐税收；（三）一些民族地区，食盐资源由王公、头人控制；（四）在边远或人口稀少之区，任民自采自用。清中期确定的这种盐政体制，一直基本沿用到了19世纪60年代以后。总的来看，清代的盐政对西北民族和边远地区多有照顾。

表4-6　　　　　　　　**清代西北盐引行销区情况**①

地区	额引	引区
西凤2府，商、同、华、耀、乾、邠、兴7州	120120道（每道盐240斛）	河东引
延汉2府，榆林属定边、靖边2县，鄜州1州，绥德属清涧	394道（每道盐200斛）	花马大池引（划归河东）
榆林府属鱼河堡、绥德州、米脂县	20660张（每锅票盐100斛）	本地土盐引
宁夏道，平、庆2府	67440道（每道盐1石）	花马小池引
漳县、陇西、宁远、伏羌、安定、会宁、通渭、靖远、岷州、洮州、西固、秦州、秦安、清水13县	3622道（每道盐200斤）	漳县井盐引
西和及附近城镇	1626道（每道盐200斤）	西和盐关镇引

清政府的食盐课税主要限于西北东部的陕西、甘肃东部的天水、平凉、庆阳、陇西、陇南等地。在边远、民族地区不交税。如甘肃"高台有著名的盐池，所产白盐，价格低廉，行销河西各地，深受民众欢迎，加之商贩售盐不纳税，故白盐产销两旺"②。青海向无征税之说，盐湖也

---

① 该表依据查郎阿修《敕修陕西通志》卷四一《盐法》；升允：《甘肃新通志》卷二五《盐法》；韩世英：《重修漳县志》，《西北文献丛书》（稀见方志）卷四〇等资料编制。
② 钟庚起：《甘州府志》卷一六《杂纂》。

多归当地蒙古王公所有，是他们及当地民众的重要经济来源，"蒙番多运青盐、马匹以易官茶、青稞、杂货"①。新疆也无盐税之说，东疆哈密一些地方的村民，有的就是靠挖盐、贩盐为生的。故乾隆皇帝曾对此自夸道："百物于人未足夸，独盐一味最为佳。千车自易无关税，半引何曾报国家。"②

19世纪60年代西北动乱，这种盐政体系基本被摧毁。在平定动乱过程中，左宗棠就开始奏请整顿西北的盐政。首先"议复蒙盐规制，奏免商税积欠"③。提出"原有引课的，改引为票，课厘并征"；"原有土盐税的，改征厘金；原没税的，开征土盐税"④。1870年首先在甘肃井盐产地漳县成立盐局，"每盐10斤抽厘金30文"⑤。对行销陕甘的吉兰泰池盐也改课为厘，并且每斤加制钱5文。1873年又将陕西定边花马大池盐税划归甘肃，在花马小池（属宁夏）、花马大池设局征收花定盐厘，"盐厘分出境税、入境税、落地税"⑥。这次盐政改革加强了国家对食盐交易的管理，也使得食盐贸易逐步得以恢复。到1906年甘肃销售食盐9764068斤，税厘收入40054两白银。⑦

清末"新政"时因清政府财政困难，对全国的盐政又不断改革。最主要的措施是不断地提高盐税的额度，同时扩大盐税的征收地区。西北地区1908年在青海的丹噶尔（今湟源）设盐局，对在青海本地销售的食盐，"规定盐每百斤收税二钱"，对于外销其他地区的，"另行分别加税"⑧。同年，还在新疆的迪化、精河、鄯善等地，开始以包税制的办法开征食盐税，⑨仅"精河岁包定额征银万四千四百两"⑩，以解决政府的

---

① 杨景升：《丹噶尔厅志》卷五《商业》。
② 黄文炜：《重修肃州新志》卷一六《艺文》。
③ 罗正钧：《左宗棠年谱》，岳麓书社1983年版，第240页。
④ 秦翰才：《左文襄公在西北》，岳麓书社1984年版，第147页。
⑤ 韩世英：《重修漳县志》卷二《盐法》。
⑥ 赵尔巽：《清史稿》卷一二三《食货四·盐法》。
⑦ 甘肃省志编委会：《甘肃省志》（商业志），甘肃人民出版社1993年版，第18页。
⑧ 青海省志编委会：《青海历史纪要》青海人民出版社1980年版，第93页。
⑨ 赵尔巽：《清史稿》卷一二三《食货四·盐法》。
⑩ 王树枏：《新疆图志》卷三二《食货一·盐法》。

财政问题。

清王朝覆亡后，北洋政府财政部下设盐务署，产盐地设盐运使，销盐地设榷运局，作为盐务行政机关。食盐管理办法虽也有一些调整，但各省盐制大体仍依清代惯例。盐税多采用从量计征，各产盐区的盐行销特定地区。但因西北地区军阀混战，盐务管理远比清王朝时期混乱。"各省自由加税"，产地每担盐"不过一角"，而到销地"盐税乃加至十二元"①。不仅价高，而且常无货，导致食盐销售极不正常，造成了关中、陕南、陇南等地食盐供应紧缺。按规定咸阳应是潞盐行销区，但实际食盐除来自山西外，还有青海、平凉（宁夏花马池从此地转运）来的盐。

民国时期，甘宁青地区所产食盐仍主要流向甘肃东部、南部及陕西关中、陕南地区。仅宁夏食盐"每年营销于陕甘一带者，约二三千万斤"②。甘肃庄浪的水洛镇是商货汇集之地，每年春季宁夏、甘肃河西等地骆驼就会到达，运来食盐、冰碱等货物，运回当地所产蒲篮、筛子、席等。所运食盐主要销往天水、陇南。在陕南城固甘青驼队冬春季节杂沓而来，运来食盐、皮毛、当归、水烟，返回时运走土布、棉花、姜黄、桔柑等。仅在陕南洛南县的景村镇，20世纪30年代每天要运进食盐2万多斤。③新疆大多地区食用本地盐，但也有一些食盐在境内流通。像南疆地区的"库车运食本治盐，并分销塔城盐"。"莎车府运食本治盐，并分销喀什青盐。"④

因政局不稳食盐供应也极不稳定，像陕西咸阳为确保食盐采购数量、质量和价格，像调德元、义长兴、泰和永这样的大盐店，还派人专门在产盐地驻庄。一些产盐地如青海食盐资源虽多，但因交通条件造成运输成本太高，民国前期年均产销仅约1000吨。⑤ 导致清代设禁的陕西盐池

---

① 《财政公报》第10期，（民国十七年六月一日）。
② 宁夏档案局（馆）编：《抗战时期的宁夏——档案史料汇编》（下），重庆出版社2015年版，第618页。
③ 车进行：《解放前景村镇山货行和运输业》，《洛南文史资料》第4辑，1986年编印。
④ 王树枬：《新疆图志》卷三二《食货一·盐法》。
⑤ 青海省志编委会：《青海省志》（盐业志），黄山书社1994年版，第87页。

洼，民国初公开设立朝食盐公司，1932年又增设富秦盐场制售食盐。①当时的一些商贩还大量夹带私盐，甘肃临夏一带因紧邻青海，"私盐尤见充斥"，虽有缉私人员，但"地面辽阔"，"不足缉捕"②。甚至有盐务官员"吃私放私"。③

甘宁青的食盐质量优于陕西土盐和山西潞盐，致使在关中东部的潞盐行盐区非常畅销。以咸阳为例，青（海）盐每斤售0.13—0.15元，潞盐每斤只能卖到0.11元。有些商人为获高利，用潞盐冒充青盐，④有些则大量偷运私盐入境。陕西省当局为稽查私盐，在通往陕南的双石铺设盐务局分卡，对走私食盐的商贩征税，并加罚税款额10—20%的罚金。但因私盐价要低于公盐60—80%，私盐生意在关中、陕南仍很红火。⑤新疆因地域辽阔查禁不易，市面上售卖私盐也较普遍。东疆的吐鲁番盐滩附近回民除挖盐自用外，"贫户以骆驼运载销售"⑥。此外，西北民众多生活困苦，难以承受官盐价格，私制土盐自用或销售的也不少。许多人"明知法律所不许，实为生计所迫"⑦。

19世纪30年代中期后，南京国民政府颁布了新《盐法》等一系列法规和政策，并收回了陕甘宁青四省的盐务管理权，基本垄断了西北的盐务。对食盐行销区也进行了确认。如规定陕西兴平以西行销甘盐、宁夏花马池盐，东府一带销售山西潞盐，陕西富平、朝邑、蒲城间的卤泊滩所产食盐，主要供应当地及周边少量地区。力图挽回北洋政府时期的混乱局面。

但不久全面抗战爆发，山西潞盐产地为日本人占领，陕西潞盐来源断绝，大、小花马池为陕甘宁边区所有。为解决陕西关中、陕南，甘肃东部、陇南的食盐问题，1938年国民政府令西北盐务总局试办盐运，运

---

① 阎馨远等：《盐制概略》，《西安文史资料》第5辑，1983年编印。
② 《甘肃盐务月刊》第15期，第20页。
③ 《甘肃盐务月刊》第15期，第20页。
④ 《民国时期咸阳商业部分行业》，《渭城文史资料》第4辑，1998年编印。
⑤ 张栋臣等：《民国时双石铺商业税收》，《凤县文史资料》第12辑，1994年编印。
⑥ 王树枏：《新疆图志》卷三二《食货一·盐法》。
⑦ 《甘肃盐务月刊》第15期，第39页。

销青海食盐以缓解这些地区缺盐的问题。但因青海食盐的运输条件所限，官运食盐成本又太高，食盐供应紧张问题仍难以解决。陕西关中土盐因此兴盛，1942年盐池洼的盐场已达140余家，[1] 卤泊滩也有盐棚200余家，日产盐84200斤。[2] 陕甘宁边区为了换取物资也加大了食盐的输出，食盐运销量由抗战初的7000驮，猛增到1939年的19万驮，[3] 这在很大程度上缓解了食盐紧缺问题。

1940年后国共摩擦加剧，为了对边区进行经济封锁，国民政府在庆阳、西峰等地设立检查站，以查禁私盐名义打击边区食盐的运销。并加大从青海调运食盐的力度。为此在甘肃平凉专门设立了负责青海食盐运销的西北盐务运输处，青海的食盐产量也因此有了大的提升，1940年为3474.8吨，1941年为4801.25吨。[4] 1941年西北盐务局发售食盐67456776斤，1942年发售达到了71557140斤。[5] 但因青海食盐运输困难，连驻陇东、关中的军队需求都难以保证。所以甘宁边区为克服经济困难，进一步加大了食盐生产力度，对国统区的外销也大幅度增加，1940年达到23万驮，1941年高达299068驮。[6]

尽管如此，西北东南部地区食盐缺口仍然很大。到1943年6月"陕豫盐慌已极"，迫使西北盐务局不断加大运盐力度，动用汽车运盐400余吨，胶轮大车运盐1000吨左右。[7] 由陕甘宁边区贩出的食盐数量也暴增，1943年达到329892驮的历史高峰。[8] 但食盐紧缺问题仍无法缓解，不得不在许多地方推行计口售盐。西安按要求将私营盐店重新登记并变为公卖店，官盐局按盐店承销区的居民户数批发食盐，盐店按月去到盐局交

---

[1] 王勤生：《我县历史上的产盐基地——盐池洼》，《大荔县文史资料》第4辑，1991年编印。
[2] 李仲仁等：《卤泊滩盐业概况》，《富平文史资料》第15辑，1990年编印。
[3] 李建国：《陕甘宁边区的食盐运销及对边区的影响》，《抗日战争研究》2004年第3期。
[4] 青海省志编委会：《青海省志》（盐业志），黄山书社1994年版，第87页。
[5] 甘肃省档案馆：《建国前资料·3·财经类》第311卷，第4页。
[6] 李建国：《陕甘宁边区的食盐运销及对边区的影响》，《抗日战争研究》2004年第3期。
[7] 《第三届驿运座谈会议记录》，甘肃省档案馆，档号：48—1—129。
[8] 李建国：《陕甘宁边区的食盐运销及对边区的影响》，《抗日战争研究》2004年第3期。

款，持凭证到官盐仓领取食盐，并按照官局核定的价格出售。① 因官盐无法满足民众需要，私盐价格在一些地方两倍于官盐。特别是小城镇和农村食盐公卖实际难以做到，因而成了私盐泛滥的重灾区。

抗日战争胜利后，交通运输工具管制结束，陇海铁路也全线贯通。东部的海盐和山西的潞盐进入西北，部分地区缺盐、食用劣质土盐的情况得以改善。就以西北食盐缺口最大的陕西而言，这时出现了东（海盐）西（青盐）两路抢占陕西市场的局面，使得关中和陕南地区缺盐状况不复存在。"陕西盐务当局便取缔了官收、官运、官销政策"，这又进一步调动了商人贩盐的积极性，食盐交易也逐步恢复正常。原关中的土盐因质次价高已无市场，在关中土盐主产地盐池洼，"有的缩小规模范围，有的收场停业，盐务局也陆续撤走了工作人员和税警队，繁华一时的盐滩逐渐冷落起来"②。

综上所述，近代食盐交易在西北地区有很重要的地位，它不仅是人民生活的日常必需品，也是一些地区民众重要的经济来源，特别是在青海等一些地区，食盐是仅次于皮毛的重要交易物资。同时，食盐贸易对地方政府财政而言又有着重要意义。在南京国民政府统一西北盐政后，因落后的交通运输能力等因素制约，使商家长途运输食盐成本太高，加之国民政府的一些政策措施，也造成食盐价格在一些地方十分高昂。过高的价格会影响到食盐的销量，商人觉得无利可图，贩运的积极性也会大大降低。同时，贩运减少也会导致一些地区出现供应缺口，造成民众食盐困难，特别是在关中、陕南、陇南地区。

西北部分地区民众的吃盐问题长期难以得到有效解决，这就造成了商家为降低成本大量走私、掺假、使劣，以及有人为牟利制作劣质食盐等问题。官方因无力满足民众用盐问题对此往往只能视而不见，甚至出现合伙分肥的现象。清代陕北绥德、清涧等地民间熬制的私盐，"此种土

---

① 阎馨远等：《盐制概略》，《西安文史资料》第5辑，1983年编印。
② 孙尔文：《我对盐滩的回忆》，《大荔县文史资料》第4辑，1991年编印。

盐味苦质劣，食之有害，应予取缔"①，但官方最后以缴纳锅票税了结。②民国时期清代公开设禁的关中卤泊滩、盐池洼多次开禁。卤泊滩所产黄色锅板盐，"是收集雨后返潮盐土"加工熬制的，③故质量低劣，所含杂质很高，氯化钠含量不足 80%（规定含量 85% 以上），根本不符合食盐的标准。④盐池洼所产盐也是"后味有点苦，味淡成本又高"⑤。这不仅破坏了正常的食盐市场秩序，更为严重的是直接损害了人民的身体健康。

（三）棉花、布帛类交易

西北大部地区很少产棉花，到全面抗战时期甘肃棉花种植仅约 2 万亩，年产量不足 5000 担。⑥宁夏原基本不产棉花，全面抗战爆发后虽政府号召植棉，但到 1940 年棉田也只有 19793 亩，估产约 593790 斤。⑦青海因自然条件所限，无法生产棉花。西北棉花主产区在陕西关中，但历史并不久远。"陕西农村，一向都是种谷"，直到清末，陕西"种棉花的渐多"⑧。在陕南的南郑、石泉等地也有一定规模的棉花种植，民国时南郑棉花种植占"五分之三，为境内出口大宗"⑨。此外，新疆的南疆和东疆地区，也是西北棉花的主产区。但因新疆的棉花除销往北疆外，大量出口苏俄以换取布匹，只有少量进入甘肃河西，陕西自然就成为西北腹地棉花的主要供应地。

---

① 阎馨远等：《盐制概略》，《西安文史资料》第 5 辑，1983 年编印。

② 陕北乡民刮碱土煎盐，主要有古碎金驿盐，产于绥德县的三眼泉（额设盐锅 185 面）、榆林的永乐仓（额设盐锅 385 面）、米脂马湖峪（额设盐锅 291 面）。乾隆五十九年（1794）规定：应令照旧营业，不必官为经理。但须向官交纳锅票税。参见查郎阿修《敕修陕西通志》卷四一《盐法》。

③ 李仲仁等：《卤泊滩盐业概况》，《富平文史资料》第 15 辑，1990 年编印。

④ 阎馨远等：《盐制概略》，《西安文史资料》第 5 辑，1983 年编印。

⑤ 孙尔文：《我对盐滩的回忆》，《大荔县文史资料》第 4 辑，1991 年编印。

⑥ 朱允明：《甘肃乡土志稿》，《中国西北文献丛书》（西北稀见方志文献）第 30 卷，兰州古籍书店 1990 年影印版，第 479 页。

⑦ 宁夏档案局（馆）编：《抗战时期的宁夏——档案史料汇编》（下），重庆出版社 2015 年版，第 428 页。

⑧ 石简：《陕西灾后的土地问题和农村新恐慌的展开》，《新创造》1932 年第 2 卷第 12 期。

⑨ 郭凤洲：《续修南郑县志》卷 3（实业）。

清末甘宁青地区每年仅经由甘肃泾川、从陕西贩入的棉花达 2 万余斤。① 新疆北疆地区所需棉花，则一般多由南疆、东疆运入。如绥来直到清末，"棉花自吐鲁番运入，在本境城关销售，每岁约千数百包"②。甘肃河西酒泉等地，也有少量哈密等地所产棉花销售。民国以后，基本格局仍未改变。陕西咸阳因地处关中腹地，又是通往西北的水旱码头，在棉花贩运过程中有着重要的地位。20 世纪二三十年代，甘肃秦安等地商贩前往咸阳收购棉花，贩回甘肃销售以牟利。据 1936 年秋调查，咸阳有棉花行 32 家，棉花转运行 9 家，棉花杂货行 9 家，棉花粟米店 2 家，棉花榨房 7 家，棉花盐行 3 家，成为名副其实的棉业转运中心。③ 甘肃省城兰州及周边地区用棉，也是"由东路而来"的"陕西棉花"④。

　　全面抗战初甘肃每年需从陕西、新疆，购进棉花 700 万斤左右。⑤ 随着抗战进入相持阶段后，大后方的棉花供应日趋紧张。为解决甘肃棉花供应问题，1941 年下半年，仅甘肃省贸易公司就购进了价值 39 万元法币的棉花。⑥ 为解决布匹供应紧张问题，在甘肃省政府的大力号召下，一些地方手工纺织业崛起，进一步加剧了棉花供应紧张局面。如甘肃秦安县大量从陕西购进棉花加工布匹，每年可输出土布达 25 万匹之多。⑦ 1942 年花纱布管制局兰州办事处，为甘肃调运棉花 20 万斤。⑧ 但缺口仍很大，甘肃省贸易公司又设法购进了 151015 斤。⑨ 1943 年后国民政府对棉花管制进一步加强，陕西棉花被大量调运到四川，加之陕西棉产量连

---

① 张元森：《泾州乡土志稿》，《中国西北稀见方志》第 8 册，全国图书馆文献缩微复制中心 1994 年版，第 428 页。
② 杨存蔚：《绥来县乡土志》（商务）。
③ 陕西省经济研究室特刊之一：《十年来之陕西经济》，启新印务馆 1942 年版，第 155 页，陕西省档案馆藏，档号：C12—0—206。
④ 林竞：《蒙新甘宁考察记》，甘肃人民出版社 2003 年版，第 79 页。
⑤ 朱允明：《甘肃乡土志稿》，《中国西北文献丛书》（西北稀见方志文献）第 30 卷，兰州古籍书店 1990 年影印版，第 479 页。
⑥ 甘肃省档案馆：《建国前资料·2·财经》第 378 卷，第 8 页。
⑦ 李清凌主编：《甘肃经济史》，兰州大学出版社 1994 年版，第 230 页。
⑧ 朱允明：《甘肃乡土志稿》，《中国西北文献丛书》（西北稀见方志文献）第 30 卷，兰州古籍书店 1990 年影印版，第 484 页。
⑨ 《甘肃省贸易公司档案》，甘肃省档案馆，档号：47—1—10，第 26—27 页。

年下降。甘肃商户采购棉花难度加大，省贸易公司当年也仅采购到 1.3 万斤。1944 年甘肃省贸易公司采购棉花只有 755 斤，1945 年有所增加，共采购了 6623 斤棉花。① 抗战胜利国民政府对棉花解除管制，1947 年该公司采购量达到了 50699 斤。② 此外，宁夏、青海两省所需棉花，也主要是从陕西或新疆调剂。

陕西关中和新疆南疆等地虽是西北产棉区，但近代纺织业长期不发达，民间纺织多是自给性的，只有少量棉布进入市场。陕西关中、陕南一些地区所产土布，主要输往陕北及甘宁青地区。1933 年关中输出土布价值约 120 万元（土白布每百丈 5 元）。③ 在陕南汉阳民间所织布，有自织自用的"乡布"，宽约 1 尺 6 寸，厚沉结实；供给市场的"锦装布"，宽 1 尺 2 寸，仿湖北的"卷子"，④ 主要是贩往甘青地区。新疆南疆也产一些土布，个别地区布匹生产也有一定规模。在光绪末年，疏勒年产大布"五六万匹"，外销"约三四万匹"⑤。一些商人如南疆的维吾尔族富商玉满巴依，也是靠贩土布等发家的。但织布大多还是为了自用，多余的布匹才被贩往北疆等地，仅有少量进入甘肃河西地区。

全面抗战时期因东部沦陷，西北地区布匹来源大幅减少，要解决军需民用问题，不得不仰给后方增加生产。在这种背景下，陕西的机器纺织业有了较大的发展，1943 年经济部核准登记，陕西各类纺织企业达 106 家（包括机械、半机械化工厂）。⑥ 关中的机器棉纺业为西北市场提供了部分机织布，主要有：白平布、提花布、条子布、斜纹布、咔叽布等，还机制毛巾、线毯等，产品销往西北各地。在这一时期，新疆等地也有少量的机器纺织业。但总体来说，西北地区的机器纺织工业水平还

---

① 参见《甘肃省贸易公司档案》，甘肃省档案馆，档号：47—1—157，第 19 页；47—1—10，第 40—42 页；47—1—4，第 112—115 页。
② 《甘肃省贸易公司档案》，甘肃省档案馆，档号：47—1—145，第 81—85 页。
③ 陕西省经济研究室特刊之一：《十年来之陕西经济》，启新印务馆 1942 年版，第 155 页。陕西省档案馆藏，档号：C12—0—206。
④ 张启凤等：《建国前汉阳工商概况》，《汉阳县文史资料》第 1 辑，1988 年编印。
⑤ 蒋光陞：《疏勒府乡土志》（实业·商）。
⑥ 《一九四三年经济部核准陕西省登记工厂分类统计表》，陕西省档案馆，档号：72—2—110。

较落后，其产量与民众需求差距仍较大。

陕西的手工纺织业这时开始快速发展，以关中地区的西安、咸阳、兴平、三原、宝鸡为最多。以西安为例：抗战初全市手工纺织工厂仅17家，纺织机不过百余架；1940年工厂数增加至109家，纺织机增至1100余架。此外，1938年后陕西省政府通过了动员妇女纺织实施办法，使得农村家庭手工纺织业也快速兴起。当时以关中各县最为发达：蒲城有织机15000架，澄城有织机20000余架，礼泉有织机6000余架，兴平织机13000架，三原泾阳等县均有相当数目。使得手工纺织"往昔仅求自给，近则大量输出"①。

陕西纺织业的发展，使得甘宁青地区来自陕西的布匹比例增加。在甘肃东部的华亭县有78家布店，"大宗经营的是宝鸡、咸阳、三原、西安所产之平纹粗布、细布、条布、格子布，颜色多以青兰为主"。布匹除雁塔牌外，多标有"陕造"或"陕染"字样，当地"民众穿着皆依赖之"②。陕西农村家庭纺织业的兴起，也为甘宁青地区提供了一定数量的布匹。仅陕西兴平一县，"每年运输至陇南者，在三万卷以上"③。新疆因1942年后新俄关系变化俄布来源大幅下降，南疆的土布生产也有了发展。裕新土产公司为解决穿衣问题，大量收购调运到北疆各地。1946年新疆贸易公司除接收原土产公司的土布存货外，还拟向本省农户再收购大布40万匹、褡裢布4万匹，以完成当年投入市场大布50万匹、褡裢布6万匹的销售计划。④

西北地区还有大量的手工毛纺业，虽多为自给，其商品化率不高，但在解决民众穿衣方面也有重要作用。甘肃不仅手工毛纺业历史悠久，相对规模也较大，并且形成了自己的特色。清代兰州一带毛褐织品名目繁多，有铁里绵、麦穗子、小绒、绒帨、褐帨、呀呀褐、撒拉绒、犏牛

---

① 参见《陕行汇刊》1944年第8卷第1期，第21—23页。
② 冯天言：《抗日战争时期华亭的商业状况》，《华亭文史资料》第1辑，2000年编印。
③ 《陕行汇刊》1944年第8卷第1期，第21—23页。
④ 新疆通志（商业志、外贸志）编委会、新疆档案馆编：《新疆商业外贸史料辑要》第2辑，内部发行，1990年编印，第161—162页。

褐、苏织、迷正等种类。① 不仅民间穿衣多赖之,而且被商人收购贩运外地。清末民初因遭洋布冲击,毛织品市场占有率大幅下滑,民间也多是自产自用。全面抗战爆发后,不仅兰州的手工毛纺业复苏,而且机器毛纺业也有一定的发展。如雍兴公司兰州毛纺织厂,1943年产毛呢20333公尺、毛褐3038尺、地毯4382条,还产棉毛布、白市布、人字呢、斜纹呢等。② 虽当时兰州毛呢主要是满足军工订货,但也有部分产品进入市场。

到全面抗战时外来布匹大幅减少,甘肃各地一度衰落的毛褐业也再次兴起。据1944年对甘肃34个县统计,年产毛褐可达20.7万匹。③ 这些毛褐有的被商家贩往城镇,位于甘川公路线上的甘肃秦安县,每年输出毛褐可达5万多匹。④ 甘肃省贸易公司为解决布匹不足也大量购销毛褐,1944年销售毛褐101575尺,⑤ 1945年又购进毛褐40565尺,外加95匹。⑥ 此外,毛线和毛衣编织也快速兴起,1942年据甘肃银行通渭办事处估计:每年通渭可产手工毛线20万斤,1944年达到最高峰,产毛线达150万斤,毛衣125640件。⑦

陕北手工毛纺业历史也悠久,全面抗战时又有了较大进步。1941年榆林城内有羊毛厂50余家,其中织毛衣、裤者7家。虽各厂基本是土法上马,产品质量也较粗糙,但在战时物资紧缺的情况下,在解决本地及周边地区民众穿衣方面还是有重要意义的。⑧ 关中区毛织工业这时也有所发展,西安泾阳、宝鸡等县,羊毛纺织手工厂不下一二十家,出品日新月异。⑨ 宁夏在全面抗战爆发后,也成立了初级职业传习所,有木织机20部,纺毛线织毛布。1939年底官方还成立了宁夏毛织厂,有手摇纺

---

① 黄璟修:《皋兰县续志》卷四。
② 甘肃省政协编:《西北近代工业》,甘肃人民出版社1989年版,第324页。
③ 王树基:《甘肃之工业》,1944年,第37—38页。
④ 李清凌主编:《甘肃经济史》,兰州大学出版社1994年版,第230页。
⑤ 《甘肃省贸易公司档案》,甘肃省档案馆,档号47—1—10,第40—42页。
⑥ 《甘肃省贸易公司档案》,甘肃省档案馆,档号47—1—4,第112—115页。
⑦ 乔廷斌:《通渭巡礼》,《西北日报》1944年12月19日。
⑧ 梨小苏:《陕北榆林经济概况》,《西北研究》1941年第4卷第7期。
⑨ 《陕行汇刊》1944年第8卷第1期,第21—23页。

车250架，梳毛机百架、其他木机94架。该厂把原料、纺车发放给农妇纺线，然后由厂子给加工费收回。1942年初级职业传习所、宁夏毛织厂合组为民办兴夏毛纺股份有限公司，有脚踏纺车700部，手摇纺车百部，木织机62部。其产品除进入本地市场外，还销售到陕甘两省部分地区。①

  清道光时，陕西关中韩城有人从苏州引进了丝织技术。1927年当地已发展到有丝织作坊28家，所产的丝绸主要运销陕北、兰州、宁夏等地。②陕南安康等地在清中期也引进了养蚕技术，清末已有了一定的生产规模，成为近代西北主要的丝绸生产地之一。到民国初年，陕南安康县城有丝织户50家，织机百余张，周边农村有单张织机的农户还有千余户，主要出产纺绸、大绫、纱帕等。据1932年对安康县统计：全年生产纺绸500匹，花丝葛400匹，大绫2000匹。③抗战期间东部的丝绸来源锐减，陕南丝织业进一步发展，安康县当地丝织业年用丝约15万斤，所织丝绸主要运往西安转销西北各地。④新疆南疆产一种名为夏夷绸（又称霞衣绸）的丝绸。清末在和田当地有丝织户1200余家，可织夏夷绸3万余匹。⑤南疆所织丝绸除自用外主要贩往北疆，但贩销的数量并不多。如光绪末期，每年从和田贩到昌吉的丝绸仅有二三十匹。⑥

  综上所述，西北地区棉花种植业不发达，穿衣问题长期依赖外地。左宗棠时为解决民众贫困和鸦片问题，曾大力推广植棉和种桑养蚕，除新疆南疆地区成效较显著外，其他地区因种种原因成效不大。陕西到全面抗战前棉花种植才大规模兴起，1936年棉花产量达到111万担，⑦但很快因国民政府的统制走向衰落。甘肃为解决自身问题，近代曾多次提

---

① 刘继云：《富宁公司内幕》，《宁夏文史资料选辑》第17辑，宁夏人民出版社1987年版。
② 刘子文：《韩城县丝绸纺织业》，《韩城文史资料汇编》第6辑，1986年编印。
③ 陈平：《近代安康丝织业简况》，《安康文史资料》第7辑，1993年编印。
④ 《建国前安康蚕丝市场简介》，《安康文史资料》第2辑，1985年编印。
⑤ 王树枏：《新疆图志》卷二八《实业》。
⑥ 戴良佐：《清光绪末昌吉县商业概述》，《北庭文史》第5辑，1990年编印。
⑦ 许道夫：《中国近代农业生产及贸易统计资料》，上海人民出版社1983年版，第212页。

倡植棉，实际效果很有限，最好的1944年估计可增产8550担皮棉，① 但面对庞大的需求只是杯水车薪。况且在新疆、关中这样的产棉区，手工纺织业长期发展不起来，民间所产棉布除自用外，商品率也有限，甚至他们还需用棉花去东部或国外换布。手工毛织品在西北虽有悠久的历史，但只能是一种补充，毕竟大量用于穿衣还是有许多不便。故西北民众穿衣所需的棉花和布帛，自身能够解决的部分很有限，大量还需从西北地区以外输入。

二 其他各类物资交易

近代以后，西北民众的普遍生活水平较低，对物资的需求一般也比较简单，主要限于一些自己无法生产，或不便生产的日常用品。随着近代商品经济的冲击，特别是洋行收购毛皮、土特产，以及推销洋货活动的加剧，民众的生活方式也开始有所变化。他们对市场的依赖度也逐步强化，一些人开始追求较高的生活质量。但总体来看，民众的需求还是以保证基本生活为主，这也在本地区的商品贸易活动中得到明显体现。

（一）副食品类交易

副食品是民众日常生活的必需品，在西北地区主要是酒、醋、酱等各种酿造品和肉类。酒在西北地区消费较为普遍，在有些地区或民族对酒的喜好度极高。而酿酒在西北有着数千年的历史，长期的历史积淀和酒文化，也逐步形成了不少区域性酿酒中心。陕西凤翔及周边地区是有名的酿酒中心，据传酿酒兴起于唐代。近代后又有了较大发展，1876年（光绪二年）该地酒在南洋举行的赛酒会上获二等奖。该地酒不仅著名，而且产量也很大，主要销往甘陕地区。1944年国民政府为解决汽油危机，曾向当地征购酒精，酒精厂派员向当地60余家烧房（酿酒作坊）提酒，一般每次提酒300—500桶（每桶300斤），最多的两次每次达800桶，一直持续到1947年。② 20世纪30年代，在陕西监军镇（今永寿）

---

① 朱允明：《甘肃乡土志稿》，《中国西北文献丛书》（西北稀见方志）第30卷，兰州古籍书店1990年影印版，第496页。

② 张友辅：《凤翔烧酒被征购的过程》，《凤翔文史资料》第3辑，1986年编印。

有大酒坊10家，年产量达100多万斤，产品销往陕甘等地区。[①] 甘肃陇南徽县也是著名的酿酒中心，清末徽县万盛源所产大曲（金徽、陇南春的前身，又名侯家坝白酒）就已名噪一时。产品畅销兰州、汉中等地，最高年产量达100吨，产值（批发价计）约50万银元。[②]

除了大的酿酒中心外，在西北农业区各类酒作坊众多，农民自酿的也不少。陕南山区因运输不便，不少地方便将粮食加工转化成酒出售。在洛南景林镇每月仅酒坊就可用粮12.9万多斤，[③] 所产酒远销商州、西安等地。甘肃民间酿酒也很普遍，据统计1941年甘肃全省酿酒用粮约70万斤，产烧酒390万斤。[④] 新疆的一些农业县区，也大量酿酒销往城镇和农牧区。东疆奇台的玉合泉酒坊，利用当地有利的商业运输条件，从吉木萨尔的三台镇购进大量高粱生产白酒。淡季（农历七、八、九月）每月产酒1000多斤，旺季4000多斤。[⑤] 酒有高、中、低档之分，通过批发给商户或饭店销售到周边各地。新疆呼图壁县"本境所产惟酒，西运于省（迪化），东运于古城，岁计销二万余斤"[⑥]。由于酒的大量销售，甚至出现了为制止一些牧民过度饮酒，新疆焉耆地区政府不得不出面禁酒："如再偷售酒类，一经察觉或被告发，即收酒类充公，并将坐商停止营业，行商逐出境外。"[⑦]

西北各地还有大量醋坊、糖坊等，并形成了一些专业化的制造中心。陕南洛南县的景林镇有醋坊、糖坊十余处。醋坊所产醋销往周边地区，糖坊生产的芝麻糖驰名商洛地区，远销关中渭华等地。青海湟源所产陈

---

① 潘自新：《民国年间监军镇十大烧坊》，《永寿文史资料》第4辑，1992年编印。
② 李耀中：《陇南春特曲前身——侯家坝白酒史略》，《徽县文史资料》第5辑，1985年（油印本）。
③ 鲁克勤：《粮食买卖及加工》，《洛南文史》第4辑，1986年编印。
④ 甘肃省地方志编委会：《甘肃省志》（农业志），第18卷，甘肃文化出版社1995年版，第169页。
⑤ 新疆通志（商业志、外贸志）编委会、新疆档案馆编：《新疆商业外贸史料辑要》第1辑，内部发行，1990年编印，第248—251页。
⑥ 佚名：《呼图壁县乡土志》（实业·商）。
⑦ 吐娜编：《民国新疆焉耆地区蒙古族档案选编》，新疆人民出版社2013年版，第167页。

醋也很有名，每升的价格可高达六角银元，被"装入木质小筲内"①，销往蒙藏地区。新疆迪化手工酿造业也较发达，所产酱油、芝麻酱等大量销往周边地区，每年仅销往昌吉的酱油有 2000 余斤，芝麻酱 1500 余斤。②奇台因周边是产粮区，又有交通之便，酿造业较发达。在民国初年有名的醋、酱作坊有：隆兴泉、祥太和、锦华泰、万顺涌、德立成、庆丰号、义兴隆等。当地高明超的酱油坊利用吉木萨尔的黄豆生产酱油，其中最有名的是"三伏"酱油，销往乌鲁木齐、阿勒泰、蒙古等地。③

西北城镇的肉食品供应主要来自农牧区，其交易量也很可观。清末仅丹噶尔输出"羊每年约二万余只"④。1932 年经西宁向甘陕输出猪 1500 多口，羊 11000 多只。⑤抗战时西安市人口众多，所需肉类大量需从农牧区贩运。据西京市商会调查：1937 年来自甘肃的猪肉 290 万斤，羊肉 150 万斤；1941 年来自甘肃的猪肉 384 万斤，羊肉 87.4 万斤。⑥陕南等山区农民为了提高粮食的附加值，解决运粮出山的难题，用余粮养猪然后运到城镇去销售。也有些商家自养自销，在城镇周边养殖猪、羊，在城内开设店铺。如迪化有名的杨家肉店，"他们有自己的猪圈，现宰现卖，出售的猪肉十分新鲜，价格公道，因而往往供不应求"⑦。此外，像酥油、奶制品等在西北区内也有一定的销量。

副食类商品加工虽技术含量不高，但因其是民众生活必需品，市场交易量还是很大的。民众对这类商品的需求也有一定的特色，这主要是与西北地区的生存环境及民众生活习惯有关。如酒在西北民众生活中占有重要地位，特别是牧区民众对酒的喜爱度更高。他们多生活在高寒地

---

① 杨生祥：《湟源陈醋》，《青海文史资料选辑》第 16 辑，青海人民出版社 1987 年版。
② 戴良佐：《清光绪末昌吉县商业概述》，《北庭文史》第 5 辑，1990 年编印。
③ 新疆通志（商业志、外贸志）编委会、新疆档案馆编：《新疆商业外贸史料辑要》第 1 辑，内部发行，1990 年编印，第 227 页。
④ 杨景升：《丹噶尔厅志》卷五《商业》。
⑤ 顾执中：《到青海去》，商务印书馆 1934 年版，第 306 页。
⑥ 陕西省经济研究室特刊之一：《十年来之陕西经济》，启新印务馆 1942 年版，第 155 页。
⑦ 新疆通志（商业志、外贸志）编委会、新疆档案馆编：《新疆商业外贸史料辑要》第 1 辑，内部发行，1990 年编印，第 236—237 页。

区，喝酒对于驱寒、祛湿有明显作用。醋对于生活在干旱之区，水的矿化度较高的西北民众也有着特殊意义。故西北传统的酿造业，特别是酿酒、制醋是较为发达的。此外，肉类的需求结构也有自己特色，除猪肉外牛羊肉占有很大比重，这主要是与西北地区有大量牧区和半牧区，以及数量众多的穆斯林群众有关。

（二）日用手工业品交易

西北民众对手工业品的需求是多样的，但最主要的还是日常必需品，如纸张、铁器等用品。陕西蒲城造纸业起于明代，当地所造"烧纸"（祭祀用）主要运销陕北各地和甘肃。进入近代后，已成为渭北一带农民的重要副业。清光绪年间，有人估计生产蒲纸的作坊已达4000多家。纸的品种也多样化，除"烧纸"外还可造币用的"丝纸"、印书用的"凤纸"，以及名目众多的各类"麻纸""棉纸"等。当地有专营纸的商号30多家，兼营商号10多家。[①] "烧纸""麻纸"多被贩往西北各地。清末陕南商洛的南秦川有人用麻、布造纸，后改用当地盛产的树皮制纸，产量大增。民国初年已有纸作坊16户，后发展到300多户。[②] 另据《洛南县乡土志》记载：该县"境内近山，多水处，间设纸厂，以毛竹制成的叫火纸，以稻草制成的叫草纸"。1934年有4家造纸作坊，其中叶家作坊年产草纸80万张，所造纸张贩销陕甘等地。汉中的西乡民众也利用竹、木造纸，所造毛边纸、白皮纸除贩往西安外，往来的脚户也将其贩运到甘肃各地。

全面抗战时期，因为西北各地市场纸供应紧缺，陕西的手工制纸业又兴盛起来。陕南商洛南秦川因纸张贸易繁盛，造纸作坊一度发展到4000余家。[③] 西北各地为满足民众需求也多往陕西采购，1944年仅甘肃省贸易公司采购黑、白麻纸2529刀。[④] 此外，在甘肃陇南、宁夏等地，为解决纸张紧缺问题也开办或增设了一些手工造纸业，但一般规模都较

---

① 陈亚中：《蒲纸》，《蒲城文史资料》第10辑，2001年编印。
② 王明哲：《商县南秦川造纸业史略》，《商南文史资料》第3辑，1987年编印。
③ 王明哲：《商县南秦川造纸业史略》，《商南文史资料》第3辑，1987年编印。
④ 《甘肃省贸易公司档案》，甘肃省档案馆：47—1—10，第40—42页。

小，产品质量也较低。如宁夏原有19家小纸作坊，生产烧纸和草纸。全面抗战爆发后，因纸张奇缺当地造纸作坊一度达33家，开始生产白麻纸投放到周边市场。①

陕南的冶铁业约开始于清中期，近代后已有一定规模，成为西北地区的主要冶铁地。据统计凤县有土铁厂17家，略阳5家，宁远厅2家，宁陕厅3家，年产铁约600万公斤。②所炼的铁除供本地外，主要被驮贩到关中及甘青地区销售。清末仅留坝厅年均输出铁四五十万斤，60%销往凤翔府，40%"销往甘肃兰、凉、秦各府州"。此外，每年销往凤翔等地铁锅"一万三四千件"，犁铧"一二千柄"③。凤县民国后创办有：忠义永铁厂、冶铁公司、晋丰恒铁厂等。晋丰恒所产的铁锅质地优良，被甘宁青的马帮、驼帮大量驮回本地销售。④新疆昌吉、孚远冶铁也较有名，特别是孚远当地一度有铁厂33家，翻砂厂28家之多。所出之铁质刚劲且耐腐蚀，但因产量有限多在周边地区销售。⑤至于铁器加工小作坊在西北就更多，这些作坊以打造农具为主，挑到集市售卖或接受农户订制。在青海民和的川口镇，铸造的各式犁铧不仅质量好，还可按农民要求铸造不同形制的犁铧，以适应不同农户的需要，其货畅销于本省乐都、贵德、湟中和甘肃永登等地。

西北地区还有许多手工业各具特色，可提供上市的手工业品种也很多。陕西陇县的木器制作很考究，并且兼有刻画。生产的"水磨凌"（也称露漆、雕漆）家具，不怕烫，且耐酸碱，所产木器销往甘肃张家川、平凉等地。甘肃天水的雕漆也久负盛名，产品也畅销西北各地。陕西南郑所产的"棉线、辫带、门神、纸炮等货，亦由陆路行销新疆、甘肃等省"⑥。甘肃庄浪当地所产蒲篮、筛子、席等，被商贩贩到秦安、清水等地。甘肃清水种麻历史悠久，麻质量好且产量大，每到上市季节，

---

① 刘世勋：《毡坊和纸坊》，《宁夏文史资料选辑》第17辑，宁夏人民出版社1987年版。
② 郭琦等主编：《陕西通史》（经济卷），陕西师范大学出版社1997年版，第307页。
③ 王楗照、吴从周：《留坝乡土志》（厅属商务）。
④ 赵一琴：《凤县铁业的兴衰》，《凤县文史资料》第3辑，1983年编印。
⑤ 谢晓钟：《新疆游记》，甘肃人民出版社2003年版，第291页。
⑥ 佚名：《南郑乡土志》（商务）。

当地人就用麻织成麻鞋贩卖，外地客商派人大量收购，多贩往陕西换回棉花和布匹。河西武威等地民众利用当地所产的亚麻，编织成民众所需的麻袋，远销陕西岐山、凤翔、宝鸡等地。

西北地区的一些民族手工业制品也极具特色。如宁夏银川等地的手工制毡业，1931年仅银川城内就有毡房34家，生产炕毡、毡靴、毡帽等，主要销往兰州、河州、西宁、西安等地。① 西宁在民国年间，有一付姓皮货商利用当地牦牛皮加工枪套、皮带等各种富有特色的皮件，畅销于甘宁青一带。② 西宁的民族特色首饰制作也较发达，有金银匠30余户，其中有名的有诚正兴银楼、丽湟银楼。西宁银匠所加工首饰可分为：汉货主要为汉回民众使用，做工多讲求精细；藏货主要为蒙藏民族使用，特色很鲜明，式样大方，分量一般也较重。汉货多销往居住在湟水流域的回、汉、东乡等民族地区，藏货主要销往甘青蒙藏区。③ 此外，甘肃酒泉的夜光杯、临夏的保安腰刀等，既是精美的工艺品，也是日常生活用品，在西北各地销路也很好。

综上所述，虽西北地区的手工品制造业历史悠久，但因国家政治、经济中心的南移发展渐趋缓慢。近代后西北地区手工业虽门类较多，数量也不少，但一般都生产规模狭小，产品质量不高。如土法造纸作坊在陕甘宁地区都有，但"手工造纸，非惟品质低劣，有时难于运用，即以数量而论，亦供不敷求，相差甚巨"④，民众所需的各类纸品，不得不大量从四川等地输入。虽有些民族特色产品较受市场欢迎，但规模、知名度都有限。故西北的手工日用品生产总体来说较落后，大多是在一定区域内自产自销。

（三）日用工业品及其他商品交易

近代西北地区随着工业化浪潮的冲击，也开始产生了一些近代的工

---

① 刘士勋：《毡房和纸房》，《宁夏文史资料》第17辑，宁夏人民出版社1987年版。
② 《青海文史资料选辑》（工商经济卷），青海政协2001年编印，第235页。
③ 严永章：《西宁金银首饰行业发展概况》，《西宁城中文史资料》第6辑，1993年编印。
④ 《宝鸡宏文机器造纸公司发起人姓名册，营业计划，章程，股东名册，董事监察人名册》，陕西省档案馆，档号：72—1—197。

矿企业。陕西到抗战后期已有各类纺织企业106家，面粉企业10家，制革企业18家，化工企业15家，还有零星的酒精、火柴、水泥等企业。[1] 甘肃工业也有了一定发展，如毛纺、火柴、石化等。宁夏、青海、新疆也有少量近代工业。本地近代工业的发展，使得一些机制工业品也进入了市场。关于机织布和毛纺品前面已谈到，下面主要谈一下其他有一定影响力的日用工业品。此外，西北地区还有一些贸易量相对较大的产品，如陕南的紫阳茶、牧区的大牲口等，在此也一并做一些介绍。

1911年陕西宁强成立了保惠火柴股份公司，因市场需求旺盛，1914年又在阳平关开设分厂。所产火柴除销往汉中、安康、宝鸡外，还销往甘肃天水、陇南等地。[2] 全面抗战时设在陕西宝鸡虢镇，由西安协和火柴厂改组的协和新火柴公司，月可产火柴2000余箱。[3] 还有1939年5月迁入宝鸡的原山西新绛县荣昌火柴公司所改组的秦昌火柴公司，日可产火柴60小箱，所产"火柴销行于本省（陕西）东路各县及甘肃平凉一带"[4]。1942年宁夏还成立了光宁火柴股份公司，生产驼牌安全火柴、硫化火柴、泡泡火柴，日产15—20箱（每箱240包，每包10合），销售甘宁青地区。[5]

其他本地产的民用工业品在市场也有一些，但数量和影响力都很有限。如一些人看到了机器造纸业在西北的商机，1943年曾在宝鸡筹设宏文机器造纸公司，利用申新等纺织厂废弃棉生产纸。原计划日产道林纸50令、白报纸52令、牛皮纸50令、包装纸50令、打字纸48令。[6] 投产后主产白报纸、道林纸、封面纸、打字纸，因产量不大（12000令左右），主要销往西安等地，也有少量销往周边地区。此外，全面抗战后兴建的甘肃玉门油矿，

---

[1] 《一九四三年经济部核准陕西省登记工厂分类统计表》，陕西省档案馆，档号：72—2—110。
[2] 李炳盛：《保惠火柴公司阳平关分厂旧话》，《宁强文史资料》第5辑，1988年编印。
[3] 《工商调查——陕西主要工商业》，陕西省档案馆，档号：32—1—405。
[4] 《工商调查——陕西主要工商业》，陕西省档案馆，档号：32—1—405。
[5] 刘继云：《富宁公司内幕》，《宁夏文史资料选辑》第17辑，宁夏人民出版社1987年版。
[6] 四行联合办事处西安分处：《工商调查通讯》第460号。陕西省档案馆，档号：32—1。

在洋油来源断绝后，其石油产品在西北各地畅销，甚至西安去甘肃汽车回程多带石油制品，一桶（50加仑）可赚30多元。[1]

西北还有一些区域性特产也有一定规模交易。明初陕南汉中、石泉、西乡等地已有种茶记载，清乾隆后陕南的紫阳等地已成为产茶区，所产茶叶被称为紫阳茶（又称"陕青茶"或"紧压茶"）。据《紫阳县志》记载，光绪时"紫阳茶每岁充贡，陈者最佳，醒酒消食，清心明目"。但因其质量难敌两湖茶叶，故种植规模不大。民国后因茶叶销路日广，种植面积也不断扩大。到20世纪30年代，安康地区茶叶上市量约270到280万斤，其中销往西北各地的茶叶年约110到120万斤。全面抗战后不久，因武汉失守两湖茶叶运入西北困难加大，茶贩遂收购安康茶叶在汉中、南郑等地加工，由甘宁青的毛皮贩子等运回销售。据统税局统计1942—1943年度，安康地区外销茶叶约170到180万斤。[2] 此外，像新疆的干鲜果品也很著名，被大量贩往周边地区。清末南疆于阗的葡萄，每年贩到敦煌等10万多斤，杏仁3万多斤，各项干果1.5万斤。[3]

近代西北地区牧民为了换取生产和生活资料，也将自己繁殖的牲畜大量外销，各牧区每年都有大量的各种役畜输往农业区。清末丹噶尔每年交易番马"约四五百匹，每匹约银十两"，多被转贩到兰州、西安等地。牛"每年约五六百头，由本境商人贩至甘凉一带，力田之用，每头七八两至十余两"[4]。1932年经西宁向甘陕等地输出骡马1479余匹，牛驴1500余头。[5] 1941年甘青藏区经甘肃临潭输出马1500匹，牛3000头。[6] 此外，西北大部地区是牧区或半农半牧区，毛皮类产品数量较多，所产皮毛主要是外销品，但在西北城镇也有一定销量。

综上所述，近代工业在西北产生较晚，其发展又很迟缓，故西北本

---

[1] 郭敬义：《解放前西安的煤油业》，《陕西文史资料选辑》第23辑，陕西人民出版社1989年版。

[2] 《安康茶叶市场概述》，《安康文史资料选辑》第2辑，1985年编印。

[3] 佚名：《于阗县乡土志》（商务）。

[4] 杨景升：《丹噶尔厅志》卷五《商业》。

[5] 顾执中：《到青海去》，商务印书馆1934年版，第306页。

[6] 顾颉刚：《甘青见闻记》，《甘肃文史资料选辑》第28辑，甘肃人民出版社1988年版。

地工业品市场份额极低。除火柴等少量产品有一定市场占有率，但也基本是无法自给，其他大量的日用工业品，主要还是依赖外地输入。此外，其他茶叶、畜牧等一些产品交易，也因种种因素规模受到一定的限制。从中也可看出，近代西北地区商品经济明显落后，在许多方面更多地呈现出自然经济的色彩。自给自足仍是西北社会经济的主流，无论在农业区还是牧业区均如此。可以说西北的商品经济严重依附于自然经济，只是自然经济的一种补充。

第五章　西北与内地的商业贸易

西北与内地的商品贸易活动历史久远，自汉武帝设立河西四郡后，西北地区与中原地区的商贸往来日益频繁。唐代"自西京诸县及西北诸郡，皆转输塞外，每岁矩亿万计"①。直到清代，为了国家的政治和军事需要，清政府大力强化与西北边疆地区的联系，在西北大力进行茶马、绢马贸易，并向商人提供减税等优待条件，鼓励内地商人前往新疆等地贸易。"若有愿往者即办给印照，听其贸易。"② 所以进入近代以后，西北地区与内地的商业贸易活动仍十分活跃，商品交流的范围和规模都在逐步扩大。

第一节　与国内贸易的重要口岸

因地理位置的原因，近代西北地区与国内其他地区的商业贸易活动，主要是通过东向通道和南向通道进行的。东向通道主要有：一是通过陕甘、甘新大道进入中原；二是由蒙古草地进入华北等地。南向主要通道有：一是经由汉江及其支流到湖北汉口，然后依赖长江水道连通两湖、江浙等地；二是从陕南、陇南或青海南部进入西南地区。通过这些商贸线路，西北与国内其他地区的物资得以顺利交流。

---

① 司马光：《资治通鉴》卷一八一《隋记五·大业五年》。
② 《清高宗实录》卷六五六，乾隆二十七年三月甲午。

一 东向贸易的主要口岸

东向贸易通道主要涉及西北与中原,以及华北地区的物资交流。除在古丝路基础上形成的陕甘新商道,以及通过蒙古草地直达华北地区的商道外,黄河、渭河、泾河等东流的水系,也为东线商贸运输提供了较为便利的条件。并在这些水陆商贸运输线路上,也逐步地形成了许多重要的贸易口岸。

(一) 陕西境内的重要贸易口岸

陕西因居西北东部,贸易通道和口岸众多。如渭河边的咸阳古渡已有千年历史,近代后仍为关中地区的重要物资集散地,也是外来商品的重要周转地。到清光绪年间,咸阳渡口仍有船百余艘(小船70—100只,大船十余艘),大量的货物通过水运在此登岸。山西北部的煤炭经黄河入渭水西行到咸阳,使咸阳成为周边地区的煤炭批发地。晋商还把山西的铁器、杂货运到此地,然后陆路转销甘肃的陇东地区。运销关中的山西潞盐,也在此地上岸后销往周边地区。此外,晋商收购的粮油也由此输出,仅清油每年转发于晋商者达数千万斤。① 关中地区外贩的棉花也多在此装船东运晋、豫。西北东部的部分皮毛和一些农副产品,经陕甘大道转运到此后装船贩出。全面抗战爆发前后,随着汽车运输的兴起和陇海铁路的延伸,原来走汉江水路的许多货物,也由京汉铁路转陇海铁路到咸阳,然后发往西北各地。咸阳的商贸中枢地位因此得到进一步增强。

陕西三原西衔凤翔、汉中,东接潼关、商洛,北通延安、绥德,南临西安,交通条件极为便利,清中期已成为货物集散中心。近代更是著名的布匹、药材、皮毛集散地。特别是19世纪60年代西北动乱后,泾阳的布商大多迁到三原,布店大都集中在县城山西街一带,三原成为西北重要的布匹转运中心。当地布商"所收德安、应山、枣阳、孝感、云梦各处大布居十之五六"②,经此转售西北各地。早期贩布多经汉江到陕

---

① 参见编辑撰稿《民国时期咸阳商业部分行业》,《渭城文史资料》第4辑,1998年编印。
② 宋伯鲁:《续修陕西通志》卷三五《征榷二·厘金》。

南龙驹寨,然后越过秦岭到三原。京汉铁路开通后,改由汉口装车经潼关运抵三原,然后再按质分等、染色,整理成捆后运销西北腹地。当时的药材行主要分布在三原东渠岸一带,陕商则将西北各地收购的当归、大黄、枸杞、党参、黄芪等药材,运抵三原后加工炮制,再分类装入木箱,交过载行由马车运出潼关,通过河南转销国内各大商埠。

沿渭河还有不少货物集散码头。渭南是关中东部的重要商贸码头,沿渭河入黄河可抵达河南等地。民国初年成为另一重要的棉花集散地,有自立贵、荣同贵、林兴德等商号专贩棉花到河南、湖北等地。1925年后郑州成为全国重要的棉花集散中心,许多商人采取"预购"的办法在陕西采购棉花。1931年陇海铁路通到渭南,渭南的棉花行增至32家之多,每年购销的棉花在500万斤上下,① 这种局面一直持续到国民政府对棉花实行统制。此外,西安北的草滩镇是西安的重要水运码头,山西的煤炭、食盐多在此卸货。渭河黄河两河交汇处的潼关,"附关一带土产无多"。但因是入中原的重要孔道,"湖北之布匹,孟津之杂货,禹州、怀庆之药材,山东周村之料货,烟台、利津、海丰之参虾"②,经由此地输入西北各地。京汉铁路开通后潼关的商贸地位大增,宣统元年厘金收入达41152两白银,名列陕西各口岸前茅。③

渭河的重要支流也有一些贸易重镇。泾河北岸的泾阳因地当要冲,众多商贾云集于此地。19世纪60年代前曾是重要的布匹转运中心。泾阳的官茶更是闻名,商家将从两湖等地收到的茶叶(散茶)运到泾阳,经过切碎、筛选、分秤、炒制、压砖、装封(封上有官商字号),然后再转运兰州入库,加盖盘验红印。泾阳也是药材、皮毛、烟土、绸缎、日杂等货物转运地。宣统元年厘金收入达48704两白银,在陕西各厘金局中仅次于白河。④ 洛河北岸的朝邑(现属大荔县)也是重要的码头,山西的煤炭、铁器转运到此分销,故在当地形成了大的煤铁市场。不少

---

① 杨树民:《建国前渭南棉业》,《渭南文史资料》第1辑,1986年编印。
② 宋伯鲁:《续修陕西通志》卷三五《征榷二·厘金》。
③ 宋伯鲁:《续修陕西通志》卷三五《征榷二·厘金》。
④ 宋伯鲁:《续修陕西通志》卷三五《征榷二·厘金》。

专营煤炭的山西商人甚至还在此建有炼焦厂，经营铁业的著名商号有：鸿昌钰、昌兴远、玉丰厚等。京、津、沪等地的丝绸、布匹、百货，也由河南陕州转运到此，出现了宝泰成、光玉德、大顺永等布业大商号。朝邑每年上市的粮食也可达60万斤，① 主要销往西安等地，也有外地客商购入运销河南等地的。

陕西东部沿黄地区是与山西等地贸易的重要通道，形成的大、小口岸也很多。比较著名的有韩城的龙门古渡，对岸便是山西河津，因其特殊的地理位置成为重要的山陕贸易要津。清末民初当地水运十分发达，山西绛（州）太（平）等地的商人，通过汾河运货到临津入黄河后在龙门登岸，山西从事长途运输过境龙门的船也可达千只。韩城及渭北各县所需丝绸、布匹、烟酒、糖茶、纸张等，都是从山西绛州批发通过龙门古渡运入。从韩城大量批发输出的主要是棉花、花生、胡桃、花椒等农副产品。特别是每年腊月到来年农历三月黄河封冻，这时行人和车辆可在冰上行走（当地人谓之"冰桥"），因可节约渡船费各地客商大量由此涌入。

陕北还有一些与蒙古交易的口岸，如府谷的哈喇寨（哈镇）居陕北蒙汉交易3镇之首（另外两镇为：古城、沙梁）。据《府谷乡土志》记载：汉族商人贩卖的"惟梭布、食用等物"。蒙古人贩运的"惟牛、羊、马匹、皮张、盐、酥等物"②。该地还是重要的贸易中转站，内蒙古的甘草、盐、碱等，经由该地转贩到华北、中原一些地区，周边所产油料被加工成清油，转销到山西各地。山西产梭布、铁锅、日杂也经此销到蒙古各地。③ 陕北的榆林、神木、靖边也是蒙汉贸易重镇，蒙民的商业驼队直接到榆林、神木、靖边贸易，用食盐、畜产换回布匹、日杂用品。清人曾有诗描述榆林的状况："关门直向大荒开，日日牛羊作市来。"④

---

① 张富民：《原朝邑县近代商业史料》、《我县民国期间粮食集市》，《大荔县文史资料》第4辑，1991年编印。
② 转引自张育丰《府谷县城镇漫话》，《府谷文史资料》第2辑，1986年编印。
③ 翟云升等：《府谷县工商联简史》，《府谷文史资料》第3辑，1988年编印。
④ 杨蕴：《镇北台春望》，陕西榆林镇北台长城博物馆藏。

近代贸易兴盛之时，仅神木从事边地贸易的商户就有上百户，其中较有名气的有义生成、万盛魁等48家。①

（二）宁夏和新疆的贸易口岸

宁夏的"石嘴子在平罗县东北七十里，又名石嘴山，左依山岗，右临黄河"，是传统的蒙汉贸易地。清乾隆时立的石碑上刻："蒙古一二月出卖皮张，三四月出卖皮毛，五六月羊，七八月马，九月茶马，比岁以为常。"该地"辐辏水陆交通，地位殊为重要"②。到民国初年，经此地往返于中卫包头间的船只有700多艘。③ 晋陕商人贩运货物，渡过黄河到包头，绕过毛乌素沙漠来此贸易，用运来的糖、茶、布及日用百货，换取牧民的畜产品和当地土特产。20世纪20年代该地有700多户人家，"多来自秦、晋"，"商店大小二十余家"④。其中有三四家大商号专门从事蒙古贸易。此外，经由此地的其他货物也不少，"下水运输除皮毛外，还有甘草、枸杞、麻之类，上水则除洋货外，还有糖、茶、土瓷等"⑤。

新疆"古城（今奇台）辐辏其口，处四塞之地，其东自嘉峪关趋哈密为一路，秦、陇、湘、鄂、豫、蜀商人多出焉；其东北自归化趋蒙古为一路，燕、晋商人多出焉"⑥。因大量晋商和京津商人在新疆经商，促使由蒙古草地入新疆的商道日趋繁荣，古城也迅速发展为新疆的驼运中心。其地北可通科布多、乌里雅苏台，西可至迪化，南可到喀什噶尔。"光绪十二年（1886），古城扩建2座城，即兵营（满城）、商民集市城（汉城）。同年，奇台县治移往古城"，"古城成为人口众多的一大都会（约1万余人）"。"据光绪三十四年（1908）统计，古城大小商号690余家。"⑦ 民国后因西北军阀混战，陕甘新驿道被视为畏途，蒙古草地的驼

---

① 蔡守浚：《神木人民生活中的蒙族习惯》，《神木文史资料》第5辑，1993年编印。
② 叶祖灏：《宁夏纪要》，正论出版社1947年版，第29页。
③ 林竞：《蒙新甘宁考察记》，甘肃人民出版社2003年版，第151页。
④ 林竞：《蒙新甘宁考察记》，甘肃人民出版社2003年版，第151页。
⑤ 林竞：《蒙新甘宁考察记》，甘肃人民出版社2003年版，第151页。
⑥ 新疆通志（商业志、外贸志）编委会、新疆档案馆编：《新疆商业外贸史料辑要》第1辑，内部发行，1990年编印，第132页。
⑦ 新疆通志（商业志、外贸志）编委会、新疆档案馆编：《新疆商业外贸史料辑要》第1辑，内部发行，1990年编印，第133页。

运更是兴盛。国内各地的行商、货贩遍布该城各个角落,市井内熙熙攘攘,商号林立。"东门里马市,每日早八时成群结队的牛、马、羊只在此上市出售。"① 后因俄商大举进军新疆,新疆同国内的商贸联系被削弱。第一次世界大战后俄国经济遭破坏,古城又成为与内地商贸联系的重镇。"四方驼队云集古城","带来了古城市场繁荣"②。1933 年古城有商铺字号 406 家,年货运量可达 2 万担(每担 150 斤)。③ 全面抗战爆发前后,迪化至绥远的公路开通,新疆经内蒙古与内地贸易的中心转到迪化,古城的商贸地位随之下降。

此外,新疆的巴克图、霍尔果斯,一度曾拟议作为新疆绕道苏联与国内东部地区贸易的口岸。苏联西伯利亚铁路网形成后,因运费"较之由中国内地用骆驼运输尤为减轻,时间亦较缩短,于中货运输实为便利"④。据新疆档案馆资料记载:1932 年春中苏双方约定,可以经苏联境内转运新疆与内地交易的物资。新疆可转运内地的物资有:药材、羊皮、棉花、干果等 9 种(后扩大到 20 种);内地可转运新疆的物资有:茶叶、食品、中成药、丝绸等 15 种(后扩大到 26 种)。但规定对于与苏联贸易可能发生冲突的物资予以限制。如苏方借口"各种机器自非中国出品","不能列入假道清单"⑤。这样既可使得苏方有利可图,同时也确保苏方对新疆贸易的垄断性。并双方还议定出了由巴克图到满洲里、海参崴,以及由霍尔果斯到满洲里、海参崴的各种货物运输的价格。至于对于该协议的具体执行情况,现没能见到具体的资料。

---

① 马序文:《五十年前古城早市掠影》,《昌吉文史资料选辑》(经济史发展资料专辑),1990 年编印。
② 新疆通志(商业志、外贸志)编委会、新疆档案馆编:《新疆商业外贸史料辑要》第 1 辑,内部发行,1990 年编印,第 48 页。
③ 周海山:《铺店字号——奇台商业史话之六》,《昌吉文史资料选辑》(经济史发展资料专辑),1990 年编印。
④ 新疆通志(商业志、外贸志)编委会、新疆档案馆编:《新疆商业外贸史料辑要》第 1 辑,内部发行,1990 年编印,第 354 页。
⑤ 新疆通志(商业志、外贸志)编委会、新疆档案馆编:《新疆商业外贸史料辑要》第 1 辑,内部发行,1990 年编印,第 354—355 页。

二 南向贸易的主要口岸

南向贸易通道涉及国内华中、华东、西南等地区,形成的历史也较悠久。在陕南汉水流域,以及甘肃、青海南部地区,自然而然地形成了一些重要的商贸口岸,成为西北货物进出口交易的重要通道。进入近代以后,它们仍对西北地区的商贸经济有着重要的作用。特别是在全面抗战时期,东向贸易通道基本被切断,而南向贸易通道将西北和西南两大后方联系了起来。这既有力地支援了抗战和大后方的建设,也大大地促进了两地商贸经济的发展。

(一) 陕南的贸易口岸

陕西汉中位于汉水上游,是陕甘川三省"交通之枢机,有高屋建瓴之便"①。清中期后就是甘陇、川北、鄂西农副产品和手工业品的集散地。近代后更是商贾辐辏,货物山积,许多商帮在此落脚。江西帮的正顺和、万和兴、同兴永等商号,以此为基地向西北各地推销瓷器;淮帮(河南)的协盛全、四美富、义和兴等商号,在此专营中药材;湖北的黄帮(黄陂)则在此主营皮货、药材和土特产。② 东南、两湖地区的丝绸、布匹、瓷器等,四川的花椒、茶叶、老布、食糖等,西北的药材、皮毛、青盐均云集于此地待周转。"民国初元,全年进口货四五百万",其中洋布、洋糖、煤油为大宗;"出口货值亦如之",木耳、姜黄、药材、棉花为大宗。"其时计有银行、钱庄 80 余家。"③ 全面抗战时期,甘川一线和川陕公路在其境内汇合,更是促进了当地商务的繁盛。

汉江中上游的兴安府(今安康),清嘉庆至道光年间成为物资集散地。同治以后,江西、四川、湖南、湖北、河南、福建、山西各省商人纷纷前来,到清末民初时安康已是货物贸易重地。自 1920 年到全面抗战

---

① 胡时渊:《西北导游》,《中国西北文献丛书》(西北民俗文献)第 127 卷,兰州古籍书店 1990 年影印版,第 270 页。
② 余晴初:《解放前汉中市工商业概况》,《汉中市文史资料》第 3 辑,1995 年编印。
③ 胡时渊:《西北导游》,《中国西北文献丛书》(西北民俗文献)第 127 卷,兰州古籍书店 1990 年影印版,第 270 页。

爆发前，是汉江航运的鼎盛时期，仅安康就有大小船只3500艘。从安康贩出的货物多是向本地山货行购买的桐油、药材、木耳、苎麻等，专营此项物资的山货行有20多家；输入的多是布、糖和日杂。① 汉江南岸的白河位于陕西与湖北的交界处，上可抵安康、汉中，下可直下到汉口，或通过老河口转陆路到达河南南阳。湖北、江西、山西等地数百家商号在此落脚，从事长途贩运的货船有百余只，大的载重可达14万斤。四川的药材、姜黄、盐、糖；湖北的布匹、日杂；河南的土布、杂粮，以及方城的纸烟、赊店的酒，鲁山的碗，均被贩运到白河后转销西北各地。② 此外，汉江沿岸的旬阳、紫阳、石泉等，也是重要的对外贸易口岸。

汉江支流丹江边的龙驹寨（今丹凤），商务兴起于明末清初。因龙驹寨经丹江入汉水可直达汉口，越过秦岭便可抵达关中，能提供相对廉价的商品运输条件，故长期为西北与内地的贸易的重镇。近代西北腹地由西兰大道运抵关中的货物，经过加工、包装处理后，从蓝田翻越秦岭到商洛，再被运抵龙驹寨，水运到长江中下游地区。甘宁青地区的骆驼或马帮，有时也会直接将货物驮运至此，船运到汉口等地。长江中下游地区输入西北的布、茶等，也多经此路进行转运。光绪年间，该地厘金收入达117420两白银，③ 为陕西各厘金局之冠，被列为陕西四大镇之首（另外3个是：白河、凤翔、潼关）。后因京汉铁路开通，许多货物开始改走潼关，龙驹寨商务受到了较大的影响。

旬阳的蜀河镇位于汉江支流蜀河河口，也是近代重要的水陆码头，山西、湖北、河南、江西等地商人聚于此。蜀河镇有大小船只上百条，其中八九万斤的大船三四十条，船队由蜀河入汉江可抵达汉口。关中的骡马商队将山西潞盐翻越秦岭驮运到此，返程时将由汉江运来的南货（布匹、海菜、瓷器、糖等）运回，每次驮队骡马可达二三百匹。④ 山阳县的漫川关地处汉江支流金钱河边，也是重要的水陆码头之一，北路经

---

① 《安康汉江水运史》，《安康文史资料选辑》第4辑，1991年编印，第22—23页。
② 蔡金鼎：《民国时期白河县城商业概貌》，《白河文史资料》第2辑，1999年编印。
③ 宋伯鲁：《续修陕西通志》卷三五《征榷二·厘金》。
④ 项春波：《蜀河镇的兴衰》，《旬阳文史资料》第1辑，1988年编印。

商洛运来的货物也可由此装船，入汉江直抵汉口。潞盐、青盐、棉花、水烟等，经关中蓝田由陆路运来；明矾、红白糖、茶叶、布匹自水路输入转销西北。当地船运有武昌帮、湖广帮、坐地帮之分，驮运则有盐帮、西马帮（来自甘宁青地区）、关中帮之别，甚至当地还建有专门的骡马帮会馆。①

陕南略阳位于嘉陵江边，是陕甘川三省物资交流的中转站。该地丰水季节城西门外常有木船二三百只，操船的人有川帮、白水帮之分。陆路有甘宁青的马帮、驼队，城外的南坝骡马店常住满往来的马帮、驼队。故有"山间铃响马帮来，川江号子震兴州"（略阳古称兴州）的说法。甘宁青商队运来的主要是青盐、水烟、药材等，四川客商运来的主要有蔗糖、茶叶、黄表纸、竹器、绸布等。除川甘两地的物资在此交换外，客商还可顺便带走当地的木耳、杜仲等土特产。县城以北的白水江镇，南可由嘉陵江抵四川，北可达陕西凤翔，西北通甘肃天水等地，故众商云集。县城以西的郭镇，西通甘肃陇南等地，也是甘川陕物资汇集之地，民国年间有大商号86户。县南白雀寺也是重要的水运码头。②

（二）甘青地区的贸易口岸

甘肃文县碧口镇地处甘川交界，沿白龙江而下可到四川广元，然后由嘉陵江直抵重庆，丰水季节可行载货二三十吨的大船，在清嘉庆年间已是甘川贸易的重镇。甘肃的水烟、药材，甚至一些青海、新疆的土特产，"多在碧口集中、加工后装船运往重庆"。西南的各种日用品先由船运到碧口，"再从碧口转至西北各地出售"③。"清末以来碧口商业居全县之冠，为甘肃四大镇之一。"故此清末民初曾在此地设立厘金局，因税收丰厚，"税收机关主办人的品级比县长还高"④。全面抗战时期虽然甘川二线（兰州至广元）一直未能修通，但交通条件还是有所改善。为强化

---

① 侯培珍：《山阳古镇漫川关》，《山阳文史资料》第5辑，1990年编印。
② 陆端平：《略阳解放前集市贸易与建国后集市设置》，《略阳文史资料》第12辑，1993年编印。
③ 文县县志编委会：《文县志》，甘肃人民出版社1997年版，第414页。
④ 刘绍龄：《解放前碧口的税收概况》，《文县文史资料》第77期，1987年（油印本）。

甘川两省的联系,甘肃省还开辟了经碧口入川的驿运线。加之这时甘肃东向通道被阻,不少货物出入也不得不经由此地。因其商业十分繁荣又处于甘川要道,国民政府在"碧口又增设海关税局"①。1942年当地有商铺224家,进出货物总值10536.9万元(法币)。②

　　甘肃河州(今临夏)地近四川,又是西北回民重要聚居地,也是民族贸易的重镇,四方客商云集。许多商户把从牧区收购的土特产贩往四川,又从四川贩回货物,在本地或周转到甘青藏区销售。去四川的线路被称作河州中坝线,该线路起自河州地区,经临洮、岷县、文县地到达成都北的中坝(今四川江油的中坝镇)。因道路条件限制只能走马帮,每次往返约需2个月时间。在河州及周边地区有许多跑四川的马帮,北乡、碱土川、下西川、南川、南乡、三甲集等马帮多走四川。主要贩出的有皮毛、药材、水烟等土特产,贩入的有卷烟、川糖(黑糖、白糖、冰糖)、黄表纸,约占七八成,其余为日杂用品、川产药材、茶叶等。③此外,甘南临潭的商家也有下四川的习惯,特别是西道堂在民国时期,组建有专去四川阿坝、甘孜、康定等地的商队。

　　青海结古(今玉树)东南可入川,西南可进藏,北直通西宁。因结古居民多游牧,人口数量也有限,故商业以过载为多。四川等地的丝绸等货物,通过此地可贩到青海、西藏,青海南部、西藏的皮毛、药材等,由此转往西宁或川康。清末每年经玉树运到丹噶尔的货物价值50万两白银,其中氆氇占十之五,藏香十之二,藏经占十之一,余为果品、药材等。④每年冬春季节,川西德格一带的藏商常由结古到湟源等地。结古当地的寺院商队也常年往返于拉萨、打箭炉等地。抗战前夕结古有较大商家30多户,"资本大者约十万元,系寺院资本"。另外,还有"陕商六家","余多康人"⑤。当地的进出口货值年约有100万银元。⑥

---

① 刘绍龄:《解放前碧口的税收概况》,《文县文史资料》第77期,1987年(油印本)。
② 洪文翰:《谈谈甘肃的商港——碧口》,《甘肃贸易》(季刊)1943年第4期。
③ 张思温:《河州经济琐谈》,《临夏市文史资料》第2辑,1986年编印。
④ 杨景升:《丹噶尔厅志》卷五《商业》。
⑤ 马鹤天:《甘青藏边区考察记》,甘肃人民出版社2003年版,第278页。
⑥ 青海省志编委会:《青海省志》(商业志),青海人民出版社1993年版,第76页。

综上所述，可以看出近代西北与国内各地的贸易口岸分布很不均匀，陕西省分布的口岸最多，这主要是与西北自然与人文环境有关：（一）西北地区的地理环境因素，导致西北大部地区与国内联系不易。如甘肃、青海虽与四川地界相连，但因高山阻隔交通条件极差。而陕西因地处西北的东部，与河南、山西、湖北、四川地界相连，交通条件相对要好得多。黄河、长江两大水系一些重要支流也流经陕西，进一步提升了陕西与内地商贸活动的便利性。（二）陕西的经济、文化历史积淀都很厚重，在中华民族历史上有着重要的地位。近代后仍是西北商贸经济发达之区，民众的商品意识普遍也强于西北其他地区，特别是在关中地区不仅经济较发达，有一定声望的陕西商帮也崛起于此。（三）在西北经商的重要商帮——晋帮、京津帮等也来自东部地区。东部也是西北所需物资的重要来源，许多基本生活物资也大都需由东部各地贩入。此外，还与人口分布有一定关系，当时西北其他地区人口稀少，人口重心主要在陕西以及甘肃的陇东、陇南地区。

第二节　西北从内地的商品输入

近代西北地区主要经济部门——传统的农业、畜牧业以及手工业，其发展程度远逊于内地，机器工业也长期难以得到发展。西北地区社会经济的这种状况，加之历史形成的与祖国内地的联系，导致对内地经济有着较强的依赖性。这就为内地商品输入西北提供了广阔的市场，内地所产的茶叶、食糖、布匹、丝绸、纸张、瓷器等生活资料被大量贩入西北，甚至西北所需的一些生产用品或工业品，也大部依赖商家自内地各省贩入。考虑到近代西北商贸经济发展的阶段性和特点，下面将按照清中后期（1840年—1911年）、民国初至抗战前（1912年—1937年7月）、抗战以后（1937年7月—1949年10月）三个阶段进行论述。

一　清中后期的商品输入

近代之初因为西方资本主义的商业渗透，虽有少量洋货开始在西北市场出现，但西北从内地的商品输入状况没有明显的变化，大体维持着清中期形成的基本格局。随着中国半殖民地化程度的加深，西方列强在华的政治和经济扩张，也影响到了西北与国内其他地区的商品贸易。特别是19世纪80年代后，俄英在新疆的商贸势力快速扩张，以及19世纪末甘宁青地区的皮毛贸易兴起，使得洋货开始大批量进入西北地区。这使得西北地区从内地输入的部分商品，如布匹和一些日用品等受到很大的冲击。虽这种冲击一直在不断加深。但西北与内地历史形成的商贸关系仍有许多不可替代性。

（一）茶叶的贩销

在近代西北地区与内地商贸活动中，茶叶贸易占有极其重要的地位。茶历史上就是西北民众所喜爱的生活必需品，也是受到官方控制的重要贸易物资。茶马贸易始于唐，兴盛于北宋时期，明王朝通过"金牌"制，对茶马贸易进行垄断。清王朝建立后仍沿袭明制，在西宁、岷州（今岷县）、平番（今永登）、兰州、河州（今临夏）设茶马司进行管理。后随着清王朝统治的日益稳固，逐步放宽了对私人贩售茶叶的禁令，茶叶开始准许民间经营。1735年（雍正十三年）清政府裁撤茶马司，由政府向茶商征收茶课，茶商缴课领引赴产茶地办茶，并在政府指定的地区内销售，由此产生了官茶引贩制度。政府借引贩制控制茶叶的流量和流向，对于未经官方许可的私茶，则要"查拿照私盐治罪"[1]。

清中期后清政府将西北茶销盘验总团移驻兰州，西北民族地区所需茶叶大都由此分销。新疆地区的茶叶贩销主要有三路："一由甘肃兰州道起运出嘉峪关至哈密入疆；一由归化城起运，经百灵庙，过蒙古大草地至古城奇台；另有一路可出百灵庙，过银根、额济纳旗、明水、梧桐泉至古城谓之小草地。"[2] 1826年（道光六年），清政府准令"北路商民专运售杂茶，并在古城设局抽税，即以所收银抵兰州茶商课"[3]。但仍严禁

---

[1] 查郎阿：《甘肃通志》卷一九《茶马》。

[2] 新疆通志（商业志、外贸志）编委会、新疆档案馆编：《新疆商业外贸史料辑要》第1辑，内部发行，1990年编印，第101页。

[3] 赵尔巽：《清史稿》卷一二四《食货志五·茶法》。

· 227 ·

私行夹带茯茶，责成镇迪道于年终解归甘肃兰州茶商汇报，以税抵课。清政府的这一举措，进一步完善了西北的茶政，在新疆采用了课、税并征的办法。进入近代以后，西北地区的茶销业基本是沿袭此体系。

西北民众的茶叶消费数量巨大，特别是少数民族地区。新疆"伊、塔、镇迪，汉、蒙、哈、回，均以茶食为养命之源"，"不可一日无此君"①。西北大部地区农牧民因生活习惯和购买力限制，当时购买的茶叶主要以泾砖（原茶产于湖南，由茶商每年春采运至陕西泾阳，分级以木机压成茶砖）、茯茶（湖南）、红茶为多。因"砖茶、茯茶、黑砖和米心茶皆属粗茶，经发酵紧密压制而成，便于携带。且茶性温热，品味甘香，牧民食砖茶煎乳酪（烧奶茶），可以滋补健身"②，所以牧民多喜购买。新疆北部的一些蒙古、哈萨克牧民，则多偏爱山西商人制办的"川字茶"和"米心茶"（包装上有"米""川"标号，俗称晋茶）。一些档次较高的茶叶（"散茶"又称"细茶"），如四川产临邛砖茶、香片、巴山绿茶，云南产沱茶，福州花茶，浙江龙井，在农牧区的销量很少。清官方所控制的也主要是砖茶、茯茶的贸易，故被称为"官茶"（又称"粗茶"）。较高档的茶叶因销量不大，实际在不少地方多由商人自由经销。

近代西北的茶叶主要来源于两湖，早年多经陕南由汉江运入。主要线路有两条：一是晋商在湖北洋楼洞等地采办，加工成砖茶后北运，由晋商向归化同知缴款领票，经蒙古草地运到新疆北疆，主要销售给北疆的蒙、哈牧民；二是茶商将在湖南收购的茶集中于湖南安化的江南坪，然后用船沿资水入湘江，沿湘江北经长江入汉江进入陕南，陆运陕西关中的泾阳一带，经过加工包装后运抵兰州，交官库盘验后再分销到各地。京汉铁路通车后，湖南茶叶大都先运到武汉，改由火车运至河南郑州，转陇海铁路入陕西咸阳，再运抵泾阳加工后转运兰州。

兰州作为西北重要的茶销中心，早年设有东、西两柜。"东柜主要由

---

① 新疆通志（商业志、外贸志）编委会、新疆档案馆编：《新疆商业外贸史料辑要》第1辑，内部发行，1990年编印，第100页。
② 新疆通志（商业志、外贸志）编委会、新疆档案馆编：《新疆商业外贸史料辑要》第1辑，内部发行，1990年编印，第101页。

山陕帮经营","西柜主要是甘肃商民,且多是本省回民"①。19世纪50年代太平天国起义前,平均每年经甘运销的茶叶就达15000余担。② 太平天国起义使得湖北、湖南的茶路阻塞,以致官茶的引贩制受到了破坏。1862年(同治元年)陕甘动乱,更使得西北茶销业雪上加霜,大批已运抵陕西泾阳的茶叶和已加工好的砖茶,在战乱中尽被焚掠。官茶贩销体系遭受毁灭性打击,兰州茶柜的商家"死亡相继,存者寥寥,山陕各商,逃散避匿,焚掠之后,资本荡然"③,年仅销售官茶4700多担。④ 1865年(同治四年)陕甘总督恩麟企图恢复西北的茶销业,建议"将甘省咸丰八年欠课,分三年代征,其咸丰九至十一年茶引,仍令照旧行销完课"⑤。1866年(同治五年)陕甘总督杨岳斌也试图改革茶政,以解决甘肃的财政收入问题。但因战乱导致许多商家破产,更无力交付积欠茶课,致使商家大都裹足不前。到1872年(同治十一年)为止,茶商所积欠茶课已达40余万两白银。⑥

1874年(同治十三年)陕甘动乱基本被平定,左宗棠为恢复甘肃经济着手改革茶政。在征得清中央政府同意后,开始推行以票代引的新茶叶贩销制度。首案发行茶票835张,规定每票准贩茶40包,每包净重正茶100斤、副茶15斤。商人领票后到产茶地贩茶,运到陕西泾阳压砖成封,一票茶800封,每封5斤,计重4000斤。每票征税银258两,领票时先缴100两,运茶到兰州入库后再缴158两。⑦ 入库后便为"官茶",由茶库盘查放行。以票代引后西北的茶销业开始起死回生,这时东柜有马合盛、新泰和、裕亨昌等商号,西柜回商因战乱仅剩魁泰通1家,遂附于东柜。湖南茶商因有政策优惠,大举进军西北

---

① 甘肃省志编委会:《甘肃省志》(商业志),甘肃人民出版社1993年版,第16页。
② 甘肃公路交通史编委会:《甘肃公路交通史》第1册,人民交通出版社1987年版,第366页。
③ 升允:《甘肃新通志》卷二二《建置·茶法》。
④ 王世昌:《甘肃茶销概况》,《甘肃贸易》(季刊)1944年第10—11期合刊。
⑤ 崑冈等:《钦定大清会典事例》卷二四二《光绪戊甲冬月初》。
⑥ 升允:《甘肃新通志》卷二二《建置志·茶法》。
⑦ 升允:《甘肃新通志》卷二二《建置志·茶法》。

茶销业，遂在兰州组成了南柜。各柜需公举1总商，负责清造名册、与官府交涉等。①

因当时陕甘战乱刚平息，人口散失严重，百业更是凋零，新疆仍处在战乱之中，茶销情况不是十分理想。为了扭转官茶滞销的局面，1882年（光绪八年）的第2案茶票只发了403张，并关闭了西宁、凉州、庄浪等地的官茶店，由茶商自行开店卖茶。茶商为了茶利互相竞争，不仅茶叶加工精良，在茶封上标明商号，而且每封茶的重量也比官定的多5斤。在政府的鼓励和茶商的努力下，西北的茶叶销量稳步增长（见表5－1）。兰州的茶商也增至40余家（内含烟帮兼营茶者），年经销茶可达数百万斤。在1907年（光绪三十三年）新泰和等8家茶商领取茶票达320张，合计茶叶128万斤，其中仅新泰和1家独领茶票82张，合计茶叶32.8万斤。左宗棠整顿甘肃茶务不仅拓宽了茶销的市场，也增加了国家的财政收入。1910年（宣统二年）甘肃茶税收入10万两，约占全国茶税收入的6.6%。②故有人评价"左氏之制施行以来，乃挽回咸同年间西北茶销停滞之全局，亦即奠定60年来西北边销之基础也"③。

表5－1　　　　　　　　1874—1909年茶票发行情况④

案次	年份	茶票（张）	数量（担）	案次	年份	茶票（张）	数量（担）
1	1874	835	33400	7	1898	549	21960
2	1882	403	16120	8	1899	628	25120
3	1886	409	16360	9	1900	748	29920
4	1890	412	16480	10	1904	1520	60800
5	1892	423	16920	11	1905	1520	60800
6	1896	457	18280	12	1909	1805	72200

① 杨自舟等：《清末到抗战期间附茶行销西北简述》，《甘肃文史资料选辑》第4辑，甘肃人民出版社1987年版。
② 甘肃省志编委会：《甘肃省志》（商业志），甘肃人民出版社1993年版，第17页。
③ 徐方燨：《历代茶叶边易史略》，《边政公论》1942年第3卷第11期。
④ 本表根据《历代茶叶边易史略》，《边政公论》1942年第3卷第11期数据编制。

此次茶政改革对湖南承领甘肃茶票的商家运茶过境只征 20% 厘金，其余由甘肃省政府贴补，从清政府下达的湖南给甘肃的协饷内划拨。①这不仅解决了湖南历年积欠甘肃协饷的问题，还提高了湖南茶的竞争优势，使产自湖南的茯茶、砖茶等大量行销西北。湖南茶商在政府的政策照顾下崛起，出现了像乾益升、天泰运等著名的茶号。随着左宗棠所部平定新疆后，湖南茶商又利用同乡之谊将茶叶大量贩往新疆。1884 年（光绪十年）新疆建省后巡抚刘锦棠提出，湖南茶商运销的茯茶和晋商运销的晋茶可同时在新疆行销。但陕甘总督坚持新疆是南商（湖南茶商）的引地，不允许晋茶在新疆出售。从此新疆茶叶市场"属湘商朱乾益升专卖，全省皆其引地"②。但伊犁、塔城等处蒙、哈族牧民不喜茯茶，故晋茶私销仍很严重。为同山西的茶商竞争，湖南茶商开始仿制晋茶，并逐步将晋茶逐出了新疆。

西北地区的茶叶输入量，实际远大于官方的引票数额度。这其中的原因主要有以下几方面：首先，茶叶管制系统设计不完备。是因清代的茶叶贸易管制，还是长期沿用历史上的"茶马贸易"的传统政策，主要是针对边疆民族地区的，并形成了一套严格的管理体制，近代以后这一局面并未有本质性改变。甘肃东部及陕西一些地区的茶叶交易，官方并未将其完全纳入茶销管制系统，自然官方的茶销统计中也没计入。恰恰西北的东部多为农业区，人口密度明显要比牧区大得多，茶叶的消费量也应十分可观。

其次，贩运私茶长期存在。清道光中期那彦成曾奏称："甘肃官引额销茶，每年例应出关二万余封，近来行销竟达四五十万余封，显以无引私茶，从中影射。"③ 在新疆晋商为与湖南茶商争利，"由蒙古草地兴贩各色杂茶，有红梅米心、帽盒桶子、大小块砖茶等名目"④。有的贩私茶活动还得到官方纵容。果勒丰阿曾为蒙古商人不遵引区销茶求情：乌里

---

① 升允：《甘肃新通志》卷二二《建置志·茶法》。
② 谢晓钟：《新疆游记》，甘肃人民出版社 2003 年版，第 104 页。
③ 刘锦藻：《皇朝文献通考》卷四二《茶榷考》。
④ 王树枏：《新疆图志》卷二九《实业二·商业》。

雅苏台蒙民和商人口粮,历来就依赖商人驮运茶叶去古城(今奇台)兑换。而古城商人也有前往蒙古各地以粮食换茶者。请准许乌里雅苏台商民,"每年驮砖茶1千余箱,前赴古城兑换米面"①。新疆曾多次打击私茶,但仍有"乘时射利者","潜销默运"、"包运绕越,无所不至"②。新疆古城原每年销官茶"岁约二三千箱"。清末因私茶泛滥,官茶"所销不过数百箱"③。甘青藏区茶禁虽严,僧人、民众"私相交易于境内者亦复不少"④。

最后,不按引区销茶,以及"撒销""倒灌"严重。川茶本来主要是输往西藏的,但沿途贩卖问题也很严重。清代规定川茶运至康定才缴纳官课,"年共十万八千引(川茶每引100斤,共5包)"。"由康定起运,每六包为一驮","共九万驮"。早期川茶多途经昌都,但后来因路途艰难,贩运川茶茶商改经青海结古(今玉树)入藏。但实际"每年运至拉萨者五万驮以上,其余销于西康及玉树各族"⑤。此外,还有俄商经嘉峪关到内地采办茶叶,途经西北时"撒销"茶叶。西伯利亚大铁路修通后,俄商将茶叶通过海运和铁路运到俄国,利用新疆与俄接壤之便将茶叶又返销新疆("倒灌")。

(二)布帛类的输入

西北地区棉花种植规模有限,至于棉纺织业就更不发达,故本地民众穿衣所需的布帛类,须大量从国内各地输入。西北布帛类输入的历史可追溯到明代,陕西三原、泾阳商人大宗经营的商品中,就有江南等地所产的"标布"。他们先将购得的布经大运河船运到开封,然后畜驮或车载入陕,整理后再贩运到西北各地。清王朝建立后随着疆域向西的大幅扩展,西北地区各族民众的衣着需求量也在增长,造成从国内其他地区贩运的布帛类产品的数量也在不断增加。

---

① 刘锦藻:《皇朝文献通考》卷四二《茶榷考》。
② 王树枏:《新疆图志》卷二九《实业二·商业》。
③ 方炽:《奇台县乡土志》(商务)。
④ 杨景升:《丹噶尔厅志》卷五《商业》。
⑤ 马鹤天:《甘青藏边区考察记》,甘肃人民出版社2003年版,第290页。

近代后西北地区所需布帛类来源逐步多元化，布匹主要来源于河北、湖北、河南等地，丝绸除原江南地区外，四川也日益成为西北地区丝绸的来源地。西北各地居民日久天长对布匹的购买，甚至形成了一种习惯性思维，某地区民众对某种布产生了某种特殊的信赖感。因此也使得各种布匹有了相对稳定的销售市场。如德安布销于甘肃全省，云梦布销于平凉、固原，枣阳布销于平凉、华亭、崇信，溪河、应山、岳口布销于河西的甘（州）凉（州）地区，禹州、花园布销于青海、甘肃河州（今临夏）地区。甚至不同商号经营的布也可能会垄断不同的地区。义成厚、德立厚商号所经营枣阳布，在平凉、华亭、崇信畅销。万顺德经营的府布，在兰州、定西一带占据优势。渊发明经营的毛蓝布，在青海及河州一带，几乎达到了无人可与之竞争的局面。

汉口开埠有了机纱后，有布商便开始购买机纱运往织布地区，将机纱分给农户去织手工布，由布商付给织户每匹1到2钱银子。布商将收到的布按32匹为1卷经汉江水运输到陕南，再用牲畜驮运到三原，在三原改卷并将运输途中被污损的布染色。那些经营毛蓝布和青布者，则驮运到甘肃平凉染色（平凉染坊一度达30多家）。当时的平凉也因此成为布匹交易的重地，每年到平凉的布匹有十七八万卷，最高年份可达二十四五万卷。[①] 布商将处理好的布再转运或批发，西北所需的大量布匹就是这样转运分销的。

甘青地区一些有实力的经营布匹的商家，由于他们资金比较充裕，与内地联系又很广，所以不同于一般零售商店。他们多从内地自购自销，在西安、两湖、四川等地设有庄口接收布匹、绸缎等，再批发给各商号出售。如甘肃河州的晋陕布商，"以河州为基地设总庄"，"在湖北汉口等地设分庄，负责收购土布"。或"派人到盛产土布的德安、云梦、孝感等地区收购，或由汉口行栈代购，给以手续费"。还"在平凉设分庄，

---

① 胡伯益：《烟茶布三帮在西北产销概况》，《陕西文史资料选辑》第23辑，陕西人民出版社1989年版。

负责接收土布，并加工染色"①。布匹运回河州后，将土布整卷售给零售商。其方法有两种：现款交易的每卷30两白银（折合50个银元）；赊销双方则约定2或3个月为期，零售商加价出售，到期批发商收款。

西北动乱爆发后，棉布输入一度基本断绝。甘肃许多"居民十室九贫，无论寒暑皆衣毛褐、毡袄之类"。19世纪70年代中期后，西北布帛贸易又开始兴盛。光绪年间仅通过陕南的龙驹寨贩入的湖北布，"每年不下四百五六十万匹"②。在陕南本地湖北布也颇受欢迎，清末仅留坝厅由湖北输入的花布每年在3000多卷。③ 陕北不少地区的布匹也贩自三原，如定边年可销湖北大布五六十担。④ 甚至位于关中产棉区的富平，清末仍年需输入"大布十余万匹"⑤。甘肃"自光绪初年平定之后，陕西各布商渐次运布来甘销售。计最旺之年，约销十余万卷"⑥。光绪末年仅甘肃泾川县，每年可销售大布20200匹。⑦ 作为与蒙藏交易中心的青海丹噶尔（湟源），清末自内地运入的大布（多运自三原）每年约1000卷，价值白银2.5万两左右，"什七八本境服用"⑧。

近代之初新疆畅销的也主要是内地布匹，多由晋商经蒙古草地贩自河北。内地丝绸贩入新疆的也不少，江南、四川等地所产的绫罗绸缎等，也被商家大量贩运到新疆各地。仅从京津经蒙古草地进入东疆奇台的绸缎，"每年约销售数百匹"⑨。经甘新道转运新疆的布帛类，"以四川的绸缎和各色杂货为主"⑩。甚至在自产丝绸的南疆地区，也有内地的绸缎等

---

① 刘圃田、秦宪周：《山陕商人在河州经营土布始末》，《临夏文史资料选辑》第2辑，1986年编印。
② 宋伯鲁：《续修陕西通志》卷三五《征榷》。
③ 王楙照、吴从周：《留坝乡土志》（厅属商务）。
④ 吴命新：《定边乡土志》（商务）。
⑤ 佚名：《富平乡土志》（商务）。
⑥ 彭英甲：《陇右纪实》卷八，甘肃官书报局1911年石印版。
⑦ 张元森：《泾州乡土志稿》，《中国西北稀见方志》第8册，全国图书馆文献缩微复制中心1994年版，第428页。
⑧ 杨景升：《丹噶尔厅志》卷五《商业》。
⑨ 方炽：《奇台县乡土志》（商务）。
⑩ ［日］日野强：《伊犁纪行》，黑龙江教育出版社2006年版，第124页。

产品销售。仅由迪化转贩轮台的内地产绸缎,"每年约值银七百余两"①。阿古柏事变后,因俄国布在新疆的急剧扩张,国产布匹的生意大受影响。在俄国获得了在新疆贸易不纳税的特权后,国产布帛开始大量被俄国布帛所替代。

(三) 日用品的输入

近代西北地区民众需要的许多日用品,除西北本地能生产的少量产品外,大部需从国内其他地方输入。不过因西北民众的普遍贫困化,早期输入的产品种类和数量不多。但是到清末民初西北皮毛贸易开始兴盛,使得传统的自然经济不断受到冲击。在此背景下,西北地区的市场化程度也有所提高。加之商贸经济的发展,使得民众的收入也有一定提高。人们的思想观念和生活方式也开始发生转变,民众对商品的需求度也随之提高。这进一步促进了内地日用品的输入,无论是种类还是数量都有所增加。

西北地区输入的日用品,涉及民众生产、生活多方面。就日常所用的纸张而言,虽陕西关中、陕南等地也生产一些纸张,因无法满足需求不得不从外地输入。清末仅陕南略阳年均输入火纸(烧纸)200余捆,裱纸200余箱。②民众所需的其他日用品,情况也大体如此。在关中户县所用各类铁制品也多依赖输入:铁钉、铁销等多从山西泽州、潞安输入,每年"六七万件";铧铧从山西河津贩入,每年"十万余叶";"铁锅由山西运来,每年约销五百口"③。晋商还将山西的潞盐、石碱、煤炭等船载到西安北的草滩镇,再转售到关中的西安、三原等地。甚至到清光绪年间,晋商仍将生铁、衣物、杂货大量贩入西北。仅陕北定边年输入生铁3000斤、估衣二三万担。④ 四川输入的商品在西北也有一定比例,陕西阳平关因"界连陇蜀",该地"各货悉自四川来,有红、白、冰糖,

---

① 顾桂芬:《轮台县乡土志》(商务)。
② 佚名:《略阳县乡土志》(商业录)。
③ 佚名:《户县乡土志》(商务)。
④ 吴命新:《定边乡土志》(商务)。

表（纸）、蜡、丹粉、火柴、食物各项"①。

甘宁青地区的晋帮商号，也从内地所设庄口收购大量瓷器、海菜、文具等到西北发售。清光绪年间，青海丹噶尔（今湟源）每年自内地大量运入的日杂货物有：铜器"全数售于蒙番"；细泥瓷器从汉中贩入者，也有从天津运来者，每年"约百余担"，"十之七八售于蒙番，及藏番玉树"②。青海还因与西藏的特殊地理环境和民族关系，也从西藏输入不少商品。据记载"湟源与藏商贸易，向称繁盛，常年由藏委派噶尔本及古主巴二员轮流驻守，其他办理藏商贸易事宜"。每年有两个西藏商人驼队，从拉萨经青海玉树、西宁到蒙古各往来一次。而"每年藏商到湟人数约三十家"③。除自蒙古转贩回金银、丝绸、日用品外，所驮运货物以氆氇、藏羔、红花、藏香为大宗。每年贩到丹噶尔的藏货"约共千包"，"值银十万两左右"④。塔尔寺是藏传佛教黄教的圣地，众多的西藏信众到此朝拜，随身也携带少量藏货进行交易。

近代之初，新疆市场晋陕商人占据着主导地位，新疆所需日杂货物多由他们贩运。在左宗棠平定新疆后，随湘军"赶大营"的京津商人崛起。他们服务的对象主要是满汉官吏、豪绅地主等。京津商从内地购进各种珍奇，专门供给官僚贵族们享用。19世纪80年代后俄英等外商借不平等条约，使新疆成为他们的商品倾销市场和原料基地。但来自内地的货物仍有一定的市场。清末在北疆的塔城，"自北京、天津等处运销本境之京广洋货，每岁值银柒千余两；自张家口、归化等处运销本境之杂货，每岁值银陆千两"⑤。东疆的古城（今奇台）仅从内地贩入的中药材，每年就有"二三千担"。⑥ 甚至在南疆的莎车，由汉商贩卖的内地

---

① 宋伯鲁：《续修陕西通志》卷三五《征榷二·厘金》。
② 杨景升：《丹噶尔厅志》卷五《商业》。
③ 《民国时期西藏及藏区经济开发建设档案选编》，中国藏学出版社2005年版，第289页。
④ 周希武：《宁海纪行》，甘肃人民出版社2002年版，第19页。
⑤ 佚名：《塔城直隶厅乡土志》（商务）。
⑥ 方炽：《奇台县乡土志》（商务）。

货物也不少：有海菜、南货、绸缎、官茶、瓷器、纸张、笔墨等。①

二 民初至抗战前的商品输入

辛亥革命后北京国民政府时期政局动荡不已，国内完全陷入军阀混战的局面，中国社会的半殖民地性进一步加剧。南京国民政府建立后虽名义上统一了国家，但对西北地区的实际控制力很有限，直到抗战前后才真正控制了陕甘地区。政局长期不稳对西北地区商贸业影响很大，西方列强虎视眈眈，对华的经济掠夺也进一步加剧。在这种大的历史背景下，西北商贸业对西方的依赖度也不断增加，洋货开始大量充斥市场，甚至深入西北腹地偏远的牧区。新疆已基本变为俄英的原料基地和商品推销的市场。虽此时总体而言，西北与内地的商贸关系被不断削弱，但仍然在维持和发展着，并在不同时期、不同地区呈现出较大的差异。

（一）茶叶的输入

北京国民政府时期，西北在官茶行销方面基本沿用清代的旧制。由甘肃省财政厅每3年发行茶票1次，每票纳税40元，附交印花税1元，盘茶费（茶出官茶库时所缴纳）每票21.2元。②后北洋政府为解决财政困局，又规定在原来的基础上加厘2成。后又不断增加茶税，到1926年每票茶应纳课税升到了210元。领茶票时先预交140元，余70元等茶运到兰州后补齐。后又规定免附加额外厘金，改为正税，每票征收正课100.8元。南京国民政府成立后，征收茶税办法又几经改动。直到1942年中茶西北分公司成立，左宗棠确立的西北茶政体系才宣告结束。

民国后西北地区的茶销情况，大体基本保持着上升的趋势。虽1913年的第13案，因战事影响仅发了506张（辛亥革命爆发后，陕甘总督升允派甘军进攻陕西民军，陕甘商路被阻断）。但这种局面很快被改观，1916年发第14案茶票时，已增加到1400张。20世纪20年代后，西北茶销业更为旺盛，1925年第17案茶票发行了1787张，1928年第18案

---

① 甘曜湘:《莎车府志》（商务）。
② 参见魏永理主编《中国近代西北开发史》，甘肃人民出版社1993年版，第255—256页。

茶票发行了1970张。到20世纪30年代后，西北地区茶叶需求量开始大增。1937年第21案茶票发行增加到2300张，仍不能满足需要。① 就西北茶销中心地兰州而言，茶商公会的茶商到全面抗战前已增加到40家左右。②

这一时期西北茶销中心兰州的茶销格局也发生了变化。一是以陕商为核心的组建的"新柜"，借助于时任甘肃财政厅厅长雷多寿的同乡关系崛起，大量卷入利润丰厚的茶销业中去，如原杂货业的继美丰、绸缎业的万顺成、水烟业的德泰益等。陕商开始垄断甘宁青地区的茶销业，湖南人为核心的"南柜"日益衰落。二是随着20世纪20年代公路运输开始兴起，以及陇海铁路延伸，使得茶叶运输条件有所改善，促使了茶叶运销量增加。据1921年统计经兰州运销的"散茶"有：春茶（普洱）5000余饼，紫阳茶70万斤，巴山茶60万斤，香片2万斤，龙井近万斤，官茶为340余万斤。③

随着人民生活条件的不断变化，西北民众茶叶消费量增加，尤其是受政府管制较少茶叶品种表现就更为明显。而且民众消费的质也发生了明显的变化。1933年运销兰州茶叶总量为768467斤，其中以茯茶为主的各类粗茶为614774斤，细茶（包括紫阳茶、红茶、绿茶）共计153693斤，细茶约占20%。1934年运销兰州茶叶总量达937806斤，其中粗茶增加到644062斤，细茶增加到293744斤，细茶约占31.32%。④ 可以明显看出较为高档的细茶销售增速更快。青海的茶叶消费也增加很快，据1934年中国农业实验所调查：人均年消费茶叶达1.77公斤，全年总共消费约100940市担。⑤

---

① 以上数据参见徐方俣《历代茶叶边贸史略》，载《边政公论》1942年第3卷第11期；陈缘《茶叶通史》，农业出版社1984年版，第466页。

② 王世昌：《甘肃茶销概况》，《甘肃贸易》（季刊）1944年第10—11期合刊。

③ 白眉：《甘肃省志》，《中国西北文献丛书》（西北稀见方志）第33卷，兰州古籍书店1990年影印版，第174页。

④ 杨自舟等：《清末到抗战期间附茶行销西北简述》，《甘肃文史资料选辑》第4辑，甘肃人民出版社1987年版。

⑤ 倪良钧：《青海茶叶市场之研究》，《经济汇刊》1943年第8卷第12期。

第五章　西北与内地的商业贸易

新疆地区的茶叶销售格局也有明显变化，茶叶来源、品种日趋多样化。除一些小茶庄由兰州运入川字砖茶外，还大量通过绥新商道运入茶叶。1920年迪化的永盛升、大顺裕、同兴公、双盛泉、天源成5家晋商，年均经销各种砖茶1.1万箱（每箱32块），加上其他商家从该路贩来的5000箱，总计在1.6万箱。① 新疆民众对茶叶的消费，也日益呈现出多样化趋势，甚至像龙井、普洱这样的高档茶也开始批量进入新疆市场。1920年从蒙古草地运到迪化的茶叶有29种，总重量221万斤，其中砖茶132万斤，其他茶类89万斤。② 据对1930到1932年3年间用骆驼运入的茶叶统计：米心茶为49.5万斤，三九大茶32.5万斤，红茶27.55万斤，龙井香片茶2600斤，普洱茶1690斤。③ 特别是细茶销售日益增加，仅乌鲁木齐的升恒泰商号，每年可销售细茶200担。④

民国后因西北各地军阀割据，茶叶运销管理总体更为混乱，走私茶叶现象十分普遍。如西宁商人甚至在南方购买茶山，专门雇人制造砖茶运回销售。更有甚者政府人员还直接参与贩卖私茶。新疆焉耆地区和靖县一派出所所长，"私有茯茶，寄民房处高价出售"⑤。此外，这时在西北茶销业中另一大变化是"散茶"。清代"散茶"在西北茶叶市场所占的比重不大，比如在新疆乌鲁木齐直到清末，仅有一些国药店才出售"散茶"，故政府对"散茶"这类细茶的管制也较松。但民国后随着民众生活水平的提高，以及运输条件改善造成的价格下降，各种"散茶"不仅在西北逐步打开了销路，而且销量也已经很可观了。

---

① 新疆通志（商业志、外贸志）编委会、新疆档案馆编：《新疆商业外贸史料辑要》第1辑，内部发行，1990年编印，第241页。
② 新疆通志（商业志、外贸志）编委会、新疆档案馆编：《新疆商业外贸史料辑要》第1辑，内部发行，1990年编印，第241页。
③ 新疆通志（商业志、外贸志）编委会、新疆档案馆编：《新疆商业外贸史料辑要》第1辑，内部发行，1990年编印，第138页。
④ 马序文：《五十年前古城早市掠影》，《昌吉文史资料选辑》（经济史发展资料专辑），1990年编印。
⑤ 吐娜编：《民国新疆焉耆地区蒙古族档案选编》，新疆人民出版社2013年版，第200页。

（二）布帛类的输入

民国初年西北布帛输入的大格局基本没变。陕北许多地方仍是"地不产棉，尺布缕丝，皆需外购"①。甘宁青地区销售的布匹，主要还是湖北的宽面土府布、梭布，以及由四川运入的丝绸等，甚至一些产品在个别地方还造成了垄断的局面。如当时在西宁市场上销售的，"仅有湖北宽面土府布、梭布"，以及"四川的丝绸"②。新疆因俄国十月革命爆发，使得从俄国货物输入大幅下降，民众所需布帛缺口加大。致使新疆"布价却昂贵惊人，1匹咔叽布高达龙票40两（新疆发行的一种纸币），折合小麦8石"③。这虽然刺激了南疆土布（又名大布或褡裢布）生产兴盛，但仍无法满足新疆民众的需求，许多商人又将内地产的布帛大量贩入新疆。在古城的天元成商号共开有6间门面，其中两间专门经营布匹、绸缎。后院的天棚下，也堆满了成捆由归化城运来的布匹。④

20世纪20年代京包铁路通车，商贸运输条件得到了改善，东部产的布匹等多通过宁夏运往甘宁青等地。甚至上海、江苏、浙江等地所产的丝绸等，也被商家大量转运到西北。虽因西方列强商业势力向西北的不断扩张，洋布在许多地方市场上的地位也在日益被强化。但国产布在西北仍有较大的份额，在每年从宁夏运往西北各省的约1.5万件布匹中，国产机织布、土布仍占有较大比重。在甘肃河州晋商贩销的毛蓝布（土布），因"此布质量好，经久耐磨"，往往供不应求。1927年河州仅宁河集一地（今和政），就有"专营土布、匹头及板张货（各色市布、斜布、织贡呢、织贡缎）的山、陕商号九家"⑤。1928年因马仲英反国民军起兵，战乱致使布匹运输困难，河州每卷土布由50元（银币）涨价到110

---

① 宋伯鲁：《续修陕西通志稿》卷一九六《风俗·二》。
② 《青海文史资料》（工商业经济卷），2001年编印，第34页。
③ 何善喜：《解放前的迪化市织布厂》，《北庭文史》第4辑，1989年编印。
④ 新疆通志（商业志、外贸志）编委会、新疆档案馆编：《新疆商业外贸史料辑要》第1辑，内部发行，1990年编印，第241—242页。
⑤ 宁效贤：《解放前和政的集市贸易》，《临夏文史资料选辑》第7辑，1992年编印。

余元（银币）。"时年销量约为二万四五千卷，每月平均收入白银五万余两"①。

20世纪20年代中期，新疆市场苏俄布匹开始卷土重来，但在从内地贩入新疆的货物中，国产布帛类仍占有一定的比例。甚至一些商家还用邮寄包裹，发运绸缎等贵重布料。迪化的德兴合商号曾一次从江苏发运了100件包裹，内有缎子、绮露纱等。②1927年前后在内地运入新疆的货物中，有来自河南、山东等处产的曲绸，来自山东、河北产的粗洋布（国产机织布）和土布，还有云斋织、三兔、猫鹰等品牌的斜纹布等。

20世纪30年代，西北地区输入的除传统的手工布帛外，国产机织布也在增加。据统计1932年下半年，输入陕西的国产布179939匹、国产绸2985匹、国产呢绒3654匹。1934年7月到1935年6月，陕西仅输入棉布一项即达13680198元，占到当年输入货物总值的35%，其余还有绸缎、葛、纱、呢绒、毛巾、袜子、帽子等纺织品。③到1936年下半年输入陕西的国产布匹达到了839458匹，绸缎也增加到8934匹，呢绒则增加到12673匹。④在这些输入的布匹、绸缎、呢绒中，有相当部分是经陕西转销西北其他地区的。以1933年为例，据陕西银行估计输入陕西关中的各类布匹至少900万元，其中转销甘肃者约35%，绸缎、呢绒约199.44万元，转销甘肃约30%。⑤

在甘肃兰州仍有像自立永、自立忠、自立和等商号，以主营湖北孝感土布和河北铁机布闻名，兰州的丝绸庄基本销售的都是国货。兰州市

---

① 刘圃田、秦宪周：《山陕商人在河州经营土布始末》，《临夏文史资料选辑》第2辑，1986年编印。

② 新疆通志（商业志、外贸志）编委会、新疆档案馆编：《新疆商业外贸史料辑要》第1辑，内部发行，1990年编印，第233—234页。

③ 陕西省银行经济研究室特刊之一：《十年来之陕西经济》，启新印务馆1942年版，第171页。陕西省档案馆藏，档号：C12—0—206。

④ 陕西省银行经济研究室特刊之一：《十年来之陕西经济》，启新印务馆1942年版，第172页。陕西省档案馆藏，档号：C12—0—206。

⑤ 陕西省银行经济研究室特刊之一：《十年来之陕西经济》，启新印务馆1942年版，第157页。陕西省档案馆藏，档号：C12—0—206。

场的"川绸、川缎","由南路而来";"三原之大布,湖北产之蓝布","均由东路而来"①。在甘肃其他地区,湖北、河北、河南等省产的永机布、定机布、湖布、府庄布仍很有市场。甘肃武威年输入永机布9.6万匹(同期输入洋布2000捆),棉织、麻织品6担。②张掖输入永机布为580担,棉线货27担。③河州虽遭洋布冲击,山陕商垄断布匹市场局面被打破,但其土布的"基础尚固,仍继续经营"④。

宁夏、青海、新疆地区,从内地布输入匹类量也很大。据统计1932年,宁夏输入布匹约7万担,价值140万元,还有相当数量绸缎、呢绒等。⑤青海西宁"其市面输入之货,以绸缎、呢绒为大宗,皆来自天津、四川、两湖、两江,年约一百一十万零四千七百余元。次为布匹,来自湖北及陕西三原,年约九十余万"⑥。新疆这时随着苏联经济的复苏,内地的布匹不断遭到俄国布的排挤。但仍占有一定的市场份额,这可以从1930至1932年裕新公司由内地输入的布帛种类和数量中看出(见表5-2)。

表5-2　1930—1932年新疆裕新公司从内地输入布匹数量统计⑦

品名	数量（件）	单价（元）	总价（元）	重量（市斤）
上等呢绒	80	860	68800	10400
中等呢绒	65	550	35750	8450
普通绸缎	120	1050	126000	15600
次等绸缎	160	610	97620	20800

---

① 林竞：《蒙新甘宁考察记》，甘肃人民出版社2003年版，第79页。
② 高良佐：《西北随轺记》，甘肃人民出版社2003年版，第102页。
③ 高良佐：《西北随轺记》，甘肃人民出版社2003年版，第115页。
④ 刘囲田、秦宪周：《山陕商人在河州经营土布始末》，《临夏文史资料选辑》第2辑，1986年编印。
⑤ 宁夏档案局（馆）编：《抗战时期的宁夏——档案史料汇编》（下），重庆出版社2015年版，第628页。
⑥ 高良佐：《西北随轺记》，甘肃人民出版社2003年版，第70页。
⑦ 本表根据曾问吾《中国经营西域史》下编，商务印书馆1936年版，第690—691页资料编制。

续表

品名	数量（件）	单价（元）	总价（元）	重量（市斤）
庄丝疋头	620	460	285200	80600
棉料绒呢	300	310	93000	39000
青兰市布	60	200	12000	7800

（三）日用品的输入

民国后随着人们生活水平的提高，对日用品的需求也在增加。京包铁路通车后，宁夏成为华北物资进入西北的重要通道。20世纪30年代，每年通过宁夏运往西北腹地的杂货有3.5万件。兰州的往来贸易也十分兴盛，有各类商行30余行，各种店铺数百家。甚至甘肃河西地区因交通条件的改善，日杂货品的输入量也在加大。武威年输入瓷器12担，毛头纸130担，姜等调味品120担。张掖输入青瓷20担，糖类270担，纸张130担，杂货140担。[①] 西北地区商品输入的种类这时也日益繁杂，以当时较为封闭的青海市场为例，输入的杂货有瓷器、糖、辣子、麻、各项纸张等，每年输入量约有370余万元。仅来自天津、江西的瓷器，年输入值约2.4万元。[②] 川货对西北地区的输入也有一定增长，传统的卷烟、黄表纸、凉席、川药材、食糖等，在西北市场的占有率逐步提高。1932年输入陕西关中的川货中，仅卷烟、黄表纸价值均在百万元。[③]

民国后青藏贸易也在缓慢发展。1921年西藏噶厦政府在丹噶尔（今湟源）城西南购置房产（郭巴），专供前藏商人或官员居住。后藏班禅也在丹噶尔西城购置房产（拉郎），供后藏来的藏商居住。随着双方贸易的发展，青海的商人也开始进入西藏。"湟源首批进藏的藏客有王完欠、卓尼加羊、卓尼午尖（均为藏族）。"[④] 20世纪30年代后，汉回等族商人也大量去西藏贸易，用骡马、烧酒、陈醋，及贩自内地的龙碗、柿

---

① 高良佐：《西北随轺记》，甘肃人民出版社2003年版，第102、115页。
② 高良佐：《西北随轺记》，甘肃人民出版社2003年版，第70页。
③ 陕西省银行经济研究室特刊之一：《十年来之陕西经济》，启新印务馆1942年版，第159页。陕西省档案馆藏，档号：C12—0—206。
④ 林生福：《话说湟源藏客》，《青海文史资料集萃》（工商经济卷），2001年编印。

饼、红枣等，换回氆氇、水獭皮、藏红花、藏香等。此外，玉树作"为青康交通中心"，来自西康、四川、青海的"商人遂群集该地交易"①。交易的主要物资有：氆氇、藏红花、藏糖、桦木碗、藏枣，以及各类皮张、药材等。

新疆与苏俄因贸易受十月革命影响，导致新疆的许多日用品奇缺。这就使"内地贸易聚旺，国内商人无论从天津，从口内（指通过嘉峪关）纷纷运货赴新"②。因大量内地货物的贩入，使得新疆的行栈业也迅速兴起。迪化的行栈行一时间遍布城关内外，甚至许多滞留在新疆的俄商也改营中国货。古城的著名晋商天成元，有两间门面专营内地的日杂百货。内地运到新疆的商品主要有：烟、纸、火柴、砂糖、瓷器、铜、铁器各种杂货，年均货物总值190万卢布，到1924年总值已达430多万两（新疆纸币）。③

后随着苏联局势趋于稳定，苏俄货卷土重来，但内地日杂货物在新疆仍有一定市场占有率。以1930年到1932年为例，仅由绥新线运入新疆的货物总值为2746562元（包括汽车和骆驼所运货物）。运入的货物种类也较庞杂，除去布、茶外，主要是大量的日杂用品（见下表）。④到全面抗战前夕，虽苏联日用品已在新疆占据主导地位，但为满足民众对一些国货的喜好和需要，仍有一些商家从内地发货入疆。1937年2月在迪化开业的津商同兴泰，就瞄准了这一市场需求，"不断从内地来货，花色齐全"。除绸、布外，"日用百货、文具五金、各种罐头、钟表眼镜、戏服乐器，应有尽有。每天一开门营业，顾客盈门，络绎不绝"⑤。直到该商号被盛世才查封时，仍有从天津发运到的货物29件。

---

① 赵心愚、秦和平编：《康区藏族社会历史调查资料辑要》，四川民族出版社2004年版，第530页。
② 张大军：《新疆风暴七十年》第4册，兰溪出版社1980年版，第2255页。
③ 潘祖焕：《新疆解放前商业概况》，《新疆文史资料选辑》第1辑，新疆人民出版社1979年版。
④ 参见曾问吾《中国经营西域史》下编，商务印书馆1936年版，第690—692页。
⑤ 新疆通志（商业志、外贸志）编委会、新疆档案馆编：《新疆商业外贸史料辑要》第1辑，内部发行，1990年编印，第213页。

表 5-3　　　　　1930—1932 年新疆从内地输入日杂货物①

品名	数量	品名	数量
西药成品	14300 斤	油墨颜料	1300 斤
中药丸散	10660 斤	书籍类	5200 斤
粗细药材	29250 斤	鞋帽服装	28600 斤
卷烟	26000 斤	毛线丝线	4160 斤
旱烟	15600 斤	皮件成品	2600 斤
海味	2600 斤	化妆品	10400 斤
文具	1300 斤	五金制品	1560 斤
笔墨	2600 斤	细瓷	1560 斤
纸张	4160 斤	陈设品	2080 斤

注：原表的有些项目数据在此做了合并计算。

三　抗战以后的商品输入

全面抗战爆发后，随着战火蔓延许多原有的商道被切断，政府也逐步加紧了对物资的管制。特别是 1939 年后抗战进入相持阶段，日本帝国企图通过经济战迫使国民政府屈服。为对抗日本的经济战和保障大后方经济建设，国民政府对物资的管制空前严格。陕西这时因已与日寇隔河相望，管制更为严格，"商货运输每经过一地方，中央及地方各检查机关更番检查"②。宁夏北部也因日军进攻绥西成为前线，商贸活动也受到严格管制。商家要到包绥运货，需"经商会查明转请并经财政厅发给许可证"。如有携带违禁物品，"依军法从事"，未有许可证，则"按查禁敌货条例严办"③。

1940 年后虽国民政府认识到各种检查，"影响商货流通至巨"，"值此物价高涨，应求减少商货阻滞"。要求"在没有中央税务机关或交通检查机关之地方，应由当地最高行政官署商同中央税务机关或交通检查

---

① 据曾问吾《中国经营西域史》下编，商务印书馆 1936 年版，第 690—692 页资料整理。
② 《行政院训令，中华民国廿九年三月十五日》，陕西省档案馆，档号：72—3—164—1。
③ 宁夏档案局（馆）编：《抗战时期的宁夏——档案史料汇编》（下），重庆出版社 2015 年版，第 424 页。

机关主持人员联合设立之"①。但对商货的检查并未放松，"各地军政负责长官应派专员在当地联合检查场所巡回视察"，还可"准酌派武装警士加强检查效力"。对敌货"为增强查缉效力起见，得考查情形在重要关隘或商货运输出入要区特设查缉机关"②。1941年9月又规定"凡指定取缔销售之物品自公告之日起届期三个月，应停止销售，并不许私自囤储，各商号行栈及货主应于限满一星期内整理清楚，开单送交贸易委员会或其指定之机关给价收买"③。被列入"重要商业名单"的有棉布、棉纱、丝绸、茶糖、粮油等42项之多。④ 政府管制对西北与国内其他地区商业贸易影响巨大，尤其是民营商业进货渠道严重受阻。

（一）茶叶的输入

全面抗战爆发后，西北的茶叶贩运开始受到影响。1938年10月武汉三镇沦陷后，湖南的茶叶原来的运输通道彻底被阻断。这时便不得不改由产地运至湖南益阳，用小拖轮经沅江运至湖北宜昌，再由大拖轮逆江运至重庆。又改用小拖轮溯嘉陵江上到广元，装车经川陕公路转道陕西泾阳，加工后再运抵兰州。因运输路程的大幅增加，造成了茶叶运输成本太高、耗损也加大。所以一些茶贩为降低运茶的成本，不再绕道陕西关中，开始改走陇南的栈道，经由甘肃碧口直接贩茶到甘南、临夏、青海藏区等地。还有茶商开始寻找湖南茶的替代品，大量购入四川等地的茶叶。

在全面抗战初期，西北地区茶叶贸易仍呈现出供销两旺的局面，茶销体系也基本还是维持旧的格局。1937年发行的茶票虽折合茶叶达920万斤，但还是无法满足民众对茶叶的需求，不得不在1939年增发特案茶票1165张，折合茶叶466万斤。但市场上茶叶需求仍很旺盛，1940年最

---

① 《行政院训令，中华民国廿九年三月十五日》，陕西省档案馆，档号：72—3—164—1。
② 《陕西省各地商货联合检查所组织规程》、《陕西省查禁敌货规程》，陕西省档案馆，档号：72—3—164—2。
③ 《取缔禁止进口物品商销办法》，陕西省档案馆，档号：72—9—137。
④ 《检发商会及重要商业同业公会业务报告表式仰遵照转行各该会依式填报由》，陕西省档案馆，档号：72—3—168。

后一案茶票发行,更是猛增到 4000 张之多。① 兰州因市面上的茶叶供不应求,致使 1941 年"砖茶竟涨至百分之百以上"②。甘肃省贸易公司为解决兰州市面茶叶紧缺,当年购进了 500 万元法币的茶叶。③ 茶叶销售的旺盛也使得茶商数量大增,到 1942 年兰州的茶商增加到了 60 多家,④ 达到了近代的最高峰。

1942 年 4 月国民政府发布了《征收统税暂行章程》,茶叶被列为征收统税的货物。规定将原来的从量征收改为从价征收,税率按货价的 15% 征收。茶叶完税后可自由运销,清代的茶叶票引制被正式废除。不久在国民政府行政院第 509 次会议上,又通过了砖茶运销西北办法纲要,将地方政府经营的茶务收归中央,甘肃省地方政府从此被剥夺了对茶叶营销的管理权。纲要还规定从砖茶原料的收购、压制、销售,全由中国茶叶公司统一办理,私营商商也遭到进一步的排斥。1942 年 7 月中茶兰州分公司正式成立,西北茶叶贸易从此改属中茶公司专营。

因为当时国家对苏的易货贸易,造成了西北地区茶叶供应紧张,也使得经营茶叶的利润大增。各省官营贸易公司为解决本地的茶叶供应,也想办法介入茶叶贸易中去。甘肃贸易公司凭着官方背景,1942 年采购茶叶 25880 封,共计 1547562 元法币。⑤ 1943 年甘肃省内的茶叶贸易已实际为甘肃贸易公司控制,当年购进砖茶 40371 块,散茶叶 39472 斤。⑥ 1944 年因物资交流运输困难,该公司当年仅购得茶叶 4224 斤。⑦

新疆的茶叶销售由私商手中逐步转入裕新公司手中,由裕新公司采购后再转给零售商去销售。如在 1942 年 12 月,裕新公司在重庆一次从中茶公司订购湖南安化、桃园砖茶 4000 吨(200 万片)、米茶 1200 吨

---

① 以上数据参见徐方燨《历代茶叶边易史略》,载《边政公论》1942 年第 3 卷第 11 期;陈缘《茶叶通史》,农业出版社 1984 年版,第 466 页。
② 甘肃省档案馆:《建国前资料·2·财经》第 387 卷,第 3 页。
③ 《甘肃省贸易公司档案》甘肃省档案馆:《建国前资料·2·财经》第 387 卷,第 8 页附表。
④ 王世昌:《甘肃茶销概况》,《甘肃贸易》(季刊)1944 年第 10—11 期合刊。
⑤ 《甘肃省贸易公司档案》,甘肃省档案馆,档号:47—1—10,第 26—27 页。
⑥ 《甘肃省贸易公司档案》,甘肃省档案馆,档号:47—1—157,第 19 页。
⑦ 《甘肃省贸易公司档案》,甘肃省档案馆,档号:47—1—10,第 40—42 页。

（6 万片），还有各类大茶、细茶 400 吨。① 青海在抗战时的茶叶供应，也基本由官办的德兴海所控制，每年输入湖南安化茶约 1.1 万担，四川松安茶约 8000 担，康（原西康省）南路边茶约 7000 担。②

因中茶公司的垄断和地方官营商业机构的介入，原来繁盛的私营茶销业受到很大的打击。茶商再也无法从产地把茶运出，从官商手中购茶销售无多少利润，导致许多茶商业务不振，不少茶商便把资金转移它途。此外，官商甚至还去搜刮私商的茶叶。1942 年中茶公司兰州分公司因茶叶运输不畅，为完成对苏外销湖南安化砖茶 210 万斤，以及供给新疆 200 万斤的任务，盯上了兰州的茶商们，强行向茶商摊购茶叶，搜刮茶商的存茶（1940 年发行茶票达 4000 张，一些商家曾借机囤茶）。在此后的几年中，兰州茶商被迫卖给中茶公司的茶有 700 余票，约 280 万斤之多，这使得拥有 67 家茶商的茶业公会一度解散。③ 后虽恢复了兰州茶商公会，但势力已大不如前，会员仅剩 7 家而已。

1945 年中茶兰州分公司关闭，政府不再直接控制西北的茶销活动。但此时各省的地方官营商业机构，仍在西北茶叶营销中有举足轻重的作用。如甘肃贸易公司 1945 年购入 60004 片，红茶 62368 斤。④ 吴忠信主政新疆后为解决新疆的茶叶供应，1945 年 1 月新疆贸易公司（原裕新土产公司改组），曾经委托兰州西北民生公司代购茶叶 10 万片。⑤ 另据新疆档案馆保存的重庆贸易公司运新货物清单记载：1945 年 4 到 6 月发往新疆的茶叶有：重庆红茶两批次，一次 60 吨，一次 140 吨，还有成都茯茶 60 吨。⑥ 1946 年因国家完全放开茶叶贸易后，茶叶销售领域竞争加

---

① 新疆通志（商业志、外贸志）编委会、新疆档案馆编：《新疆商业外贸史料辑要》第 2 辑，内部发行，1990 年编印，第 167 页。
② 青海省志编委会：《青海历史纪要》，青海人民出版社 1980 年版，第 189 页。
③ 杨自舟等：《清末至抗战期间副茶行销西北简述》、《甘肃文史资料选辑》第 4 辑，甘肃人民出版社 1987 年版。
④ 《甘肃省贸易公司档案》，甘肃省档案馆，档号 47—1—4，第 112—115 页。
⑤ 新疆通志（商业志、外贸志）编委会、新疆档案馆编：《新疆商业外贸史料辑要》第 2 辑，内部发行，1990 年编印，第 137 页。
⑥ 新疆通志（商业志、外贸志）编委会、新疆档案馆编：《新疆商业外贸史料辑要》第 2 辑，内部发行，1990 年编印，第 171 页。

剧，官营企业觉得已无利可图，开始退出了茶叶营销市场。

（二）布帛类的输入

因全面抗战爆发以后东部大部地区沦陷或被日寇封锁，原大量行销西北的河北、河南、湖北的土布，以及国产机织布的输入已很少。除新疆以外，外国洋布的输入也已基本停止。这些因素促使了西北纺织工业和民间手工纺织业的发展。陕西出现了大华、咸阳、申四宝鸡分厂等有一定规模的纺织厂，关中的民间手工棉纺业发展也很快。甘肃则利用羊毛资源优势，成立了雍兴公司兰州毛纺厂、西北毛纺织厂等。甘肃民间的毛布生产也迅速发展，据1943年统计，全省40个县出产土毛布2663750匹。① 新疆在苏联帮助下，在伊、塔、迪化、吐鲁番建立了纺织厂。宁夏也成立了半机械化的毛纺企业。

全面抗战时期西北布帛类的自给率虽有所提高，但仍无法满足本地区的需求。以自给率较高的陕西而言，1940年仍输入棉织品859049匹，丝织品73225匹，毛织品360呐，夏布6210匹，还有粗棉纱2085斤。② 陕北战前"布匹完全由外输入"，"战后多由绥远包头运输入境，约有十分之八，销于陕北各县，十分之二销于蒙地"③。在很少产棉的甘宁青地区，布的缺口更是巨大。甘肃全省每年布匹需求量约1000万匹，本省生产者尚不足消费量的1/4。④ 甘肃除从陕西调集大量布匹外，还设法从中原等地购入布匹。据统计1940年秋到1941年夏，经平凉向甘肃输入的河南和陕西土布数量十分可观（见表5－4）。1941年6月甘肃省贸易公司成立后，为解决市面布匹紧缺问题加大了采购力度，当年就购进价值500万元的布匹，约占该公司购入货物总额的40%。⑤

---

① 王玉芬：《土布在甘肃》，《甘肃贸易》（季刊）1944年第10—11期合刊。
② 陕西省银行经济研究室特刊之一：《十年来之陕西经济》，启新印书馆1942年版，第182页。陕西省档案馆藏，档号：C12—0—206。
③ 陕西省银行经济研究室特刊之一：《十年来之陕西经济》，启新印书馆1942年版，第163页。陕西省档案馆藏，档号：C12—0—206。
④ 王玉芬：《土布在甘肃》，《甘肃贸易》（季刊）1944年第10—11期合刊。
⑤ 甘肃省档案馆：《建国前资料·2·财经》第387卷，第8页附表。

表 5-4　　1940 年 9 月—1941 年 6 月经平凉入境的豫陕土布统计①

年月	入境数量（斤）	年月	入境数量（斤）
1940 年 9 月	121346	1941 年 2 月	11450
1940 年 10 月	402925	1941 年 3 月	131250
1940 年 11 月	922790	1941 年 4 月	171250
1940 年 12 月	375100	1941 年 5 月	372745
1941 年 1 月	240454	1941 年 6 月	408713

注：因这时河南布是由陕西采购后同陕西布一起入甘，故数据无法分开统计。

1942 年国民政府对花纱布实行管制后，私营商业采购布匹越来越困难。各省的官营商业机构取代布商，成了布匹贸易的主要经营者。1942 年在甘肃省贸公司购入的货物总值中棉布占 49% 以上，其中机器布 26466 匹，土布 25484 匹。② 为了弥补市场所需的缺口，当年甘肃还大量输入四川的川绸，仅经碧口镇从四川输入绸缎 2800 匹。③ 1943 年甘肃省贸易公司采购各色土布 45060 匹，机织布 11541 匹。④ 当年还从碧口输入四川遂宁布 6 万余匹。⑤ 1944 年据甘肃贸易公司档案记载：甘肃"就本身切需之布匹而言，即因洛阳沦于敌手（日军），遂致原拟前往（河南）各县抢购土布工作。未能依照计划实行"⑥。故该公司当年只购进各色宽面布 13735 匹，各色窄面布 5106 匹。⑦ 因布匹贸易的高额利润，民间商贩通过各种渠道搜贩布匹，使得布匹贸易仍较兴盛。据 1944 年统计，兰州商业中资本最多的是布匹业，为 126.8 万元，服装业紧随其后达 117.3

---

① 本表据《豫陕土布在平凉进出境数量按月统计表》，《甘肃贸易》（季刊），1943 年第 2—3 期合刊，第 19 页资料编制。
② 《甘肃省贸易公司档案》，甘肃省档案馆，档号：47—1—10，第 26—27 页。
③ 洪文翰：《谈谈甘肃的商港——碧口》，《甘肃贸易》（季刊）1943 年第 4 期。
④ 《甘肃省贸易公司档案》，甘肃省档案馆，档号：47—1—157，第 19 页。
⑤ 《兰州市每年进货调查》，载《甘肃贸易》（季刊）1943 年第 2—3 期合刊。
⑥ 《甘肃省贸易公司档案》，甘肃省档案馆，档号：47—1—10，第 39 页。
⑦ 《甘肃省贸易公司档案》，甘肃省档案馆，档号：47—1—10，第 40—42 页。

万元。①

全面抗战时期宁夏棉花、布匹供应奇缺，造成走私猖獗的局面。据1942年第八战区经济委员会的一份报告记载：仅吴忠堡查获的78起走私案中，涉及布匹的有44件之多，涉及棉花的有2起。其中最多一次走私白布240匹，色布640匹。② 政府为打击走私解决穿衣问题，每年"全省输入货物以布匹为大宗，布匹约7000余担，绸缎、呢绒约500余担"，"几占进口总值二分之一"③。青海为解决布匹供应问题，一些商人还购入西藏产氆氇牟利，如1包氆氇（10卷）在拉萨买50个银元，运到西宁每卷就卖50个银元。④ 马步芳甚至还强迫商家设法购入布匹。1943年马步芳向青海商会派购河南土布5000卷，共计1.7万匹（每卷34匹）。⑤ 因苏联卷入第二次世界大战，俄国布来源断绝，1942年后裕新公司也大量从内地购进各类布匹。在1944年盛世才离开新疆后，仅裕新土产公司没来得及运回，仍存在重庆的布匹有2万匹，存在宝鸡的有色布100匹。⑥

抗战胜利前后西北的布匹供应仍很紧缺。1945年3月花纱布管制局鉴于库存在兰州的布匹不多，召集甘宁青新绥（远）各省代表，按100万人4000匹布的标准进行分配。甘肃因无法满足需求，省贸易公司又外购四零吗宽面布1.12万匹，土布9172匹，贰零吗土布680匹，贰零吗绸缎80匹，还有许多泉布。⑦ 因此时苏联支持新疆的"三区革命"，使得其余七区与苏贸易不能正常进行，导致新疆布匹也奇缺。当时花纱局仅分配给新疆1.6万匹布，显然无法解决问题。为解决新疆缺布问题，蒋介石特别手令拨新疆白机布2000匹，花纱布局又增加各种宽面布2360

---

① 参见甘肃省志编委会《甘肃省志》（商业志），甘肃人民出版社1993年版，第31—32页。
② 宁夏档案局（馆）编：《抗战时期的宁夏——档案史料汇编》（下），重庆出版社2015年版，第434页。
③ 叶祖灏：《宁夏纪要》，正论出版社1947年版，第88页。
④ 韩应选等主编：《西宁商业史略》，中国商业出版社1991年版，第305页。
⑤ 参见青海政协文史委员会《青海三马》，中国文史出版社1988年版，第237—239页。
⑥ 新疆社科院历史所：《新疆简史》第3册，新疆人民出版社1980年版，第419页。
⑦ 《甘肃省贸易公司档案》，甘肃省档案馆，档号：47—1—4，第112—115页。

匹。后蒋介石又令从成都、宝鸡调运布3万匹。① 1945年4月从陕西双石铺调布50吨，从重庆调布100吨运往兰州，由花纱布兰州分公司验收后，运往甘新交界的星星峡交给新疆。② 1946年后随着国家经济和与东部交通的恢复，私营布匹贸易开始兴盛，布匹紧缺的局面大为改观，官营企业开始逐步退出布匹类贸易。以甘肃省贸易公司为例，1947年仅购入宽面白布2179匹，窄面土布5022匹，此外，还有一些哔叽、毛呢等。③

（三）日用品的输入

全面抗战时期东部日杂货物来源锐减，西南成为西北所需日用品输入的主要来源地。最主要输入路线是由川北经陕西汉中进入关中地区；或由汉中经天水西走甘肃。四川所产的糖、茶、卷烟、药材、纸张等物资，被从成都、广元等地用汽车或大车运到宝鸡，再转运或分销西北各地。1940年从四川经汉中贩到西北的货物中仅糖就有：白糖2980880斤，红糖2308050斤，冰糖174504斤，仿洋糖1410斤。纸品类更是多达30余个品种，而且数量也很大，仅麻纸就达300907斤，烧纸253842斤。此外，还有川笋、榨菜、火腿、竹器、肥皂等。特别值得一提的是还有少量的生产工具进入西北，如有轧花机76部、缝纫机23部、印刷机4部等。④ 甘肃还经甘川二线从川北经陇南碧口镇，输入了大量西南地区的日杂货物。在1942年经碧口输入的杂货有：表纸3.6万箱，纸张182680刀，糖7490市担，调味品372担，西南药材659担，纸烟12604800支。⑤ 1943年经碧口运到兰州的货物中，仅各类食糖总量达133万余斤。⑥ 青海一些商人还通过青藏贸易，从西藏贩回藏货以获取高

---

① 新疆通志（商业志、外贸志）编委会、新疆档案馆编：《新疆商业外贸史料辑要》第2辑，内部发行，1990年编印，第169—170页。
② 新疆通志（商业志、外贸志）编委会、新疆档案馆编：《新疆商业外贸史料辑要》第2辑，内部发行，1990年编印，第171页。
③ 《甘肃省贸易公司档案》，甘肃省档案馆，档号：47—1—145，第81—85页。
④ 参见陕西省银行经济研究室特刊之一《十年来之陕西经济》，启新印务馆1942年版，第183—187页。陕西省档案藏，档号：C12—0—206。
⑤ 洪文翰：《谈谈甘肃的商港——碧口》，《甘肃贸易》（季刊）1943年第4期。
⑥ 《兰州市每年进货调查》，载《甘肃贸易》（季刊）1943年第2—3期合刊。

第五章　西北与内地的商业贸易

额利润。如 1 包藏香（10 合）在拉萨卖 2 个银元，而被贩到西宁后每盒就卖 5 个银元。①

　　因战时西北地区物资匮乏问题十分严重，官方为了缓解当时的困难也采取了不少措施。甘肃省贸公司为保证甘肃物资的供给，1941 年 6 月成立后就通过官方渠道，大量购入食糖、服装、棉线、蜡烛、纸张、颜料等日杂用品，这在平稳本省物价、保障主要生活用品供给方面起到了积极的作用。1942 年甘肃省全年购入的物资除茶布外，还有蜡烛 700 箱，颜料 1000 多桶，油类 2 万斤，糖类 6 万斤，纸张 3 万刀。② 其中通过甘肃贸易公司购进的有：蜡烛 97 箱，颜料 3584 斤，68117 斤，糖类 101207 斤。除此之外，甘肃省贸易公司还购进有：棉纱、服装、五金、文具、酒精等日用品。③ 1943 年甘肃省贸易公司购进主要日杂用品有：棉纱 2640 捆，纸张 26405 刀，糖类 19976 斤，其他杂货价值 33273458 元。④ 1944 年该公司采购的仅纸就有：本粉贡纸 50375 刀，印书纸 500 令，连史纸 120 刀，对方纸 4206 刀，蓝报纸 45 令，黑白麻纸 2529 刀。此外还有食糖 5945 斤，药品 100 打，五金 2200 件，棉纱 15 捆另 2018 斤，蜡烛 142 箱，杂货总值 2937537 元，文具总值 1150200 元。⑤

　　1939 年马步芳借派人护送十四世达赖入藏之机，向西藏地方政府提出了贸易问题，几经交涉双方达成了协议。青海方面用 1000 余头犏牛组建起了商务队，经营拉萨与西宁间的贸易。每次的营业额在十万银元左右，⑥ 购回了许多日常生活和宗教用品。这对解决当时青海的物资急缺，改善百姓生活起了一定作用。新疆的裕新土产公司，早期主要靠对苏贸易购进所需物资。但在盛世才与苏联闹翻后，也大量从内地购进日用品。直到 1944 年新疆在兰州还存有从内地购得的货物约

---

①　韩应选等主编：《西宁商业史略》，中国商业出版社 1991 年版，第 305 页。
②　陈鸿胪：《论甘肃的贸易》，《甘肃贸易》（季刊）1943 年第 4 期。
③　《甘肃省贸易公司档案》，甘肃省档案馆，档号：47—1—10，第 26—27 页。
④　《甘肃省贸易公司档案》，甘肃省档案馆，档号：47—1—157，第 19 页。
⑤　《甘肃省贸易公司档案》，甘肃省档案馆，档号：47—1—10，第 40—42 页。
⑥　陈秉渊：《马步芳家族统治青海四十年》，青海人民出版社 1985 年版，第 89 页。

200 吨，在重庆存有食糖 40 万斤，内江存有食糖 10 万斤。此外，还有新疆省政府购买的通信器材 20 余吨，小型纱花机 16 吨等。1945 年 6 月新疆省政府又从内地争取到价值 6 亿元的物资。① 可查到的仅在四川内江采购的食糖就有两批次：一次为 30 吨，一次为 20 吨。②

抗战胜利后东部地区的商路已完全打开，政府的一些物资管制措施也因抗战结束而取缔。民间商业开始在日用品供应中活跃起来，官营的商业机构开始走下坡路。以甘肃省贸易公司为例，1945 年在私商的竞争等因素影响下，经营已经很困难。当年该公司在银行透支 54971595 元法币，应付未付款项 14375162 元法币，未付股息 69403 元法币，未付红利 13750 元法币。虽经裁员和开源截留，"幸免陨约并获预期之利润，难关虽过，来轸方遒"③。1946 年后又因"国内纷争不已，交通仍旧梗塞，欲达运销津沪等埠之目的尚多困难，国际贸易更无论也"④，经营更是举步维艰。1947 年主要经营些布匹类产品，日杂用品购入已很少，主要有糖 15478 斤，纸 10930 刀，桐油 3200 斤，胶鞋 174 打，纸烟 52 担。其他各省官办商贸机构也大体如此。陕西企业公司贸易部不得不在 1946 年关门宣布结束。新疆的裕新土产公司虽经几次改组，但也失去了往日气象。宁夏马鸿逵的富宁银行、青海的湟源实业公司也难以为继。

四　商品输入的特点及意义

近代随着交通条件的逐步改善，西北地区输入商品的数量和品种都有较大增长。但总的来看，近代西北社会经济水平不高，民众普遍贫困化，导致消费水平不高，消费结构也比较单调。以清末的丹噶尔市场为例，制于江西的细瓷泥器，每年销售"约百余担"，⑤ 这和必需品茶、布

---

① 新疆社科院历史所：《新疆简史》第 3 册，新疆人民出版社 1980 年版，第 419 页。
② 新疆通志（商业志、外贸志）编委会、新疆档案馆编：《新疆商业外贸史料辑要》第 2 辑，内部发行，1990 年编印，第 171 页。
③ 《甘肃省贸易公司档案》，甘肃省档案馆：47—1—4，第 122 页。
④ 《甘肃省贸易公司档案》，甘肃省档案馆：47—1—140，第 33 页。
⑤ 杨景升：《丹噶尔厅志》卷五《商业》。

的销量形成鲜明的对比。随着近代西北地区商品经济的发展，民众消费结构和水平也有所变化，但提高的幅度不是很大。主要是像火柴、蜡烛、煤油、洋瓷等一些工业品，因为日常使用上的便捷等因素得到了一定普及，价格较高或民众认为不太实惠的物品销量很少。像在偏远的甘肃安西县，20世纪30年代初输入火柴达300箱，蜡烛也有600箱。但手电筒、洋瓷盆、护肤品、化妆品等销量很少。①再据对新中国成立前夕甘肃泾川农村调查：富裕农户8口之家，每年购买生活必需品支出70—80个银元；中等收入农户8口之家，每年在这方面约支出30—40个银元；贫困农户的5口之家，每年能支出的商品采购费不足10个银元。农民的主要消费品是：布、油、盐、糖、茶、烟、酒，其每次的购买量也很小。茶、酒除红白喜事买1—2斤外，平时很少有人问津，食糖每次购买多则1两，少则仅半两。②

近代西北地区输入商品主要是生活必需品，而生产资料则很少。在1930到1932年新疆从内地输入的36种货物中，没有一种是生产资料。③1934年兰州输入的货物有十几类，货物总值达5153283.04元，基本也无生产资料输入。④同年，青海输入的1275000元货物中，同样无生产资料输入的记载。⑤直到全面抗战前后，才有一些生产资料类物资输入。如各省购买的少量电厂、纺织、印刷等设备，以及汽车修理机械、汽车配件等，但所占的比重仍不大。据对抗战时期甘肃贸易公司的情况统计，其资本主要还是用以采办生活必需品。按1942年年底的物价计算，贸易总额约30亿元，输入日用生活必需品总值达25亿元。⑥这种状况固然与旧中国自身工业的落后有关，但也反映出了西北社会经济的整体落后。输入日用品比重大而生产资料少，很显然不利

---

① 高良佐：《西北随轺记》，甘肃人民出版社2003年版，第146页。
② 武进勋、许恒丰：《解放前的泾川商业概述》，《泾川文史资料选辑》第2辑，1991年编印。
③ 参见曾问吾《中国经营西域史》下编，商务印书馆1936年版，第690—692页。
④ 高良佐：《西北随轺记》，甘肃人民出版社2003年版，第54—55页。
⑤ 高良佐：《西北随轺记》，甘肃人民出版社2003年版，第86页。
⑥ 陈鸿胪：《论甘肃的贸易》，《甘肃贸易》（季刊）1943年第4期。

于社会生产力水平的提高。尽管如此，西北与内地商贸关系的加强，大量内地物资的输入，不仅繁荣了西北地区社会经济，而且也有利于促进西北社会的进步。

第三节　西北对内地的商品输出

西北地区有着丰富的自然资源和一些独特的产品，其中也有不少成为与国内其他地区贸易的重要物资。近代后随着西北农牧产品商品化趋势的加剧，不仅商品输出的区域在逐步扩大，而且数量和品种也在增加。但总体来说，由于西北受传统社会经济的制约，以及交通条件等因素的影响，近代西北对国内其他地区输出的货物，基本仍是以农副和畜牧产品为主。像皮毛、药材、山货等长期占据着主导地位。手工业品除水烟、皮毛制品等少数产品类别外，输出的种类虽较杂但规模一般都不大。至于机械工业制品，能对外输出的就更少。

一　清中后期的商品输出

清中后期农业生产中自然灾害频繁，社会生产技术仍较落后。主要农产品——粮油的产量有限，很少有大批量输出的能力。西北能大量向国内其他地区输出的农副产品，主要限于像药材等少数特色产品。此外，因畜牧业在西北社会经济中占有重要地位，畜牧产品与国内其他地区的交易量较大，成为西北地区的重要贸易物资。但清中后期的畜牧业生产，基本还是保持着传统的生产方式，牲畜的品种退化问题在一些地方也很严重。这就造成输出的畜牧产品种单调，而且附加值也不高。西北的传统手工业品品种虽多，但能够形成规模外销的很少。

（一）农副产品的输出

西北地区特殊的自然环境适宜许多中药材生产，药材的数量庞大、品种繁多。陕西仅安康地区所产药材就有200多种，大量外销的有50多种。其中八仙党、杜仲、厚朴在国内外享有盛名，麝香、虎骨、黄连也供不应求。因药材资源丰富，许多外地药商也在此开店。驻陕南安康的协盛瑞药号，由河南人开办于明末清初。近代后发展到分号几遍及全国，从业人员达3000余人。其中大的分号就有17处，东到上海，西至成都，南抵长沙，北达天津、沈阳均有其分号。① 陕南还有不少著名的药号，创办于同治年间的有：张协丰药号、三益履药号，均由江西人开办。他们通过开药铺、收购药材、承包药山发家。兴起于清末的长兴药号，则专门从事药材的加工和贩运。水陆交汇的码头汉中，每年不仅有大量本地产的药材，还有驮帮贩自甘宁青地区的药材，经汉江入长江转贩国内其他地区。

位于三大高原交会处的甘肃各类药材资源极为丰富，中药材之产量仅次于四川。清代中药材种植在甘肃也已非常广泛，甘肃岷县出产的当归，河西出产的甘草，品质都极佳。甘肃各地还盛产大黄，以酒泉、山丹出产的为上品，因色黄头有绵纹俗称"绵纹大黄"。② 药材输出在甘肃的货物输出中所占的比重也很大，据调查多达120余种药材能够大批量运销国内其他地区。各地所产的各类中药材，被集中在一些中心市场后贩出。兰州周边地区所产的药材，多走黄河水路用皮筏贩到华北等地。甘肃东部药材多集中于平凉或天水，通过陕甘大道进入中原，或由通过汉中转运到汉口，然后运销国内其他地区。河西地区所产药材，多经过蒙古草地进入华北地区。陇南是甘肃药材的重要产区，输出的药材数量巨大，多由甘肃碧口转运西南或内地。此外，原属甘肃的宁青地区，清代药材输出量也很大。宁夏的枸杞、甘草蜚声海内外。青海可药用植物达1000多种，其中红景天、冬虫夏草、西宁大黄等50多种药材非常著名。

新疆所产的中药材也有不少被商人发往内地。据记载光绪时奇台所产的"羚羊角，由客商便带至内地，每岁约售七八十对。鹿茸，由客商便带到归化及内地等处，每岁约销售八九十架"。"枸杞，由内地客便带至归化城一带，每岁约销售五千余斤。红花、贝母，由客商便带至内地，俱系零星收入，并无确数。"③ 四川客商在昌吉一带采购各种药材，用驴

---

① 杨良旺等：《协盛瑞药号的经营特色》，《安康文史资料选辑》第2辑，1982年编印。
② 王肇仁：《甘肃药材产制运销概况》，《甘肃贸易》（季刊）1944年第10—11期合刊。
③ 方炽：《奇台县乡土志》（商业）。

驮至迪化转运内地。每年有"大黄一千几百斤，苏梗六七百斤，薄荷六百余斤，贝母八九百斤，黄芪四五百斤，知母三百余斤，升麻三百余斤，姜活二三百斤，柴胡三百余斤，党参一二百斤"①。

在西北地区对国内其他地区的货物输出中，鸦片一度曾占到了很大的比例。太平天国起义后因为东南各省的"协饷断绝，大吏许开烟禁"，甘肃开始公开试种罂粟"以救燃眉之急"。因"烟浆可易钱，罂粟籽可榨油，烟茎可做燃料，贫民便之"②。第二次鸦片战争后鸦片贸易已合法化，清政府企图借种植罂粟解决财政困难，并达到所谓用"土药"抵制"洋药"的目的。在这种背景下，西北各地罂粟种植面积大增，并开始逐步走向各地的市场。

左宗棠出任陕甘总督后曾在陕甘禁种罂粟，但是后来人走政息。地方的官员们因协饷不继，企图通过对外输出鸦片烟来弥补当地财政和贸易赤字，罂粟种植很快又复盛。陕西1888年鸦片产量已达到6万担，③到1906年陕西罂粟种植面积达到53.19万亩。④甘肃据慕寿祺的《甘宁青史略》记载：光绪时已达到了"红花（罂粟花）满地"的程度。1901年兰州府种植面积达46262亩。其他地方也是数量惊人：靖远县种植面积为12300亩；临夏种植面积为5992亩。⑤新疆有昌吉、焉耆、乌什等十几个县均大量种植罂粟，每年种罂粟的游民有数万人（多来自甘肃）。

清末西北地区所产的鸦片开始规模化输出。据统计1904年11月至1905年10月，仅通过汉江水路输出到湖北的鸦片为109.8万两。⑥甘肃产的鸦片因其质优价廉也迅速打开了市场（鸦片砂地产者曰砂货，质脆而香清，土地产者曰土货，性软而香浓。砂货之价值高于土货），东行的

---

① 戴良佐：《清光绪末昌吉县商业概述》，《北庭文史》，1990年编印。
② 慕寿祺：《重修镇原县志》（四），《中国方志丛书》，（台北）成文出版有限公司1970年版，第1023页。
③ 陕西省志编委会：《陕西省志》（大事记），三秦出版社1996年版，第266页。
④ 郭琦主编：《陕西五千年》，陕西师范大学出版社1989年版，第654页。
⑤ 《甘肃布政使司造责甘肃各属水地、川地山坡种植鸦片地亩应征税银数目清册》，甘肃省档案馆，档号：1—1—37。
⑥ 仇继恒：《陕境汉江流域贸易稽核表二卷》，《中国西北文献丛书》（西北稀见丛书文献）第72卷，兰州古籍书店1990年影印版，第41页。

商队多驮贩或夹带烟土。1907年中英禁烟条约订立，清政府允诺国内罂粟种植逐年减少。在这种背景下清政府提出了所谓"寓禁于征"的政策，实际上对西北的罂粟种植没多大的限制作用，反为许多官吏掠夺提供了借口。陕西在1909年征收的鸦片捐税增加到了210361两白银，① 造成了官员借"禁烟"合法地去加征捐税，民众为缴税纳捐种更多罂粟的局面。因所产鸦片烟本地市场无法消化，只有大量转贩到华北等地去。

清中后期陕西关中逐步成为西北的棉花产区，所产的棉花也有不少出潼关进入中原，或经由汉江贩销到湖北，以换取河北、河南、湖北地区的布匹。"泾渭流域盛产棉花，咸阳是棉花的集中地。""花商（多为山西人）收购棉花，然后又转售到外地。""附近一些县份棉业也较兴旺。"② 据统计1897年仅由泾阳外运的棉花为53.3万斤，1906年随着关中地区棉花种植面积的增长，外运的棉花达到了150万斤。③ 近代新疆的南疆、东疆也是西北地区重要的产棉区，到清末棉花种植已达相当规模，棉花逐渐成为对外贸易的主要物资。新疆"木棉生于南路，以吐鲁番为巨产，岁出300余万斛"④。新疆棉花也有部分通过蒙古草地贩运到华北地区。

西北也有一些地区产丝，但规模一般不太大。进入近代后，陕西关中地区的养蚕业已趋于衰落。甘肃陇南等地也产丝，但所产丝量均形不成规模。产丝主要是新疆南疆、陕南地区。新疆产丝贩运内地的数量很少。只有陕南丝产量相对要大一些，但当地的丝织业并不发达，所产的丝除自用外，部分丝还需要外销。1905年仅安康县输出丝28270斤，主要销往河南南阳织汴绸、纺绸等。当地所产的山蚕丝，则销往南阳织屈绸，汤茧供南阳织锦绸。还有部分销往汉口等地，做丝绵、挽手丝等。

---

① 宋伯鲁：《续修陕西通志稿》卷三五《征榷》。
② 编辑撰稿：《咸阳棉业回顾》，《渭城文史资料》第3辑，1996年编印。
③ 马少泉：《中国棉业公司福生庄抗战期间经营陕西棉业回忆》，《陕西文史资料选辑》第23辑，陕西人民出版社1989年版。
④ 王树柟：《新疆小正》，《中国西北文献丛书》（西北民俗文献）第119卷，兰州古籍书店1990年影印版，第305页。

西北大部地区气候干旱，森林覆盖率一般都较低。但清代在西北也有一些地区，像陕南、陇南等地木材有较大的产量，木材输出交易在这些地方也长期存在。如陕西秦岭地区，"山上所出木材，亦用人力背运，每人背木材4根或6根"。"此种木料，每副10根，在山约值两三元，运抵引驾廻，可值9元。"① 出山的木材被木商收购，沿汉水及其支流被贩运到河南、湖北出售。还有的用木料做成临时运输工具（毛板船），载货物到汉口，船货一起卖掉，既运了货又贩运了木材。甘青地区也有一些木材产品进入外地市场。清末在兰州有复兴成、世裕昌、祥泰公等木材商，资本在两到三万元左右。② 所贩木材除本地用外，还运销到蒙古西部地区。1906年（光绪三十二年）甘肃省为解决筹办"新政"所需经费，曾开办木料统捐，派人在平番、循化、洮岷等地，以及兰州西关安设局卡以征税。可见当时每年的木材交易量还是很可观的。

（二）畜牧产品的输出

西北畜牧产品数量较大，单靠本地是无法消化的。在外国洋行进入西北地区以前，大量畜产品被销往国内其他地区。陕西畜牧业主要在陕北地区，除本地需求外，也有一定量的畜牧产品输出。甘宁青地区的畜产品输出，主要是经甘陕大道进入中原地区，或驮载到陕南后入汉江转运华中等地，也有一些则被贩往西南等地。新疆地区畜牧产品主要是由蒙古草地，进入华北的山西、京津等地。西北主要输出的畜牧产品有：各类羊皮、羊毛、羊绒、牛皮，还有野牲皮、羊肠、猪鬃、活畜等。

因陕西商帮多介入皮毛贩运业，陕西在西北皮毛贸易中具有重要的地位。陕北榆林每年由蒙古过境的羊绒毛有1万多斤。③ 陕西凤翔因交通条件优势，清中期已成著名的西北皮货贸易中心。到清末该地已有皮庄40余家，每年都派人到甘宁青地区采购皮货，陇南、陇西、青海、宁夏

---

① 胡时渊：《西北导游》，《中国西北文献丛书》（西北民俗文献）第127卷，兰州古籍书店1990年影印版，第263页。
② 甘肃省志编委会：《甘肃省志》（商业志），甘肃人民出版社1993年版，第21页。
③ 佚名：《榆林乡土志》（商务）。

所产皮货，均由商家采购后发到凤翔皮庄。全国各地皮货商也纷纷来此，采购他们所需的各类皮货。京津客商专收大厚牛皮，用以制作鞋靴；上海客商多收普通牛皮和小牛皮，做箱包、皮夹子等皮具用；山西客商则多喜欢收购羊、狐、狼皮，用以制作皮衣；河南客商样样都收，然后贩运到外地以牟利。

甘肃的临夏、甘南是著名的皮毛集散地。特别是羔皮最为有名（俗称"番皮"），其毛花弯少，绒根厚耐寒。多由拉卜楞皮客贩运，销往四川、北京等地。河西产的称"江北皮"，多为东乡人收购、贩运。因毛花接近宁夏滩羊皮，花多且好看，但御寒力低于番皮，主要销往上海和江南一带。甘肃东部张家川皮毛市场形成于清末，皮毛多贩自周边地区，主要销往东部或西南地区。青海的丹噶尔也是重要的皮毛贸易中心，蒙藏民众每年将羔羊皮运到丹噶尔，外地商人又将其贩往国内各地。每年羔皮"最多十五六万张，少亦十余万张"，大羊皮"每年一万数千张"。此外，该地还有由玉树贩来销售的牛皮，"每年约一万余张"，"骆驼毛自蒙番运来，每年约二万斤（16两秤）"[①]。

新疆因清政府对外贸易的严格限制，近代初当地畜牧产品主要销往国内。据统1842年（道光二十二年）到1851年（咸丰元年）间，俄商从新疆运出的皮货总共才715卢布，毛织品也不过4360卢布。[②] 1851年（咸丰元年）以后有所增加，1854年（咸丰四年）输出毛皮仅为3800卢布，毛织品1300卢布。[③] 晋商等商帮用新疆民众所需布帛、茶叶、日杂用品大量换取皮毛，然后经蒙古草地贩往华北各地，或加工成各类毛皮制品后销售。19世纪80年代后，因中俄收回伊犁等协定签订，沙俄迫使清政府承诺新疆完全对俄开放后，毛皮等畜产品开始逐步转向对俄贸易，对内地输出的数量也因此大减。

（三）手工业品输出

西北地区的大量手工业品，主要是满足本地区日常生活、生产所需。

---

① 杨景升：《丹噶尔厅志》卷五《商业》。
② 据孟宪章主编《中苏贸易史资料》，中国对外经济贸易出版社1991年版，第203页统计数据计算。
③ 孟宪章主编：《中苏贸易史资料》，中国对外经济贸易出版社1991年版，第236页。

但也有少数手工品有一定的外销市场：一是依托本地特产发展起来的有一定影响力的手工业品，最为典型的有皮毛加工、水烟制造等，其产品对国内其他地区有一定规模的输出；二是一些极富民族特色的产品，像地毯、壁毯、玉器等，常被人们作为工艺品收藏；三是一些初级加工的矿产品，最常见的如沙金之类，也有一定输出量。

西北地区的传统的手工皮毛加工业一直较发达，清代后已在各地形成了一些大大小小的皮毛加工中心。皮毛加工手工作坊的产品有高低档之分：低档产品大都是为满足本地居民生产或生活所需，如加工皮绳、挽具、毛毡、毡衣、毡靴等；高档则主要是加工皮衣、皮箱、皮包等皮具，其中以高档裘衣为主。低档产品仅有少量外销邻近省区，一般外销的规模也很有限。能够批量远销国内各地的主要是高档制品，其中有些产品因久负盛名而畅销全国。

清中期陕西同州（现属大荔县）已成为著名的皮毛加工中心。商人将从西北各地收集到的皮张，加工成长袍、马褂、旗袍、女袄等服饰，远销平津及长江中下游各省，年加工用皮量达百万张。据道光时编著的《大荔县志》记述："县西羌白镇为皮货所萃"，每年春夏交替时节"万贾云集"。甚至"陕西巡抚岁以珠毛羔皮八百张贡诸京师"。陕西泾阳的皮毛加工业也很兴盛，道光年间该县已"皮行甲于他邑"。"东乡一带皮毛工匠甚多"，每年从春到秋，"皮匠齐聚其间者，不下万人"①。清末陕北榆林皮革加工已有一定规模，已有三合公、利盛源、保和、四成玉等20余家皮作坊。但因当地加工技术不高，主要生产挽具、鞍辔、皮靴等，产品主要销往周边蒙古地区。

水烟在陕西、甘肃不少地方都有生产，在西北地区对外输出中也占有重要的地位。陕西的水烟生产地较多，但规模一般都不是太大，仅凤翔的水烟生产有一定的规模。据称凤翔水烟起于陈村镇，生产约开始于同治年间，最早的商号叫生德荣，后陆续开设的有义成生、同成生、德合生等。到清末凤翔水烟作坊发展到10余家，所产水烟大多销往汉口、

---

① 卢坤：《秦疆治略》（泾阳县），道光年刻本。

上海等地。因各家都以"生"字做标记，故当地所产水烟被称为"生"字牌水烟。① 陕西富平水渡村水烟生产业开始于清同治年间，早年有水烟作坊3家，所产水烟名"条烟"，主要销往四川、河南等地。② 汉中地区也有一些烟坊，早年也制作水烟，产品销往周边的湖北、河南一些地方，后改为土法制香烟。

因土壤和水质的关系，甘肃水烟烟质俊俏，烟味浓香，有甲天下之称。但经营水烟作坊的人多为陕西人，最著名的是陕西同朝帮。甘肃本地人经营的规模一般较小，或为陕西的大商家代购、加工。甘肃水烟因烟叶采摘期、炮制办法等不同，可分为青烟（也称碧烟）、棉烟、黄烟几大类。在清末"新政"时期，官方为发展经济大力鼓励水烟制造。"惟省城及狄道、靖远、秦州等处广产烟叶，制造棉烟、条烟、黄烟、生字烟，每年约产一万数千担。"③ 因水烟销路好，生产规模也不断扩大，成为甘肃重要的输出商品。清末甘肃全省年产水烟在3万担上下，仅销到四川的就有七八千担（主要是棉烟）。④

西北地区食盐资源很丰富，但因清代的交通条件落后，如长途运输则成本太高。故大量专门贩运食盐到西北以外地区的较少见，外销食盐主要渠道是商家在贩运货物之时，利用空余的驮畜顺便捎带或夹带。青海玉树地区当地民众利用盐泉卤水手工制盐历史悠久，进入近代后年产食盐仍稳定在3万余驮（每驮70公斤，约2500吨）。⑤ 而当地人口稀少，所产食盐主要是利用南来北往的行商，将其分销到藏北及川康地区。青海各盐湖所产食盐，也有不少被商队夹带销往四川、西藏等地的。宁夏的食盐产量也很大，也有少量通过商家捎带，经陕南、陇南进入川北地区销售。

西北手工毛纺织业历史悠久，有的还形成了一定的品牌优势。道光

---

① 冯国琛等：《凤翔陈村镇生字水烟》，《凤翔文史资料选辑》第3辑，1986年编印。
② 孙子武、杨东军：《水渡村水烟业盛衰记》，《富平县文史资料》第13辑，1988年编印。
③ 彭英甲：《陇右纪实》卷八《办理农工商矿总局》，甘肃官报石印书局1911年版。
④ 张国常：《重修皋兰县志》卷一一。
⑤ 青海省志编委会：《青海省志》（盐业志），黄山书社1994年版，第84页。

年间兰州一带产的毛褐声名远著,各地来收购绒褐的商人"岁以万计"①。咸丰以后因国内"西洋棉布盛行",造成"绒褐出售不易"②。甘肃临夏地区因紧邻牧区,手工毛褐业历史也悠久。东乡、南乡(今康乐、广河)最多,农闲时"以自产羊毛、牛毛用手工捻线,集有一定数量,即织成褐子"③。其剩余产品也到集市上去出售,有商人专门收购后批量贩销它乡。西北地区的地毯、壁毯编织也历史悠久,并富有很强的民族和地域特色,是重要的贸易物资。宁夏的栽绒毯兴起于光绪初年,以其伊斯兰风格见称于世,多被作为家内陈设或艺术品贩运到内地各省。新疆南疆的手工毛毯更以西域特色闻名,和田的栽绒毯常作为对清廷的贡品,也有少量被贩往内地销售。

清代陕西关中一带所产秦缎、秦绸、秦绫渐有名气,曾作为对清王朝的贡品。进入近代后陕西三原等地虽仍有一些蚕桑业,但产业规模较小,秦缎、秦绸的输出量都不大。陕南安康的恒口镇所产巴绸,汉阳城关镇所产花丝葛也很有名,有少量产品输往河南南阳、湖北荆襄等地。近代新疆的蚕桑业也有一定规模,其中维吾尔族民间所织的夏夷绸,以其特有的花样和风格闻名于世,有一些被作为工艺品贩销到内地。还有一些手工业品,因地域或民族特色明显,被作为工艺品输出。在光绪年间青海丹噶尔(今湟源),年产藏靴约 10 万双,非常受藏民群众喜爱。④ 40 余家铜器作坊生产的铜器,也极富民族特色。还有西宁产的银器、首饰等。这些产品有许多被贩往西藏和四川藏区。此外,甘肃兰州的刻葫芦,酒泉的夜光杯,天水的雕漆,保安族的腰刀,以及新疆和田玉制品等都有少量外销。

二 民初至抗战前的商品输出

民国初年至全面抗战爆发前,西北对国内其他地区的输出格局没

---

① 黄璟修:《皋兰县续志》卷四。
② 张国常:《重修皋兰县志》卷一七。
③ 张思温:《河州经济琐谈》,《临夏文史》第 2 辑,1986 年编印。
④ 林生福:《湟源藏靴琐谈》,《青海文史资料选辑》第 16 辑,青海人民出版社 1987 年版。

有太大的改变。在农副产品输出方面的变化,主要是因地方政府、军阀为解决财政困难和筹集军费,大肆鼓励民间种植罂粟,导致鸦片输出量激增。此外,因国际皮毛贸易的刺激,西北地区的畜牧业发展加快。1935 年曾有人估算:"概略言之,中国羊只总数,约有四千五百万头,其中约四分之三在西北各省。"① 畜牧业的发展也使得畜产品增速加快。1933 年宁夏年产羊毛 56.58 万斤,羊皮 17.53 万张,羔皮 19 万张,牛皮 3187 张,驼毛 6.67 万斤,驼绒 3500 斤。② 甚至陕西到 1936 年,羊毛产量也达到 316.5 万斤。西北畜牧产品总量的增加,一方面满足了国际市场的需要,同时,也向国内其他地区提供了不少产品。

（一）农副产品输出

民国后药材仍是西北的重要输出品。陕西全省药材产量很大,据陕西财政厅 1936 年统计年产各类药材共 690 万斤。特别是陕南地区,每年有大量药材通过汉江水运抵汉口,然后转销中东部地区。在 20 世纪 30 年代,陕西仅安康地区每年上市的有:党参 110 万斤、杜仲 100 余万斤、当归 15 万多斤、全皮 20 万斤、厚朴 20 余万斤,还有黄连、麝香。除黄连、麝香销往西北外,其余药材皆销往国内其他地区。③ 据统计甘肃在 20 世纪 30 年代,药材输出约占整个货物输出额的 1/3 左右（见表 5 - 5）。1934 年仅经兰州输出的药材就有 143261 斤,价值 133232.73 元。④ 宁夏药材输出以甘草、枸杞为大宗,1933 年全省药材输出有:枸杞 30 万斤,甘草 78 万斤,苁蓉 47 万斤。⑤ 20 世纪 30 年代初,青海输出的鹿茸、麝香、牛黄、甘草、硼砂、硫磺等药材,总价值约在 35 万元。⑥ 新

---

① 《中国羊毛产量表（民国二十四年估计）》,《甘肃贸易》(季刊) 1943 年第 2—3 期合刊。
② 宁夏档案局（馆）编:《抗战时期的宁夏——档案史料汇编》(下),重庆出版社 2015 年版,第 620 页。
③ 《抗日战争前安康的中药材市场》,《安康文史资料》第 2 辑,1985 年编印。
④ 高良佐:《西北随轺记》,甘肃人民出版社 2003 年版,第 54—55 页。
⑤ 高良佐:《西北随轺记》,甘肃人民出版社 2003 年版,第 203 页。
⑥ 高良佐:《西北随轺记》,甘肃人民出版社 2003 年版,第 84—85 页。

疆对内地也有一些药材销售，据统计1930到1932年，新疆运往内地的中药材有：贝母6.5万斤，枸杞1.3万斤，麻黄2万斤，鹿茸4000斤，羚羊角450斤。①

表5-5　　　　　　　1932—1936年甘肃药材出口情况②

年份	药材出口值（元）	占出口总值（%）
1932	4879155	33.29
1933	6126977	39.57
1934	7058856	33.22
1935	6073325	25.71
1936	7932318	31.40

民国初年西北地方财政多赖鸦片为挹注，鸦片成为军阀们的重要财源。在陆建章控制陕西后，曾以"禁烟"为名搜刮大烟，造成罂粟花开遍三秦大地的局面，甚至还从甘肃贩运鸦片以牟利。甘肃的张兆甲在陇东、孔繁锦在陇南大征"烟亩罚款"。盘踞河西的马廷勷，也在自己的辖区大开烟禁。宁夏官方直接经营和贩运鸦片，时任绥远督统的马福祥因军费无着，公开在绥远鼓励种植鸦片。"规定有地十亩者可种鸦片三亩，每亩能割烟土七十两，以半数交付税费，以半数留给自己。"③ 1922年马鸿宾为购买枪械，以摊借名义低价折收了8万元鸦片，运到北京卖了约30万元。用以购买各种步、手枪600余支，子弹26万多粒，另外还购买小汽车一辆。④

南京国民政府上台后继续实行所谓"寓禁于征"，并提出所谓"限期禁除"。但实际上只有青海马麒因当地农田面积有限，首先必须确保军粮供应，对罂粟采取了严厉禁种措施。但青海禁种却不禁止贩吸，以便

---

① 曾问吾：《中国经营西域史》下编，商务印书馆1936年版，第688—689页。
② 本表根据陈鸿胪《论甘肃药材》，《甘肃贸易》（季刊）1943年第2—3期合刊，第43页资料编制。
③ 宁夏政协文史委员会：《宁夏三马》，中国文史出版社1988年版，第13页。
④ 参见宁夏政协文史委员会《宁夏三马》，中国文史出版社1988年版，第55、271页。

从中抽取好处或税收。西北其他各省罂粟种植和鸦片制贩则越演越烈。陕西直到20世纪30年代初，罂粟种植仍很兴盛，每年烟亩派款在2000万元左右。①1934年杨虎城主政陕西后，曾大力推行分期分区禁烟。当年在严禁的长安县，铲除的烟苗10万亩有奇。在分期禁烟的长武县，当年收缴的烟款仍有1.4万余元。②

1925年后驻甘的国民军为筹集军费，公开鼓励种罂粟以征收"烟亩罚款"，而对不种的还要征收"懒款"。在1930年甘肃有一次上交给国民军的军费中，除了70万元银币外，还有大烟土5万两。③1932年甘肃鸦片种植面积达522375亩，产鸦片烟15671250两，④收"烟亩罚款"总计4793653元。⑤到1934年甘肃各县仍大量种植罂粟，全省种植面积高达493315亩，产鸦片烟1480万两。在统计的64个县中，仅有7县未种，⑥其中种植罂粟大县均超过万亩（见表5-6）。

表5-6　　　　　　　　　　1934年种植鸦片大县统计⑦

县名	亩数	县名	亩数
榆中	27000	靖远	53333
陇西	26666	武威	83333
张掖	46666	永登	26666
徽县	23333	成县	22133
皋兰	23333	古浪	16133

---

① 何廷杰：《陕西农村之破产及趋势》，《中国经济》1933年第1卷第4—5期合刊。
② 陈庚雅：《西北视察日记》，甘肃人民出版社2002年版，第287、290页。
③ 孟企三：《我对孙连仲主甘主青期间一些回忆》，《甘肃文史资料选集》第4辑，甘肃人民出版社1987年版。
④ 甘肃省志编委会：《甘肃省志》（商业志），甘肃人民出版社1993年版，第22页。
⑤ 《甘肃之财政状况》，《银行周报》1932年第16卷第38期，第3页。
⑥ 《甘肃省种烟亩数及产烟额统计表》，甘肃省档案馆，档号：15—15—11。
⑦ 本表根据《甘肃省种烟亩数及产烟额统计表》资料编制，甘肃省档案，档号：15—15—11。

宁夏各地借口因财政困难大力种植罂粟，致使"肥沃农田，多种罂粟"，总量约在 20 万亩以上。① 在宁夏河套地区，"宁夏、宁朔、平罗、中卫、灵武、金积、中宁等七县的耕地总面积是一百六十六万一千三百八十四亩，烟地要占百分之十三点几"。造成了宁夏罂花漫野，烟民遍地的景象。1936 年全省登记的烟民"十二万三千五百六十四人，那时全省总人口是九十八万七千九百三十三人。烟民几乎占了八分之一"②。新疆的杨增新曾一度为禁种罂粟开了杀戒，后也以财政困难、无法制止俄商偷运鸦片为由开禁，以便从罂粟种植和鸦片交易中牟利。

西北地区大量生产的鸦片烟，除自己消费外还大量输出。据统计1933 年度，经陕西关中地区共输出鸦片 140 万两，价值 1540 万元。③ 20 世纪 30 年代，甘肃产鸦片一路借黄河水路，运销华北地区（名曰"西货"）；一路沿甘陕公路进入中原地区。据 1936 年《禁烟半月谈》第 1 卷第 3 期估算，在 1933 年到 1935 年间，甘肃年输出鸦片约 600 万两。此时宁夏每年产量也在 600 万两左右，其中约有半数供输出。④ 因西北产的鸦片一度挤占了川、滇鸦片市场，蒋介石于 1935 年 8 月致电陕甘两省省主席，提高销往河南的陕甘鸦片税，每担由 270 元增加到 590 元，（后又增加到 920 元），销往江苏、安徽及邻省的，由 590 元增加到 920 元。

直到全面抗战前夕，西北地区的罂粟种植才开始减少。陕西实行了分区禁种，逐步清除的办法。新疆的盛世才推行更严厉的禁种措施，罂粟种植的势头得到遏制。但甘肃罂粟种植问题仍很严重，1937 年全省鸦片产量达 32547589 两，价值 48821380 元。⑤ 宁夏虽在 1935 年后开始宣布禁烟，直到 1938 年官方宣布禁烟结束。但烟民可"凭照购吸"，私贩烟土还普遍存在，"烟民仍向私设烟肆购买"⑥。官方也仍在经销鸦片，

---

① 叶祖灏：《宁夏纪要》，正论出版社 1947 年版，第 52 页。
② 秦晋：《宁夏到何处去》，《天津益世报》1947 年版，第 111 页。
③ 陕西省银行经济研究室特刊之一：《十年来之陕西经济》，启新印务馆 1942 年版，第 156 页，陕西省档案馆藏，档号：C12—0—206。
④ 叶祖灏：《宁夏纪要》，正论出版社 1947 年版，第 52 页。
⑤ 陈鸿胪：《论甘肃贸易》，《甘肃贸易》（季刊）1943 年第 4 期。
⑥ 《十年来宁夏省政述要》民政篇，第 236 页。

1938年初官方一次出售鸦片83万余两,①借此回笼宁夏地方所印发的货币,还多次用军车往西安等地贩运鸦片。

民国后陕西关中地区的棉花种植日盛,1920年全省植棉达1283650亩,皮棉产量293667担。②因陕西的棉花加工能力很小,大量棉花需运到郑州、汉口甚至上海等地加工。在20世纪30年代,山西等地商人常大量收购陕西棉花,在咸阳装船沿渭河入黄河东运。1931年宋子文等发起成立中棉公司,1934年又扩充资本,并开始指染陕西的棉花营销业,进一步加大了陕西棉花的输出。据对1934年7月到1935年6月的统计,陕西省棉花输出达12189090元(包括销往甘肃的棉花),占当年输出商品总额的75%。③新疆到20世纪30年代,据统计棉花种植面积达85万亩,产量2118.4万斤。④新疆产的棉花也有部分运到国内其他地区。据调查在20世纪30年代初,每年经绥远用骆驼运抵京津一带的棉花约有22万斤。⑤

陕南的生丝贸易民国后依然兴盛,1932年安康地区外销生丝22.37万斤。⑥此外,陕西因与中、东部地区交通相对便利,输出的杂货也比较多。秦岭地区的山民,"负背货物者甚多,以木耳、花椒、药材、纸料为著"⑦。每年经汉江运销内地生漆约100万斤、黑木耳约300万斤、苎麻约220万斤。⑧陕北神府蓖油出口量也较大,"贩者或船或驼,均运至山西碛口落地销售。船运用羊皮浑脱盛之,每个盛油九十余斤,大船载一百六七十个,约重一万二三千斤,小船半之"⑨。甘肃陇南每年也有不

---

① 宁夏政协文史资料委员会:《宁夏三马》,中国文史出版社1988年版,第271页。
② 马少泉:《中国棉业公司福生庄抗战期间经营陕西棉业回忆》,《陕西文史资料选辑》第23辑,陕西人民出版社1989年版。
③ 陕西省银行经济研究室特刊之一:《十年来之陕西经济》,启新印务馆1942年版,第173页。陕西省档案馆藏,档号:C12—0—206。
④ 曾问吾:《中国经营西域史》下编,商务印书馆1936年版,第654页。
⑤ 曾问吾:《中国经营西域史》下编,商务印书馆1936年版,第689页。
⑥ 陈平:《近代安康丝织业简况》,《安康文史资料》第7辑,1993年编印。
⑦ 胡时渊:《西北导游》,《中国西北文献丛书》(西北民俗文献)第127卷,兰州古籍书店1990年影印版,第263页。
⑧ 《安康水运史》,《安康文史资料》第4辑,1991年编印,第25页。
⑨ 宋伯鲁:《续修陕西通志》卷三五《征榷二·厘金》。

少花椒、木耳等山货，运往四川后转输国内其他地区。新疆运到内地的杂货，主要有葡萄干、杏干、哈密瓜干等。特别是葡萄干闻名于世，1930—1932年，经蒙古草地运往国内其他地区的葡萄干有18万斤。①

民国后甘青地区与内蒙古的木材交易仍在进行。据洮河《洮河上游之天然林》一书记载：甘肃洮河林区每年下放的木筏有1400筏，每筏以干材30根计，共约4万株。据调查1941年，临潭输出大小木材有15万根。② 这些木材除供兰州外，相当部分经黄河筏运到内蒙古中西部销售。甘肃大夏河流域的木材也多转道兰州贩销蒙古等地。青海也有不少木材贩运外地，东部的同仁河，每年夏季木材商人乘河水大时，将木料编成木排，"雇水手领放"。青海亹源县的"班固、仙米等处皆有松林"，兰州的木商在此收购的木材，"亦由水运放"③。据统计1932年青海输出的主要木材有：松木260余根，柏木棺材板90余付，榆、柳木320余根。④ 陕南汉水流域所产木材仍主要发往河南、湖北等地。直到全面抗战爆发后，这些地区大都成为日占区，批量性木材贸易遂停止。

（二）畜牧产品的输出

清末民初甘宁青地区因洋行势力介入，使得皮毛贸易的重点转向对外出口。但仍有不少地区因地理环境和交通等因素，当地所产皮毛仍销往国内其他地区。在陕北农牧产品交易中心榆林，每年由蒙古过境贩往华北一带的牲畜有：马1000多匹，牛1000多头，羊绒毛1万多斤。⑤ 民国初年甘肃张家川的皮毛市场，主要还是国内四川、重庆等客商前来贩运皮毛。后来还出现了本地人开办的万盛皮店、德盛皮店等，向国内推销皮毛等畜产品。1922年外商才插手当地的皮毛业，张家川的皮毛这时开始多转销国外。⑥ 青海玉树地区参与当地畜产品贸易的，主要还是四

---

① 曾问吾：《中国经营西域史》下编，商务印书馆1936年版，第689页。
② 顾颉刚：《甘青见闻记》，《甘肃文史资料选辑》第28辑，甘肃人民出版社1988年版。
③ 王昱等：《青海风土概况调查集》，青海人民出版社1985年版，第177、170页。
④ 顾执中等：《到青海去》，商务印书馆1934年版，第306页。
⑤ 佚名：《榆林乡土志》（商务）。
⑥ 麻钧、马辅臣等：《张家川皮毛业的发展》，《甘肃文史资料选辑》第42辑，甘肃人民出版社1996年版。

川甘孜商人、山陕商人、西宁商人、土著商人等。直到全面抗战前，玉树的皮毛主要还是由甘孜帮销往四川。

在第一次世界大战和十月革命期间，因为战争的影响俄新间贸易大幅下降。新疆为满足自身的民众需求，这时与内地的商业贸易又有较大增长。许多内地商号将新疆皮张、毛类等土特产运到内地，以换取当地紧缺的日用工业品。据有关档案记载：1922年迪化的德兴合商号在各地收购野牲皮、羊肠等运往关内销售。在通过其焉耆分号购回的皮货中有：狼皮10张，猞猁皮4张，狐狸皮49张，狸子皮9张，狐腿4对。并提醒各分号，"天津行市不好"，故要求"狼皮要青色个大的"，"猞猁皮要毛厚的"，"羊肠子捡大的"收购。①

随着苏联社会经济的恢复，新苏间的贸易开始复苏。新疆与内地贸易虽受到影响，还是有一定的规模，1924年内运的货物总值为140余万两。②另据英驻喀什领事报告，1927年至1928年，新疆运往内地的土特产中，主要是各种兽皮（狐狸、熊、猞猁、灰鼠、狼、狗、山羊、绵羊、牛皮等），及驼绒、驼毛、羊毛、马尾等。20世纪30年代后盛世才极力向苏联靠拢，利用裕新土特产公司控制了新疆的主要贸易物资，大量畜产品转向出口苏联。但这时仍有一些与内地有代理关系的商家，将皮毛等物资贩往内地。1937年5到9月，迪化的同泰兴商号曾多次发送皮毛到内地。发往天津老羊皮共4025张，驼毛55包，羊毛210包。发往绥远驼毛33包，羊毛37包。③

（三）手工业品的输出

民国后陕西关中的皮毛加工仍很兴盛。1933年同州的皮货作坊达100余家，全行业有2万余人，较大的有祥盛李、惟一正、仁义荣等字

---

① 新疆通志（商业志、外贸志）编委会、新疆档案馆编：《新疆商业外贸史料辑要》第1辑，内部发行，1990年编印，第234—235页。
② 潘祖焕：《新疆解放前商业概况》，《新疆文史资料选辑》第1辑，新疆人民出版社1979年版。
③ 新疆通志（商业志、外贸志）编委会、新疆档案馆编：《新疆商业外贸史料辑要》第1辑，内部发行，1990年编印，第211—212页。

号。① 同州的皮货板薄、毛柔、色白、毛根软，毛多呈环状，最佳者称"九道环"。《陕西实业考察》中也谈道：同州"皮货闻名全国"，"输出皮货多以邮包寄出"。陕北榆林在20世纪30年代后通过引进加工技术，皮革制品不仅数量大增，质量也有较大提升，产品开始大量销往内蒙古、山西、河北、天津等地。② 在甘宁青各地也分布有一些皮革加工重镇。天水加工的皮件中，以皮马褂尤为著名。规模最大的永兴羊皮作坊，可年加工皮马褂3000多件。正兴马皮作坊年加工用皮8000余张，产皮制品1500多件。他们的产品主要销往上海等地。③ 青海西宁有十五六家大皮货商号，将收购的羊羔皮、猞猁皮、狐狸皮等贵重皮张，加工后销往武汉、上海、成都、天津等地。④ 宁夏（今银川）栽绒毯因销路好也有较大发展，1916年有手工栽绒毯作坊13家，福盛刘、兴盛肖、天荣龚等多家制毯有一定名气。其中最兴盛的是福盛刘，1916年用羊毛量达8300斤，产栽绒毯5000平方尺，1933年产栽绒毯更是高达5500平方尺。⑤

民国后甘肃的水烟业快速发展，在水烟生产的带动下，烟草种植遍及皋兰、榆中、临洮10余县。有人曾描述到兰州路边田地净是水烟，"烟香扑鼻"，"满地不见一片败枝软叶"，"真是丰腴极了"⑥。20世纪30年代中央银行经济研究处调查：甘肃烟草种植面积约4.2万亩，烟叶产量354.6万斤。⑦ 水烟种植业在一些地方已经成为农民的重要经济来源，如兰州地区1933年约有烟农4000余户，当年生产水烟叶总值为1360837元，每户烟农户均可获利300元以上。⑧

1923—1928年间，仅兰州就有大小水烟厂一百三四十家，最大的水烟厂有男工500余人、女工200余人。后因国民军与地方军阀混战，以

---

① 刘启嗣：《同州批货的兴衰》，《大荔文史资料》第4辑，1991年编印。
② 罗国雄：《榆林皮革工业简史》，《榆林文史资料》第10辑，2010年编印。
③ 王来喜：《天水皮毛加工业》，《天水文史资料》第6辑，1992年编印。
④ 穆建业：《回忆西宁皮货业作坊》，《西宁文史资料》第4辑，1998年编印。
⑤ 吴成、许永孝等口述：《银川毯坊》，《宁夏文史资料选辑》第17辑，宁夏人民出版社1987年版。
⑥ 魏晋：《兰州春秋》，甘肃人民出版社2002年版，第168—169页。
⑦ 中央银行经济研究处：《甘宁青经济纪略》，华丰印刷铸字所1935年版，第34页。
⑧ 《兰州水烟调查报告》，甘肃省档案馆，档号：215—001—0156。

及后来的蒋、冯、阎中原大战，导致大量水烟厂倒闭。1933年后水烟业再次复兴，输出量大增（见表5-7）。1934年兰州对外输出货物总额为5339456.73元，其中水烟类为2184117元，占比例高达40%以上。① 甘肃榆中、靖远、临洮等地，也有不少水烟作坊，外销量也十分可观。榆中以出产青烟著名，年产量3000担左右，每担成本在60元左右，多时可获利80余元，产品全都通过黄河水运转销天津一带。②

表5-7　　　　　　　1932—1933年兰州输出水烟统计③

年份		条烟 每担280斤	棉烟 每担384斤	黄烟 每担360斤	青烟 每担300斤
1932年	数量（担）	22437	1254	3435	2777
	价值（元）	1570590	120384	274800	208325
1933年	数量（担）	22430	1254	3435	2791
	价值（元）	1570590	180384	274800	208325

沙金主要产于甘肃、新疆、青海，手工淘制沙金在西北地区历史悠久，仅甘肃沙金产地就有十几处。民国以前西北沙金多为民间私自淘采，数量、规模没有准确记录。以甘肃为例，据彭英甲估算"每年约计产金一万余两"。清末"新政"时为弥补甘肃贸易逆差，每年输出沙金，"较前骤增数倍"④。民国后许多沙金产地逐步被纳入官方管理渠道，每年西北具体输出沙金数量难以考订，但总量应是较为可观的。据一份杂志对甘肃12个产金地调查，可年产黄金在14200两左右。⑤ 1936年青海马步芳将全省产金区划为"官产"，向采金者征收"金课"，采金的人不下三四万，"按每人每年纳黄金二至三钱缴纳课金"⑥。马步芳还放"金账"

---

① 高良佐：《西北随轺记》，甘肃人民出版社2003年版，第54页。
② 高良佐：《西北随轺记》甘肃人民出版社2003年版，第191页。
③ 本表根据潘益民《兰州之工商业与金融》，商务印书馆1935年版，第146—150页资料编制。
④ 彭英甲：《陇右纪实》卷八《办理农工商矿总局》，甘肃官报石印书局1911年版。
⑤ 《甘肃贸易》（季刊）1943年第4期，第35页。
⑥ 青海省志编委会：《青海历史纪要》，青海人民出版社1980年版，第165页。

（借给淘金者粮、布等，用黄金偿还）。通过"金课""金账"及收购，每年可得黄金总数不下 4 万两。① 新疆的阿尔泰地区，"金矿独旺，目前已开采者计有七处"②，采金之夫多时可达万人，1916 年采金"达六七万两"③。盛世才上台后，当地采金业完全为官府所垄断。官府收购的这些沙金，大多用于弥补与国内其他地区的贸易逆差，或军阀购买枪械、子弹等物品。

三 抗战以后的商品输出

全面抗战爆发后，西北地区对国内的商品输出的格局发生了变化。因东部国土沦陷，原西北对华北、中原及长江中下游地区大量输出的农牧产品，不得不改向西南或经西南转运，商品输出的困难明显加大。如新疆棉花原还有少量通过蒙古输入华北地区，此时该通道已被完全截断。此外，因为国家已进入战时经济状态，中央和地方政府对物资的管制也不断加强。陕西省将棉花、食盐、国药、部分山货都列入重要物资清单。不仅要求"各地商会应按季填具业务报告表，于每季终了后十五日内呈送，主管官署递转经济部备查"。如"不按期填送业务报告表或填表时草率将事，应由主管官署予以警告，其情节较重者，并应依法论处"④。甘宁青新地区最大的贸易物资皮毛，也先后被政府实行管制。虽然总体来说全面抗战时西北的畜牧业发展良好，如甘肃年产羊毛 5.5 万担，驼毛 3000 担，老羊皮 200 万张，羔皮 80 万张，山羊板皮、滑皮各 50 万张，还有猪鬃 1800 担，羊肠约 30 万根。⑤ 但因必须保证对苏易货贸易的需要，优先由复兴公司收购，剩余约半数产品民众才可自由出售。宁夏、青海、新疆的畜牧产品，均基本被地方官营商业机构所垄断，民间能够

---

① 青海省志编委会：《青海历史纪要》，青海人民出版社 1980 年版，第 166 页。
② 谢晓钟：《新疆游记》，甘肃人民出版社 2003 年版，第 324 页。
③ 谢晓钟：《新疆游记》，甘肃人民出版社 2003 年版，第 325 页。
④ 《检发商会及重要商业同业公会业务报告表式仰遵照转行各该会依式填报由》，陕西省档案馆，档号：72—3—168。
⑤ 参见朱允明《甘肃乡土志稿》，《中国西北文献丛书》（西北稀见方志文献）第 30 卷，兰州古籍书店 1990 年影印版，第 468—451 页。

自营的数量更少。

（一）农副产品的输出

全面抗战爆发后，原来大量输出到京津、武汉等商埠的药材因此受阻，致使西北部分地区的药材只能贩运到西南等地销售。因甘青药材重要产区与四川地界相连，运输成本相对要低一些，销售量还算可以。在甘肃药材种植重地——陇南，人们通过畜驮、人背、水运等方式，将大量药材运往四川或经四川转销其他地区（见表5-8）。但每年甘肃药材的输出值，在货物输出总值中的占比出现下降（抗战前5年平均为32.64%，后5年为29.54%[①]）。

表5-8　　　　　1937—1941年甘肃药材出口情况[②]

年份	药材出口值（元）	占出口总值（%）
1937	7203790	36.71
1938	7734251	27.31
1939	16520435	29.25
1940	27376815	25.33
1941	59431289	29.08

因甘肃的药材销路尚可，故药材生产仍较兴盛。据仅对甘肃所产的21种主要药材调查，1942年总产量在2300万斤以上（参见表5-9）。1942年经碧口输出的药材为33470350元（包括鹿茸），占该口岸输出总值的66.23%。[③] 此外，官方为增加甘肃的财政收入，减少对外的贸易逆差，也采取一些办法扶植药材生产。1943年甘肃贸易公司为扶植药农，组织向国内其他地区输出药材281担。[④] 但总体来说，西北地区与国内的

[①] 数据根据本节《1932—1936年甘肃药材出口情况》《1937—1941年甘肃药材出口情况》计算。

[②] 本表根据陈鸿胪《论甘肃药材》，《甘肃贸易》（季刊）1943年第2—3期合刊，第43页资料编制。

[③] 洪文翰：《谈谈甘肃的商港——碧口》，《甘肃贸易》（季刊）1943年第4期。

[④] 《甘肃贸易公司档案》，甘肃省档案馆，档号：47—1—157，第19页。

药材贸易情况不佳。特别是宁夏、新疆等地药材输出很困难，致使药材贸易量大幅下降。

表5-9　　　　　　　　1942年甘肃年产药材情况调查①

药材名称	产量（斤）	药材名称	产量（斤）
当归	7838000	黄芩	119980
大黄	3316568	升麻	89300
甘草	2634505	苍术	73350
党参	2444030	冬花	65890
羌活	1665240	川芎	54000
麻黄	1407180	杏仁	51780
秦艽	916480	防风	35000
知母	797610	贝母	26310
黄芪	312700	麝香	659
柴胡	206294	鹿茸	268
猪苓	150000	其他	678500
总计			23063444

全面抗战时期陕西棉花成为国民政府管制物资，不许民间商人私自经营，由国民政府农产调整委员会委托中棉公司代办收储棉花。1938年7月农本局福生庄在西安成立了福生秦庄，并在咸阳、渭南、泾阳、三原等地设立支庄，负责收购陕西的棉花，在宝鸡设棉花转运机构，负责将收购的棉花转运到四川广元。因政府的管制农民失去了市场竞价权，对棉花生产的积极性不高，致使陕西棉花产量起伏较大（参见表5-10），再也未能达到1936年的水平（种植面积488.3万亩，产量106.3万担）。1938年10月到1939年9月，福生秦庄收运棉花为7.72万担；1939年10月到1940年9月，收运棉花为10.27万担；1940年10月到

---

① 本表根据《甘肃贸易公司统计组民三十一年通讯调查》，《甘肃贸易》（季刊）1943年第5—6期合刊，第97页资料编制。

1941年9月，收运棉花为4万担。陕南产的一些棉花也被收购运川，1940年经南郑运川的棉花、棉纱约1700包（每包240斤）。①

1941年10月后因农本局和福生庄矛盾，福生庄停止收购陕西的棉花。当时陕西棉纺织厂和民间纺织业，能耗用棉花只有30万担左右，这又引起了棉花市场价格大幅波动（1941年3月棉花与小麦比价为1∶7.26，同年4月就猛降到1∶4.58）。② 1942年后由于收购价格过于偏低，棉花生产受到严重打击，棉田面积开始大幅下降。为了保证后方的棉花需求，1943年后陕西棉花收购又划归花纱管制局管理，并且对陕西棉花实行了征实，但棉花生产萎缩的局面仍无法改观。抗战胜利棉花收购放开后，陕西的棉花种植开始恢复。如在咸阳的棉花收购商，由1943年的20多家增加到1949年的49家，所收棉花多沿渭河入黄河，被转运销售中原各地。③

表5-10　　　　　　　1936—1944年来陕西省棉花产量④

年份	面积（亩）	产量（担）	年份	面积（亩）	产量（担）
1937	4646000	832000	1941	3590000	945000
1938	3895000	997000	1942	3269000	596000
1939	3187000	862000	1943	1463483	410871
1940	3671000	670000	1944	1320000	300000

全面抗战时期因失去东部地区主要市场，许多农副产品输出受到较大影响，西北地区对国内其他地区货物输出量和种类均明显下降。此时西南地区虽与西北地区经济联系空前强化，但毕竟市场规模有限，无法

---

① 陕西省银行经济研究室特刊之一：《十年来之陕西经济》，启新印务馆1942年版，第161页。陕西省档案馆藏，档号：C12-0-206。
② 马少泉：《中国棉业公司福生庄抗战期间经营陕西棉业回忆》，《陕西文史资料选辑》第23辑，陕西人民出版社1989年版。
③ 编辑撰稿：《咸阳棉业回顾》，《渭城文史》第3辑，1996年印。
④ 本表据《九年来陕西省棉花产量》，《甘肃贸易》（季刊）1944年第10—11期合刊，第65页资料编制。

取代东部市场的地位。加之,西北输出的物资中有相当部分与西南产品有同质性,如木耳、花椒等一些山货等。西北地区的某些品种物资输出,只有借道西南或采用小量走私、夹带到东部。但这货物输出的风险加大,也导致成本大幅提高,使货物失去了市场竞争力。抗战胜利后东部市场恢复,但不久内战爆发,商道因此也受到严重影响。

(二)畜牧产品输出

全面抗战爆发后国民政府对羊毛、兽皮、猪鬃等物资实行统购,使得内销皮毛受到较大的影响,但仍有部分皮毛、畜产品销往国内各地。甘肃复兴公司分公司除将收购的优质皮毛运往苏联偿还债务外,同时还要保证省贸易公司的皮件、皮统对外省的销售任务(主要运销陕西、四川等地)。另外,对苏出口的剩余皮毛或质量较差的皮毛,可由民间商人自由贩销。甘肃年产羊毛约1200万斤,复兴公司统购约500万斤;年产羊皮约350万张,约半数归复兴公司收购,① 其剩余部分数量仍很可观。1940年秋对秦安调查:年输出皮毛1.5斤,猪鬃3000余斤,皮毛多由甘、宁、青贩入,"猪鬃大多来自邻近各县","售于成都、重庆各地"②。在1942年碧口镇输西南地区的货物中,皮张类货物价值7294850元,占到该镇输出品总值的占14.43%。③

抗战前夕青海毛步芳为垄断青藏贸易,曾向蒙藏委员会建议设立青藏贸易公司。宣称"如斯办理,藏商之来青贸易,必致日益繁盛,青藏商务藉之亦可振兴,兼能融合民族情感"④。后因抗战爆发成立青藏贸易公司之事被搁置。马步芳便通过自己控制的德兴海和协和商栈往来西藏贸易,"输出品以皮毛为主",还有骡马等大牲畜。一匹上等骡子在青海买400个银元,而贩到拉萨可买800到1000个银元。⑤ 在德国对苏发动"闪电战"后,新疆的盛世才见风使舵,使得关系紧张,原对苏出口逐

---

① 孟非:《抗占时期的甘肃贸易》,《社会科学》(甘肃)1987年第6期。
② 甘肃省银行经济研究室:《甘肃省各县经济概况》第1集,1942年10月,第35页。
③ 洪文翰:《谈谈甘肃的商港——碧口》,《甘肃贸易》(季刊)1943年第4期。
④ 《民国时期西藏及藏区经济开发建设档案选编》,中国藏学出版社2005年版,第290页。
⑤ 韩应选等主编:《西宁商业史略》,中国商业出版社1991年版,第305页。

年下降。苏联这时也无力向新疆提供工业日用品，造成新疆工业品和一些日用品奇缺。为摆脱这一困局，新疆开始加大与内地的贸易力度。1942年12月裕新土产公司与中茶公司订立合同，以上等精梳羊毛10万担，以及驼毛、皮张、羊肠等，换购茶叶。①

抗战胜利后，西北皮毛等畜产品管制放松，东部贸易线路也开通，销往国内其他地区的数量大增。仅青海玉树二十五族，1948年通过四川销往国内各地的畜产品有：牛皮13160张、羊毛93.3万斤、羊皮9000张、毛毡1.18万条，还有活畜羊1.55万只、牛38850头。②新疆因苏联支持"三区革命"，致使其余七区对苏交易基本停止。1945年新疆贸易公司为解决畜牧产品销路，决定收购老羊皮50万张、牛皮6万张、马匹2万张、秋羊毛30万斤，以及加工的熟羊皮4万张、熟牛皮5000张，还有皮羔筒子、和田地毯、皮箱等，以便从内地换回日用必需品。③

（三）手工业、工业品的输出

全面抗战爆发后陕西皮革制造业仍有一定规模，据1943年统计陕西有皮革厂18家，（多为手工作坊，仅有机械动力27马力），总资本额118万元。④甘肃兰州因外地商人加入，手工和半机械化皮革厂有20多家，资本额最大的达百余万元（见下表）。这些厂一般工艺水平要高一些，产品除供本地外还有部分销往全国各地。⑤甘肃临夏一些皮革加工商，加工从青海贵德收购的黑羔皮，每年约有万件运销内地。⑥甘肃平凉为东部重要皮毛集散地，抗战时皮革加工业兴起，有各类皮商行、皮

---

① 新疆通志（商业志、外贸志）编委会、新疆档案馆编：《新疆商业外贸史料辑要》第2辑，内部发行，1990年编印，第167页。
② 倪云杰：《玉树二十五族现状》，《和平日报》1948年10月31日。
③ 新疆通志（商业志、外贸志）编委会、新疆档案馆编：《新疆商业外贸史料辑要》第2辑，内部发行，1990年编印，第161—162页。
④ 《一九四三年经济部核准陕西省登记工厂分类统计表》，陕西省档案馆，档号：72—2—110。
⑤ 王来喜：《天水皮毛加工业》，《天水文史资料》第6辑，1992年编印，第271页。
⑥ 王廷俊：《解放前的临夏皮毛商》，《临夏文史》第2辑，1986年编印，第58页。

作坊120余家,① 其产品大量通过邮件输出。宁夏地区的制革业也有发展,一些大皮作坊年加工裘皮衣在千件以上,最大的可加工3000件左右,产品主要销往四川、绥远等地。1940年绥远傅作义为解决士兵冬季所需皮衣,曾向宁夏一次求购皮衣1万件。② 宁夏南部的固原皮货加工也颇为兴盛,"往年包裹业务均颇发达,上年(1943年)仍有大批皮货寄往川湘等地"③。

表5-11　　　　　　　1942年兰州皮革加工业情况简表④

名称	经理人	资本（元）	名称	经理人	资本（元）
建国制革厂	胡逸耕	200000	振华制革厂	苏孝光	20000
利工制革厂	姜集云	40000	乾源制革厂	夏仲毅	40000
丰记制革厂	李文山	75000	中山制革合作社	李勒风	74000
鸿泰制革厂	王彦明	50000	建兴制革工业社	魏建安	20000
金城工业社	李文阁	50000	胜利制革厂	李生春	10000
同茂兴制革厂	薛武霖	30000	信丰制革厂	张子新	100000
乾和制革厂	何汉儒	20000	雍记工厂	石春生	10000
裕生制革厂	心仰义	20000	中国皮件厂	张新民	10000
盐场堡皮革合作社	张祖一	100000	华北皮件供应社	张新民	10000
皮衣生产合作社	王本正	10000	天成源皮件厂	李文阁	20000
兰州制革厂	蒲敏功	150000	健兴皮件工业社	徐子和	45000
复兴皮革售品所	贾明超	10000	华茂皮件厂	刘振亚	30000
马记制革厂	马中和	10000			

---

① 张文蔚:《平凉回民经营皮毛业情况》,《平凉文史资料》第3辑,1993年编印。
② 宁夏档案局(馆)编:《抗战时期的宁夏——档案史料汇编》(上),重庆出版社2015年版,第123页。
③ 宁夏档案局(馆)编:《抗战时期的宁夏——档案史料汇编》(下),重庆出版社2015年版,第458页。
④ 本表根据:《第三区制革工业同业公会会员名册》(民国三十一年八月)编制,甘肃省档案馆,档号:60—2—164。

第五章 西北与内地的商业贸易

全面抗战时期东部商路被切断,市场上的纸烟供应大幅减少。水烟又是属政府规定的民间自营物资,因而甘肃的水烟出现产销两旺的局面。1937年兰州及周边水烟产量为816.12万斤,1938年为824.05万斤,1939年为843.6万斤。① 据1943年对兰州水烟作坊调查:资本超过10万元的2家,超过5万元的5家,1万元以上的19家。② 兰州还有水烟专营店52家,以及专门经营水烟运输的6家商行。榆中有水烟作坊26家,年产水烟62.66万斤,其中像保寿堂年产水烟可达6万斤,永顺成、协盛泰年产都在5万斤以上。③ 靖远有水烟作坊5家,年产水烟38.2万斤。临洮也有规模较大水烟作坊4家。④ 这些水烟作坊其总产量也是很大的。据1943年甘宁青统计局发表的数据,1942年兰州、皋兰、榆中、靖远4地各种水烟总产量为877.1万斤(其中黄烟18.4万斤,棉烟301.7万斤,条烟378.6万斤,麻烟178.4万斤)。⑤

全面抗战时期水烟在非战区销售受战事影响不大。1942年经碧口转销西南、两湖的水烟,在300万斤左右。⑥ 青烟、棉烟的主要销售市场在东部沦陷区,但因日本人的经济封锁,原有的水烟贩运路线被阻塞,造成兰州水烟在这些地区奇缺。上海曾出现每公斤水烟高达二元七八角(银币)的情况。水烟的这种巨额利润,刺激烟商努力寻找新的贩运途径。甚至有从甘肃陇南碧口经四川、贵州、广西,出镇南关绕道至越南西贡,再想法由海路运抵上海者。⑦ 1942年甘肃省贸易公司为扶植水烟业,也卷入贩卖水烟的行列中去,当年外销水烟307

---

① 严树棠、李建基:《解放前的兰州水烟业》,《甘肃文史资料选辑》第14辑,甘肃人民出版社1982年版。
② 《兰州水烟作坊一览表》,《甘肃贸易》(季刊)1943年第7期。
③ 《榆中烟坊一览表》,《甘肃贸易》(季刊)1943年第2—3期合刊。
④ 《靖远烟坊一览表》、《临洮烟坊一览表》,《甘肃贸易》(季刊)1943年第2—3期合刊。
⑤ 《甘宁青统计局发表民三十一年兰州皋兰榆中靖远四地各种水烟产量》,《甘肃贸易》(季刊)1943年第5—6期合刊。
⑥ 洪文翰:《谈谈甘肃的商港——碧口》,《甘肃贸易季刊》(季刊)1943年第4期。
⑦ 严树棠、李建基:《解放前的兰州水烟业》,《甘肃文史资料选辑》第14辑,甘肃人民出版社1982年版。

担。① 因战时水烟加工、销售火爆，甘肃烟草种植面积一直维持在4万亩以上（见表5－12）。

表5－12　　　　　1942—1946年甘肃烟草种植面积②

年份	种植面积（亩）	年份	种植面积（亩）
1942	46358	1945	40381
1943	44086	1946	40065
1944	41771		

全面抗战爆发后，西北地区传统的手工纺织业——毛褐业再次兴起，除解决当地民众穿衣外，也有少量作为特产外销。1943年仅甘肃秦安县输出的毛褐达5万多匹，③ 其中部分经天水沿着甘川公路贩往四川等地。甘肃通渭的手工毛线和毛衣制品，也有销往昆明、重庆、成都等地的。④ 此外，抗战时期西北其他毛加工业也较兴盛。1941年陕北榆林城内共有羊毛工厂50余处，其中有织栽绒地毯及擀毡者40余家，规模最大的是惠记栽绒地毯厂，资本约3万元，其余各厂资本在4000至数百元不等，⑤ 其产品也有销往周边内蒙古、山西一带的。

全面抗战时东部食盐来源基本断绝，西南一些地方食用盐供应紧张。西北地区食盐资源丰富，质量和价格上也有一定优势。一些商人因有利可图，不顾食盐专卖禁令夹带食盐。甘肃所产食盐主要是由一些商队夹带运往川甘、川陕边界销售，1940年仅由古浪一条山经秦安运售西安、四川的青盐达15万斤。⑥ 宁夏所产的食盐、湖碱，也有一些被商队转贩，经陇南或汉中销往川北地区。青海因食盐量大质优，很受市场的欢迎，一些产盐地又与四川地界相连，销往四川周边地区的食盐数量可观。据

---

① 《甘肃省贸易公司档案》，甘肃省档案馆，档号：47—1—157，第19页。
② 本表根据曹德明《兰州水烟》，甘肃人民出版社1985年版，第11页数据编制。
③ 陈鸿胪：《论甘肃的贸易》，《甘肃贸易》（季刊）1943年第4期。
④ 乔廷斌：《通渭巡礼》，《西北日报》1944年12月19日。
⑤ 梨小苏：《陕北榆林经济概况》，《西北研究》1941年第4卷第7期。
⑥ 《甘肃省各县经济概况》第1集，1942年10月编。

官方统计，1947—1949 年青海销往四川、西藏的食盐有 800 吨左右，占青海食盐总产量的 23%。① 此外，在当时青藏贸易中，还有一些其他手工业品输出到西藏地区。如青海互助产白酒在西藏很受欢迎。在青海本地每个银元可买互助白酒 30 斤，运到拉萨后每个银元只可买 8 斤。②

全面抗战时期西北地区工业有了一定的发展。陕西关中棉纺织业有了一定规模，兰州机器毛纺业也一度比较兴盛。但棉纺品主要供应西北，毛纺品产品多为军需订货，对市场的影响力有限。当时影响较大的是玉门油矿所产的石油制品，除国家调拨满足军需外，还在四川、贵州、云南等地设有分销机构，向市场提供石油制品。据玉门油矿档案记载：抗战时国内民间石油需求多依赖玉门，以致客户不惜长途奔波去订货。"油款先付后付，情皆自甘，数量更不计较，只要有油可给，即可满足。"③ 中央在甘机关也尽力采购，以满足本系统分散在各地的分支机构的需要。如 1940 年贸易委员会西北办事处，向玉门油矿每月订购汽油 100 加仑、灯油 50 加仑，并代第八战区订购灯油每月 100 加仑。④

四　商品输出的特点及意义

综上所述，从近代西北地区商品输出的情况来看，虽各地输出品种有差别，但总体则是大同小异。西北地区输出的主要是农、牧和土特产品，而且品种相对比较单调，能大量输出的品种也不多。陕西关中以棉花输出为主，陕南以桐油、生漆、药材、山货为主。据 1934 年 7 月到 1935 年 6 月的统计，陕西商品输出中棉花 1 项即占总值的 75%。⑤ 甘肃长期是以药材、皮毛为主，尤其药材长期以来一直是甘肃的优势，从 1942 年经碧口镇的甘川贸易情况就可看出这点，输出货值中药材占比高

---

① 青海省志编委会：《青海省志》（盐业志），黄山书社 1994 年版，第 164 页。
② 韩应选等主编：《西宁商业史略》，中国商业出版社 1991 年版，第 305 页。
③ 转引自刘春《玉门油矿对抗日战争的贡献》，《玉门文史资料》第 3 辑，1997 年编印。
④ 《贸易委员会西北办事处为与玉门油矿洽购本处暨第八战区司令部汽油洽办情形给肃州办事处函》，甘肃省档案馆，档号：48—1—13。
⑤ 据陕西省银行经济研究室特刊之一《十年来之陕西经济》，启新印务馆 1942 年版，第 173 页资料推算。

达 52.94%。① 宁夏也与甘肃情况相类似。青海以皮毛输出著称，据估算 1924 到 1927 年，年输出羊毛在 700 万斤到 750 万斤之间。② 新疆因与国内贸易路途遥远，输往内地各省的产品数量较少，占比最大的也是皮毛之类。至于近代一度兴盛的鸦片贸易，不仅损害了对外贸易的正常发展，也致使西北本地经济畸形。长远来说无异于饮鸩止渴，最后结果是"愈吸愈懒，愈懒愈贫"③。正如谭嗣同所描述的："罂无粟，囊无米，室如县（悬）罄饥欲死。饥欲死，且莫理，米囊可疗饥，罂粟载千里。非米非粟，苍生病矣！"④

西北手工业品能大宗输出的也很少，主要是甘肃的水烟（平均大约占到甘肃输出品价值的 10% 上下）。甚至连西北占有极重要地位的手工皮毛业，也因工艺或式样落后，难以在国内其他地区大量销售。1942 年宁夏皮革加工业约占全省手工业的 10% 以上，但仅有 6 家晋商开办的皮革厂产品能销往国内其他地区。青海湟源销往省外的手工皮毛制品，主要是用马、骡、驴、野马皮制的股皮（黑色）、板子（白色）、胁皮（绿色）等初级加工品。西北虽有一些极具民族、地方特色的手工业品，但一般都形不成规模。这就导致在西北与国内其他地区的贸易中，因产品加工能力低下，资源得不到更有效地利用和深度开发，造成输出的商品技术含量低，产生的经济效益也有限，故常常处于不利的地位。尽管如此，我们也应看到近代西北地区的商品输出，不仅起到了沟通经济互通有无的作用，而且在提高西北地区民众生活，以及资源利用方面还是有很大积极作用。

---

① 洪文翰：《谈谈甘肃的商港——碧口》，《甘肃贸易》（季刊）1943 年第 4 期。
② 青海省志编委会：《青海历史纪要》，青海人民出版社 1980 年版，第 103 页。
③ 陈庚雅：《西北视察记》，甘肃人民出版社 2002 年版，第 193 页。
④ 蔡尚思等编：《谭嗣同全集》，中华书局 1981 年版，第 65 页。

第六章　货币与度量衡混乱及对商贸业影响

近代西北地区的金融货币体系不统一，各地的度量衡器更是极其混乱。货币及度量衡的混乱，不仅对民众的生产生活产生较大的负面作用，而且对商贸经济发展的负面影响就更大。这种状况从宏观方面来说是与中国近代社会半封建半殖民地性，以及当时国家的整体发展状况有关。而从西北地区而言，则与当时西北的政局不稳、战乱不断有关，也与各地区、各民族间社会发展水平的不平衡相关。对于此问题做一些必要的探讨，会有助于我们更好地去理解近代西北地区的商贸经济问题。

第一节　西北地区的金融货币状况

当历史进入近代后，中国的金融货币体系尚处在中世纪状态。后因西方列强的入侵等原因，国家财政陷入了严重的困境。清中央及地方政府开始借助滥发货币以维持财政。而帝国主义列强为了掠夺中国，又不断地插手中国的金融业，在中国开设银行并发行货币。民国后国家陷入内乱，原中央政府给甘新的协饷基本停止。西北各地军阀为解决财政困难、筹措军费滥发货币，进一步加剧了西北的金融动荡和货币混乱。1932年到1936年间，南京国民政府推行的币制改革，曾经呈现出了一丝转机的希望。但不久全面抗战爆发，战争导致法币迅速贬值，又造成了西北各地市面上流通的货币五花八门。

一　清中后期的金融货币状况

近代初西北地区通行的是清官方确定的银、钱平行的货币体系，国家税收等均以白银计算，民间日常交易多用铜铸的制钱。虽实际上官方多重银轻钱，但就银两与制钱之间而言，还很难说是严格意义上的主辅币关系。因银和铜钱自身都是有价金属，特别是白银的可收藏性很大，加之银两的标准在各地实际也并不完全一致。如清末仅在甘肃河州（临夏）一地，银两的标准就有多种，有库平（清官方标准）、兰平（甘肃省府标准）、河平（当地的标准）、湘平（左宗棠接受湖南协饷时引入甘肃的）、泾平（陕西泾阳布商引入）等名目。各平之间的差距也较大，以当地河平为标准，同样100两银子，库平比河平要多1两五六钱，湘平也略大于河平，而兰平则小于河平3两之多，泾平则少于河平5钱。① 这就导致作为货币的银两自身的实际价值都很难划一。

银钱比价按清政府官方的规定，白银1两折合制钱1000文。实际上银钱的比价也在不断变化，1840年（道光二十年）银钱比价已是1两白银可换钱1643文。② 后因日益严重的鸦片贸易，使得国内的白银大量外流，到1850年（道光三十年）达到了1两白银可兑换制钱2300余文。③ 太平天国起义后，清王朝为了筹措军费，开始"发票钞、行大钱"。票指的是户部发行的一两、三两、五两、十两、五十两官银票。钞指大清宝钞，有五百文、一千文、一千五百文、二千文几种。④ 同时清中央政府和一些地方铸造所谓大钱，有当五、当十、当五十、当百、当五百、当千铜钱。⑤ 甚至还有当一、当十的铁钱。这些滥发的货币很快贬值，"咸丰初年，银一两易钱七千余。同治初，易至十千。光绪初，至十七千"⑥。显然，清的金融货币体系已遭受严重的冲击。

---

① 张思温：《河州经济琐谈》，《临夏文史》第2辑，1986年编印。
② 贺耀敏主编：《中国近现代经济史》，中国财政经济出版社1998年版，第37页。
③ 于素云等：《中国近代经济史》，辽宁人民出版社1983年版，第84页。
④ 杨瑞六：《清代货币金融史稿》，武汉大学出版社2007年版，第101页。
⑤ 缪荃孙：《光绪顺天府志》卷五九。
⑥ 徐珂：《清稗类钞》第4册，中华书局2010年版，第22页。

第六章 货币与度量衡混乱及对商贸业影响

清末"新政"时期，政府在国家金融货币方面进行了一些近代化改革，创设了户部银行（1908年改名大清银行）。按照该行章程的规定，发行库平银一两、五两、十两、五十两、一百两银票。1907年（光绪三十三年）又批准成立交通银行，规定印刷百元、五十元、十元、五元、一元通行银纸。后两行既发银两券，也发银元券。1910年（宣统二年）清政府鉴于光绪时，各省已陆续铸造银元与铜元，但各省造的货币，"式样各殊，平色不一"①。统一标准规定：一元银币重库平七钱二分，含纯银九成；铜币含铜八成，有一厘、五厘、一分、二分4种。清末的这些改革主要是为了解决财政困难，但也有向近代化迈进的倾向，但没多久清王朝就覆亡了。

除清中央法定的货币外，西北地区还有不少地方性货币。最早的地方货币是在新疆南疆一带，在准噶尔蒙古统治时，该地流通一种红铜钱，"重一钱四五分至二钱不等"。该钱用纯铜铸造，当地人称之为"普尔"钱，每50个"普尔"为1"腾格"。乾隆皇帝在平定准噶尔蒙古后，改铸新"普尔"钱，"重二钱。后改为一钱五分"，仍主要在新疆南疆地区使用。嘉庆以后所铸造的"普尔"钱，"又改为一钱二分"。初定"普尔"每50文合银1两。19世纪50年代，中央给新疆的协饷难以为继，加之后来的西北暴乱，新疆原有的"制钱均被（俄商）贱价卖去消灭无踪"②。在这种情形下，新疆建省后为解决财政困难，1886年（光绪十二年）成立了迪化宝新局开始铸钱，日铸红钱100挂，每挂500文。③ 后又加开到四局，形成五局并铸的局面（迪化、塔城、阿克苏、伊犁、喀什）。1889年（光绪十五年）又在绥定、宁远设官钱分局。④ 因所造"普尔"钱太多，出现了大幅贬值，220文才合银1两。⑤ 1892年（光绪

---

① 刘锦藻：《皇朝续文献通考》卷二一。
② 国家图书馆藏历史档案文献丛刊：《清代新疆地区涉外档案汇编》第2册，全国图书文献缩微复制中心2008年版，第731页。
③ 王树枏：《新疆图志》卷三四《食货三·钱法》。
④ 柴济生：《边城银行史话》，《乌鲁木齐文史资料选辑》第3辑，新疆青年出版社1982年版。
⑤ 曾问吾：《中国经营西域史》中编，商务印书馆1936年版，第287—289页。

十八年）甘肃新疆巡抚陶模，为挽回"普尔"钱不断贬值的局面，令"每红钱一文，准加重五厘"①。直到1908年（光绪三十四年）新疆才正式停止铸造红钱。

19世纪60年代，新疆南疆的地方势力曾铸造过银币。② 左宗棠进军新疆后，1880年（光绪六年）曾奏请用兰州制造的铜模，"交张曜督局依法式制范银为钱"③。1889年（光绪十五年）新疆又仿东南各省造银元，后阿克苏、喀什也先后开铸银元。新疆1908年（光绪三十四年）还铸造过铜元，上铸"宣统元宝，新疆通用"字样。"仿内地式样，以一当十，铜元四十枚当红钱四百文，既可作银元一两。"④ 清末新疆还曾发行过少量铸有"大清金币"的银币，周边上刻有"光绪丁亥年铸造"，下刻有"库平一两"字样。还铸造过重一钱、二钱的金币，上刻有"饷金"二字，每钱值银3两。⑤ 新疆建省后还发行过纸币，在迪化发行的叫"油布帖"，在喀什、阿克苏发行的叫"花票"。1908年（光绪三十四年）后又发行过纸币"老龙票"。此外，伊犁将军府也发过"伊贴"（每两值现银约4钱），塔尔巴哈台参赞大臣发过"塔贴"（每两值现银2钱余）。

太平天国起义后，陕甘总督借口东南协饷不到财政困难，1854年（咸丰四年）奏准在甘肃兰州设立巩宝局铸钱。初铸当千、当五百的紫铜大钱，继又铸当百、当五十的黄铜大钱，不久废止。1856年（咸丰六年）又改铸当十、当五大钱，铜色黄、紫各半。为了推销大钱，强行规定每制钱千，配大钱二成。1857年（咸丰七年）因市面制钱减少，又增铸八分钱，仅在城市流通。1864年（同治三年）撤销巩宝局并停止铸钱。⑥ 甘肃的纸币发行源于1864年（光绪三年），布政使为解决财政困难奏请印"司钞"20万贯，每钞2贯准合银1两，并在布政使东院设立

---

① 王树枬：《新疆图志》卷三四《食货三·钱法》。
② 新疆省志编委会：《新疆省志》（金融志），新疆人民出版社1999年版，第89页。
③ 王树枬：《新疆图志》卷三四《食货三·钱法》。
④ 王树枬：《新疆图志》卷三四《食货三·钱法》。
⑤ 王树枬：《新疆图志》卷三四《食货三·钱法》。
⑥ 甘肃省志编委会：《甘肃省志》（大事记），甘肃人民出版社1989年版，第192页。

官钱局，后增发至890万贯。因滥发无度大幅贬值，银1两可兑"司钞"250贯。1871年（光绪十年）因已无法维持，左宗棠令以制钱6文兑换"司钞"1贯的比价收回。① 1908年（光绪三十四年）甘肃成立了兰州官银钱局，资本10万两，由藩、臬库各拨银5万两。发行一两、二两银票共30万两，五百、一千的钱票15万串。一度信誉颇佳，发行量增至50万两。②

1854年（咸丰四年）陕西巡抚也奏准设立官银钱号铸钱，铸有咸丰元宝，当十、当百、当五百、当千各种大钱，还铸铁钱40.1万串，因官员舞弊一度被查处停办。1864年（同治三年）军需缺钱又恢复铸造，并强行搭放钱票，因造成民怨太大，不久停止铸造。1875年（光绪元年）为解决财政困难，又铸造过光绪"元宝钱"。③ 1877年（光绪三年）陕西大旱造成钱粮停征，为了解决军饷问题，陕西官银钱号又发行纸币钱票，不久后停止发行。1887年（光绪十三年）将原发行的钱票陆续收回，陕西官银钱号也随之撤销。1894年（光绪二十年）陕西官银钱局成立（后更名为秦丰官银钱局），发行一串、二串、五串制钱票20万串（折银10万两），1895年（光绪二十一年）又增发了20万串钱票。④ 此外，1909年（宣统元年）大清银行（原户部银行）曾在西安设立陕西分行，发行纸币并开展存放款业务。不久辛亥革命爆发，该行被陕西秦陇复汉军政府接管。

伴随着近代西北对外贸易增多，以及西方商业势力的深入，一些外币也在西北地区流通。在南疆地区因与安集延贸易，有安集延所铸之小洋流入。陕甘等地也有少量外币流入，如在甘青藏区"早年还用英属印度政府发行的货币"⑤。19世纪60年代阿古柏侵入新疆后，也曾非法铸造过名为"和田天罡"的银币。1900年（光绪二十六年）沙俄为了方便

---

① 甘肃省志编委会：《甘肃省志》（金融志），甘肃文化出版社1996年版，第35页。
② 《甘肃清理财政说明书》（初编下），第3册，第35页。
③ 陕西省志编委会：《陕西省志》（金融志），陕西人民出版社1994年版，第86页。
④ 西北大学历史系：《旧民主主义革命时期陕西大事记述》，陕西人民出版社1984年版，第82页。
⑤ 马鹤天：《甘青藏边区考察记》，甘肃人民出版社2003年版，第294页。

其对新疆贸易,并操控新疆的金融业,华俄道胜银行在喀什噶尔设立分行。1903年(光绪二十九年)后该行又陆续在伊犁、塔城、吐鲁番、莎车等地设分支或代理机构,通过放贷、汇兑、贸易结算等,使卢布在新疆大量流通。此外,华俄道胜银行还在中国大量发行纸币,票面上除俄文外还有汉满蒙回文。单在新疆流通的就有:"伊犁、塔城、喀什噶尔及新疆全省通用的4种地名纸币。"①

二 民国前期西北的金融货币状况

南京临时政府成立后,曾就整顿国家币制问题进行过讨论。在颁布的《币制纲要》中提出:国家币制用汇兑本位制,并规定新币为元,辅币为分和厘。1912年3月批准发行了"一千万元上刊第一期大总统肖像"的纪念银币。②并明令不准滥铸银币、铜元,制止各省滥发军用票,但各省仍借各种理由滥铸、滥发如故。袁世凯执政后,1912年7月设立币制局及币制委员会。专门讨论"本位问题;货币之重量成色;主币与辅币之比价;处置旧币之办法;纸币政策;关于货币一切问题"③。1914年2月正式颁布了《国币条例》,规定国家实行银本位制,以及主币与辅币的比价、成色等。还明确了国家货币发行权,"专属于政府"④。在《国币条例施行细则》中,还对旧银、铜币的处置做了规定。1915年8月在制定的《修正国币条例草案》中,对整理各省纸币、新旧银、铜元兑换又做出规定。财政部下令各地造币厂,"嗣后各厂铸造大银元,均应暂时改用北洋造钢模(印有袁世凯头像)"。并规定"银元重量为七钱二

---

① 中国人民银行总行参事室:《中华民国货币史资料》第1辑,上海人民出版社1986年版,第933页。
② 中国人民银行总行参事室:《中华民国货币史资料》第1辑,上海人民出版社1986年版,第15页。
③ 中国人民银行总行参事室:《中华民国货币史资料》第1辑,上海人民出版社1986年版,第57页。
④ 中国人民银行总行参事室:《中华民国货币史资料》第1辑,上海人民出版社1986年版,第89页。

分"，"标准成色为八九"①。但在1916年袁世凯垮台后，国家又陷入军阀混战之中，中央对地方的控制力大为削弱。各地军阀把发行货币作为解决财政的法宝，统一国家货币只能成为空谈。

辛亥革命后的西北地区，大小军阀割据一方，金融货币状况更是混乱不堪。各地流通的除清代的银两、制钱，以及南京临时政府、北京国民政府发行的银元等货币外，各地大小军阀铸造发行的货币也名目繁多。陕西省将原大清银行分行和秦丰官银钱局合组成了秦丰银行。秦丰银行股本100万两白银，发行一两、二两、五两、十两、二十两、三十两6种银票，截至1914年10月共发银票326.9万两。② 陕西还新设立了富秦钱局，富秦钱局专司发行和兑换铜元及制钱币券，发行五百文、一千文、二千文数种纸币，共发钱票67.35万串，③ 1913年4月富秦钱局并入秦丰银行。1917年秦丰银行又改组为富秦银行，发行一两、二两、三两、五两、十两银票，曾一度生意还较兴旺。1919年因该行停止兑换造成纸币暴跌，第二年又恢复了兑换，并新发一元、三元、五元、十元的银元券。1921年后富秦银行开开停停，1927年国民军的西北银行进驻陕西后，陕西金融业被接管，富秦银行才完全停业。④

1930年蒋冯阎新军阀混战，冯玉祥部国民军战败，国民军的西北银行解体。同年12月，官商合办的陕西省银行成立。陕北军阀井岳秀为同杨虎城争夺金融权，在陕北23县招商50万元，成立了陕北地方实业银行。⑤ 1934年又对该行进行了改组扩充，1936年井岳秀去世后，因其分支机构多遭抢劫，加之军队透支，引起钞票贬值无法维持，抗战前夕被陕西省银行接管。该行发行过一角、二角、五角、十枚、二十枚、五十枚铜元券，发行总额达1435193元。⑥ 1931年陕军38军在汉中也曾设造

---

① 中国人民银行总行参事室：《中华民国货币史资料》第1辑，上海人民出版社1986年版，第111页。
② 陕西省志编委会：《陕西省志》（金融志），陕西人民出版社1994年版，第106页。
③ 陕西省志编委会：《陕西省志》（金融志），陕西人民出版社1994年版，第105页。
④ 陕西省志编委会：《陕西省志》（金融志），陕西人民出版社1994年版，第22页。
⑤ 陕西省志编委会：《陕西省志》（大事记），三秦出版社1996年版，第309页。
⑥ 陕西省志编委会：《陕西省志》（金融志），陕西人民出版社1994年版，第106页。

币厂，铸造过一分、二分的铜辅币。① 此外，1931年甘肃发生了争夺省政权的"雷马事变"，1931年10月陕军借平息争端入甘。1932年进驻甘肃天水的马青宛部，曾在天水设陕西银行分支机构，后因陕军哗变银行被抢，所发货币币值大跌。陕西省当局为挽回局面，紧急用鸦片从汉口兑换白银，仿造民国三年袁世凯头像银元，但因质量过差被国民政府财政部勒令销毁。②

辛亥革命后，甘肃的兰州官银钱局继续营业。1913年6月该局改组成甘肃官银号，发行一两、二两、五两、十两4种新银票，共约400万两，可十足兑现，原兰州官银钱局发的旧票被收回。③ 1914年还成立了甘肃省平市官钱局，兑换铜币、制钱，发行铜元券，但此时的平市官钱局对本省金融已无多大影响力。1922年甘肃省官银号在兰州开始铸造铜元，每银一两兑换铜元二十串。④ 后见有利可图，投机商人也暗中私铸劣币（民间呼之为"沙板铜元"）。加之政府透支，导致银票无法足额兑现，每百两银票仅兑银6两，1922年年底官银号不得不停止营业。⑤ 1924年10月甘肃省财政厅拨银40万两，开办了甘肃省银行（规定资本100万两），发行一两、五两、十两3种银票，共发行70余万两。并将原甘肃官银号发的近90万两银票，每两旧银票以白银4钱兑现换回。⑥ 到1925年上半年，该行已增发银票至90万两。⑦ 此外，1921年甘肃陇南军阀孔繁锦，曾在当地仿四川造当五十、当百、当二百的铜币，还造过当十串、当百串铜元等，并设立陇南实业银行，发行陇南镇守使署钞票。

1925年9月甘肃为争督发生兵变，10月冯玉祥部国民军奉北京国民

---

① 陕西省志编委会：《陕西省志》（金融志），陕西人民出版社1994年版，第88页。
② 陕西省志编委会：《陕西省志》（金融志），陕西人民出版社1994年版，第97页。
③ 潘益民：《兰州金融情形之今昔》，《建国月刊》1936年第14卷第2期。
④ 甘肃省志编委会：《甘肃省志》（大事记），甘肃人民出版社1989年版，第226页。
⑤ 甘肃省志编委会：《甘肃省志》（金融志），甘肃文化出版社1996年版，第37页。
⑥ 甘肃省志编委会：《甘肃省志》（金融志），甘肃文化出版社1996年版，第52页。
⑦ 张令琦：《解放前四十年甘肃金融货币简述》，《甘肃文史资料选辑》第8辑，甘肃人民出版社1980年版。

第六章　货币与度量衡混乱及对商贸业影响

政府令入甘镇压,甘肃从此成为国民军的重要基地。甘肃政局的剧烈变动使得甘肃银行一蹶不振,1928年该行转归国民军西北银行监管。1929年又被改组为甘肃农工银行,并将甘肃省平市官钱局并入,发行铜元票230万串（约合60万银元）,并负责收回原来发行的银元票。国民军中原大战失败后,西北银行也随之垮台。甘肃以甘肃农工银行为基础成立了富陇银行,资本额为150万元,将原西北银行钞票加盖富陇银行印记后流通,总额约360余万。① 1931年12月"雷马事变",陕军趁甘肃内乱入甘,富陇银行的业务也被强行停止。陕西省银行开始支配甘肃的金融业,在甘肃各地设立分支机构。发行一元、五元、十元带有"兰州"字样的银元票,共发了38.5万元。② 将原原西北银行印制但未使用的十枚、二十枚铜元券,加盖陕西银行甘肃分行印章,作为一角、二角使用。原甘肃农工、富陇银行发行的纸币,被以1元抵0.15元的比价收回。③ 1932年秋蒋介石为防杨虎城并吞甘肃,煽动甘肃地方军阀排斥陕军,陕西银行随陕军退出甘肃。甘肃省政府重设平市官钱局,1935年该局业务扩大到了全省。

辛亥革命后新疆各县官钱局纷纷停办,但省官钱局一直在继续营业。在此期间,新疆还曾创办过兴疆银行、殖边银行,但都维持不到一年就倒闭了。杨增新为解决财政困难,曾责成水磨沟机器局铸造十文、二十文铜元。1913年到1914年间,还发行过面额为一两的"新疆司库官票",共计发行了623万两（因有二龙戏珠图案,俗称"大龙票"）,每1两值红钱400文。④ 1919年又发行面值四百文,由北京财政部代印的新疆省票,同时发行的还有面值一百文的辅币。1928年7月杨增新被刺杀后,新疆省官钱局停业。继任的金树仁1930年7月令成立新疆省银行,发行三两、五两、十两的省票,还增印过二两、五两的喀票,但不久也

---

① 张令琦:《解放前四十年甘肃金融货币简述》,《甘肃文史资料选辑》第8辑,甘肃人民出版社1980年版。
② 甘肃省志编委会:《甘肃省志》（金融志）,甘肃文化出版社1996年版,第40页。
③ 甘肃省志编委会:《甘肃省志》（大事记）,甘肃人民出版社1989年版,第248页。
④ 潘祖换:《解放前新疆财政状况》,《新疆文史资料选辑》第3辑,新疆人民出版社1979年版。

因战乱停业。盛世才上台后对该行进行了改组,发行十两、五十两的省票。因新疆的财政困难无法解决,发行的银票根本无法兑现,通货膨胀则愈演愈烈。到1934年面额为五十两的纸币(因盛世才时任边防督办,故其发行的纸币被称为"督办票"),1张纸币仅可购买1个馕,百姓戏之曰:"一个督办一个馕。"① 1935年后竟发行面额高达三千两、四千两的银票,总发行量高达12亿两之巨。② 此外,1933年南疆一些分裂分子曾建立所谓的"东土耳其斯坦伊斯兰共和国",也曾发行过非法的银币。③

宁夏和青海原属甘肃省管辖,无自己独立的金融系统。1929年分别建省以后,才开始创办自己的金融机构。1931年在原国民军西北银行宁夏分行的基础上,马鸿宾创立了宁夏银行,但仍用西北银行和甘肃的省钞维持。1933年马鸿逵主政后,印制"临时维持券""金融维持券"共约122万元。1935年又先后印发货币227万元。④ 青海建省后设立了平市官钱局,并发行自己的"维持券"。1930年青海省主席马麟,曾委托当时的甘肃造币厂,铸造了一批有宣统头像的藏银元(称西宁藏洋),但却冒用"四川制造"欺骗民众(四川藏银元含银约90%,西宁的含银约50%)。青海还曾仿四川造币厂民国二年的铜钱式样,在甘肃造币厂改铸大板铜钱6.65万吊(每吊484枚,每枚当小铜板20枚),以获取暴利。⑤ 后为解决财政困难,又大发"青海临时维持券"。因官钱局滥发货币导致无法维持,1935年该局被迫撤销。

总之,从1912—1936年间,因国家政局不稳,西北地方军阀混战,使得西北地区的金融业很不稳定,货币发行状况也极为混乱(见表7-1)。

---

① 潘祖焕:《解放前新疆财政状况》,《新疆文史资料选辑》第3辑,新疆人民出版社1979年版。
② 刘德贺:《新疆币制改革》,《乌鲁木齐文史资料》第8辑,1985年编印。
③ 新疆省志编委会:《新疆省志》(金融志),新疆人民出版社1999年版,第89页。
④ 宁夏政协文史资料委员会:《宁夏三马》,中国文史出版社1988年版,第271页。
⑤ 刘大有:《马麟在甘肃铸造藏元和加砸铜元》,《青海文史资料选辑》第17辑,青海人民出版社1988年版。

第六章 货币与度量衡混乱及对商贸业影响

表7-1　　1912—1936年西北各省货币发行情况简表①

省份	货币发行机构	起止时间	发行货币种类
陕西	秦丰银行	1912—1917	一两、二两、五两、十两、二十两、三十两银两券
	富秦钱局	1912—1913	五百文、一千文、二千文纸币
	富秦银行	1917—1927	一两、二两、三两、五两、十两银票；一元、三元、五元、十元银元券
	陕西省银行	1930—1936	一元、五元、十元银元券；一角、二角辅币券；十枚、二十枚、五十枚、一百枚铜元券
	陕北地方实业银行	1930—1936	一角、二角、五角，十枚、二十枚、五十枚铜元券
	陕军三十八军	1931	一分、二分铜辅币
甘肃	甘肃官银号	1913—1923	一两、二两、五两、十两银票；铸铜元
	甘肃平市官钱局	1914—1936	铜元券，分十枚、二十枚、五十枚、一百枚；五角辅币
	陇南军阀孔繁锦	1921—1925	当五十、当一百、当二百铜币，当十串、当百串铜元，陇南镇守使署钞票
	甘肃省银行	1923—1928	一元、五元、十元银元票
	甘肃农工银行	1928—1931	铜元票
	富陇银行	1931—1932	将原西北银行钞票加盖富陇银行印记后流通
新疆	新疆省官钱局	1912—1928	十文、二十文铜圆；新疆司库官票；四百文、一百文省票
	兴疆银行	1912	不详
	殖边银行	1915	不详
	新疆省银行	1930—1936	三两、五两省票；二两、五两喀票；十两、五十两、三千两、四千两银票
	喀什行政公署	1933	纸币（"马绍武票"）
	和田行政公署	1934—1936	纸币（"马虎山票"）
宁夏	宁夏银行	1931—1936	借原西北银行和甘肃的省钞维持；发行纸币
青海	青海平市官钱局	1929—1936	维持券；仿四川造币厂铸藏银元、铜钱

① 本表主要根据：陕西省志编委会《陕西省志》金融志（陕西人民出版社1994年版）；宋慧如等《西安解放前的金融与货币体系》，《碑林文史资料》第2辑（碑林区政协1978年编印）；甘肃省志编委会《甘肃省志》金融志（甘肃文化出版社1996年版）；张令琦《解放前40年甘肃省金融货币简述》，《甘肃文史资料选辑》第8辑（甘肃人民出版社1980年版）；新疆省志编委会《新疆省志》金融志（新疆人民出版社1999年版）；潘祖焕《近五十年前后新疆货币概况》，《新疆文史资料选辑》第8辑（新疆人民出版社1987年版）等相关资料编制。

这一时期还有一些外来的金融机构，在西北地区发行过货币或营业。1914年由大清银行改组的中国银行在陕西设立分行，发行一元、五元、十元面额的银元券，但不久后便停业。1924年冯玉祥发动北京政变，政治上日益倾向革命，因与张作霖、段祺瑞矛盾日深被排斥出北京，为解决军政机关的款项存储、划拨，并调剂社会金融，1925年4月冯玉祥在张家口创设西北银行。1925年冯部国民军入甘，西北银行依靠军政力量迅速扩张。1926年初西北银行兰州分行成立，发行一元、五元、十元3种纸币，先后发行了350万元。① 次年11月，西北银行宁夏支行成立。1927年冯玉祥部五原誓师参加国民革命，国民军入陕后又接管了富秦银行，改设西北银行陕西分行。西北银行甘陕分行初期准备金较足，所发钞票"均可随时兑现"，故其货币百姓也"乐于行使"。② 但因国民军长期大规模征战，财政问题日渐严重，1928年后西北银行币值大贬。蒋冯阎大战后，1931年西北银行在各地的业务终止。此外，1936年随东北军进入西北的边业银行西安分行，除普通经营活动外，主要办理东北军军需款项，西安事变后该行停业。

辛亥革命后，在西北的外国金融机构主要是华俄道胜银行。因俄商借助不平等条约，在新疆贸易不纳税，俄货得以大肆倾销，俄商也"漫布天山南北"。"此时道胜银行之在新，不啻俄方唯一之金融大本营"，俄币流入"亦几如水银泻地"③。1913年该行开始发行不兑换的金卢布纸币，仅伊犁、塔城、喀什噶尔所发"已有五百万卢布"④。1918年2月8日苏联宣布将俄境内的道胜银行收归国有，该行的一些股东便在巴黎设立了总行，成立了新的董事会。所发货币因俄国"变乱不堪，加之俄领事自行回国，故喀什一带无处兑换而不能流通使用，因此商民被害损失不浅"。曾在喀什经商的一商户，"该商民在喀什贸

---

① 甘肃省志编委会：《甘肃省志》（金融志），甘肃文化出版社1996年版，第38页。
② 《西北银行汇刊》1931年第1期。
③ 中国人民银行总行参事室：《中华民国货币史资料》第1辑，上海人民出版社1986年版，第945页。
④ 中国人民银行总行参事室：《中华民国货币史资料》第1辑，上海人民出版社1986年版，第945页。

易，以货物卖收新旧俄币四十五万五千八百余元，现因币价跌落，致被损失血本"①。直到1926年9月24日，巴黎董事会电令上海道胜银行总管理局，转令各分行9月25日正午闭市。同年10月17日，中国政府决定清理中国境内的道胜银行各分行，涉及西北的有迪化、宁远、疏附（喀什噶尔）3家分行，至此道胜银行退出中国。② 此次变故使道胜银行在新疆所发的几百万卢布变成废纸，造成"民间有怀藏巨量卢布者，竟不值一文"③。

三　币制改革后的西北金融货币状况

南京国民政府上台后为控制国家的金融命脉，在1928年10月5日创设了中央银行。按照《中国银行条例》规定：中央银行为"国内最高之金融机关"，并授权其为"特许国家银行"。1928年11月国民政府通过增加官股，中国银行被改组成特种国际汇兑银行，交通银行改为发展全国实业之银行。并通过二次强行增加官股，改组领导机构等方式控制了两行。成立于1933年4月的鄂豫皖赣四省农民银行，在蒋介石授意下，1935年4月扩充为农民银行。再加上1930年成立的邮政储金汇业局，1935年成立的中央信托局。四行二局的创立和改组，标志着国民政府对国家金融垄断的形成。在此基础上南京国民政府开始推进货币改革。1932年开始"废两改元"，着手统一国家货币。1935年11月又公布了新"币制改革"方案，取消了银本位制，推行法币政策。1936年11月又颁布了"辅币条例"，完成了国家层面货币的近代化。

南京国民政府在建立自己金融体系的同时，大力向外扩张其金融势力。但陕甘宁青为冯玉祥国民军的地盘，新疆又僻处一方，蒋系势力一

---

① 新疆档案馆：《新疆与俄苏商业贸易档案史料》，新疆人民出版社1994年版，第174页。

② 中国人民银行总行参事室：《中华民国货币史资料》第1辑，上海人民出版社1986年版，第923页。

③ 中国人民银行总行参事室：《中华民国货币史资料》第1辑，上海人民出版社1986年版，第945页。

时无法深入。蒋（介石）冯（玉祥）阎（锡山）大战后，盘踞西北的国民军虽失败，西北的地方军阀又割据一方。在南京政府的软硬兼施下，国民政府控制的四大行才逐步在西北落脚：中国银行 1933 年 11 月设立西安分行；中央银行 1933 年 12 月设立兰州分行，1935 年又设立西安分行；交通银行 1934 年 11 月设立西安分行。四省农民银行（农民银行前身）在蒋介石的多次过问下，1933 年在陕西三原、渭南设分理处，1934 年夏在西安设分行。1934 年 9 月四省农民银行又在兰州设立分行，第一期资本 25 万（一度曾停办），并向甘肃天水、平凉、武威等地扩展。

因当时西北地方势力的抵制，中央金融势力的扩张并不顺利。新疆的盛世才对蒋介石阳奉阴违，蒋也鞭长莫及无可奈何。宁夏直到 1942 年 3 月，马鸿逵才发布训令允许四行在各县设立办事处。① 青海的马步芳不是装聋作哑，就是软抗硬磨。国民政府所推行的法币，在西北地区也步履极其艰难。不仅民间对法币很不信任，许多地方当局也对法币持排斥态度。据 1935 年中中交三行西安分行报告：在陕西召集商会、钱业公会谈话，商讨原有现金封存问题。"讵有少数商人发言反对，虽经剀切解释，仍属顽强固执，讨论未终，遽行哄然而散。"市面因银币仍在流通，致使法币大幅打折，"每千元差百元左右"。而陕西省政府又将省钞也视同法币，"与中中交法币同样行使"②。陕西省银行还致电财政部，说"陕省地处边区，中中交三行设立尚浅，人民认识未真"③，反对向中央银行移交发行准备金。甘肃相对情况要好一些，农民银行兰州分行成立后，曾拟改甘肃平市官钱局为省农民银行的计划被叫停，所印 270 万元纸币被销毁。甘肃平市官钱局总经理也改由农民银行兰州分行经理兼任，规定平市官钱局按需可向中央、农民两行领一元券和辅币，并以二五折收回旧铜元券，改发十枚、二十枚、五十枚、一百枚新铜元券。1936 年

---

① 宁夏档案局（馆）编：《抗战时期的宁夏——档案史料汇编》（下），重庆出版社 2015 年版，第 449 页。
② 中国人民银行总行参事室：《中华民国货币史资料》第 2 辑，上海人民出版社 1991 年版，第 221 页。
③ 中国人民银行总行参事室：《中华民国货币史资料》第 2 辑，上海人民出版社 1991 年版，第 221 页。

该局还获准印面额五角辅币500万元。①

全面抗战爆发后国民政府西迁，对西北地区的控制力得到了加强，国民政府通过一系列法令、政策，极力强化国家战时金融管制。在陕西省借推进所谓"金融专业化"，逐步将农贷业务向中交农在陕西的分支机构转移。到1940年陕西银行、陕北地方实业银行、私营商业银行所经营的农贷、合作社贷款业务，均被归并到了中交农三行。1941年后又全部移交到农民银行西安分行。1944年陕西各县合作金库的农贷业务，也被并入农民银行在陕的各分支机构。②陕西的金融基本被中央所控制，地方银行不得不处于依附的地位。1939年为了加强对甘肃金融的控制，平市官钱局被改组为甘肃银行，资本额1000万，由甘肃省与财政部合资经营，后财政部又入股300万元，③进一步强化了对甘肃金融业的控制。

但在地方军阀控制的宁青新各省，国民政府的企图遭到抵制。1938年为对抗国民政府的控制，马鸿逵将宁夏银行改成官商合办。1940年青海地方当局曾呈请成立青海银行，但国民政府想借机控制青海的金融，遭到马步芳的不断抵制，双方明争暗斗不止。直到1944年才开始筹备，1946年元月青海省银行正式成立。后马步芳为强化对青海金融的控制，以其控制的湟中实业公司的3500银元为本金（折合法币1亿元），又成立了青海实业银行。④新疆的盛世才则背靠苏联，紧紧抓住财权不放。1939年1月在时任新疆代理财政厅厅长毛泽民的主持下，将新疆银行改组为商业银行（官股占60%，商股占40%）。该行实际仍由官方掌控，履行的基本职能也大体与以前相仿。新疆省商业银行还大力推行自己的"废两改元"，发行一元、三元、五元、十元面额的货币，和一角、五角、三分、五分地辅币（俗称新省币），并以4000:1的比例收回旧省币。

---

① 张令琦：《解放前四十年甘肃金融货币简述》，《甘肃文史资料选辑》8辑，甘肃人民出版社1980年版。
② 《四联总处公函》《四联总处代电》，（陕西金融志资料223—13、14）。
③ 甘肃省志编委会：《甘肃省志》（金融志），甘肃文化出版社1996年版，第44页。
④ 青海省志编委会：《青海历史纪要》，青海人民出版社1980年版，第194页。

但国民政府借政治权力和战时金融管制之名，仍不遗余力地向西北地区扩展。在蒋系势力直接控制的陕甘两省，四行势力的扩张尤为迅速。原来仅局限于陕西一隅的交通银行，1940年设立兰州支行，并向甘肃各地发展。在陕西四行先后设立分支机构30多家，在甘肃设立的分支机构也达20余家。在宁夏和青海中央金融势力也不断渗透：农民银行在1938年，分别设立了西宁、宁夏分行；中国银行1938年6月在西宁设立办事处，1939年10月成立宁夏分行；1939年3月中央银行开始在宁夏设立分行，1940年7月中央银行在青海设立西宁分行。但在新疆盛世才则极力抵制，1943年将新疆商业银行再次改组为省银行。但在国民政府的强大压力下，1943年冬被迫同意中央银行在哈密设立分行，终于打破了盛世才的一统天下。1944年1月中央银行和中央信托局，又在迪化设立了分支机构。四大银行在政治权力的翼助下，携其雄厚的经济实力，到1945年在西北各省的分支机构达到了67家（见表7-2）。

表7-2　　　　中中交农四行在西北分支机构分布情况[①]

省份	中央银行	中国银行	交通银行	农民银行	合计
陕西	9	9	10	9	37
甘肃	6	6	5	4	21
宁夏	1	1	1	1	4
青海	1	1	0	1	3
新疆	2	0	0	0	2
合 计	19	17	16	15	67

抗战后国民政府为纾缓财政困难，先试图"发行不兑外汇之货币"。但恐"影响法币信用及外汇"，因而决定"不若空发法币五万万至十万

---

① 本编主要根据魏永理主编《中国西北近代开发史》，甘肃人民出版社1993年版，第455页资料编制。

万"①。开始了无准备金发行法币,并造成了货币发行的迅速增长。1937年6月到1939年6月,每季度货币发行平均增长率为11.5%。1939年7月到1940年底,每季度发行增长率暴增到61.2%。1941年仅第一季度,货币发行增长率已高达137.1%。②滥发法币造成了严重的通货膨胀,更加引起了地方的不满和对金融利益的争夺。

1939年3月在第二次地方金融会议上,国民政府决定战区省或地方银行,发行一元券或辅币券,"悉数用于敌人控制区域及作战区域","以达抵制敌伪钞券,节省法币之旨"③。1940年11月规定了省钞的发行限额:陕西省银行3万元指标,甘肃省银行1万元指标。实际上到1940年8月,陕西省银行就已发行面额10分到10元的货币,总额高达360万元。甘肃到1944年3月,省银行发辅币券共1010万元。宁夏、新疆虽未明定发行限额,但两省自行发行量都不小:宁夏到1943年12月,已发行铜元券和辅币券共计21.665万元。④新疆省银行1944年借口应对"三区革命",开始发行面额为二百元、五百元的新纸币。

全面抗战期间因滥发法币贬值不断加剧。以甘肃兰州市为例,小麦由1937年每斗0.9元上涨到1940年2.5元。⑤1942年后物价上涨加速,兰州面粉涨到每市斤3.35元、清油每市斤7元、白洋布每尺12元。1943年又涨到面粉每市斤6.2元、清油每市斤16元、白洋布每尺40元。⑥抗战期间在青海的西宁,物价上涨1250倍之多。⑦法币以惊人的

---

① 中国人民银行总行参事室:《中华民国货币史资料》第2辑,上海人民出版社1991年版,第284页。
② 中国人民银行总行参事室:《中华民国货币史资料》第2辑,上海人民出版社1991年版,第290—291页。
③ 中国人民银行总行参事室:《中华民国货币史资料》第2辑,上海人民出版社1991年版,第295页。
④ 中国人民银行总行参事室:《中华民国货币史资料》第2辑,上海人民出版社1991年版,第308、318—319页。
⑤ 甘肃省政府统计室:《甘肃省兰州市七年来物价指数》(1944年4月)。
⑥ 《兰州市理发商业同业公会会员营业必需品价目比较表》,甘肃省档案馆,档号:60—1—147。
⑦ 中国人民银行总行参事室:《中华民国货币史资料》第2辑,上海人民出版社1991年版,第383页。

速度贬值,造成了民间对法币的抵制加剧。在一些边远或民族地区因人们对法币不信任,使用银和其他金属货币的现象仍很普遍。甘肃拉卜楞一带,抗战初法币虽逐渐开始流通,但实际币值与银元"相差约十分之一"①。青海大部民众对法币知之甚少,玉树"所用货币皆西康所铸银币,名为藏洋"②。宁夏官方在推行法币方面态度也很消极,直到1938年5月才宣布禁止省钞、使用法币。

盛世才对蒋系势力染指新疆问题极其敏感,对于法币长期持排斥态度。国民政府用各种方式将法币输入新疆,迫使盛世才确定了法币与新币的比价为5∶1,并同意与新疆省币一起流通。实际上省币仍占据主导地位,并且仍在不断发行新省币。张治中主政后曾拟1947年1月停止新疆省币发行,但因新疆战乱不断和财政困难,中央补贴又不能及时到位而告吹。1948年8月为弥补财政亏空,新疆又发行了面额为10万的省币。当时金元券1元竟折合新疆省币60万,造成了商人"多纷纷吸收物资,抛出省币,一时物价上腾,虽经政府平抑,惟竟造成有行无市狂态"③。此外,1944年新疆发生了苏联支持的"三区革命"(伊犁、塔城、阿山),同年11月成立了"东土耳其斯坦共和国临时政府"。1945年又建立了"三区银行",并在伊犁、塔城、阿山地区发行"三区期票"。④

因法币急剧贬值难以维持,1948年8月国民政府为筹措内战经费,发行面额为一元、五元、十元、五十元、一百元的金元券,和面额为一分、五分、一角、二角、五角的辅币。规定以金元券1∶300万的比价收兑法币,同时下令用金元券收兑民间的金、银、银币、外币等。虽国民政府声称发金元券,"采实足准备制","须有百分之四十为黄金、白银及外汇"⑤。但实际上金元券的发行基本无准备金,金元券发行几天后,

---

① 马鹤天:《甘青藏边区考察记》,甘肃人民出版社2003年版,第59页。
② 马鹤天:《甘青藏边区考察记》,甘肃人民出版社2003年版,第327页。
③ 中国人民银行总行参事室:《中华民国货币史资料》第2辑,上海人民出版社1991年版,第730页。
④ 新疆省志编委会:《新疆省志》(金融志),新疆人民出版社1999年版,第89页。
⑤ 中国人民银行总行参事室:《中华民国货币史资料》第2辑,上海人民出版社1991年版,第575页。

美国大使在给美国务院的报告中明确指出:准备金规定,"只是一种学术性的","是以印刷机器应付未来数月中的亏空的权利"①。金元券一发行即遭到抵制,"西安、兰州金融业有经验人士,皆强调在西北特殊情形下,有延长兑换期限之必要"②。在青海及甘肃夏河等地,市面公开拒绝使用金元券。国民政府则强行收兑,实际就是以纸换取百姓的真金白银,对民众进行无耻掠夺。到1948年10月底,仅中央银行兰州分行就搜刮黄金4232.27两、白银152600两、银币674155元、美元9798元、港币336元,还有五角银币55枚、银角7616枚。③

  1949年2月在人民解放军的打击下,南京国民政府崩溃在即。为了最后的搜刮,又开始声称结束金元券并铸发银元。这时陕西大部地方已被解放,甘肃地方当局为了防止金、银外流,发布了限制白银、黄金流出令。同年4月因金元券崩溃,甘肃省银行发行银元本票100万元,面额为一角、五角两种以应急。④为了稳住甘肃的金融,6月省造币厂又开铸民国三年版袁世凯头像银元,宣布以5亿元金元券兑换1个银元。新疆在1949年4月25日鉴于其省币、金元券已无信誉可言,宣布发行面额为一元、五元、十元,以及一角、二角、五角、一分、五分的银元券。并且决定不兑换金元券,致使金元券在市面被拒绝使用。"一般民众,群持钞来行(中央银行迪化分行)吵闹,要求兑现。"⑤ 1949年7月金元券彻底破产后,国民政府驻兰州的西北长官公署,下令在甘肃发行银元券,面额有一元、五元、十元3种,辅币则有一角、二角两种。⑥但此时银元券已发行不出去了,连国民政府自己的军政机关都不愿意要。

---

  ① 中国人民银行总行参事室:《中华民国货币史资料》第2辑,上海人民出版社1991年版,第589页。
  ② 中国人民银行总行参事室:《中华民国货币史资料》第2辑,上海人民出版社1991年版,第581页。
  ③ 甘肃省志编委会:《甘肃省志》(大事记),甘肃人民出版社1989年版,第312页。
  ④ 甘肃省志编委会:《甘肃省志》(大事记),甘肃人民出版社1989年版,第315页。
  ⑤ 中国人民银行总行参事室:《中华民国货币史资料》第2辑,上海人民出版社1991年版,第733页。
  ⑥ 甘肃省志编委会:《甘肃省志》(大事记),甘肃人民出版社1989年版,第317页。

四　近代西北地区的私营金融业

近代西北地区的私营金融机构名目繁多，有钱庄、钱铺、钱店、银号、票号、票店等传统的金融机构，也有各种名目的近代的商业银行出现。传统金融机构大体可分为三类：钱庄类多直接从事钱币交易和借贷；票号类早期多是一些有实力的商号兼营，主要是为远行的商人提供汇兑；当铺从事质押借贷，有较强的高利贷性质。后来随着金融业的发展，钱庄与票号两者的业务不断交叉、相互融合，使其基本业务和经营方式逐渐大体类同。西北地区经营银钱业的最早多为山陕商人，后来又有京津帮在新疆崛起。

旧式的金融机构主要分布在西安、兰州、迪化和一些中等商业城市。在清咸丰年间，西安就有万源福、景胜永、景复盛、万顺隆、敬顺德等钱庄和票号。光绪年间西安仅票号已有11家。民国初年钱庄、票号开始大量增加，当时西安的钱庄就达到了200多家。[①] 清末民初兰州的票号、钱庄等金融业者有60余家，[②] 并在东市、西市、南市出现了3市钱行。新疆在光绪末年，已有山西票号蔚丰厚、协同庆、天成亨在迪化开业。当时在西北地区票号的势力很大，陕甘新三省"差不多为蔚丰厚、协同庆、天成亨3家所均分"[③]。西北地区还有不少当铺，或钱庄、票号兼营的当铺，如兰州的蔚丰厚票号同时开有当铺。在全面抗战前仅兰州就有当铺15家，直到1941年有案可查的还有：蔚丰、裕亨、三合、复兴、锦绣、树顺、公庆、裕昌等当铺。[④] 新疆湘军转业士兵也有不少以开当铺谋生，其中福顺当、兴茂当、原兴当影响最大。辛亥革命后，当铺业

---

① 陕西省银行经济研究室特刊之一：《十年来之陕西经济》，启新印务馆1942年版，第266页。陕西省档案馆藏，档号：C12—0—206。
② 马钟秀：《清末民初兰州的银钱业》，《甘肃文史资料选辑》第13辑，甘肃人民出版社1986年版。
③ 黎迈：《甘肃金融之过去与现在》，《西北资源》1941年第2卷第2期。
④ 《兰州市典当商业同业公会会员名册》，甘肃省档案馆，档号：60—2—157。

第六章 货币与度量衡混乱及对商贸业影响

在新疆更为兴盛。①

旧式的私营金融机构主要经营存放款、贴现、买卖生金银、汇兑、信托等业务。如在兰州的许多票号插手水烟贸易，仅在上海的水烟贸易活动中，票号方面每年可得汇水达9000多两白银。② 他们还利用近代西北地区货币发行混乱，进行货币间的兑换来牟利，这虽然存在着很大的投机性，但一定程度也方便了商业交易活动。早期的银钱业经营者也有从事商业贩运活动的，如西安的许多银钱号在关中地区收购棉花发运外地，在两湖等地收购布匹、茶叶等贩运到甘肃等地牟利。当铺则通过典当获取暴利，按当时盛行的办法当物是按折半或六成计价的，利率为三分或五分，其利润丰厚可想而知。故有"利国便民，勒死穷人"之说（许多当铺悬挂有"利国便民"的匾额）。③

在近代西北地区私营金融机构中，也有一些私铸或发行货币的。清光绪初陕西山阳县武举阮大德私铸小钱，在商洛5县流通，被称为"阮氏钱"。1894年（光绪二十年）前后陕西洋县私铸小钱充斥，当地官绅议定以制钱八小钱二的比例搭配使用，故被称为"八二钱"。也有一些钱庄、票号等通过与当地官府的关系等渠道，发行少量的在一定区域内流通的货币。这种情况以陕西为最多，在西北其他地方也有（见表7-3）。如甘肃泾川的庆顺城商号，1926年呈报官府批准曾发行过油布帖子，在泾川县境内流通，该帖子直接可到商家兑换白银或铜钱。民国初年宁夏固原也有少数商号自制帖子（当地人称"油布流子"），在当地市面上流通。新疆地方当局在1907年（光绪三十三年）"以现存局之官票、红钱三万两，发交津商聚兴永承办"④，发行过可兑换红铜钱400文的"油布票子"。甚至一些外地商家也制发类似的货币，在西北一些地方流通。1925年前后在甘肃武都，曾流通过一些四

---

① 新疆省志编委会：《新疆省志》（金融志），新疆人民出版社1999年版，第138—141页。
② 马钟秀：《清末民初兰州的银钱业》，《甘肃文史资料选辑》第13辑，甘肃人民出版社1986年版。
③ 赵景亨：《兰州的当铺》，《甘肃文史资料选辑》第13辑，甘肃人民出版社1986年版。
④ 王树枏：《新疆图志》卷三四《食货三·钱法》。

川商家发行的一种汇兑性即期票,如成都的"蓉票"、中坝的"坝票"、重庆的"渝票"。用该种票可直接与相关商家及分号兑换,早期多是用布制成,后来改为石印纸质票。

表7-3　　　　　清末陕西私营银钱业和商号发行货币①

地区	字号	币种	发行年代
渭南	万顺长	钱票:一千文	光绪十八年
	春合成	钱票:一千文	光绪十九年
	万顺泰	钱票:1种	光绪十九年
咸阳	公益成	钱票:1种	清末
长安三桥镇	裕茂恒	钱票:一千文	同治元年
兰田	德元当	绺子	清末
	敬信当	绺子	清末
汉阴	永发隆	油布票:一串、十串	光绪三十一年
留坝	怡泰丰等	油布票:一串、十串	清末
宜川	德盛祥	兑换券:3种	清末
汉中	30余家钱铺	油布票:五百、一千文	光绪年间

随着新式银行业在西北的出现,钱庄、票号因经营理念落后逐步衰落,不少旧式银钱业商家倒闭。在20世纪30年代,西安昔日的盛况不复存在,这时经营银钱业者仅存24家。② 兰州经营银钱业者也由清末民初的60余家减少到30多家。③ 一些旧式银钱业商家为了生存,开始向近代金融业转化。但也有依靠长期在西北经营的人际关系、信誉勉强支持的。全面抗战后西北社会经济建设,以及国内外贸易都相对活跃。在这种背景下西北传统的钱庄、票号业也曾一度复苏,如西安市1939—1942

---

① 本表根据陕西省志编委会《陕西省志》(金融志),陕西人民出版社1994年版,第103—104页资料编制。

② 陕西省银行经济研究室特刊之一:《十年来之陕西经济》,启新印务馆1942年版,第266页。陕西省档案馆藏,档号:C12—0—206。

③ 甘肃省志编委会:《甘肃省志》(金融志),甘肃文化出版社1996年版,第56页。

第六章　货币与度量衡混乱及对商贸业影响

年，新增钱庄 30 家以上，甘肃的旧式金融机构也通过不断改组和充实，有了一定的加强，成立了钱业同业公会。

　　近代私营商业银行在西北出现得较迟，最早是蔚丰厚票号改组的蔚丰厚银行，该行总部设在北京。1916 年先在迪化设分行，1923 年以后在兰州、银川、西安等地设分行。此外还有 1927 年设立的山西裕华银行兰州分行等。1934 年年底上海商业储蓄银行进入陕西，1935 年金城银行、浙江兴业银行也在西安设立了机构。全面抗战爆发后，各地商业银行大量涌入西北。抗战期间在陕西开设分支机构的商业银行有 14 家，共设立分支机构 20 处，其中西安 14 处，宝鸡 5 处，南郑 1 处。① 甘肃开设分支机构的商业银行有 11 家，设立分支机构共 18 处，除在省城兰州 11 处外，天水 4 处，平凉 3 处。② 此外，大通、通商两行在宁夏也设了办事处。但青海和新疆两省几乎无商业银行。这些商业银行属于西北人创办的很少。陕西的金城、四明、通商、永利、美丰、川盐等银行，基本都是外来的金融机构。1942 年到 1944 年兰州商业银行有长江实业、中国通商、亚细亚实业、四明、永利、华侨兴业等十余家，仅有兰州商业银行 1 家是本地资本。③

　　近代西北地区的金融与货币状况很混乱。从金融机构开办主体来说：有国家、地方、商办、国外之分；从金融机构的类型来看：有旧式钱庄、票号，也有新式银行，五花八门，相伴而存。至于发行货币的状况更是混乱不堪。首先是币种繁杂。即使在中央政府对西北控制力较强的抗战时期，法币也主要是在陕甘两省流通，在地方军阀控制得宁青，特别是新疆，法币的流通长期被阻挠。至于在边远民族地区，所使用货币更是千奇百怪。其次是币值变化很大。清末特别是太平天国起义后，国家货币体系已陷入严重混乱之中，滥发钱币造成了货币的大贬值。民国以后，大小军阀更是把办银行、发货币作为敛财手段，滥发纸币、造劣币，使得不少货币毫无信誉可言。南京国民政府推行的币制改革，虽完成了货

---

① 屈秉基：《抗战时期的陕西金融业》，《陕西财经学院学报》1984 年第 2 期。
② 王慕：《解放前的甘肃金融业》，《甘肃金融》1989 年第 4 期。
③ 《甘肃省银行档案》，甘肃省档案馆，档号：53—1—27、53—1—28。

币的近代化，但随着抗战时法币的迅速贬值最终还是失败了。近代西北地区金融货币的混乱，势必对商贸经济的发展造成许多不利影响。

第二节 西北地区的度量衡器状况

　　近代西北地区的度量衡器非常混乱，计算或相互折算也十分复杂。北洋政府时期曾试图改变这一局面，但因军阀混战不息而告吹。1927年冯玉祥部国民军也拟整理甘肃的度量衡，后因南京国民政府酝酿新的度量衡制而作罢。1929年南京国民政府宣布以万国公制为标准，市制度量衡作为辅助。但直到中原大战后，"陕西省度量衡划一程序，系本年（1931年）二月间拟定，三月奉实业部命令，修正实施"。成立了度量衡器检定所，"禁止贩卖旧器"[①]，并要求全省到1932年8月完成。甘肃1936年2月公布了《甘肃省会度量衡新制推行办法》，后又开办了甘肃省度量衡检定人员养成所，要求到1938年完成。但实际"因督导无人，鲜有成绩"[②]。宁青新地区新度量衡制推行情况更差，如新疆商民对于新衡器法，"尚茫然无知，执政者亦未闻开导进行"[③]。故直到1949年西北大部地区，市场所用度量衡器仍处在混乱状态。

一 度器

　　西北各地使用的度器门类众多，在不同地区、民族、场合或不同对象，有可能会不一样。就商业运输的道路计程而言，汉族或回族聚居地多喜用（华）里。但就他们所说的里而言实际也只是个大概，很难确定里程的精确数据。近代国外一些传教士和探险家，曾试图确定每里究竟是多少，但最终结果也是众说纷纭。有说1里等于400米的，还有等于

---

　　① 秦天章：《陕西建设概况》第1辑，1931年，第21、22页。
　　② 朱允明：《甘肃乡土志稿》，《中国西北文献丛书》（西北稀见方志文献）第32卷，兰州古籍书店1990年影印版，第140—141页。
　　③ 谢晓钟：《新疆游记》，甘肃人民出版社2003年版，第126页。

455米、556米、575米等等。① 据德古（Degout）神父调查："仅仅在甘肃就得以发现8种里值，介于660到800米之间。"② 所以里实际上也因地区不同或道路的状况不同，都可能造成实际距离的差距。

在民族地区的情况可能就更为复杂。蒙古族和藏族游牧民，他们的计程方式则和其日常生活密切相关，以牲口每天所能跑的路程来计，牲口每走一日为一站。"番地无里数，唯以马牛一日所行为计。"③ 但马和牛的速度不一样，故又有马站、牛站的区别。通常1马站约为60到70华里，而1牛站约为30华里，但这只是一个参考数。因为每个站的设置要考虑的因素较复杂，除实际路途长短外，还有牲口的体能、地理环境等因素。民国时期曾有人对西宁到玉树的路程进行了调查，按当地民众常用的20马站计，每站的路途长短差别很大，最远的间距可达100华里，而最近的间距只有40华里（见表7-4）。

表7-4　　　　　　西宁到玉树马站与实际里程④

站数	每站实际里程（华里）	站数	每站实际里程（华里）
第1站	90	第11站	70
第2站	80	第12站	60
第3站	80	第13站	70
第4站	90	第14站	100
第5站	80	第15站	80
第6站	100	第16站	40
第7站	50	第17站	80
第8站	60	第18站	90
第9站	90	第19站	70
第10站	90	第20站	50

---

① ［法］古伯察：《鞑靼西藏旅行记》，耿昇译，中国藏学出版社2012年版，第588页。
② ［法］古伯察：《鞑靼西藏旅行记》，耿昇译，中国藏学出版社2012年版，第589页。
③ 周希武：《玉树调查记》，青海人民出版社1986年版，第62页。
④ 本表根据马鹤天《甘青藏边区考察记》，甘肃人民出版社2003年版，第144页资料编制。

土地面积计量方面在西北农业区大多用亩,但也有使用段、垧等名目的。"甘肃计地积之量,除水田、砂田用亩计外,其计山田、川田之量,参差不一。"山地、川边地等"小宗田地曰段,每段或七八亩,或一二十亩",视其地形、条块而定。也有按垧计算的,"会算不会算,一垧二亩半,然多不符"①。因为有的地方以 500 方步为 1 垧者,有的地方以 480 方步为 1 垧者,有的地方以 450 方步为 1 垧者,还有地方以 400 方步为 1 垧者。在有些地方还"有以粪堆计者,多者十堆粪为垧,少者以五堆或六堆粪为垧"②,实际面积相差也很悬殊。此外,还有以块计算土地面积的。如在甘南藏区的农户,"最多有七八块地,最少有三四块地,块之大小不等,自三五亩至十四五亩都有"③。

甘肃河西、青海河湟及新疆等一些地方,计算耕地面积论斗、石,就是按种地所需的籽种量来计算。当问及耕地有多少时,民众常以"几斗或几升种子以对"④。丹噶尔厅(今湟源)1829 年(道光九年)规定,每段地的亩数按下籽种量计算:每下 1 仓斗(官方收粮用的斗)籽种为 1 亩。水地每段 7 斗 7 升 3 合(7.73 亩),旱地 8 斗(8 亩)。⑤ 但这只是官方为了征粮方便计算的标准,民间因各地的土地、气候条件均不同,单位面积用种量也自然不同,故 1 石地或 1 斗地到底有多少,没有统一的标准。在甘肃武威土地状况较好,每斗种子约可播种 1.2 亩,即每石田为 12 亩。但在甘肃夏河土地、气候条件很差,每斗籽种可种 6 亩多地,每石地就是 60 多亩。而在青海湟源一带,土地条件尚可,但属高寒之区,则每石地合 25 亩左右。

在青海的玉树和果洛地区,耕地面积论桶(当地一种计量容器)。新疆南疆的某些地区,耕地面积以秤计。据记载蒲犁附近的坎的巨提人在我国境内种地,"今年已种青稞四十秤"(每秤约合 12.5 斤)。⑥ 喀什

---

① 刘郁芬:《甘肃通志稿》卷二八《族八·实业》。
② 刘郁芬:《甘肃通志稿》卷二八《族八·实业》。
③ 徐旭:《甘肃藏区畜牧社会的建设问题》,《新中华》1943 年 9 月号。
④ 刘郁芬:《甘肃通志稿》卷二八《族八·实业》。
⑤ 魏海荣:《清民国时期湟源的田赋及量器》,《湟源文史资料》第 3 辑,1997 年编印。
⑥ 谢晓钟:《新疆游记》,甘肃人民出版社 2003 年版,第 216 页。

第六章　货币与度量衡混乱及对商贸业影响

噶尔地区还有运用古伊朗的巴特满计量土地面积的。清代官定 1 巴特满土地约等于 37.64 亩。① 新疆呼图壁县种地面积按庠（当地一种计量容器）算，每庠大约合上等地 100 亩，中等地 200 亩，下等地则在 300 到 500 亩之间。甚至新疆焉耆的蒙古族民众对于所种地亩，虽多以布撒籽种计算，但"究竟某段有地若干亩，即地主亦不知悉"②。

在市场上交易布匹等需丈量的货物时，西北大部地区使用尺、丈计量。但尺子种类各地可能是不一样的，每尺的实际长度也不一样。甘肃就有裁尺、工尺、营造尺的区别。西宁尺子也是极不一致，有长尺、短尺之分。商家对熟人可能用长尺，生人可能用短尺。新疆市场通用的有老尺、档子、码、英尺等。同为 1 米长的布，合 2.8125 老尺，合 1.40625 档子，合 1.0936 码，合 3.281 英尺，③ 折算起来十分麻烦。

在大宗布交易中一般论匹，而不同种类、不同地区出的布，每匹的长度、宽度可能也不一样。西安市场上的白、蓝粗布每匹 5 丈，而洋、斜布每匹 10 丈。④ 陕西关中武功、岐山所产的土布，每匹宽 1 尺 6 寸，长 38 尺（俗称"三八布"），陕西洋县一带所产的布匹，每匹宽仅 1 尺 1 寸，长 42 尺（俗称"四二布"）。陕北地区布匹还有大匹、小匹等区分。再以甘肃陇南一带为例，市场所售卖的布匹来源较杂，大部是来自四川的，也有来自湖北、河南等地的。不同地区运来的布每匹长度是不一样的，最长为 42 尺，最短为 34 尺，一般多为 36 尺长。⑤

在西北一些民族或边远地区，计算长度的办法更是稀奇古怪。如甘青藏区许多地方买布不用尺，长度按"庹"来计算，买布人用双臂去丈量。因每个人的臂长不一，因而也只能是个约数，一般一"庹"为 5 尺左右。⑥ 在

---

① 张莉：《喀什旧计量单位考》，《喀什市文史资料》第 8 辑，1993 年编印。
② 吐娜编：《民国新疆焉耆地区蒙古族档案选编》，新疆人民出版社 2013 年版，第 107 页。
③ 新疆通志（商业志、外贸志）编委会、新疆档案馆编：《新疆商业外贸史料辑要》第 2 辑，内部发行，1990 年编印，第 451 页。
④ 顾执中：《西行记》，甘肃人民出版社 2003 年版，第 54 页。
⑤ 李冰谷：《解放前后武都使用的度量衡器》，《武都文史资料》第 5 辑，1997 年编印。
⑥ 俄合保：《果洛若干史实的片断回忆》，《青海文史资料选辑》第 9 辑，青海人民出版社 1982 年版。

青海一些藏区还有用"方"计算的习俗，"即按布之宽窄折角等方为一方"①。新疆近代因受外国的布匹倾销的影响较大，计量方式在不同地方也不一样。伊犁一带受俄国影响较深，卖布多使用"档子"，其长度相当于普通华尺2尺左右。而在南疆的一些地方受英国影响，则有使用码或英尺的。

二　量器

量器在西北大多数地区使用升、斗、石，也有一些地方用桶、箱、袋等。斗、石又有仓斗、市斗，仓石、市石的区分。政府出纳仓粮使用仓斗，仓斗多以升计，也较规范一些。市面交易使用市斗，市斗有以升计、也有以筒计。一般升、斗、石之间换算实行十进制，但桶与斗具体的计算方法，在不同地区也可能不同。如同在甘肃省境内：平凉、天水24筒为1斗；永登则以36筒为1斗；皋兰则以72筒为1斗。数量相差很悬殊，可谓混乱之极。

市面上斗的实际容量也可能差别很大。甘肃平凉抗战前"每斗约合东南一石"②。甘肃南部地区的临潭、岷县虽两县地界相连，使用的斗差别却很大，"潭七升合岷一斗"③。甘肃陇南的武都还有老斗、新斗之分，老斗每斗小麦约合85.5斤，而新斗只有14.5斤。青海湟源通行（西）宁升和仓升，1宁升在市面折合4仓升。④ 究竟每斗容积是多少在不同地区不一样。就各地市场通用的斗而言，每斗的实际重量，也会因装不同的物品而不一样。以陕西关中地区和新疆为例，因粮食不同差别也很大（见表7-4、表7-5）。甚至在交易一些特定产品时，需用特定的计量办法。如在新疆市面交易一般通用老升，每老升等于3.07301公升，但在买卖食盐时不用升用斗，每斗食盐约合89.52斤。⑤

---

① 马鹤天：《甘青藏边区考察记》，甘肃人民出版社2003年版，第294页。
② 高良佐：《西北随轺记》，甘肃人民出版社2003年版，第29页。
③ 顾颉刚：《西北考察日记》，甘肃人民出版社2002年版，第214页。
④ 魏海荣：《清民国时期湟源的田赋及量器》，《湟源文史资料》第3辑，1997年编印。
⑤ 新疆通志（商业志、外贸志）编委会、新疆档案馆编：《新疆商业外贸史料辑要》第2辑，内部发行，1990年编印，第451、453页。

第六章　货币与度量衡混乱及对商贸业影响

表7-4　　　　　　　陕西关中每斗不同粮食折合市斤①

品名	实际重量（斤）	品名	实际重量（斤）
小麦	31	小米	32
糜子	26	谷子	19
黑豆	31	小豆	31
玉米	25	荞麦	23

表7-5　　　　　　　新疆每斗不同粮食折合市斤②

品名	实际重量（斤）	品名	实际重量（斤）
大米	48	白粮	42
胡麻	38	黄豆	44
红粮	34	小麦	44
芝麻	35	玉米	46

　　西北民族地区使用的容器情况就更为复杂，甚至同一地区不同部族都不一样。青海玉树地区一些部族使用桶，买卖交易多论桶，5桶粮合西宁1斗左右。但在另一些部族，"买青稞或糌粑又每以袋计"，"买米面，每以箱计"，"售草每以编记"，"酒、油以碗计"③。在一些汉族地区也有一些稀奇古怪的量器。在新疆呼图壁县，使用一种量器名曰戽（形状如倒扣的斗，两边装有两根抬杆），每戽小麦约合450斤。④ 在伊犁使用斛，每斛小麦约合129.6斤。⑤甘肃陇南一带，卖食用油则按罐计，大罐8斤，小罐4斤。但如在街面零售食用油，则使用24两的老秤去计量。⑥

　　要把市场用的市斗折合成较为精确的官方仓斗，但因各地可能在不

---

① 本表根据顾执中《西行记》，甘肃人民出版社2003年版，第54页资料编制。
② 本表根据新疆通志（商业志、外贸志）编委会、新疆档案馆编：《新疆商业外贸史料辑要》第2辑，内部发行，1990年编印，第452页资料编制。
③ 马鹤天：《甘青藏边区考察记》，甘肃人民出版社2003年版，第437页。
④ 陈芝兰：《解放前呼图壁粮食情况散记》，《呼图壁文史资料》第2辑，1985年编印。
⑤ 新疆通志（商业志、外贸志）编委会、新疆档案馆编：《新疆商业外贸史料辑要》第2辑，内部发行，1990年编印，第452页。
⑥ 李冰谷：《解放前后武都使用的度量衡器》，《武都文史资料》第5辑，1997年编印。

同时期、不同场合，所使用的量器本身容积的不断变化，实际操作起来也不容易。以青海省为例，据《丹噶尔厅志》记载，清末市量1石约合仓量4石。民国后若按颁布的衡器计（每斤500克），1933年每市石小麦1000斤，仓石则为280斤左右，显然这时每市石仅能折合3.57仓石。市面上使用的市石也在变化，到1937年初每市石小麦重只有700斤左右了。① 1942年在青海实行"田赋征实"后，市面通行标准是每石粮食约150斤。而马步芳为多收粮食，自制每升15斤的大升（百姓称"市斗"），这样实际每石粮达1500斤左右，② 从中也可窥见其混乱程度。

三　衡器

近代西北地区市场常见的计重单位有斤、担、驮等，虽然名称看起来相同，但实际可能相去甚远。至于市场的具体使用情况也可能更复杂。抗战前西北地区多用老秤，但市场上有单秤（16两1斤）、加五秤（24两1斤）、双秤（32两1斤），某些地区还有加一、加二、加三秤。就十六两秤而言，标准的十六两秤1斤合571.4克，也就是1两约35.7克，③ 但在实际测定时可能又会不一样。以青海西宁为例，同样是十六两秤，1939年前和1939年后是不一样的。1939年后的秤称为新秤，实际折合1939年前十六两秤的13两。④ 在新疆市面上通用的老秤，每斤折合596.8克。此外，还有一些地区使用特殊的计重工具。在新疆一些市面还常见使用哈达，每哈达等于409.5克。⑤ 青海囊谦一带还有一种计重单位"雅喀"（约190克），8"雅喀"为1"楚拉"。⑥

在市场因交易物品不同，可能每斤的实际重量也不同。在甘青藏区

---

① 马鹤天：《甘青藏边区考察记》，甘肃人民出版社2003年版，第156页。
② 吕志松：《解放前青海征收田赋的概况》，《青海文史资料选辑》第9辑，青海人民出版社1982年版。
③ 刘文海：《西行见闻记》，甘肃人民出版社2003年版，第116页。
④ 解奇龄：《解放前互助地区度量衡情况》，《互助文史资料》第1辑，1989年编印。
⑤ 新疆通志（商业志·外贸志）编委会、新疆档案馆编：《新疆商业外贸史料辑要》第2辑，内部发行，1990年编印，第451页。
⑥ 李式金：《囊谦一瞥》，《新西北》1944年第7卷第1期。

交易羊毛、煤炭等一般使用双秤；交易品如果是清油、酥油、普通药材时一般使用加五秤。甚至同类物资计重方式也可能不一样。在甘肃武都民间交易中，药材、面粉、山货、青盐、粗茶等，在产地收购时按每斤24两计，但运到碧口市场外贩时就改用22两秤，每斤要比收购时少2两。如果货物是在当地出售，则每斤需增加2两，俗称"加二秤"。① 甘青藏区药材交易多用加五秤，但只是针对普通的药材，如麝香、牛黄之类则，按钱或论块计价，鹿茸、羚羊角多按架计价。南京国民政府推行新衡器后，新衡器除在官方交易或收取税赋时使用外，在各地的民间市场交易中使用并不普及。

在日常货物运输或批量交易中计重也论担，但实际每担重多少可能会因地区、货物种类而不同。新疆多按照粗细货来分，粗货280斤为1担，细货240斤为1担。② 甘宁青地区大部分货物每担为240斤，但有些货物如药材、水烟则不是（见表7-6）。不同货物间有的差距很大，如药材和水烟名义上同为1担，实际重量则相差悬殊。甚至同样是水烟，青烟、黄烟同为一个标准，而棉烟、条烟又各为一个标准。

表7-6　　19世纪30年代甘肃市场不同货物每担实际重量③

品名	实际重量（市斤）	品名	实际重量（市斤）
布匹类	240	食品类	240
皮毛类	240	丝货类	240
纸张类	240	药材类	100
瓷器类	240	水烟的棉烟	384
杂货类	240	水烟的黄烟	360
棉货类	240	水烟的青烟	360
金属类	240	水烟的条烟	280
清油	240		

---

① 李冰谷：《解放前后武都使用的度量衡器》，《武都文史资料》第5辑，1997年编印。
② 谢晓钟：《新疆游记》，甘肃人民出版社2003年版，第116页。
③ 本表根据高良佐《西北随轺记》，甘肃人民出版社2003年版，第52—54页资料编制。

在西北地区大部分市场上，食盐、粮食等大宗货物交易也用担，但不同地区、不同时期每担的重量也不同。以常见的食盐交易为例，早期青海食盐每担重约240斤，① 宁夏食盐交易每担则为4斗，每斗重约百斤，实际1担在400斤左右。② 1933年西北盐务局成立后，官方按照新衡制规定每担食盐为100斤，但在不少地方民间交易仍沿用旧习。此外，在陕西关中一带大宗粮食交易中，也有使用担作计量的，每担粮食的实际重量会因粮食品种不同而不同。据顾执中1932年调查，不同的粮食每担实际差别也很大，甚至有的每担如高粱和小麦，实际重量差额超过了100斤（见表7-7）。

表7-7　　　　19世纪30年代陕西关中每担粮食实际重量③

品名	实际重量（市斤）	品名	实际重量（市斤）
小麦	260	大麦	260
籼米	260	黄豆	240
芝麻	220	面粉	260
玉米	230	荞麦	226
绿豆	230	菜籽	220
高粱	140—150	蚕豆	220—230

西北不少地区还有以驮来计重的，因使用的驮畜有骆驼、骡马、驴、牛等，每驮的重量差别也是很大的。新疆、甘肃、宁夏、陕北因养骆驼的较多，长途贩运货物多用骆驼。每峰骆驼究竟所驮货重量是多少，因骆驼的个体差异以及运输路途的远近不一，也只能是个大概数。据俄国人调查每峰骆驼可驮420多磅（约190公斤），④ 据曾问吾调查每峰骆驼

---

① 马鹤天：《甘青藏边区考察记》，甘肃人民出版社2003年版，第164页。
② 林竞：《蒙新甘宁考察记》，甘肃人民出版社2003年版，第45页。
③ 本表根据顾执中《西行记》，甘肃人民出版社2003年版，第14页资料编制。
④ ［俄］克拉米息夫：《中国西部之经济状况》，《中国西北文献丛书续编》（西北史地）第11卷，甘肃文化出版社1999年版，第63页。

驮载240—280斤之间,① 王树枬则说每峰骆驼负重280斤。② 在陕南、甘肃临夏等地普遍使用骡马驮运,每匹骡马长途贩运载重在200斤上下。牧区也使用牛做运输工具,牛在运不同货物时每驮重量可能不同。以青海玉树为例,牧民在贩羊毛时每牛驮为240斤,③ 在贩盐时每牛驮为120斤,④ 贩川茶时每牛驮茶叶6包（每包20旧斤）,⑤ 加上茶叶的包装每驮约150市斤。西北使用驴驮也很普遍,每驴驮究竟驮多重也很难一致。陕北、陇东一带多用毛驴贩销食盐,每驴驮大约150旧斤（约合新秤170多斤）。⑥

新疆市面除通用市斤计重外,还有一些其他的计重方法。在南疆地区"权量称呼,亦属特别",用"恰纳""塔哈"。"十六斤为一恰纳（亦有十二斤者）,十恰纳为一塔哈。""塔哈"本维吾尔语口袋的意思,但"恰纳塔哈,求之实际,不见其物,仍以斤秤为准"⑦。实际上就是一种较大的计重单位。在新疆一些地区的粮食交易中,还有用"卡拉"的,每"卡拉"折合约25市斤。在煤炭交易中新疆多使用车来计量,车又分四头马车（4000斤）、三头马车（3000斤）等。甚至同样为鸡蛋,北疆一般按10个为1斤计算,南疆则按12个为1斤。⑧

此外,由于新疆受对外贸易的影响,外国的衡器在市场上也较常见。新疆伊犁使用的衡器是俄国的普特（每普特等于16.38公斤）、"哈塔克"（每"哈塔克"约合中国秤的11两）。而新疆"邮政章程,发寄书刊印刷品,以法衡二千格兰姆为限,合吾国库平五十三两六钱"⑨。甚至

---

① 曾问吾：《中国经营西域史》下编,商务印书馆1936年版,第680页。
② 王树枬：《新疆图志》卷二九《实业·二》。
③ 马鹤天：《甘青藏边区考察记》,甘肃人民出版社2003年版,第293页。
④ 倪锴：《囊谦及其附近》,《边疆通讯》1944年第2卷第2期。
⑤ 马鹤天：《甘青藏边区考察记》,甘肃人民出版社2003年版,第290页。
⑥ 陕甘边地区使用的旧秤（十六两）1斤,约合新秤（十两）1.1936斤。参见李建国《陕甘宁边区的食盐运销及对边区的影响》,《抗日战争研究》2004年第3期。
⑦ 谢晓钟：《新疆游记》,甘肃人民出版社2003年版,第183页。
⑧ 新疆通志（商业志、外贸志）编委会、新疆档案馆编：《新疆商业外贸史料辑要》第2辑,内部发行,1990年编印,第453页。
⑨ 谢晓钟：《新疆游记》,甘肃人民出版社2003年版,第126页。

在新疆喀什噶尔地区，还有使用古伊朗的计重单位，有巴特满、噶尔布尔、察热克。根据清政府 1760 年规定的标准：1 巴特满折合官斗 5 石 3 斗（新秤 636 斤）；1 噶尔布尔折合 6 斗 6 升 3 合（新秤 60 斤）；1 察热克约等于新秤 10 斤。①

四 其他

在西北地区的商业贸易中还有茶、盐引票制。茶销业的引 1730 年（雍正八年）先对川茶实行，1735 年（雍正十三年）推广到西北茶销业中。规定每引 1 道，运茶 100 斤，准带附茶 14 斤，耗茶 1.4 斤，每引实际运销茶叶 115.4 斤。1874 年（同治十三年）左宗棠奏准以票代引，每引 50 道，给票 1 张，每票正茶 40 包（100 斤），每包带副茶 15 斤，这样每引实际运销茶叶 4600 斤。②但进入青海南部及西藏的川茶仍沿用旧制，"每引五包，每包四锭，每锭五斤"③。可见同为 1 引茶相差悬殊。食盐的引票实际数量也不一。清末陕西关中河东盐引区，每道 1 引，每引盐 240 斛。陕北的花马大池，每引盐为 200 斛。宁夏和甘肃东部地区销花马小池盐，每引盐为 1 石。④甘肃中部两处井盐产地，则规定漳县井盐每引 278 斤，西和井盐每引 200 斤。⑤陕北榆林、绥德一些地方熬制的土盐，则实行锅票制，每张票盐 100 斛。⑥

综上所述，近代西北地区的度量衡器非常杂乱，不仅每个民族使用的可能不同，即使同一民族在不同地方也可能不一样。有些计量工具虽然名同但实则相差悬殊。还有一些地方在商品交易中，可能是各类计量办法混用。西北地区度量衡器的这种混乱状况，并没有因近代商贸经济的发展而减轻。有些地方还因与外来商人交易，在商贸活动中又将外地的度量衡器引入，反而可能更加复杂化。民国时政府曾试图对度量衡器

---

① 张莉：《喀什旧计量单位考》，《喀什市文史资料》第 8 辑，1993 年编印。
② 刘锦藻：《清文献通考》卷三十《征榷考·五·榷茶》。
③ 马鹤天：《甘青藏边区考察记》，甘肃人民出版社 2003 年版，第 290 页。
④ 升允：《甘肃新通志》卷二五《盐法》。
⑤ 韩世英：《重修漳县志》卷二五《盐法》。
⑥ 查郎阿：《敕修陕西通志》卷四一《盐法》。

进行规范，但因西北地区的政治局势动荡，地区经济发展又极不平衡，以及民俗、风情和人们的习惯干扰，使得这些努力终未能有明显效果。甚至有些地方的市场"度量衡制度之紊乱复杂，穷年莫殚，屡世莫究，即一市中，经纪老商，亦不能悉知一市之度量衡者"①。

第三节 货币和度量衡混乱原因及影响

近代西北地区的货币和度量衡器都十分混乱，这种混乱状况既可从一个侧面反映出西北商贸经济发展的艰辛，同时也可视为中国社会由传统向近代转化的一个缩影。具体来说这种混乱的原因又涉及多方面，既与当时国家的社会政治、经济等因素有关，也与西北本地区的历史、民族及自然环境等方面的因素有关。这些因素之间又相互作用、交替影响，造成了近代西北地区的货币和度量衡制的混乱局面。西北地区货币、度量衡制的混乱自然也会反作用于社会，对当地民众的社会生产和生活产生不利影响，特别是近代西北地区的商贸经济所受到的负面影响就更大。

一 货币及度量衡制混乱的原因

近代西北地区的货币和度量衡体系混乱，虽然原因可能是多方面的。但从西北地区自身的情况来看，主要原因有以下几个方面。

首先，地方政府和军阀为解决财政滥发货币。近代插手西北金融业的有各种势力，但总体来说官方还是居于主导地位。西北大部地方为贫困之区，财政方面多依赖中央政府的补贴，清乾隆中期后为巩固西北边防，对当时的甘肃（包括宁青）和新疆地区实行协饷制，这项制度一直被延续了下来。但随着近代西方列强的入侵，使得清政府国力大损。特别是太平天国起义和后来的西北暴乱，清中央对西北的协饷制遭到破坏。虽清政府出于巩固边防考虑，在1885年（光绪十一年）还划拨新疆、伊犁、塔城协饷336万两，但因此时政府财力不济，到1904年（光绪三十

---

① 谢晓钟：《新疆游记》，甘肃人民出版社2003年版，第126页。

年）只得核减为 298 万两，即便如此协饷也常无法足额解到，新疆还需付庚子赔款每年 40 万两。① 甘肃的情况也大体如此，左宗棠西征年需军费 800 余万两，"每年实收协饷 500 余万。合捐输入款，每月仍亏挪勇饷百数十万"②。中央财政扶持力度的削减，使得西北各地不得不想办法自救。这就导致了地方政府死命地抓钱，除拼命压榨百姓外，就是把发行货币作为解决财政困难的法宝，造成了杂、劣币充斥的局面。当时新疆的财政最困难，故所发行的货币种类最多。发行机构也复杂，仅发行机构就有藩司、伊犁将军府、塔尔巴哈台参赞大臣等。

辛亥革命后中央对地方的控制力已大为弱化，中央政府对西北的协饷也基本断绝。乘机崛起的西北地方军阀为拓展地盘大肆扩军，为满足其扩军的经济需求，自然对于利润丰厚、来钱又快的金融业不会放过。如甘肃陇南地方军阀孔繁锦，百务不讲，百业不兴，忙于购置机器造钱。国民军进入甘后一省养兵 10 多万，而且回、汉军阀派系复杂。控制省政权的国民军还要为其逐鹿中原提供军费，致使税赋年年增加，1928 年财政收入 1280.31 万元，军费就占 1039.78 万元。③ 除此之外就是滥发货币，国民军用从孔繁锦手里抢到的造银元机，冒用他人牌号大量铸造袁世凯头像、孙中山头像银元。按规定银元含银率不低于 88.8%，甘肃所产银元向来没高出过 82.5%，有的只有 70%。有一次给藏区所铸溥仪头像半两银元，含银率仅 50%，以致铜色外露无法烘洗。④ 民国后主政新疆的杨增新、金树仁，也把发行货币作为解决财政困难的重要手段。

南京国民政府成立后国家名义上走向统一，但地方割据势力在西北仍很强大。中原大战以后蒋系势力逐步扩展到了陕甘，但地方小军阀并不太买蒋的账，特别是对于财权更是不愿轻易放弃。随着全面抗战爆发，南京国民政府开始利用其政治、经济甚至军事优势，逐步迫使西北地方

---

① 曾问吾：《中国经营西域史》下卷，商务印书馆 1936 年版，第 237 页。
② 甘肃省志编委会：《甘肃省志》（金融志），甘肃文化出版社 1996 年版，第 199 页。
③ 刘郁芬：《甘肃通志稿》卷四一《财赋六·会计类》。
④ 金小唐：《甘肃造币厂纪实》，《甘肃文史资料选辑》第 8 辑，甘肃人民出版社 1980 年版。

第六章　货币与度量衡混乱及对商贸业影响

势力交出金融控制权。西北地方势力虽迫于压力妥协，但明争暗斗仍在继续。如驻守榆林的陕北军阀高双成部，1942年仍用陕北地方实业银行的名义发行石印货币。1942年陕西各县银行，私发"小额本票或兑换券"①。宁青的马家军阀对中央政令是有利则执行，无利则能推就推，不能推就敷衍。盛世财统治的新疆，更是长期处于半割据状态。中央与地方大小军阀间围绕金融货币权的斗争，往往使得小民百姓成为牺牲品。如国民军西北银行曾在甘肃发行钞票达350万元，②中原大战国民军失败后便停止兑换，民众损失惨重。

其次，官吏和军阀利用金融货币和度量衡器混乱以牟利。近代后内忧外患造成战乱不断，清政府借滥发货币以维持财政，使得币值不稳。特别是银钱比价失衡，银贵钱贱长期困扰着人们。百姓日常生活多用钱，而政府赋税、官员俸禄则主要以银计，因银钱比价的变化，使百姓无端增加了大量负担。而地方督抚等发行的货币贬值更剧烈，如清末新疆发的"伊贴""塔贴"，到民国初年"伊贴"每两约值现银4钱，"塔贴"每两仅值现银2钱余，这无疑是对百姓的无耻搜刮。民国后大小军阀滥发的纸币、铸造的劣币，不少更是毫无信誉可言。1932年陕西银行天水分行因军队火拼银行被抢，陕西银行为减少自己的损失，借口在天水事变中遗失部分货币，由陕西省政府通令作废，③当地百姓欲哭无泪。青海马麟因滥发"维持券"，导致1935年官钱局无法维持而撤销，宣布每元"维持券"以现银二角收兑，五天后借口"维持券"因"破损很多，连日兑换中发现假券，自即日起停兑"④。

官府还通过制造通货膨胀来掠夺百姓。马鸿逵在宁夏无准备金滥发

---

① 中国人民银行总行参事室：《中华民国货币史资料》第2辑，上海人民出版社1991年版，第392页。

② 张令琦：《解放前四十年甘肃金融货币简史》，《甘肃文史资料选辑》第8辑，甘肃人民出版社1980年版。

③ 张令琦：《解放前四十年甘肃金融货币简史》，《甘肃文史资料选辑》第8辑，甘肃人民出版社1980年版。

④ 青海省志编委会：《青海历史纪要》，青海人民出版社1980年版，第126页。

货币,致使"宁夏市场上的物价,昂贵异常",普通民众"无不叫苦连天"①。新疆截至1949年5月,累计发行新省币657216249.7亿元,竟出现了面额为60亿元1张的纸币。②南京国民政府发行的法币,因战时经济困难贬值更是惊人。如以1937年6月法币发行为基数,1945年8月发行指数已达394.84,到1946年2月,又暴增到864.19,③造成国统区物价的飞涨。以新疆为例,国民政府在抗战后为解决当地财政困难,用飞机由兰州往迪化运去大宗法币和金圆券,于是有"天上飞机响,地下物价涨"的民谣④。官府利用货币贬值对百姓的盘剥,达到无以复加的地步。

西北地区度量衡制的极度混乱,也与政府、军阀和官吏有一定关系。从民国初年公布度量衡法,直到南京国民政府度量衡制改革,尽管失败有种种原因,但各地推行不力是最重要的原因。因为他们对此无多大兴趣,甚至常常借度量衡制混乱,利用折算借机去牟利。在抗战前新衡制早已颁布实行,而青海许多官吏仍使用旧衡器愚弄百姓,藏区有十六两、二十四两、三十二两秤,牧民交草、交羊毛用大秤,"兵士、夫役上下其手,有三四千斤草或毛仅秤得千斤者"⑤。甚至有些还公开借度量衡制混乱作弊,1942年田赋征实后,马步芳利用国民政府公布的市石与当地市场通行石的差距,用大升收购(1升相当于国民政府公布的1市斗),账面上青海征粮1942年最高时也只有186255石,最低的1947年只有42440石,但实征数是账面数的10倍。⑥此外,还有各地官办商业机构,借度量衡混乱坑害百姓也屡见不鲜。

复次,同西北各地社会经济发展状况相关。近代西北地区生产力发

---

① 范长江:《中国的西北角》,新华出版社1980年版,第187页。
② 郑芝祥:《新疆省币、新疆银元票和三区期票流通始末》,《新疆金融》1991年第1期。
③ 洪葭管主编:《中国金融史》,西南财经大学出版社1993年版,第377页。
④ 新疆通志(商业志、外贸志)编委会、新疆档案馆编:《新疆商业外贸史料辑要》第1辑,内部发行,1990年编印,第168页。
⑤ 马鹤天:《甘青藏边区考察记》,甘肃人民出版社2003年版,第437页。
⑥ 吕志松:《解放前青海征收田赋的概况》,《青海文史资料选辑》第9辑,青海人民出版社1982年版。

展水平普遍较低下，西北民众对外的经济依赖性较强，这就造成了各地商人的大量涌入。随着不同地区商人的到来，同时也引入了五花八门的计量工具。据20世纪40年代调查，仅甘南夏河年缺粮达1250万斤，①多由周边临夏、洮岷补给。但不同地区粮商所用交易器具可能不同，如临潭和岷县市场所用升斗就不同。还有不少商品生产标准、出产地区不同，也会造成实际尺度、重量等差异。以西北市场的布匹为例，有产自冀、豫、川的土布，有汉口的国产机织布等。洋行或其代理人在西北收购和推销货物时，也会将他们的计量方法带入，这在新疆地区表现最为明显。以上原因使得近代西北计量工具越来越复杂，出现了稀奇古怪的量器，五花八门的秤等。此外，他们还带来了各式银币、铜钱、纸币等。如在甘青藏区四川造藏洋一度盛行，在新疆安集延小洋、俄国道胜银行的纸币更是一度畅行无阻。

　　西北商贸活动的兴旺主要是与民众维持基本生存的需要相关，并不是自身社会经济发展而推动的，这在西北的牧区表现十分明显。牧业生产一般来说极不稳定，牧民所需食物这个最基本的需求都存在隐忧，其他日用品自给率也极低。这就造成了一种现象，牧区民众虽忙于交换，但真正的商品意识很薄弱。抗战前甘肃南部的回族商贩，用茶、布、粮等在拉卜楞交换畜产品，"此种交易，纯为以物易物，从不以银作价"②。很明显蒙藏民交换为的是使用价值，交易方式越方便、越直观越好。故出现了交易"不用尺和秤"③，"买青稞或糌粑又以每袋计"，"买米面每以箱计"，"售草每以编记"，"酒油以碗计"④。近代新疆的蒙、哈民众以物易物也很常见，几头蒜一张羊皮，几块砖茶一只羊。钱和度量衡器对他们的交易而言并非必需之物，无钱可以用东西换东西，无秤可以用桶、袋。加之一些商贩利用货币、度量衡器折算进行欺诈，这更使得普通民

---

① 徐旭：《甘肃藏区畜牧社会的建设问题》，《新中华》1943年9月号。
② 张元彬：《拉卜楞之畜牧》，《方志》1936年第9卷第3—4期合刊。
③ [俄]克拉米息夫：《中国西部之经济状况》，《中国西北文献丛书续编》（西北史地）第11卷，甘肃文化出版社1999年版，第47页。
④ 马鹤天：《甘青藏边区考察记》，甘肃人民出版社2003年版，第437页。

众对货币（特别是纸币）和度量衡器的信任度也不高。

因西北地区生产力水平低下、社会经济对外依赖性强等因素制约，使得许多情况下民众在商品交易中无多少话语权。交易使用什么货币和度量器具，更多的是商家按自己所需去选择。如在对外皮毛贸易中，天津市场上西北羊毛与进口毛线比价为 1∶70，① 造成如此大的差价，更多的是因西北当地无加工能力，如不卖掉就只有沤粪或堆在草原上烂掉。在这种情况下羊毛收购论包还是论斤，使用单秤还是双秤，给钱还是用货抵账，实际都由商家说了算。牧民只求能卖出一点就少损失一点，明知不合理也无奈。西北地区的土地计量单位混乱，也与自然条件和生产能力低下有关。在土地交易中水田、压砂地、川地、塬地，因生产条件好，产量较稳定，土地价格较高，计算为了精确多以亩计。而对于山地、高寒贫瘠地区的土地，粮食单位产量低下，加之近代西北这类土地资源也较多，出售这样的土地收入很微薄，这类土地计算一般都较粗疏，故出现了论段（块）、斗、石这种大而含糊的地亩单位。

最后，还与民族的历史文化传统和自然环境等有关。西北地区从经济文化类型来看有农、牧业两大类，从文化传统来说有儒家、藏传佛教、伊斯兰文化三大类型。这种经济、文化的差异为各民族间经济交流提供了必要条件，他们通过互通有无以满足自己的生活和生产需要。但因西北地区自然经济长期占据着统治地位，历史性形成了许多较为狭小、而且地域性和独立性较强的市场。自然环境封闭与交通条件落后，进一步强化着这些狭小的地方市场，这也易造成交易方式、器具的差异化较大。近代虽西北的市场已开放，但自然经济的统治地位依然如故，在民国初年，新疆的"蒙古、哈萨，犹在实物经济时代"②。加之民族交流过程中的一些摩擦造成的信任度低下，他们宁愿相信自己的交易器具，而不相信别人的器具。像甘青藏区一地与一地，一部落与一部落间的秤、升都不一致。甚至觉得使用度量衡容易被欺骗，所以在交易中更喜爱用非常

---

① 秦宪周等：《帝国主义洋行在甘肃掠夺剥削农牧民史料三则》，《甘肃文史资料选辑》第 8 辑，甘肃人民出版社 1980 年版。

② 谢晓钟：《新疆游记》，甘肃人民出版社 2003 年版，第 113 页。

直观的"不变之整物如箱袋等"①。

西北一些地区或民族的特殊历史、社会制度等因素，也会对货币及度量衡器产生影响。在南疆地区流行的"普尔钱"、藏区的"藏洋"等，就是一种特殊历史条件下的产物。此外藏区的土地计量，也同样有着一些历史原因。据徐旭调查在甘南藏区的土地，主要是属于寺院或世袭土司。某些地方头人、百姓虽有私地之名，但最终地权"还是永久属于寺院或土司的"，所以地权不能买卖。但商品经济的发展又不断冲击着传统的制度，导致开始出现了"土地典卖的行为"。但这种买卖仅仅是"转让耕种的地面权"。如药材交易中的"买山"，双方讲好价和采挖年限，"一到满期，就不能再来"②。还有林木交易中的"林尽归山"（买家将所买树木砍完后，须将山交回卖方）等。因土地所有权不流转，买家所获的只是短期使用权，故此种交易的计量都较粗疏，出现了"卖"地按块，"卖"林论山的现象。

二 货币及度量衡混乱对商贸经济影响

近代西北地区货币和度量衡的混乱情况极为严重。货币以当时新疆一个两三万人口的呼图壁县为例，流通的货币种类就有：饷金、准格尔汗普尔、清普尔、清制钱、新疆大钱、清铜圆、银两、小天罡、清银元、袁世凯头像银元、孙中山头像银元、墨西哥鹰洋、新疆官钱票、老龙票、狗娃子票（新疆财政厅所发）、官票、新省币、法币、关金券、金元券、新疆银元票等。③ 度量衡器以新疆喀什噶尔为例，除了尺、斗、斤等常见的名目外，还有许多极具民族或地方特色的器具，甚至还运用古伊朗的计量单位。④ 货币和度量衡器的混乱状况，必然会对西北地区商贸活动产生不利影响。

---

① 马鹤天：《甘青藏边区考察记》，甘肃人民出版社2003年版，第437页。
② 徐旭：《甘肃藏区畜牧社会的建设问题》，《新中华》1943年9月号。
③ 李成元：《清末民初在呼图壁流通的货币》，《呼图壁县文史资料》第4辑，1988年编印。
④ 张莉：《喀什旧计量单位考》，《喀什市文史资料》第8辑，1993年编印。

首先，货币及度量衡器的混乱使得商业贸易极为不便。清末经甘肃到新疆去，"制钱用至瞭墩，去哈密仅四站。在西则用天罡，即新省所铸之红铜钱"。"然买物皆以银论，碎屑零星，极为不便。"① 既是同为甘肃一省，若去藏区许多货币，尤其是纸币根本不能用。甚至南京国民政府发行的法币，也难在藏区顺利流通。同为银币实际价值也可能大异，民国时甘肃所铸银元，与中央政府和其他省所铸银元成色相差悬殊。有的银元甚至一出该地区就不能用。在青海玉树所用货币皆西康所铸藏洋，"但西康所用者尚为整个，至玉树则初切为两半，次切为三块，并将中间一块取去，故人名为滥钱，出玉树即不能用"②。

要进行货币兑换就更难，官价同市价也不同。新疆法定银1两值红钱400文，而市面只能换到300文左右。至于纸币发行更混乱，朝、夕价格可能都不一。这给商贸活动带来了许多麻烦。1925年在兰州购物，"往往先说银两，再折合铜元"。通用银元为民国袁世凯头像银元，"北洋及站人，较诸本地银元票价约低数分至一钱。大清银币及造币厂竟不能用，其他更可想见矣。每元换铜元一百六十枚，铜元票并无折扣，从前之五枚、拾枚现均收还，不复流通"③。在新疆俄道胜银行发行的纸币，因俄国十月革命币值暴跌，商民大受其害。因货币间折价极为烦琐，有的币值涨跌难定，故在边远农村和牧区民众更愿物物交换。或使用他们熟知的东西，如在甘青牧区"货物交易仍以茶为标准；至民间往来，仍以绵羊为钱币单位"④。

度量衡器的混乱同样对商贸活动造成许多不便。在同一地区甚至一个市场，同为1斗可以相差数倍，同是十六两秤，斤与斤也可能不同。民国初谢晓钟曾在迪化做过一个试验，"以法衡二千格兰姆为限"，"余以市秤估折一包，试以法衡，作为重量"，"以市秤各家不同，愈闹愈

---

① 方希孟：《西征续录》，甘肃人民出版社2002年版，第132页。
② 马鹤天：《甘青藏边区考察记》，甘肃人民出版社2003年版，第327页。
③ 陈万里：《西行日记》，甘肃人民出版社2003年版，第51页。
④ [俄]克拉米息夫：《中国西部之经济状况》，《西北文献丛书续编》（西北史地）第11卷，甘肃文化出版社1999年版，第47页。

错"①。这必然会使得在商品交易中，民众对各种各样的计量器具不知所从。致使他们不得不寻求一个虽计算粗疏些，但简单明了的解决办法。如青海蒙藏民卖草论"编"，卖盐论"驮"，买面论"箱"或"袋"。这样做的结果，自然使计量工具更为混乱。特别是随着近代西北地区商贸活动的扩展，皮毛等大宗商品日益进入国际市场，度量衡器的混乱显然对西北商贸经济发展极为不利。

此外，货币及度量衡器混乱易产生商业欺诈行为。近代卷入西北地区商贸活动的人数众多，成员也很复杂。加之商贸活动自身又具有很大的趋利性，很容易引起各种商业纠纷，甚至有的人还会不择手段去牟利。某些商家利用信息不对称，民众文化程度低，民族语言不通等做手脚。而货币及度量衡器的混乱，又会为他们提供更方便的作弊途径。在甘青地区曾有商人，"以蒙藏人民愚昧可欺，每用大斗大秤，掺杂劣货之手段，企图蒙混"②。还有商人用酒将蒙藏民灌醉，然后在衡器上作弊（所谓"抓鞑子"）。某些"歇家"在向牧民出售食品时，"虽是以市价计算"，但在量器上作弊。"青稞面粉按升计算"，但所用升子"比市面通用升小一半"③。新疆许多地方也因货币及度量衡器混乱，"奸商取巧，欺骗乡愚，百弊丛生，商民咨怨"④。

商业欺诈行为虽是个别人所为，但影响却十分恶劣，不仅使得商业信誉受损，也破坏了人与人之间的信任度。致使某些地方民众为防欺诈，交易须按当地规矩、方式，或使用他们认可的货币、计量器具来进行。在牧区或边远之区，因近代货币信誉不佳，特别是纸币贬值太快，百姓因信息不对称，往往会因受骗造成意外的损失。以南京国民政府发行的法币为例，若以1937年1—6月价格为基准数，到1945年8月就贬值高达2491倍。⑤ 至于地方发行的货币信誉就更差。如新疆的省币在1943年

---

① 谢晓钟：《新疆游记》，甘肃人民出版社2003年版，126页。
② 李自发：《青海之蒙藏问题及其补救方针》，《新青海》1933年第1卷第12期。
③ 翟松天：《青海经济史》（近代卷），青海人民出版社1998年版，第223页。
④ 谢晓钟：《新疆游记》，甘肃人民出版社2003年版，第126页。
⑤ 中国人民银行总行参事室：《中华民国货币史资料》第2辑，上海人民出版社1991年版，第360页。

1月，30元可购100斤（老斤，下同）面粉，100元可购100斤油。1945年3月则变为4500元购100斤面粉，16000元购100斤清油。① 百姓根本无法确定纸币的真实购买力，因怕被欺骗常会拒绝使用，交易时多喜用价值相对稳定的金属类货币。

既是金属货币也多选择他们常见或熟知的，而不愿意使用他们不了解的货币。在新疆南疆地区，民众多喜用"普尔钱"，在青海玉树地区，蒙藏民则喜用"藏洋"。有的地区干脆有自己的计价体系。在青海的大部分牧区，大额交易时白银论秤（1秤约等于50两）。而青海果洛地区在使用黄金交易时，以钱为单位，使用白银时，以"主"为单位，（每"主"3个"嘉达尔"，每"嘉达尔"约5钱）。② 甚至不少民族地区干脆用牛、羊、砖茶等常见商品做估价媒介。为了防止奸商利用度量衡器作弊，一些地区也有自己的应对之法。青海果洛藏民在买卖氆氇、哔叽按"庹"计价，布、绸、缎因宽窄不一，为了防止欺诈将布对折，以"方"来计算。

综上所述，货币及度量衡器的混乱，给西北的商贸经济发展造成了许多不便，并使得正常的商贸活动风险加大。为了规避各种交易风险，人们便会采取一些非正常的手段，这必然会导致正常的商贸活动受阻。但如考虑到西北地区社会和经济的发展水平，就会发现货币及度量衡器的混乱是有其内在合理性的。商贸活动是以生产力水平为基础的，在生产力水平落后的条件下，人们的商业行为、交易方式、交易工具等，不可能太超越历史和现实条件许可。如在西北一些民族和边远地区以物易物现象的存在，除了因为货币的信誉或计量工具的问题外，还有其历史及传统等因素的影响。所以对于西北地区货币及度量衡器紊乱问题，还应该历史地、客观地去理性地看待和进行分析。

西北地区由于民族众多，社会生产力发展水平差异较大。近代后社

---

① 新疆通志（商业志、外贸志）编委会、新疆档案馆编：《新疆商业外贸史料辑要》第2辑，内部发行，1990年编印，第470页。

② 俄后保：《果洛若干史实的片断回忆》，《青海文史资料选辑》第9辑，青海人民出版社1982年版。

会又相对比较封闭，政治环境也长期不安定，要大范围内迅速统一货币和度量衡器，实现交易工具的近代化是有较大困难的。但随着西北本地市场的不断开放，以及外来商品经济的刺激，民众的商业理念也在逐步地转变。经过长期的市场经济熏陶，民众心中对常用商品还是有自己的衡量标准，只不过计价、计量都较为粗疏而已。如在20世纪40年代，甘南藏区交易已不是简单地以1匹布换1头牛，而是各自作价，布与牛之间差价，"则以银元作找"[①]。牧民们对交易物的真实价值、分量也越来越关心，在涉及金、银等贵重物品时，更是分厘必较。故近代西北地区货币及度量衡器的混乱，除了与国家特定的半封建半殖民地历史条件有关外，同时也是本地市场经济初步发育但又不成熟的产物，是西北地区商品经济向近代化迈进的必经阶段。

---

① 顾少白：《甘肃西南边区之畜牧》，《西北经济通讯》1942年第1卷第7期。

第七章　近代西北商贸活动特点及影响

近代西北地区的商业贸易非常活跃，在西北社会经济中占有很重要的地位。从相互进行贸易的区域来看：有与国外的商业贸易活动；有与国内其他地区的商业贸易活动；还有西北地区内部的商业贸易活动。从商业贸易活动主体来看：有官方控制或官商的商贸活动；有以商帮为代表的私商活动；还有以洋庄为依托的西方商业势力。商贸活动的形式和内容也是多种多样，具有十分鲜明的地区、民族特点。此外，近代西北地区的商贸活动不仅仅是一种单纯的经济活动，也关系到民心与边疆社会的稳定，具有很强的政治和军事意义。同时，对西北地区的社会进步也具有一定的推进作用。

第一节　西北地区商贸活动基本特点

近代西北地区的商业贸易活动，是在中国逐步沦为半殖民地半封建社会的历史大背景下展开的，这就决定了西北地区商贸业的发展变化，与当时整个国家的基本状况密切相关，使其与国内其他地区的商贸活动，有着许多共性的东西。但我们也应看到，因为特殊的地理和人文环境，也使得西北地区的商业贸易活动具有自己的特性，赋予了它不同于国内其他地区的特色。对于近代西北地区商贸活动特殊性的探讨，有助于我们更为深刻地去理解它，也便于总体把握近代西北商贸活动的实质。具体来说，近代西北地区商贸活动有着以下明显的特点。

第七章　近代西北商贸活动特点及影响

一　商贸经济与官方密切相关

清代出于政治、军事和经济利益等方面的考虑，在西北地区大力鼓励发展各类商贸业，如西北地区的茶销业、新疆与周边地区的绢马贸易等。乾隆皇帝曾明确指出："新疆驻兵屯田，商贩流通，所关重要。"[①]后来随着边疆地区的日益稳定，以及政府的扶植和鼓励，私商也大量卷入到西北的商贸活动中去。最为典型的就是清中期以后，山陕商人在西北地区的崛起，直到近代他们仍在西北的商贸业中占有重要的地位。19世纪60年代的西北暴乱，使得西北的经济遭到严重打击。左宗棠平定西北后，为了早日恢复社会经济，一方面整顿茶、盐贸易，一方面大力鼓励私营商业的发展。使得西北地区的私营商业得到了较快的恢复，平津帮、湘帮也因此在西北地区崛起。甚至到清末"新政"时期，在甘肃仍有人明确提出："甘肃商情涣散"，非"由官家先为提倡不足收实效"[②]。可见官方在西北商贸经济中的作用。

但在西北地区的这些大商帮，并不是完全独立的商业经营者，他们必须服从封建国家的政治和军事等方面的需要。清政府为了达到对私营商贸业的控制，也设立了许多限制和禁令。对西北东部农业区的盐、西部牧业区的茶等物资，以及青海蒙藏地区、新疆北疆和南疆等民族地区，商贸活动都设有许多限定或禁令。一旦私商的行为与官方利益发生冲突，私商必须给官方让路。如为保障官方在北疆与哈萨克人的绢马贸易能获厚利，清政府严禁南疆商人私贩布匹到北疆，或私自与哈萨克人贸易。这种官方利用政府权力干预商贸活动的情况，一直延续到近代以后。官府正是利用各种直接或间接控制，以保证西北地区的商贸活动能按政府的意图去进行。

清王朝覆亡后，官僚资本通过开办商业实体开始直接介入商贸经济，形成了西北官僚资本商业的雏形。这种商业本身有着很大的封建性，是

[①]　《清高宗实录》卷六一〇，乾隆二十五年四月己卯。
[②]　彭英甲：《陇右纪实》卷八《办理农工商矿总局》，甘肃官报石印书局1911年版。

依存于封建军阀和官僚体制的。最为典型的有：青海马步芳家族控制的协和商栈和德兴海，宁夏马鸿逵设立的宁夏银行和富宁商行，新疆盛世才时期的裕新土产公司。这种官商一体的结构使得官僚资本商业，可凭借政权的力量来扩展实力，甚至直接用政治权力打击民间商业。马步芳的协和商栈和德兴海不仅是商业机构，还分别兼管"草头税"征收、"课金"（向淘金者课税）征收和"金帐贷收"（向淘金者放贷，以所淘金砂抵还）等。盛世才曾以阴谋暴动罪逮捕了伊宁商会会长相春林等28人，并以逆产的名义将他们的财产没收。还将私人合资组建的伊犁实业股份有限公司，改为所谓的官商"合办"，该公司的经理、副经理均需由官方指派。①

全面抗战时期，南京国民政府在陕甘两省设立了许多商业机构，以控制重要物资的贸易。仅设在兰州的复兴商业西北分公司，每年收购羊毛约10万担，还有驼毛约3千至4千担，各种皮张总计100多万张左右。②1942年7月中茶西北分公司替代了原西北茶销盘验总团的职能并加以扩大，基本实现了对西北地区茶叶的垄断经营。陕西的中棉公司福生庄，控制陕西的棉花和布匹贸易。甚至像陕西企业公司贸易部、甘肃贸易公司也借政治权利投机，在棉花、布匹等紧缺物资倒卖倒买中获取巨额利润。正是因为这种有利的地位，使官营商业在抗战时迅速膨胀，民营商业只能瞠乎其后。

近代西北许多商帮的兴衰也同官方有着很大关系。除了最为典型的京津帮、湘帮外，许多商人同样出入官府交结权贵，与官方建立密切的私人关系，以寻找经济利益和政治靠山。青海湟源商人李耀庭，在清王朝垮台后，先是靠拢时任青海办事长官兼西宁总兵的马福祥，后马福祥并未到西宁赴任。1913年又改投青海实力派人物马麒，因帮助马麒驱逐西宁办事长官廉兴有功，他获得了湟源茶粮局长的职位，以及包解湟源税额的权力。1927年冯玉祥部国民军响应北伐出兵陕西，他又招募248

---

① 《伊宁商业史简编》，《伊宁市文史资料》第3辑，1994年编印。
② 马公瑾：《中国复兴商业公司西北分公司略述》，《甘肃文史资料选辑》第14辑，甘肃人民出版社1982年版。

名骑兵由其第三子率领,支持国民军的"固甘援陕"行动。马步芳当政青海后,又投靠马步芳并积极为其效力。1935年为阻止北山抗日的红军进入青海,李耀庭又响应马步芳的号召出资招募民团防堵红军。①

也有不少商人本来就有着特殊的官方背景,或者通过各种手段获有功名和头衔。清末陕西渭南的严氏家族,通过包揽盐、茶生意成为巨富。其家族曾出过礼部侍郎和河南、陕西巡抚等要员。②陕西泾阳的巨富姚家,据传为元朝驸马之后。③在民国时期的西安:著名的河南绸布庄长发祥,是徐世昌的表兄所开;④银钱业的德太祥为蒋介石亲家石凤翱所开;兴华银行是阎锡山所开;同义丰的主要股东则为马鸿逵。⑤甚至远在甘肃河西的乾源祥商行,是孔祥熙家族为专收河西地区的皮毛而开。宋子文家族也在甘肃设有公司,专收药材、肠衣等。⑥至于入赀捐官买衔,虽为商人却顶戴花翎者更是不少。清末新疆一些殷实商人花钱到京城买个功牌,填上姓名、籍贯、三代,便可以依照功牌品级在帽子上加顶子,穿上马蹄袖卦袍,出入衙门官署,在官场中交接宴饮。⑦

二 商贸经济封建性较强

西北地区私营商业的经营管理有十分强烈的封建性。前面第三章已谈到私营商业经营中的家族血缘关系,封建的人身依附关系,以及许多商人兼营高利贷等。除此之外,在农牧区从事批发和零售的商人,其交易方式仍多沿袭自然经济时代的商业传统。如交易多凭人情、信誉,近代的契约关系要少得多。另从商业经营者本身而言,一般商人多信奉

---

① 贺勋:《湟源绅商李耀庭生平》,《湟源文史资料》第2辑,1996年编印。
② 马长寿主编:《同治年间陕西回民起义调查录》,《陕西文史资料选辑》第26辑,陕西人民出版社1993年版,第63页。
③ 马长寿主编:《同治年间陕西回民起义调查录》,《陕西文史资料选辑》第26辑,陕西人民出版社1993年版,第257页。
④ 祝正祥:《百年老店长发祥绸布庄》,《碑林文史资料》第3辑,1988年编印。
⑤ 贾润庆:《解放前盐店街的银钱业》,《碑林文史资料》第2辑,1987年编印。
⑥ 甘肃省志编委会:《甘肃省志》(商业志),甘肃人民出版社1993年版,第29页。
⑦ 潘祖焕:《新疆解放前商业概况》,《新疆文史资料选辑》第1辑,新疆人民出版社1979年版。

"以商致富,以土守之"的传统信条,生意到一定程度便准备打道回府。加之西北地区边远荒苦,近代又社会动荡不定,使得经商的风险度很高,这就更加强化了商人的这一信条。他们将其商业经营所获的大部分利润携带回家,投到房屋、土地等不动产方面,或为自己做一些必要的政治性投资,以便将来可收束回家"纳福",并还可给子孙后代留份家业。兰州水烟业中的陕西同朝帮就是典型的例子,所得利润多被用于购买土地或捐官买爵。

西北地区也有不少商人本身就是由地主转化而来,或干脆就是地主兼营商业。清末甘肃武威的首富段氏家族,既开有多家店铺,又拥有大量田产。"家产丰厚,富甲一方。"[1] 清末民初在甘肃甘谷,"本县有几个富户,多是农业兼营商业,如志诚通、永兴德、祥和家等"[2]。民国后在欧风美雨的冲刷下,私营商业虽然有所进步,本地商人势力开始有所扩展,但其经营管理中的近代化因素很有限,大多商家仍固守传统。新疆孚远县的同兴义商号东家,家有土地500余亩,年产粮食800余石。还开有油坊、磨坊、碾坊、中药铺,养骆驼300峰、马60余匹、牛百头、羊300余只。[3] 西北地区的不少民族商人也大体如此。就以经商而著称的回族而言,据估算宁夏地区回族经商"占回民总数之半"。但"各商民大都兼务农业,纯粹商民极少"[4]。甘肃"化平(今属宁夏)业农者十之九,业商者十之一,十一之商,且多兼营农业"[5]。甘肃张家川的回族小商贩也多兼农业,农闲时才出来贩皮毛。新疆情况也大体如此,"当地民族商人","许多都兼营农业"[6]。

在官方所控制的茶、盐等贸易领域,以及官办商业机构中,其封建性就更强。清代官方制定边疆和民族地区的商贸政策时,自然是依据其

---

[1] 邓慧君:《甘肃近代社会史》,甘肃人民出版社2007年版,第34页。
[2] 王天佐:《晚清至民国时期甘谷商业述略》,《甘谷文史资料》第7辑,1992年编印。
[3] 范作义:《三台商业史话》,《北庭文史》第5辑,1990年编印。
[4] 《十年来宁夏省政述要》(附录篇),第83页。
[5] 张逢泰:《化平县志》卷二《生业》,平凉一心印书馆1940年石印本。
[6] 新疆通志(商业志、外贸志)编委会、新疆档案馆编:《新疆商业外贸史料辑要》第1辑,内部发行,1990年编印,第276页。

封建统治的政治和军事需要。对南疆和一些民族地区商贸活动多所限制。如茶销对历代政府而言，更多的是一种控制边民的手段，其次才是商业利益。民国后地方势力和中央政府直接介入西北的商业经营活动。这些官僚资本商业的实际掌控者，本来就是封建性很强的特殊利益集团，其商贸活动也大都是同政治权力相结合，常凭借权力对民众进行搜刮和掠夺。虽因时代变迁其在经营活动中也有所变革，但其封建的掠夺性则始终如一，掠夺的手段也是五花八门。就实际结果而言，这些官办商业机构的利润，有很大部分是来自封建的超经济掠夺。

全面抗战时期，是西北地区商业发展和近代化的重要时期。国民政府西迁后对西部经济建设的强化，以及东部工商企业的大量西迁，对本地社会风气开化和商贸业起了很大推动作用。新型的商业贸易公司大量出现，许多老字号改变经营方式，使得商贸领域的资本主义因素不断强化。但这种变化主要限于一些较发达地区和交通要道，就当时西北商贸经济的整体情况来看，封建传统商业经济的解体是很微弱的。甚至在青海省城西宁，商业行会及同业公会还存在比较严格的封建行规。有的全行业共领1张行贴，经营者一次性固定。在封建行规制度的影响下，不少行业成为不许他人插足的领域。至于在边远地区和民族地区，仍基本不具备产生资本主义商业经济的土壤。

三　外来商业势力居主导地位

近代推动西北城镇商业繁荣的主要力量，则是外来的各种商业势力。早期主要是各类外来商帮，清末民初以后是外国洋行及其商业势力，全面抗战时期则是西迁的各种商业机构。这主要是因为近代西北的传统自然经济虽遭破坏，但当地农牧业的商品化程度还是有限，并没有形成本地人主导的，并具有相当规模的商品市场。加之封建统治阶级和军阀的残酷掠夺，西北地区的社会经济十分落后，长期的战乱和频繁的自然灾害，使得民间的商业资本积累也明显不足，具有一定经济实力的本地商人更是缺乏。此外，在近代西北地区的商贸活动中，西北大量输出的是初级农牧产品及土特产，这也实际上发映了本地社会经济的落后，以及本地经济对外的较高依赖度。在这种情况下，本地商业势力在市场交易过程中自然无多少话语权，商贸市场为外来商业势力所左右就是一种必然。

外来商业势力对西北地区商业贸易的繁盛产生过影响。但如果外来商业势力长期居于支配地位，所积累的社会财富又被大量带走，这必然会对本地社会经济产生某些副作用。首先，这种局面会导致当地社会经济严重依附外部，从而失去经济发展的主动权。清末"新政"时有人就谈道："甘肃僻处边陲，器窳工拙，凡一切器用皆仰给外来"，"物产多半被废弃无用"[①]。民国后的宁夏"本省因工业幼稚"，民众日常必需品"全赖平津等外埠输入"。其次，日用商品大量依赖外地商人输入，也会造成了民众生活成本的大幅增加。民国时宁夏因"交通不便，运费浩大，布匹杂货等物，省垣（银川）售价，常较平津高出一倍"[②]。

至于外国商业势力凭借不平等条约，更是大肆掠夺西北地区的社会财富。在清末民初的羊毛贸易中，西北各地的羊毛贸易基本长期为洋行所控制，他们利用定价权肆意压低原料价，提升工业品的价格以牟取暴利。近代新疆的情况就更为严重，几乎成为俄的原料供给地和商品倾销市场。苏维埃政权建立后一些特权被废除，新苏贸易有互惠但并不平等。苏方也尽力压低中国农牧产品价格，抬高他们的工业品价格。以1924年和1927年的购马合同价为例，1924年每匹马可换175公斤白糖，1927年只能换157公斤白糖。[③] 西北地区的社会财富大量外流，造成了"水枯禾自萎"的局面。

四 商品交易不公问题较严重

19世纪50年代俄国商业势力进入新疆后，在不平等条约的保护下，利用工农业产品的剪刀差获取高额利润。后英印商人也如法炮制。他们还常以赊销等方式对农牧民进行高利盘剥，引诱当地民众以房产或地契作抵

---

① 彭英甲：《陇右纪实》卷一二《设劝工厂》，甘肃官书报局1911年石印版。
② 叶祖灏：《宁夏纪要》，正论出版社1947年版，第88页。
③ 新疆省志编委会：《新疆通志》（外贸志），新疆人民出版社2007年版，第208页。

押，攫取当地民众的不动产。清末民初洋行在西北腹地许多城镇设立洋庄，借助不平等条约常欺行霸市。民国初年，洋行与山陕帮曾因争购羊毛发生冲突，洋行极力向甘肃督军施压，迫使其将青海羊毛七成的收购权判给有洋行背景的天津帮。洋行及其代理人还利用农牧区工业品奇缺，通过不平等的交换掠夺农牧民。在甘肃肃北牧区曾出现，1包火柴或1对洋瓷碗换1只绵羊，1匹洋布换12只绵羊的情况。① 乌鲁木齐的俄商也利用日用品奇缺抬价。1903年火柴每箱售银2两1钱5分，煤油每普特2两；1910年火柴涨到每箱6两6钱，煤油涨到每普特4两6钱。②

抗战时期官僚资本商业在西北已居于垄断地位，他们往往凭借权势以获取暴利。新疆盛世才的裕新土产公司垄断了全疆的对外贸易，迫使民众把土特产以低价交售给公司，公司则以高价出售给外商。青海马步芳的湟中实业公司，政治权力与商贸活动结合，强取豪夺，花样百出，民众敢怒不敢言。宁夏马鸿逵不仅借官办商业垄断重要贸易物资，其家人也借势敛肥。如其四姨太刘幕侠开有积德厚绸庄，五姨太邹德一开有同心长百货店。陕甘情况虽然要好一些，但强买强卖的事也常有发生。如在陕西的棉花、甘肃的皮毛收购中，以经济统制为由强行压级压价。甚至甘肃省贸易公司曾在收购岷县等地麻布时，政府不仅帮助催收，甚至还捕押逃跑的农户。③

民间交易中不少商贩也利用农牧民信息不对称，或工业品短缺等因素，将其所带来的布匹、茶糖、五金、杂货等任意抬价，并以较低的价格收购土特产品。新疆"进城来的农牧民，看好了货的样子付了高价，交给劣货或残货拿走。量布倒尺这是普遍现象，一丈落九尺更不是稀罕的事"④。塔城的汉商从内地贩运茶叶到牧区，春贷与牧民1块价值二三

---

① 邓慧君：《甘肃近代社会史》，甘肃人民出版社2007年版，第79页。
② 新疆社科院历史所：《新疆简史》第2册，新疆人民出版社1987年版，第362页。
③ 李剑夫：《我所知道的国民党甘肃省贸易公司》，《甘肃文史资料选辑》第8辑，甘肃人民出版社1980年版。
④ 新疆通志（商业志、外贸志）编委会、新疆档案馆编：《新疆商业外贸史料辑要》第1辑，内部发行，1990年编印，第195页。

元的米字砖茶,夏秋要收1只绵羊或1石小麦。① 有些商家虽标榜"货真价实,童叟无欺",但却在计量时做手脚。青海循化的大歇家马某和陈某,馍馍以个计算,其重量不足市面的二分之一。挂面以把计算,每把比市面的少一两。有的商人则故意利用度量衡器的混乱,通过各种复杂的折算等办法克扣顾客。陕西安康商号在生漆收购中,有"七折"(100斤按七折算)、"八扣"(按八成付款)、"零三秤"(103斤算100斤)等名目,诱人落入其圈套。还有部分零售商以次充好或掺杂使假,如甘肃兰州有商人在白糖中掺白土,陕南则有商人在桐油中掺入清油等。

五 与区外贸易逆差巨大

西北地区的输出品主要是畜牧产品和土特产,商品技术含量较低,而且品种与数量都有较大的局限性。如陕西省的商品输出,"以农产品为主,辅以手工业制造品"②。甘肃省长期是以药材、皮毛为主。宁青地区的商品输出也基本与甘肃类似。而西北地区输入的多是加工制品,商品附加值相对较高。近代陕西布匹长期无法自给,依靠大量购入。甘肃1942年省贸易公司购入的货物中,除棉花外均为工业或手工业品。③ 新疆的日常工业品多依赖俄苏。这种贸易结构使得西北地区常处于不利地位。甘宁青地区"驼毛、羊毛、牛羊皮张之类,每年出产约值银数百万两,尽为洋商收买,制造产品复运入甘,利获倍蓰"④。俄苏商人也利用工农业产品的剪刀差,在与新疆的贸易中占尽了先机。

因工农业产品的剪刀差和社会经济欠发达,使得西北在与区外贸易中逆差巨大。以陕西省1934年到1937年为例,除1936年贸易顺差为273961元外,其余年份均为逆差。1934年贸易逆差为39184057元,

---

① 邢治平:《简述塔城解放前工商业发展概况》,《塔城市文史资料》第3辑,1990年编印。
② 陕西省银行经济研究室特刊之一:《十年来之陕西经济》,启新印务馆1942年版,第171页。
③ 陈鸿胪:《论甘肃的贸易》,《甘肃贸易》(季刊)1943年第4期。
④ 彭英甲:《陇右纪实》卷八,甘肃官书报局1911年石印版。

1935年为9157261元，1937年为15616608元。① 甘肃省在对外贸易中向来是逆差。以1935年到1936年为例，甘肃年均输出28896324元，输入34922463元，逆差达6026139元。② 宁夏1934年输出商品为210多万元，输入商品为430多万元，逆差竟高达220多万元。③ 全面抗战以后，国内工业品因普遍短缺而升值，土货因出路受阻滞销而贬值，致使工农业产品价差进一步加大，西北各省贸易逆差因此进一步加大。1938年甘肃省输出值仅为1500万元左右，输入值高达6400万元，输入值达到了输出值的4.27倍之多。④

新疆在与俄苏的贸易中大多年份为逆差。以1905年和1906年为例，据对镇迪、伊塔、阿克苏、喀什4个主要地区的统计：1905年逆差为473405两白银，1906年逆差为700372两白银。⑤ 虽新疆在与英及其殖民地贸易时多为顺差，在1928—1933年间，新英贸易的三个主要口岸全是顺差。但因与英印等地贸易的总量最高年份也不过400万卢比，⑥ 很难抵消与俄苏贸易造成的逆差。十月革命后新疆与国内的贸易一度有较大增长，但也是处于大幅逆差的状态。以1924年为例，新疆输出到内地的货物为140万两（新疆纸币），而内地输到新疆的货物达430万两，贸易逆差巨大。⑦

西北地区的这种贸易状况，给当地社会经济带来了很大的不利因素。造成了社会生产、商贸经济因缺乏资本积累难以发展，社会的普遍贫困化状况更是难以改善。此外，当地丰富的自然和农牧业资源，也因资金

---

① 陕西省银行经济研究室特刊之一：《十年来之陕西经济》，启新印务馆1942年版，第173—174页。陕西省档案馆藏，档号：C12—0—206。
② 陈鸿胪：《论甘肃贸易》，《甘肃贸易》（季刊）1943年第4期。
③ 郑恩卿：《最近宁夏商业金融概况》，中国银行经济研究室：《中行月刊》1936年第12卷第3期。
④ 甘肃省志编委会：《甘肃省志》（商业志），甘肃人民出版社1993年版，第21页。
⑤ 孟宪章主编：《中苏贸易史资料》，中国对外经济贸易出版社1991年版，第249页。
⑥ 据《1928—1934年英新贸易在不同线路情况》表数据计算，见许建英《民国时期英国与中国新疆》，新疆人民出版社2009年版，第117页。
⑦ 潘祖焕：《新疆解放前商业概况》，《新疆文史资料选辑》第1辑，新疆人民出版社1979年版。

枯竭、技术缺乏，难以得到充分的开发利用。西北地区长期陷于贫困的恶性循环之中，社会生产力水平的低下同民众的低收入互为因果。也使得地方政府和军阀不择手段地逼民种罂粟，以鸦片烟来弥补贸易中的逆差。陕甘两省鸦片烟曾一度成为重要的对外贸易物资，宁夏也是"对外贸易之入超，赖此（鸦片烟）以资抵补"①。

六　商贸活动中民族特色明显

西北是我国的多民族聚居之区，一些少数民族历史上就以经商见称于世。甚至经商在有些民族身上落下了深深的印记，如甘肃的东乡人自称"撒尔塔"（意为"商贾"）。有些民族的商务活动已成为他们日常生活的重要组成部分，如回族就是以农商结合为其特色的。新疆本地的少数民族经商的也不少，涉及民族有维吾尔、乌兹别克、塔塔尔、回等，主要经营干鲜果品、民族用品、当地土特产等。② 在西北地区的商贸经济体系中，少数民族商人也占有重要的地位。1923年宁夏吴忠商业随京包铁路开通大发展，回民商号的资本一度占到当地商业资本额的70%左右。③ 新疆也有一些民族商人地位显赫，伊犁的玉山巴依，喀什的玉满巴依都是著名的民族商人。至于回族在西北的茶销、皮毛贸易活动中，也有着很大的影响力。

西北地区众多的少数民族从事商贸活动，给本地商贸经济也赋予了浓重的民族特色。在甘青民族地区商队有着特殊的重要意义，大宗物资流通都依赖商队完成。如青海柴达木地区的蒙藏群众，每年春秋两季赶着牦牛到湟源去交易，商队多有武装，"怒马快枪"。④ 交易时"支帐于野，悬肉于杆，置枪剑于后帐，放牛马于山间，系猛犬于帐，陈货物于帐内"⑤。在新疆南疆地区的巴栅，无论市场交易还是商品都极具民族特

---

① 叶祖灏：《宁夏纪要》，正论出版社1947年版，第52页。
② 刘燕斌：《古城工商界的八大帮》，《昌吉文史资料选辑》（经济发展专辑），1987年编印。
③ 李凤藻：《天成和商号》，《宁夏文史资料选辑》第17辑，宁夏人民出版社1986年版。
④ 王昱、李庆涛编：《青海风土概况调查记》，青海人民出版社1985年版，第129页。
⑤ 马鹤天：《甘青藏边区考察记》，甘肃人民出版社2003年版，第402页。

色。至于交易方式更是多种多样，青海玉树结古镇，"市中不见一商号门面，皆在民房院内，即入其室，亦不见若干货物"，"其货物多藏柜内或他室"①。至于计价方式更是五花八门，"藏民贸易计算物品，每不以实物之单位为准，而以货币之单位为准。如云藏洋一元，买麻纸千张，而不云每张麻纸价若干"②。此外，西北地区的寺院在农牧区的商贸活动中也发挥着很大作用。无论清真寺还是藏传佛教寺院，大都直接或间接从事商业经营活动，这在当时也是比较独特的。

第二节　商贸活动有利于国防的巩固

近代西北地区边疆危机日益深重，面临着列强的不断鲸吞和蚕食，和国内某些分裂主义势力的威胁。加强西北地区各民族的团结，培养边疆各族民众对国家的认同感，就成为巩固西北边疆的重要任务。在这种特殊的历史条件下，西北地区的商贸活动，增强了各民族间的相互理解，以及边疆与内地的联系。这不仅可促进边疆地区的经济发展，也可增强边疆地区民众的国家意识，维护边疆社会的安定团结。此外，在一些特定的历史条件下，商贸活动还可直接为国家的国防事业去服务。

一　商贸活动提升了民族凝聚力

在传统中国社会自然经济占主导地位的历史条件下，社会的封闭性是很强的，地区间或民族间交往的渠道和机会不是很多。当时最有效、最容易被接受的沟通手段之一便是商业贸易，它可以一定程度降低地区的封闭和孤立，从而潜移默化地改变人们的思想意识。特别是在西北边疆民族地区的治理过程中，历朝历代都是经济文化交流与政治、军事措施互为表里的。故利用商业贸易来加强边疆与内地、少数民族地区与汉族地区的联系，这是历史遗留下来的固边重要手段。明政府曾在西北大

---

① 马鹤天：《甘青藏边区考察记》，甘肃人民出版社2003年版，第323页。
② 马鹤天：《甘青藏边区考察记》，甘肃人民出版社2003年版，第294页。

力推行茶马贸易，其目的就是为了"用马易茶，固番之心"①。

近代中国所处的国际环境更为复杂，在国家治理方面所面临的压力更大。曾有人谈道："我国社会大病，在于散漫凌乱，毫无现代组织。不能发挥国民力量，以维护国家民族之独立。"② 故怎样去增强国家的凝聚力，建设起近代化的社会体系，也是近代许多有识之士思考的问题。一些人主张在继承传统的国家治理方法——强力的政治军事措施的同时（如行政机构的设置、国家制度体系的构架），要更加注重经济、文化交流在国家治理方面的功用。认为这些柔性的力量是不可忽视的，它具有沟通社会、化解纠纷和误解的重要作用，而且其效用也可能会更恒久，对于构建近代民族国家会更有意义。特别是在西北地区，历史上就被作为交流重要手段的商贸业，在强化边疆地区民众向心力方面的作用是不容小觑的。

西北地区民族众多，各民族的民族意识也较复杂。而民族意识是因生存条件不同而形成的特殊心理素质，它具有全民族性特点，以及巨大的凝聚力与向心力，它是一个民族赖以生存的精神支柱。在漫长的历史过程中，虽中华民族一体多元的大格局已形成。但我们也应看到，西北各民族由于生活区域的自然环境、人文环境的特殊性，造就了每个民族生产、生活方式和心理特质的差异。如感知、思维、情绪、风俗、信仰等，有些还形成了与之相适应的政治制度或习惯法。加之，西北地区的社会经济、文化水平低于内地，少数民族又低于汉族，社会发展水平的差距也会影响边疆与内地及不同民族间的关系。这些因素如果处理不好，也可能会在一定条件下产生某些消极影响，甚至可能会引起各种误解或矛盾。

此外，统治阶级的一些偏见，或民族政策中存在的一些问题，也可能对民族间团结产生某些副作用。清中期在新疆南疆实行较为严格的民族隔离政策，对屯垦汉民和迁入汉民是严格控制的。虽商贩要进入南疆

---

① 张廷玉：《明史》卷八〇《食货志》。
② 秦孝义：《抗战建国史料——社会建设（一）》，《革命文献》第96辑，（台北）中国文物供应社1993年版，第16页。

也不易，要有官方发给的经商官票，并有严格的时限，决不允许定居。同样在甘青藏区，商贩进入及所贩货物也有不少限制。西方一些殖民势力，更是以各种方法为其侵略扩张活动服务，如挑拨民族间关系，扶持阿古柏这样的傀儡。还有更甚者，俄、英在新疆借发通商票、登记等方式，恶意发展中国人为其侨民。杨增新曾忧心忡忡地指出："人民既去，土地何有？此诚我国主权所关，新疆存亡所系。"[①] 故加强各民族间的经济文化交流，已成为巩固和维护国家统一的重要任务。

近代西北地区频繁的商贸活动，大大促进了民族间的交往和了解，也在一定程度带动了当地，特别是民族地区的社会的进步。这在增强西北各族人民的团结，及中华民族的凝聚力方面是有重要意义的。清末曾任新疆布政使的王树柟就明确指出："我朝以兵力削平西域，而番汉杂处，联系腘合，多借商力。"[②] 在西北地区有许多商人在利益的驱使下，深入到边远民族地区以互通有无。新疆还有一些随军赶大营的商贩，在左宗棠平定新疆后分散到了新疆天山南北，与当地少数民族民众建立起较密切的联系。在东疆奇台甚至形成了以出关京津、山西小商贩为主体的尚（商）户村。[③] 这对增进民族间了解、稳固边疆均有很好的作用。

甘青民族区做贸易的许多商人，一般都精通蒙藏语言和风俗，并和许多蒙藏民形成了密切的关系。甘肃临夏的回族商人，"经理和雇员都会说流利的藏话，并与藏区各寺院活佛交识，关系密切"，深"得藏民信任"[④]。甘肃临潭的西道堂通过与藏区民众的共同生活和长期的贸易活动，与周边地区的其他民族形成了良好的民族关系，他们之间相互帮助、相互扶持。1914年河南白朗骚扰甘肃、1929年河州暴乱时，西道堂均遭到了大劫难。甘南玛曲、碌曲，青海同德、果洛的藏族头人和活佛等，或提供帮助、保护人员、转移财产，或贷给资金、牛马帮助渡过难关。[⑤]

---

① 杨增新：《电呈觅获英领煽诱注册密谕文》，《补过斋文牍续编》卷一二。
② 王树柟：《新疆图志》卷二九《实业二·商业》。
③ 魏大林：《古城货郎》，《奇台文史资料》第26辑，1991年编印。
④ 王廷俊：《解放前的临夏皮毛商》，《临夏文史》第2辑，1986年编印。
⑤ 青海民族学院、西北民族学院：《西道堂史料辑》，内部印行，1987年，第24页。

显然，各族人民通过不断的商贸交往，极大地增进了相互间的了解，有利于提升了民族间的信任度。这对于改善各民族关系，加强民族团结有着积极的作用。

有些少数民族群众也通过经商走出去，不仅增长了见识，也提升了对国家的认同感。清光绪年间崛起的西道堂，20 世纪 20 年代末，商业网点遍及兰州、西安、绥远、成都、北京、天津、上海等城市。频繁的商业活动使得回族民众开阔了眼界，认识到民族团结对本民族发展的重要性。明确提出"以本国文化发扬清真教义"。"吾侪系中华民国国民"，"绝不因教以分族"，"任何时期都以整个国家和政府为依归"①。西道堂还摈弃了"多读书即远教之由"②。认识到要图"宗教之进化，不可不先开人智"。墨守成规"以与今之世界相竞争，鲜有不为天演淘汰者"③。为此西道堂先后创办了小学、中学、启西女校。在启西女校校歌中有："说中国的话，读中国的书，我们不讲狭隘的民族"，"过去的畛域完全把它铲除"④。这种随着商贸经济交往而增强的对国家的认同感，在西北其他民族中也曾不同程度地发生。

国家的认同和中华民族意识的觉醒，也使得一些商人开始自觉地抵制外来的掠夺和侵略活动。在甘宁青地区的皮毛贸易中，山陕帮曾借助民众对洋行及代理人不满，对外商的掠夺进行过一定程度抵制。1919 年新疆的商会也曾针对迪化十几家洋行低价掠夺农牧民，而官府因惧怕洋人无所作为，主动出面协商土特产价格，收购加工后贩运天津，以打击俄商的巧取豪夺。针对外商通过开福音堂看病，兼营西药以牟取暴利，并借以收买人心等活动，迪化商会还曾从北京聘请医生，开设专门西医诊所和民生药房，低价向民众售药。⑤ 1920 年冬白俄残余势力在新疆古

---

① 王树民：《陇游日记》，《甘肃文史资料选辑》，第 28 辑，甘肃人民出版社 1988 年版。
② 傅统先：《中国回教史》，宁夏人民出版社 2000 年版，第 110 页。
③ 王希隆点校：《醒回篇》，兰州大学出版社 1987 年版，第 29、22 页。
④ 丁克家：《临潭回族的社会经济、宗教及文化教育述略》，《宁夏社会科学》1995 年第 4 期。
⑤ 昝玉林：《迪化总商会的成立与活动》，《乌鲁木齐文史资料》第 6 辑，1984 年编印。

城暴动，当地商会还成立了商团防范白俄残余势力的破坏。① 1933 年数万东北抗日联军遭日寇进攻，退入苏联后被苏方转送到新疆。乌鲁木齐市各族民众的商号，决议优先向联军战士供应物品，并提供七折的价格优待，以表示对抗日将士的敬慕之心。②

全面抗战时期，频繁的商贸活动以及抗战宣传，极大地增进了各民族间的交流和沟通，民众的爱国心和天下兴亡匹夫有责的责任感，逐步成为中华民族之魂。许多商界人士捐款、捐物，积极参加到各种抗战活动中去。在陕西长武县民生魁商号的负责人，带头发起了捐款募捐活动。当地有一小摊贩变卖衣物、家具，捐款 100 个铜元（约合 1.2 万斤小麦）。③ 西北地区还有许多商家，积极投身到支援抗战的"献金""献马""献机"运动中去。1937 年甘肃临夏商会一次捐献银元 1460 元，受到了国民党甘肃省党部的嘉奖。④ 在政府的号召和商民的带动下，1943 到 1945 年甘肃"献马"万余匹。拉卜楞寺及所属 108 寺捐献飞机 30 架（每架 3 万银元）。⑤ 乌鲁木齐有 300 余工商人士参加了新疆民众反帝联合会，他们不仅出资购买电影设备播放爱国影片，还积极组织或参与募捐活动。1937 年 9 月到 1940 年 5 月，乌鲁木齐商民"献金"共计 72 万银元，占当时全疆捐款总数的 32%。⑥ 从抗战爆发到 1938 年 8 月，新疆仅战斗机就捐献了 10 架。⑦ 显然，觉醒了的中华民族意识已转化成了巨大的爱国力量，它不仅强化了民族的凝聚力，也为抗日战争做出了重大贡献。

二　商贸活动有助于巩固国防

商贸活动也可直接服务于国防的需要。事实上西北地区的商贸活动，

---

① 周海山：《古城商会——奇台商业史话之四》，《昌吉文史资料》第 6 辑，1986 年编印。
② 昝玉林：《迪化总商会的成立与活动》，《乌鲁木齐文史资料》第 6 辑，1984 年编印。
③ 巨崇武：《解放前长武的商业》，《长武文史资料》第 3 辑，1988 年编印。
④ 贾学忠：《解放前临夏商会概况》，《临夏文史资料选辑》第 7 辑，1992 年编印。
⑤ 《黄正清捐赠三十架飞机支援抗日战争》，甘肃省档案馆编：《晚清以来甘肃印象》，敦煌文艺出版社 2008 年版，第 226 页。
⑥ 昝玉林：《迪化总商会的成立与活动》，《乌鲁木齐文史资料》第 6 辑，1984 年编印。
⑦ 《新疆民众反帝联合会资料汇集》，新疆青少年出版社 1986 年版，第 31 页。

自古就被赋予了很强的政治和军事意义，商贸活动成为巩固边疆的重要手段。清乾隆皇帝明确提出西北绢马贸易："不可刻核以阻归顺之诚，亦不可虚縻以启觊觎之渐。"① 要通过绢马贸易不仅换回马匹，保障新疆的军事和屯田需要，也要一定程度强化边民的内向力。商贸活动还是清政府制裁、平定反叛势力的重要工具。1820年张格尔在浩罕的支持下发动叛乱，清政府为分化和削弱叛乱势力，曾对贸易进行严格管制。在新疆各地贩运茶叶、大黄，均需持有乌鲁木齐都统颁发的印票，"注明名色斤数，以便查察"②。对境外贸易则视各部对张格尔的态度而定：尚未公然助逆者，"准其通市"③；顺从清王朝各部，"按照奏定章程，通市互易"④；"布鲁特只准入卡贩卖羊马，易换粮布"⑤；而对那些愿意悔改的，"即经悔罪输诚，自当赦其既往，准令办给照票，并免课税"⑥。

  19世纪60年代西北暴乱爆发后，新疆一些民族败类勾结外人，导致了1865年浩罕军官阿古柏入侵新疆。俄英通过同阿古柏订立所谓"条约"，获取大量商业利益。作为交换俄承认阿古柏为"哲德沙尔"领袖，英印总督也承认其为喀什与叶尔羌地区的"艾米尔"。俄英就是要通过扶持傀儡政权，间接去控制新疆以分裂中国。一些宗教极端分子和分裂主义者，借机大搞民族分裂活动，甚至提出逐满、杀汉、杀异教徒。面对这种局面，清地方当局被迫采取了一些应急措施，当时的一些商家也予以积极的支持。如1865年夏因一些分裂分子企图，"伊犁九城同时起事"，致使"城营防剿需饷浩繁"，伊犁将军不得已"向各官民铺商凑办捐输、借贷及茶斤抵银"⑦，凑得白银70000余两以应急。

  1873年左宗棠指挥军队攻克肃州，陕甘地区局势已初定。但社会经

---

① 《清高宗实录》卷六四九，乾隆二十六年十一月壬子。
② 《清宣宗实录》卷一三九，道光八年七月下丁卯。
③ 《清宣宗实录》卷一四八，道光八年十二月上任申。
④ 《清宣宗实录》卷一四九，道光八年十二月癸巳。
⑤ 《清宣宗实录》卷一五四，道光九年三月巳卯。
⑥ 《清宣宗实录》卷二一四，道光十二年六月辛卯。
⑦ 国家图书馆藏历史档案文献丛刊：《清代新疆地区涉外档案汇编》第1册，全国图书文献缩微复制中心2008年版，第245—246页。

济残破不堪,"秦陇受祸甲天下"。甘肃"土地荒芜,人民稀少,弥望黄沙白骨,不似有人世光景"①。左宗棠为了恢复经济安定社会,开始着手对西北盐、茶贸易进行了整顿,解决了"积课过多",商家"皆裹足不前"的局面。②同时,也有很强的军事意义。因太平天国起义后国库入不敷出,平定西北也耗资惊人。左宗棠指挥130余营军队,军饷所需达600多万两之巨,但实收协饷不到500多万两。福建、河南协饷全部停解,其他各省已不能全部尽解。加之准备出兵新疆,仅出关粮草采买、运输费就得200余万两。③恢复西北地区的商贸活动,一定程度上也增加了自身的造血能力。尽管当时盐茶税收实收数量有限,但对极度贫困的甘肃而言,盐茶政改革对纾解财政困境还是有作用的。它既有利于经济的恢复和民生,也极大地稳定社会和人心,为左宗棠进军新疆创造了有利条件。

1876年清军奉命进兵新疆平叛,左宗棠认识到"粮、运两事,为西北用兵要着"④。为了解决10余万西征军所需粮食问题(直接入疆的6万多),左宗棠动员甘肃的官、商大车5000多辆,驮畜34500头,自河西各地运粮1980万斤到东疆哈密。⑤1875至1876年间,左宗棠还在归化(今呼和浩特)设立了采运总局,包头设立分局,从归化、包头采买了500多万斤粮食,在宁夏采购了100多万斤粮食。由于用骆驼运输可实装实卸,没有多大的粮食耗损,左宗棠便采取了商驼包运的办法。许多因新疆变乱逃到内蒙古包头等地的驼商们,通过大西路草地,"绕五千余里运至(新疆)巴里坤"⑥。商户中一些人还因此获得了保举或褒奖,如彭姓、甘姓商民,还有驼倌温姓,战争结束后由清军前方统帅奏请赏

---

① 《左宗棠全集》(书信)卷二,岳麓书社1996年版,第88页。
② 升允:《甘肃新通志》卷二二《建置志·茶法》。
③ 罗正钧:《左宗棠年谱》,岳麓书社1983年版,第292页。
④ 秦翰才:《左文襄公在西北》,岳麓书社1984年版,第34页。
⑤ 甘肃公路交通史编委会:《甘肃公路交通史》第1册,人民交通出版社1987年版,第138页。
⑥ 罗正钧:《左宗棠年谱》,岳麓书社1982年版,第312页。

给三品顶戴。① 在进军新疆的过程中，也得到了京津等商民的大力支持。"就连湘军远征喀什的军粮，也是货郎子从奇台四乡收购而来。"② 有这些商贩一路为平叛军队提供物资保障，起到了"国不耗而饷饱，民不劳而军赡"的作用。③

全面抗战爆发后，西北地区许多商业运输力量都转为抗战服务，完成了大量的军粮和其他军需运输任务。在 1942 年 12 月至 1943 年 6 月，陕西第一战区河防部队就征调铁轮大车 4000 辆次，运送修筑河防工程的各类材料，仅木材、砂石就有 30 余万方。在第二、第八战区运输线渭南至韩城段，军需运输也是不绝于途，"除每天均需供应粮食 556 吨外，每月还需运送麦子、服装 8000 余吨"④。1943 年 5 月粮秣处请求甘肃协助从酒泉运粮 2300 吨，还有 12000 吨待运。甘肃省政府主席与沿线专员、县长协商，动员民间运输力量完成。⑤ 第八战区需运送军粮 20 万斤，以及官兵所需蔬菜、生活必需品等，一次就从甘肃征雇骆驼 1000 峰。⑥ 玉门油矿大量的石油制品甚至空油桶也多借助商运完成，每月有 35 万加仑需运往内地。⑦ 此外，动员民间商运力量，临时转运军需的事就更多。如第八战区第九十七师，为从兰州运送 485 枚炮弹到平凉，临时征雇胶轮大车 4 辆。⑧ 中央军校第七分校十六期五队，为将军政部调拨的兰州织呢局所造 1000 床军毯运往王曲，临时征雇胶轮大车 4 辆等等。⑨

在中苏易货贸易中商贸运输也发挥了巨大作用。1937 年 10 月大量的

---

① 参见新疆通志（商业志、外贸志）编委会、新疆档案馆编《新疆商业外贸史料辑要》第 1 辑，内部发行，1990 年编印，第 33—38 页。
② 魏大林：《古城货郎》，《奇台文史资料》第 26 辑，1991 年编印。
③ 王树枬：《新疆图志》卷二九《实业二·商业》。
④ 陕西省交通史志编委会：《陕西公路运输史》第 1 册，人民交通出版社 1988 年版，第 125 页。
⑤ 《兰州各有关机关第二次驿运座谈会记录》，甘肃省档案馆，档号：48—1—129。
⑥ 《第八战区交通处公函（交字第 1159 号）》，甘肃省档案馆，档号：21—1—292。
⑦ 《兰州各有关机关第二次驿运座谈会记录》，甘肃省档案馆，档号：48—1—129。
⑧ 《第八战区第九十七师师长韩锡侯给甘肃省车驼管理局电文》，甘肃省档案馆，档号：21—1—292。
⑨ 中央军校第七分校十六期五队：《关于请拨胶轮车将军毯运往王曲函》，甘肃省档案馆，档号：21—1—295。

苏联援华物资急需转运到抗战前线。同时，中国向苏联提供的数千吨的钨砂，以及大量其他矿产、农牧产品也需转运出去。因当时国家的运力十分紧张，大量的民间商运力量也被动员了起来。1939年8月甘肃为向苏方转交羊毛，一次就动用胶轮大车131辆。① 回程又接星星峡办事处电请，接运航空用油10介装5批1175架，连皮重40379公斤。② 甘肃车驼局要求运送羊毛胶轮大车，优先将航空汽油运回以保障前线需求。日本为了切断中苏贸易线，曾对西北交通枢纽兰州进行了狂轰滥炸。1937年7月到1941年9月，甘肃遭到轰炸71次（兰州36次），共出动飞机1081架次（兰州670架次），投弹4090枚（兰州2738枚）。③ 在此期间，中国空军与苏联航空志愿队为保卫西北交通线，在兰州地区与日机进行了空战，共击落敌机47架，阵亡中苏飞行员63名。④ 这也从另一方面证明了中苏贸易，及西北商贸线在抗战中的作用。

第三节　商贸活动促进了社会的进步

近代西北社会发展明显滞后，特别是边疆民族地区差距就更大。一个地区的社会发展状态，主要取决于它的内部结构和社会成员自身的素质，取决于社会内部的生产和分工。也就是说物质资料的生产方式，它是社会发展的决定因素。虽然如此，一个社会与外部的经济文化交流、不同社会群体间的关系，也会对地区社会发展产生重大的影响。近代西北地区频繁的商贸活动，为西北地区内各民族之间，以及西北与其他地区的交往提供了较有利的条件，密切了西北社会内部和外部的联系，进而也促进了西北社会的发展和进步。

---

① 甘肃省车驼管理局：《关于告知航空汽油号数量及分批次运送的指令》，甘肃省档案馆，档号：21—1—293—15。
② 甘肃省政府：《关于筹备接运航空汽油的电报》，甘肃省档案馆，档号：21—1—293—14。
③ 《甘肃省境内遭受敌机空袭损害统计表》，甘肃省档案馆：档号14—2—566。
④ 魏宏举：《寻找消失的陵园》，《档案》2005年第2期。

一　满足了民众的生产生活需求

近代后随着西北地区商业贸易的发展，以及西方列强的商品倾销和原料掠夺，原有的自然经济基础被逐步侵蚀。西北地区也被卷入到商品市场经济中去，农牧产品的商品化程度不断提高，传统的社会经济结构也在缓慢改变。随着近代商品经济的不断发展，使得民众生活和商品经济的关系越来越密切。他们为了提高自己的生活水平，不仅出卖自己的剩余产品，而且对外部产品的需求也越来越广泛。近代西北地区的商贸活动，正是通过不断地互通有无，更好地满足了当地民众的日常生活和生产需求。

以从内地运销西北地区的茶叶为例，近代不仅数量大而且品种繁多，较好地满足了西北不同区域、不同民族、不同群体的需求。西北输入的棉布更是数量巨大，特别是甘宁青地区布匹几乎全部依赖输入。此外，还有少数民族群众非常喜爱的丝绸、铜器、细瓷等手工业品，也极大地丰富他们的生活。近代的日用工业品在西北更是深受欢迎，小到肥皂、火柴、纽扣、针线，大到一些机械设备等，都对西北社会而言至关重要。以百姓最常用的火柴为例，1943 年火柴专卖开始实施，甘肃 71 个县市全年所需火柴约为 5470 箱，而甘肃 7 家火柴厂全年产量只有 3300 箱，大量靠与外省贸易才得以解决。① 西北输出的农牧产品和土特产，如陕西的棉花，甘宁青地区的皮毛、药材等，也为内地手工业和工业提供了原料，并且满足着内地人民的需求。

近代新疆商贸业受俄国影响较大，但与国内贸易也很频繁。特别是"大商号和行商能从内地大批运货来疆，对供应市场需求，繁荣地方经济"作用很大。"而且他们可以组运回货，即是将新疆地产的羊毛、驼毛、皮张、革皮、肠衣、棉花、中药材及其他土特产品运至口内天津等地，又换回来货，对沟通新疆与内地物资交流起着良好的作用。"② 清末

---

① 孟非：《抗战时期的甘肃贸易》，《社会科学》（甘肃）1987 年第 6 期。
② 新疆通志（商业志、外贸志）编委会、新疆档案馆编：《新疆商业外贸史料辑要》第 1 辑，内部发行，1990 年编印，第 200 页。

新疆绥定县,"县治动物植物之属,不足供民间日用之需",而"吐鲁番之棉花、葡萄,湖商、晋商之茶觔,蒙古、哈萨克之牧畜,均行销于境内"①。新疆在抗战后期,为解决工业品奇缺问题,迪化市商会曾积极筹集资本赴内地办货,有效地缓和了当时物资供应紧张的局面,对稳定新疆经济和民生起到了良好的作用。

二 促进了本地区资源的开发利用

商贸活动也为西北地区开辟了财源,原来本地因无法消化而浪费的农牧、土特产资源,因被转贩外地而得到开发和利用。与此同时,也增加了本地民众的收入,提高了他们的商品购买力。如肠衣、猪鬃过去都基本被扔掉,后因变成了贸易物资而身价倍增。在青海农村猪鬃长期不知如何利用,民国初年湖北黄陂商人开始在西宁收贩猪鬃。后随着收购人数不断增加,1926年西宁本地商家也加入收购行列,使得青海收购的商家一度发展到19家,还有不少小贩走乡入户去收购,年输出量可达七八千斤左右。②甘肃原来猪鬃贸易并不兴盛,全面抗战时四川畜产公司及崇德公司,在甘肃陇南收购猪鬃转售给重庆复兴总公司出口。甘肃陇东一带的猪鬃,也多被商人转售给德兴公司豫陕分公司。由于猪鬃日益走俏,价格不断攀升,普通成色鬃从1936年每斤8元涨到1943年的130元。③

西北地区所产皮毛因本地既无大的消费量,也无加工能力成为剩余物资,甚至在一些地区被沤粪。外国洋行介入后,"大宗羊毛几乎全部输入世界市场"④。陕北皮毛也因洋行大量收购,"卖价较前倍蓰","销路甚畅"⑤。新疆生丝因俄英商人大量采购,使得蚕桑业有了大发展。茧丝

---

① 萧然奎:《新疆伊犁府绥定县乡土志》(商业)。
② 张志珪:《解放前青海经营猪鬃的一些情况》,《青海文史资料选辑》第14辑,青海政协1885年编印。
③ 李敏斋:《甘肃猪鬃生产及制销情形》,《甘肃贸易》(季刊)1943年第7期。
④ [俄]克拉米息夫:《中国西部之经济状况》,《西北文献丛书续编》(西北史地)第11卷,甘肃文化出版社1999年版,第56—57页。
⑤ 佚名:《神木县乡土志》(商务)。

产量原来只有30多万斤，20世纪初增加到70万斤。在南疆一些地方蚕丝业成为重要经济部门：皮山1908年土茧出口32.3万斤，和田1909年出口茧27万斤、丝8万斤。① 此外，像叶城、莎车，茧、丝产量也大增。同时，生丝贸易也使得蚕农更加注重产品质量，不断购买蚕种进行品种改良。可见近代的商贸活动，很大程度上促进了农牧产品的商品化，提高了社会财富的利用率，也一定程度上调动了生产者的积极性。

此外，西北地区一些传统手工业生产，也因商贸业得到了进一步发展。甘肃水烟有甲天下之称。清末年产水烟约3万担上下，20世纪二三十年代，仅兰州一地水烟厂达一百三四十家。兰州水烟业的繁荣主要得益于外销，所产水烟远销京津、上海、川贵黔等地。② 西北的手工毛织业在全面抗战时复兴，既于本地消费市场变化有关，也与当时对外的输出有关。在甘肃通渭县城，"全城里无论是经营农作或者开小店铺的，各家各户都放着现成的毛织品。再看男的、女的，柜台里坐着的、街头蹲着的，手里都拿了有铁钩的木板，怀里兜着毛线团，不断地在编织"③。甘肃有的毛纺"产品在乌鲁木齐、呼和浩特、银川、兰州、太原、开封、长沙、武汉、西安等城市都有销售，驰名遐迩"④。

三　促进了城乡商品经济繁荣与进步

近代初西北地区与其他地区的贸易物资，主要有茶叶、布匹、皮毛、药材、棉花等数种物资，其他商品的交易量都不是太大，而且贸易物资的花色品种也较少。19世纪60年代西北回民大起义，曾使得西北商贸经济一片萧条，就连延续千年的茶叶贸易也无法维持。后随着西北社会秩序的逐步恢复，与内地的商贸活动也日益得到了复兴。19世纪70年代后，宁夏地区大量的外地商人进入。其中山西人占60%，陕西人占

---

① 王树枏：《新疆图志》卷二八《实业一·蚕桑》。
② 张国常：《重修皋兰县志》卷一一。
③ 佚名：《通渭的毛纺织手工业》，《西北日报》1942年5月4日。
④ 马英毫、韩雨民：《解放前后天水私营工商业概述》，《天水文史资料》第1辑，1986年编印。

20%，其余还有河北、湖南、四川等地的商人。宁夏城也因此（银川）成为西北地区重要的商业中心，出现了号称"八大家"的大商号。① 在左宗棠平定新疆的过程中，京津商和湖南的茶商借机而入，也有力地推动了新疆商贸经济的发展。

19世纪末随着皮毛贸易的发展，西北地区的商贸业进一步繁荣，交易产品无论数量还是种类都有了大幅提升。兰州到20世纪二三十年代，因商贸业的发展造成行业分工开始细化，商业行会已有30余个。其中京货行有大小百货店80家；杂货行有商店字号32家；茶叶行有商店字号32家。② 宁夏银川"东西正街，商铺栉比，贸易尤称繁盛"③。黄河沿岸的吴忠、中卫等地商业也非常繁盛，出现了一些资本在二三十万银元的较大商号。全面抗战前夕，青海商业也有了大的进步，据西宁县商会统计，有杂货业192户；药材业31户；海菜（食品）业13户；山货业13户；皮货业9户。还有京货、鞍鞯、过载、瓷器、番货等名目，至于小商、小贩及住家经商者更多。

商贸活动还促进了一些商贸重镇的形成。清末民初随着新疆的对俄英印等地贸易的发展，北疆的伊犁、塔城和南疆的喀什噶尔，已成为西北地区的边贸重镇。宁夏的石嘴山也因甘宁青皮毛贩运而兴盛，仅当地6大洋行每年至少要运出羊毛1500万斤，畜皮100万张左右。④ 甘南藏区的夏河到了20世纪30年代，市场上已是"衣食住行之用品，无不具备"。甚至藏族妇女所用装饰品，"五光十色，应有尽有"⑤。陕西宝鸡在全面抗战时期崛起，工商业经济迅速繁荣，各类商号发展到了300多家。⑥ 此外，像位于陕豫鄂交界的龙驹寨，位于甘川交界的碧口镇，新疆的古城、哈密更是以商贸而声名远著。

---

① 参见仲侃等编《宁夏史话》，宁夏人民出版社1988年版，第268—273页。
② 参见潘益民《兰州之工商业与金融》，商务印书馆1936年版，第37—93页。
③ 陈庚雅：《西北视察记》，甘肃人民出版社2002年版，第74页。
④ 参见仲侃等编《宁夏史话》，宁夏人民出版社1988年版，第268—273页。
⑤ 马鹤天：《甘青藏边区考察记》，甘肃人民出版社2003年版，第49页。
⑥ 强寿天：《抗战胜利前后宝鸡工商业的变化》，《宝鸡文史资料》第4辑，1986年编印，第220页。

全面抗战爆发后西北商贸业有了较大发展。这一时期商贸业发展的显著特点是商家数量大增。1940年对陕西41县统计，共有商户9805户。① 甘肃由于沿海商业资本的大量介入，1943年全省商户达25095户，从业人员10万左右，从业人数将近是工矿企业职工数的3倍，这个对贫困甲天下的甘肃而言是空前的。② 西北地区的商贸业的进步还表现在一定程度的质变，新型商业专营机构和经营方式不断出现。1941年西安已有：洋货店铺14家，西药店10家，西服店8家，照相铺7家，钟表铺4家，电料铺4家，自行车铺3家，甚至还出现了汽修、机修配件，钢笔铺等。③ 另外，像百货公司、商业贸易公司这种新型商业机构，也在西北一些主要城市出现。仅抗战时期在新疆迪化，百货商店就发展到了200多家，从业人员约5000余人。④ 尽管这时民营新式商贸机构主要是在一些大城市出现，许多中小城镇仍然是传统商业占主导地位，但它对促进西北地区商贸业的进步，还是有着积极的示范意义。

全面抗战时期，国民政府在西北设立了不少官办商业机构，最著名的有复兴、富华、中茶等。此外，地方政府的官办商业也兴盛一时，陕西的企业公司贸易部、甘肃的省贸易公司、新疆的裕新公司等。官僚资本商业因其垄断和掠夺性，经营管理又多腐败，故常常被人们指责。但在稳定和繁荣大后方社会经济等方面，也曾做出过积极的贡献。如甘肃省贸易公司在当时物资紧缺的情况下，通过官方渠道获取了不少的布、茶等紧缺物资，对保障社会基本供给繁荣经济还是起了相当大的作用。新疆裕新公司通过统一进出口贸易权，不仅使得进出口贸易有序化，为新疆换回了许多民生急需物资，也在对苏交易的定价权方面一定程度克服了过去那种苏方说了算的局面，在挽回利权和繁荣社会经济方面还是有积极意义的。

---

① 陕西省志编委会：《陕西省志》（商业志），陕西人民出版社1999年版，第41页。
② 陈鸿胪：《论甘肃的贸易》，《甘肃贸易》（季刊）1943年第4期。
③ 《二十九年十二月份西安市各商号商业登记表》，陕西省档案馆，档号：72—9—28（1）。
④ 新疆通志（商业志、外贸志）编委会、新疆档案馆编：《新疆商业外贸史料辑要》第1辑，内部发行，1990年编印，第200页。

四 促进了文化交流和思想观念转变

一个地区的社会风气与这个地区的社会进步程度有很大的关联性。而社会风气是一种非强制性、约定俗成的群体行为规范，涉及人们的知识水准、道德情操、思想观念、价值取向等问题。所以社会风气的开化与否，会对社会的发展有很大影响，在一些民族、边远地区更是如此。总体来说近代西北地区相对较封闭，特别是交通和信息严重滞后，加之民众受教育率和教育程度又普遍很低，故社会风气也比较保守。这就造成了西北的许多普通民众，他们对于新事物的接受能力更为低下，其思维方式也多是可感知的、具体的、类比的，更多地注重自身的感性和直观认知。这种状况对西北社会的进步显然是很不利的。

近代西北地区的商贸活动对于打破社会的封闭，开化社会风气起到了很好的作用。进入西北的许多商家，不仅通过他们贩运来的新产品带来了新的生活方式，而且通过各种商业活动也带来了不同的精神文化产品。一些大商家、行会或商会，每年都要举行各种庙会，以吸引群众参加各种物资交流活动。如在陕西关中新筑镇有四月八古会，邀请西安的名剧团来演出，街道南北两端对台演戏，互争声誉，高跷、芯子、马戏、魔术也来助兴。① 青海的山西绛太帮也常资助蒲剧（南路梆子）到青海演出，绛州的抬阁（青海人称铁芯子）、晋南的锣鼓等，也是由绛太帮商人引入青海的。② 新疆乌鲁木齐各商会会馆还祭祀神灵：两湖供奉夏禹，甘肃供伏羲和太昊，陕西供文王和周公，山西供关公，川云贵供文昌。这种祭祀少则3天，多则半月，四方文化汇聚：两湖的龙灯，中州的狮子，甘肃的旱船、直隶的高跷、山西的高台等，在同一片土地上交相辉映。③ 宁夏银川在20世纪20年代，陕西会馆和艺人合作，成立了秦

---

① 区文史资料征集组：《灞桥地区的三个古会》，《灞桥文史资料》第3辑，1988年编印。

② 张志珪：《略谈在西宁经商的山西绛太帮》，《西宁城中文史资料》第4辑，1991年编印。

③ 昝玉林：《会馆漫记》，《乌鲁木齐文史资料》第8辑，1985年编印。

剧班在当地演出。① 这些被商家引入的不同地区的文化活动，在促进了西北与各地的文化交流中发挥着重要作用。

随着西北地区与外部商贸关系的不断发展，也促使西北地区的某些方面开始缓慢地朝近代方向迈进。在信息和交往都不发达的时代，商贸活动自然就成为一种示范和无形的教科书，无疑会开阔人们的眼界。新疆"塔尔巴哈台，其地边瘠苦寒，人民羯羠杂处，自俄国商货转运各城者皆由此灌输，狭薄之风为之一变"②。全面抗战爆发后，随着国际贸易线的开通以及内地商业的西迁，时人评述到，甘肃"已不复为世外桃源了"，"我们都觉得这正是最大的进步和无上的光荣"③。显然，近代西北地区日益频繁的商贸活动，已大大地改变了人们的思维定式，从而也促进了人们思想观念的转变，为西北社会的进步创造了有利的条件。

思想观念的转变还体现在对商贸活动的认知上。近代初西北民众多喜固守传统，许多地方"无百里负贩之人"。既是有些商人在商贸活动中也多处于被动状态，多限于牙行、过载行、歇家等，主要是替别人做商贸中介。随着近代商贸业的发展，民众的商品意识也得到提升。在19世纪70年代后，甘肃固原（今属宁夏）在山西、河南、四川等外来商人的影响下，许多本地人也开始离开土地外出经商。近代初西宁本地人经商的也很少，致使清末民初皮毛贸易兴起，但结果是"大利咸归外省人"。20世纪30年代后本地商业也开始逐步崛起，"本地商人数超过外籍商人"，也"有的资本达银元几十万"④。新疆随着外贸市场的全面开放，北疆回商"自塔城以趋七河斜米间，岁一往还焉"。南疆缠商"出喀什噶尔而往来英俄两属之间"⑤尽管西北本地商业实力有限，但其思想观念方面的进步也是很明显的。

---

① 祁志彬：《宁夏秦剧史初探》，《宁夏文史资料选辑》第12辑，1984年编印。
② 王树枬：《新疆图志》卷二九《实业二·商业》。
③ 陈筮泰：《我们要看得远拿得稳》，《陇铎》第2期。
④ 青海省志编委会：《青海省志》（商业志），青海人民出版社1993年版，第2页。
⑤ 王树枬：《新疆图志》卷二九《实业二·商业》。

五　有利于当地社会的文明进步

商贸经济的发展也有力地促使了社会生产的进步，使一些生产部门逐步向近代化方向迈进。除前面谈到的新疆蚕农引进苏联的先进技术和优良蚕种，淘汰了当地退化了的土蚕种外。全面抗战时期，随着新苏贸易以及新知识、新观念的传播，农牧民对新的生产技术也日益认可。为此新疆曾大力引进外来良种马、牛、羊，对本地畜种进行大规模改良，仅1942年通过杂交改良牲畜293190头，其中30%为人工授精。① 有的商人还直接参与近代企业的创办，1915年新疆迪化商会聘请天津的技术人员，使清末创办的乌鲁木齐石油公司得以起死回生。1917年乌鲁木齐商民购俄制面粉机创办新式面粉厂，日产面粉5000斤以供应当地市民。② 此外，1919年甘肃天水县商会，为支持当地雕漆业发展曾拨款2万，扶持天水民生工艺厂（雕漆厂）。③

商贸活动还促进了一些新的行业形成。清末西药店被引入西安后，西药的功效被民众逐步认可。到了全面抗战时期，西安的西药业有了较大发展，专营药店多达30余家。④ 并因此催生了一些西药生产企业的诞生，1939年4月在西安香米园，成立了华西化学制药厂，制造"药棉、纱布、原料药、注射药、酊剂、丸片成片等百余种"。⑤ 商贸活动也使人们看到了新商机。1943年6月为满足民众对新型洗涤用品的需求，西安成立了大干化工厂，专门生产百姓所需的日用品肥皂与香皂。⑥ 1918年电影被商人引入兰州，1932年商家正式在兰州开办了第一家电影院，到1942年兰州已有西北、大华、先声3家电影院。⑦ 电影业也在西安、乌

---

① 李溥林：《十年来新疆的经济建设》，《新新疆》1943年1卷1期。
② 昝玉林：《迪化总商会的成立与活动》，《乌鲁木齐文史资料》第6辑，1984年编印。
③ 李级三等：《从天水县商会到天水市工商联》，《天水文史资料》第7辑，1994年编印。
④ 剧位亭：《解放前西安市西药简介》，《陕西文史资料选辑》第23辑，陕西人民出版社1989年版。
⑤ 《工商业调查——陕西工商业》，陕西省档案馆，档号：32—1—110。
⑥ 《工商业调查——陕西工商业》，陕西省档案馆，档号：32—1—467。
⑦ 《兰州市戏剧电影业同业公会会员名册》，甘肃省档案馆，档号：60—2—157。

鲁木齐等城市兴起，在西北产生了新的娱乐形式，为丰富民众的文化生活做出了贡献。

商贸活动也影响到了西北民众的生活方式。如煤油在清末民初进入西北，因其实惠好用被很快普及，成为民众日常生活必需品。20世纪20年代末至30年代初，仅西安年销售煤油可达200多吨。① 肥皂、红白糖、罐头、纸张、瓷器、火柴、玻璃、颜料等日用工业品输入西北，不仅丰富了民众的物质生活，提高了民众的生活质量，也自觉不自觉地引发了人们生活方式的改变。商贸活动甚至也影响到农牧民的生活。1925年前后自行车在陕西凤翔出现，不久城里几个大商家开始推销。后随着自行车不断普及，1946年该县仅修车铺就达6家之多。② 近代初甘肃卓尼藏区民众，"终日左袒，不着裤子"。民国时"亦多着裤子"，女则"夏覆白布，冬着山东毡帽"，甚至"身着旗袍，腰束红花带"③。

六 推动了社会公益事业发展

近代不少商人也自觉不自觉地卷入教化民众的活动中去。自汉武帝罢黜百家后，儒学逐步演化成国家皇权文化的一种符号，也是教化民众的一种重要工具。国家利用文庙这类政治祭祀仪式，去感化并增强国家的凝聚力，加强对民众的控制和国家认同感。故清代几乎各府州县都把文庙祭祀作为教化大事，特别在西北地区这种祭祀更具特殊意义，它可以使得"汉人怀其德，番民服其化"。但清后期国家财力减弱，遇到修葺庙宇、添置礼器等活动，不得不求助于绅商。如1888年（光绪十四年）青海循化重修文庙时，捐赠的商号有：永发元捐800文，长春发捐300文，财生永捐300文，兴顺和捐300文，同心合捐200文，元顺和捐600文，万诚德捐500文，元春魁捐200文，顺元和捐500文，元兴隆捐400文，协成顺捐500文，赐福堂捐600文，福兴和捐600文，高声店捐

---

① 郭敬文：《解放前西安的煤油业》，《陕西文史资料选辑》第23辑，陕西人民出版社1989年版。
② 宋茂：《凤翔县自行车修理业的演变》，《凤翔文史资料》第4辑，1985年编印。
③ 陈宝全：《陇南各县政情调查纪要（五）》，《西北论衡》1941年第9卷第1期。

200 文，张禄捐 300 文。① 从这份名单中可以看出商家卷入的广泛性。

民国后伴随西北地区商贸业的发展，商人为扩大自身的社会影响力，不断介入到教育事业中去。1914 年陕西商会会长魏汝霖，曾协助创办竞化小学，后又办了进化小学。西安药商张锡三，捐资兴办了云台中学、育英小学。② 1917 年宁夏回族商人李凤藻出资 1000 两白银，与当地士绅及蒙古人巴宁等，设立了吴忠堡清真小学。③ 1918 年青海湟源县倡议筹设高等小学，商人李庭耀带头捐资 800 两纹银。1926 年李庭耀又捐银 1 万两作为教育基金。④ 1930 年乌鲁木齐甘肃会馆创办了中山小学。次年，两湖会馆也设立了小学。⑤ 全面抗战时捐资助学形成一个高潮。宝鸡工商界成立了职工子弟学校，"聘教师三人，共有学生一百二十余人"⑥。陕西西乡县商会 1944 年与江西、两湖、四川会馆协商，创办了正本工业职业学校。⑦ 1945 年甘肃天水商会开办了商业补习学校。1939 年新疆古城商会开办商业培训班，1943 年又建立了工商夜校。1942 年新疆和靖县设立民校，当地工商会提供会馆作为回族班的办学地。⑧

商家在近代西北的慈善事业中也起过很大作用。1929 年甘肃遭遇罕见的大旱，灾民达 250 余万。⑨ 除国家拨款救济外，省筹赈会还动员绅商开设粥场以救济。1931 年宁夏成立红十字分会，由商会会长乔森荣为副会长（会长为省建设厅长），该会常常参与各种慈善事业，散农具、放籽种、掩枯骨、施医药等。1933 年陕西西乡县商会开办了孤儿院，收养流浪儿童 20 余人。⑩ 新疆 1931 年到 1933 年间，因马仲英入疆与盛世才

---

① 《为补修文庙圈棚畔池乐台出入钱银折》，青海省档案馆，档号：07—永久—715。
② 余振武、郭述贤：《抗战前后东关商业概况》，《碑林文史资料》第 3 辑，1988 年编印。
③ 李品三：《李凤藻史略》，《宁夏文史资料选辑》第 23 辑，宁夏人民出版社 1999 年版。
④ 贺勋：《湟源绅商李耀庭生平》，《湟源文史资料》第 2 辑，1996 年编印。
⑤ 昝玉林：《会馆漫记》，《乌鲁木齐文史资料》第 8 辑，1985 年编印。
⑥ 《宝鸡县工商团体向本厅的工作汇报及有关材料（1937.11——1941.7）》，陕西省档案馆，档号：72—9—196。
⑦ 周燮阳：《解放前西乡县工商业发展概况》，《西乡文史资料》第 1 辑，1985 年编印。
⑧ 吐娜编：《民国新疆焉耆地区蒙古族档案选编》，新疆人民出版社 2013 年版，第 62 页。
⑨ 《兰州百年大事记》1929 年 12 月条，《兰州文史资料选辑》第 4 辑，1986 年编印。
⑩ 周燮阳：《解放前西乡县工商业发展概况》，《西乡文史资料》第 1 辑，1985 年编印。

争夺地盘,造成乌鲁木齐民众流离失所。"商会会长董光锌,副会长贺德元闻讯亲来",参与发起组织新疆慈善会,"商会先捐银三千两"①,南关某维吾尔族巨商捐"银票二万余两"②。新疆孚远商绅王国玉除发起赈灾和施粥放饭外,还集资购耕牛180头贷给因战乱受损的农民。③ 至于商人介入的补路、修桥等慈善事业就更多。商人发起或参与的这些慈善活动,一定程度也促进了西北社会风气的改进。

---

① 吴蔼宸:《新疆纪游》商务印书馆1935年版,第65、66页。
② 吴蔼宸:《新疆纪游》商务印书馆1935年版,第69页。
③ 邵熙熙:《孚远县民国时期商绅王国玉》,《北庭文史》第8辑,1993年编印。

结　　语

商业贸易是人类经济活动的组成部分，并随着人类社会的发展进步日益显示出其重要性。近代以来，随着社会生产商品化的强化，商业贸易的重要作用越来越突出。商业贸易虽不直接产生价值，但它却是商品生产实现其社会价值的重要途径。同时，"商业对于那些互相进行贸易的共同体来说，会或多或少地发生反作用"①，促使人们的社会生产生活各方面都在发生变化，近代西北地区商贸经济的发展也证明了这点。"它会使生产日益从属于交换价值，因为它会使享受和生活日益依赖于出售，而不是依赖于产品的直接消费"②。从而为人类社会的进步打开了新大门。

近代西方列强打开了中国的大门，西北地区日益成为他们掠夺原料和推销产品的目的地。在这种历史条件下，尽管西北地区的商贸活动有自己深厚的历史传统，也有自己的特殊之处。但总体来说在外力的作用下，也开始由传统缓慢地向近代化方向转化。这种转化的影响力不只局限于商贸领域，它也会加速传统生产方式和社会的解体，并影响到人们的思想意识、社会习俗，甚至个人的生活等方面，进而促进了西北地区社会的进步。此外，近代西北商贸活动不仅增进了本地区各民族间的物质交流，也极大地增进了与国内其他地区的联系。这对于巩固祖国边疆，强化国家、民族意识都有很大的积极意义。

---

① 梁寒冰编：《历史学理论辑要》下册，中华书局1982年版，第848页。
② 梁寒冰编：《历史学理论辑要》下册，中华书局1982年版，第848页。

在我国大力提高社会生产力水平，发展社会主义市场经济，为早日实现民族复兴而努力奋斗的今天。西部地区社会经济发展问题日益受到重视，西北商贸业也面临着新的发展机遇与挑战。随着 20 世纪末国家开发西部战略的启动，以及现在国家"一带一路"倡议的提出，地处古丝绸之路的西北地区更是这些战略的直接受益者。怎样在国家的向西开放的战略中抓住新机遇，在为国家整体战略服务的同时能更好地发展西北地区自身，怎样当好与中亚乃至欧洲互联互通的桥梁，西北的商贸业在这些方面也是大有可为的。回顾近代西北地区商贸经济的发展道路，也可给我们留下了一些重要启示：

首先，社会稳定和民族团结是商贸经济发展的必要条件。近代政局的长期动荡和社会秩序失范，严重地影响了商贸经济的发展。只有安定的社会环境及和睦的民族关系，才能为商贸经济的发展创造一个好的环境。其次，生产力水平是商贸经济发展的基础。西北近代社会生产力水平的低下，使得大量的资源等得不到合理开发和利用，也严重影响着商品经济的发展。

复次，民众的思想意识对商贸经济发展也有很重要的意义。近代西北民众意识对社会演变的适应性较缓慢，而意识不同于刚性的制度变革，它有着很强的"韧性"。因而对其改良也是长期、缓慢的过程。

最后，政府在商贸经济发展过程中具有特殊作用。近代西北地区商贸业如没有政府的支持和参与，仅靠自发或单纯的市场化很难发展起来。故在西北这样的贫困和后发地区，帮助克服商贸经济发展过程中的许多障碍，是政府无可推卸也无法替代的责任。

主要参考文献

历史文献类

一 方志史料

查郎阿：《敕修陕西通志》。
宋伯鲁：《续修陕西通志稿》。
查郎阿：《甘肃通志》。
升允：《甘肃新通志》。
刘郁芬：《甘肃通志稿》。
朱允明：《甘肃乡土志稿》。
白眉：《甘肃省志》。
王树枏：《新疆图志》。
轶名：《新疆四道志》。
邓承伟：《西宁府续志》。
杨景升：《丹噶尔厅志》。
郭凤洲：《续修南郑县志》。
吴继祖：《重修户县志》。
褚成昌：《华州乡土志》。
佚名：《户县乡土志》。
佚名：《神木县乡土志》。
吴命新：《定边乡土志》。

佚名：《榆林乡土志》。
王楸照、吴从周：《留坝乡土志》。
佚名：《富平乡土志》。
佚名：《洋县乡土志》。
佚名：《略阳县乡土志》。
张玿美：《五凉全志》。
张维校：《肃州新志》。
张瓒：《河州志》。
赵本植：《庆阳府志》。
钟庚起：《甘州府志》。
黄文炜：《重修肃州新志》。
唐海云：《古浪县志》。
黄璟修：《皋兰县续志》。
张国常：《重修皋兰县志》。
韩世英：《重修漳县志》。
佚名：《鼎新县志》。
白长斌：《文县志》。
张元森：《泾州乡土志稿》。
许国祯：《伊犁府乡土志》。
蒋光陞：《疏勒府乡土志》。
佚名：《温宿府乡土志》。
甘曜湘：《莎车府乡土志》。
炳熿：《吐鲁番厅乡土志》。
佚名：《塔城直隶厅乡土志》。
刘润道：《哈密直隶厅乡土志》。
方炽：《奇台县乡土志》。
顾桂芬：《轮台县乡土志》。
李方学：《宁远县乡土志》。
高生岳：《伽师县乡土志》。

佚名：《于阗县乡土志》。
陈光炜：《鄯善县乡土志》。
佚名：《拜城县乡土志》。
张绍伯：《沙雅县乡土志》。
杨存蔚：《绥来县乡土志》。
陈光炜：《鄯善县乡土志》。
顾桂芬：《轮台县乡土志》。
佚名：《呼图壁县乡土志》。
曹凌汉：《精河县乡土志》。
陕西省志编委会：《陕西省志》（大事记），三秦出版社；（商业志）（金融志），陕西人民出版社。
甘肃省志编委会：《甘肃省志》（大事记）（商业志）（公路交通志），甘肃人民出版社；（金融志），甘肃文化出版社。
新疆省志编委会：《新疆通志》（商业志）（外贸志）（公路交通志）（民用航空志）（金融志），新疆人民出版社。
青海省志编委会：《青海省志》（总述）（盐业志），黄山书社；（商业志），青海人民出版社。
银川市郊志编委会：《银川市郊志》，方志出版社2002年版。

二 考察报告游记

范长江：《中国的西北角》，上海书店1991年版。
顾执中：《到青海去》，商务印书馆1934年版。
周希武：《宁海纪行》，甘肃人民出版社2002年版。
李德贻：《北草地旅行记》，甘肃人民出版社2002年版。
马鹤天：《甘青藏边区考察记》，甘肃人民出版社2003年版。
谢晓钟：《新疆游记》，甘肃人民出版社2003年版。
林竞：《蒙新甘宁考察记》，甘肃人民出版社2003年版。
高良佐：《西北随轺记》，甘肃人民出版社2003年版。
陈赓雅：《西北视察记》，甘肃人民出版社2002年版。

林鹏侠：《西北行》，甘肃人民出版社2002年版。
龚柴：《陕西考略》，王锡祺辑：《小方壶斋舆地丛钞》第1帙。
纪昀：《乌鲁木齐杂记》，王锡祺辑：《小方壶斋舆地丛钞》第2帙。
满洲七十一：《新疆纪略》，王锡祺辑：《小方壶斋舆地丛钞》第2帙。
[德]富克：《西行琐录》，王锡祺辑：《小方壶斋舆地丛钞》第6帙。
胡时渊：《西北导游》，《中国西北文献丛书》（民俗文献）第127卷。
王树枏：《新疆小正》，《中国西北文献丛书》（民俗文献）第119卷。
[日]日野强：《伊犁纪行》，华立译，黑龙江教育出版社2006年版。
王昱等编：《青海风土概况调查集》，青海人民出版社1985年版。
严如煜：《三省山内风土杂谈》，《中国西北文献丛书》（民俗文献）第127卷。
[俄]克拉米息夫：《中国西部之经济状况》，《中国西北文献丛书续编》第11卷。
周希武：《玉树调查记》，青海人民出版社1986年版。
《青海藏族蒙古族历史调查》，青海人民出版社1985年版。

三 文史资料

胡伯益：《烟茶布三帮在西北产销情况》，马少泉：《中国棉业公司福生庄抗战期间经营陕西棉业回忆》，《解放前西安商会、同业公会概况》，《陕西文史资料选辑》第23辑，陕西人民出版社1989年版。
马长寿主编：《同治年间陕西回民起义调查录》，《陕西文史资料选辑》第26辑，陕西人民出版社1993年版。
肖之仪：《陕西省企业公司的兴衰十年》，《西安文史资料》第7辑，1980年编印。
郭敬仪：《旧社会西安东关商业掠影》，《陕西文史资料选辑》第16辑，陕西人民出版社1984年版。
姜维成：《清末至民国时期的咸阳工商业管理组织》，《渭城文史资料》第4辑，1998年编印。
朱光辉等：《解放前三原县商业概况》，《三原文史资料》第1辑，1982

年编印。

强寿天：《抗战胜利前后宝鸡工商业的变化》，《宝鸡文史资料》第 4 辑，1986 年编印。

《安康山货特产市场史料专辑》（一）、（二），《安康文史资料选辑》第 2、3 辑，1985 年编印。

《安康汉江水运史》，《安康文史资料选辑》第 4 辑，1991 年编印。

余晴初：《解放前汉中市工商业概况》，《汉中市文史资料》第 3 辑，1995 年编印。

朱鸿禧等：《民国时期的粮食牲口集市及春会冬会》，《陇县文史资料选辑》第 8 辑，1988 年编印。

安明文：《民国时期横山的商业》，《横山文史资料》第 3 辑，1988 年编印。

李仲仁等：《卤泊滩盐业概况》，《富平文史资料》第 15 辑，1990 年编印。

《甘肃解放前五十年大事记》，《甘肃文史资料选辑》第 10 辑，甘肃人民出版社 1981 年版。

杨自舟等：《清末到抗战期间附茶行销西北简述》，《甘肃文史资料选辑》第 4 辑，甘肃人民出版社 1987 年版。

李剑夫：《我所知道的国民党甘肃省贸易公司》，《甘肃文史资料选辑》8 辑，甘肃人民出版社 1980 年版。

王化机：《西北公路局概略》，严树棠等：《解放前的兰州水烟业》，《甘肃文史资料选辑》第 14 辑，甘肃人民出版社 1982 年版。

张令琦：《解放前四十年甘肃金融货币简述》，《甘肃文史资料选辑》第 8 辑，甘肃人民出版社 1980 年版。

王信臣：《解放前甘肃的皮筏运输业》，《甘肃文史资料选辑》第 2 辑，甘肃人民出版社 1987 年版。

《兰州百年大事记》，《兰州文史资料选辑》第 4 辑，1986 年编印。

陈永革：《兰州清代会馆》，《城关区文史资料选辑》第 7 辑，1999 年编印。

马钟秀:《清末民初兰州的银钱业》,《甘肃文史资料选辑》第 13 辑,甘肃人民出版社 1982 年版。

王世积:《甘州驼运考》,《张掖地区文史资料》第 1 辑,1999 年编印。

穆启圣:《解放前张家川的斗行和秤行》,《张家川文史资料》第 2 辑,1989 年编印。

潘祖焕:《新疆解放前商业概况》,《新疆文史资料选辑》第 1 辑,新疆人民出版社 1979 年版。

刘德贺:《解放前新疆的交通运输业》,《乌鲁木齐文史资料》第 6 辑,新疆青年出版社 1983 年版。

王得瑜:《新疆中运会之我闻我见》,《新疆文史资料选辑》第 24 辑,新疆人民出版社 1992 年版。

刘德贺:《新疆币制改革》,《乌鲁木齐文史资料》第 8 辑,1985 年编印。

龚一匡:《民国年间喀什噶尔对苏边境贸易》、《清代与民国年间英印、阿富汗等国对喀什贸易》,《喀什市文史资料》第 9 辑,1994 年编印。

昝玉林:《迪化总商会的成立与活动》,《乌鲁木齐文史资料》第 6 辑,1984 年编印。

刘燕斌:《古城工商界的八大帮》,《昌吉文史资料选辑》(昌吉经济发展专辑),1987 年编印。

邢治平:《简述塔城解放前工商业发展概况》,《塔城市文史资料》第 3 辑,1990 年编印。

廖霭庭:《解放前西宁一带商业和金融业概况》,《青海文史资料选辑》第 1 辑,青海人民出版社 1979 年版。

张奋生:《西宁茶叶市场漫忆》,《西宁城中文史资料》第 6 辑,1993 年编印。

贺勋:《河湟巨商李耀庭》,《青海文史资料选辑》第 17 辑,1988 年编印。

张志珪:《略谈在西宁经商的山西绛太帮》,《西宁城中文史资料》第 4 辑,1991 年编印。

阎成善:《湟源的歇家洋行山陕商和坐地户及刁郎子》,《湟源文史资料》

第 2 辑，1996 年编印。

俄后保：《果落若干史实的片断回忆》，《青海文史资料选辑》第 9 辑，青海人民出版社 1982 年版。

任玉贵：《清代湟源民族贸易的兴起和发展》，《湟源文史资料》第 4 辑，1997 年编印。

莫如志：《马步芳经营的协和商栈内幕》，《青海文史资料选辑》第 14 辑，青海人民出版社 1985 年版。

苗子安等：《宁夏八大家》、李凤藻：《天成和商号》、刘士勋：《毡房和纸房》，《宁夏文史资料选辑》第 17 辑，宁夏人民出版社 1987 版。

刘廷栋：《帝国主义洋行在石嘴山》，《石嘴山文史资料》第 2 辑，1983 年编印。

李英夫：《三营集市发展沿革》，《固原文史资料》第 6 辑，1997 年编印。

李敬：《解放前固原的商业概况》，《固原文史资料》第 3 辑，1989 年编印。

钱昌照：《国民党政府资源委员会始末》，《文史资料选辑》第 15 辑，中国文史出版社 1990 年版。

《青海文史资料选辑》（工商经济卷），2001 年编印。

四 报刊杂志

傅安华：《西北交通概况》，《西北资源》1941 年第 1 卷第 4 期。

徐方俁：《历代茶叶边易史略》，《边政公论》1942 年第 3 卷第 11 期。

李式金：《西陲喇嘛教盛行的原因》，《新西北》1945 年第 8 卷第 4—6 期。

《长安交通之现状》，《道路月刊》1923 年第 4 卷第 3 号。

何挺杰：《陕西农村之破产及趋势》，《中国经济》1933 年第 1 卷第 4—5 期合刊。

屈秉基：《陕西金融业之现状及其展望》，《陕行汇刊》1943 年第 8 卷第 1 期。

顾少白：《甘肃西南边区之畜牧》，《西北经济通讯》1942 年第 1 卷第

7期。

顾少白:《甘肃陇东羊毛皮货初步调查》,《西北经济通讯》1942年第1卷第4—6期合刊。

《兰州市每年进货调查》,《甘肃贸易》(季刊)1943年第2—3期合刊。

陈鸿胪:《论甘肃贸易》、洪文翰:《谈谈甘肃的商港——碧口》,《甘肃贸易》(季刊)1943年第4期。

《甘宁青统计局发表民三十一年兰州皋兰榆中靖远四地各种水烟产量》,《甘肃贸易》(季刊)1943年第5—6期合刊。

《兰州水烟作坊一览表》,《甘肃贸易》(季刊)1943年第7期。

王世昌:《甘肃茶销概况》、王玉芬:《土布在甘肃》、王肇仁:《甘肃药材产制运销概况》,《甘肃贸易》(季刊)1944年第10—11期合刊。

黎迈:《甘肃金融之过去与现在》,《西北资源》1941年第2卷第2期。

徐旭:《甘肃藏区畜牧社会的建设问题》,《新中华》1943年9月号。

潘益民:《兰州金融情形之今昔》,《建国月刊》1936年第14卷第2期。

李溥林:《十年来新疆的经济建设》,《新新疆》1943年第1卷第1期。

张觉人:《新疆对外贸易研究》,《边事研究》1934年创刊号。

杜重远:《到新疆去(十九)》,《抗战》三日刊,第48号。

李式金:《青海高原的南部重镇——玉树城生活描述》,《旅行杂志》1946年第20卷第2期。

倪良钧:《青海茶叶市场之研究》,《经济汇刊》1943年第8卷第12期。

李式金:《囊谦一瞥》,《新西北》1944年第7卷第1期。

倪锴:《囊谦及其附近》,《边疆通讯》1944年第2卷第2期。

张元彬:《拉卜楞之畜牧》,《方志》1936年第9卷第3—4期合刊。

李自发:《青海之蒙藏问题及其补救方针》,《新青海》1933年第1卷第12期。

《二十一年宁夏之交通》,《交通杂志》1932年第1卷第5期。

乔廷斌:《通渭巡礼》,《西北日报》1944年12月19日。

倪云杰:《玉树二十五族现状》,《和平日报》1948年10月31日。

五 档案及其他

陕西省银行经济研究室特刊之一：《十年来之陕西经济》，陕西省档案馆，档号：C12—0—206。

四行联合办事处西安分处：《工商调查通讯》第460号。陕西省档案馆，档号：32—1。

甘肃省档案馆编：《晚清以来甘肃印象》，敦煌文艺出版社2008年版。

张蕊兰编：《甘肃近代工业珍档录》，甘肃文化出版社2013年版。

交通部西北公路局：《西北公路》（月刊）第5卷。甘肃省档案馆，档号：（杂志）162—1。

宁夏档案局（馆）编：《抗战时期的宁夏——档案史料汇编》上、下册，重庆出版社2015年版。

《青海少数民族社会历史调查资料宗教志》（喇嘛教部分）油印本，存青海省档案馆。

《民国时期西藏及藏区经济开发建设档案选编》，中国藏学出版社2005年版。

国家图书馆藏历史档案文献丛刊：《清代新疆地区涉外档案汇编》第1册、第2册，全国图书文献缩微复制中心2008年版。

新疆档案馆等编：《清代新疆建置档案史料》，新疆美术出版社2010年版。

新疆档案馆：《新疆与俄苏商业贸易档案史料》新疆人民出版社1994年版。

新疆通志（商业志、外贸志）编委会、新疆档案馆编：《新疆商业外贸史料辑要》（第1辑），新疆人民出版社1990年版。

吐娜编：《民国新疆焉耆地区蒙古族档案选编》，新疆人民出版社2013年版。

档案馆案卷：

陕西省档案馆，档号：32—1—90、32—1—110、32—1—405、72—2—110、72—2—117、72—9—196、72—1—197、72—3—100（1）、72—

3—382—1、72—3—512、72—3—164—1、72—3—164—2、72—3—376、72—3—168、72—3—593—1、72—3—593—2、72—3—597、72—3—600、72—3—625、72—9—28（1）、72—9—137、72—9—29、72—9—185（1）、72—9—187、72—9—189、72—9—192（1）、72—9—197、72—9—199、72—9—203、72—3—198。

甘肃省档案馆，档号：1—1—37、14—2—566、15—15—11、21—1—293、21—1—296、21—1—303、21—1—305、21—1—306、47—1—4、47—1—10、47—1—140、47—1—145、47—1—157、48—1—13、48—1—129、53—1—27、53—1—28、60—1—147、60—2—157、60—2—164、《建国前资料·2·财经》第387卷、《建国前资料·3·财经》第311卷。

青海省档案馆，档号：07—永久卷—2181、07—永久卷—2188、07—永久—715。

新疆维吾尔自治区档案馆，档号：1—27—758。

慕寿祺：《甘宁青史略》，兰州俊华印书馆1936年版。

彭英甲：《陇右纪实录》。

佚名：《甘肃便览》。

那彦成：《平番奏议》卷1—4。

潘益民：《兰州之工商业与金融》，商务印书馆1936年版。

曾问吾：《中国经营西域史》（上、中、下编），商务印书馆1936年版。

杨增新：《补过斋文牍》、《补过斋文牍续编》，辛酉三月新疆驻京公寓初版。

包尔汉：《新疆五十年》，文史资料出版社1984年版。

青海省志编委会：《青海历史纪要》，青海人民出版社1980年版。

许公武：《青海志略》，1945年版。

陈秉渊：《马步芳家族统治青海四十年》，青海人民出版社1985年版。

青海政协文史资料委员会：《青海三马》，中国文史出版社1988年版。

叶祖灏：《宁夏纪要》，正论出版社1947年版。

吴忠礼：《宁夏近代历史纪年》，宁夏人民出版社1987年版。

宁夏政协文史资料委员会：《宁夏三马》，中国文史出版社 1988 年版。

《清实录》（高宗）（宣宗）（德宗）（宣统政纪）。

《中国经济统计年鉴》，商务印书馆 1935 年续编。

王铁崖编：《中外旧约章汇编》第 1 册，第 2 册，生活·读书·新知三联书店 1957 年、1959 年版。

孟宪章编：《中苏贸易史资料》，中国对外经济贸易出版社 1991 年版。

中国人民银行总行参事室：《中华民国货币史资料》第 1、2 辑，上海人民出版社。

龚学遂：《中国战时交通史》，商务印书馆 1947 年版。

秦翰才：《左文襄公在西北》，岳麓书社 1984 年版。

今人论著

一　专著类

谷苞主编：《西北通史》第 4、5 卷，兰州大学出版社 2005 年版。

魏永理主编：《中国西北近代开发史》，甘肃人民出版社 1993 年版。

张波：《西北农牧史》，陕西科技出版社 1989 年版。

[俄] 尼·维·鲍戈亚夫连斯基：《长城外的中国西北地区》，商务印书馆 1980 年版。

林永匡等：《清代西北民族贸易史》，中央民族学院出版社 1991 年版。

王华飞等编：《中国西北地市县概况》，甘肃人民出版社 1992 年版。

郭琦等主编：《陕西通史》（经济卷），陕西师范大学出版社 1997 年版。

郭琦主编：《陕西五千年》，陕西师范大学出版社 1989 年版。

李刚：《陕西商帮史》，西北大学出版社 1997 年版。

陕西省交通史志编委会：《陕西公路运输史》第 1 册，人民交通出版社 1988 年版。

丁焕章主编：《甘肃近现代史》，兰州大学出版社 1989 年版。

李清凌主编：《甘肃经济史》，兰州大学出版社 1996 年版。

党诚恩主编：《甘肃民族贸易史稿》，甘肃人民出版社 1988 年版。

甘肃公路交通史编委会：《甘肃公路交通史》第 1 册，人民交通出版社 1987 年版。

新疆社科院历史所：《新疆简史》第 2、3 册，新疆人民出版社 1980 年版。

张大军：《新疆风暴七十年》（1—9 册），兰溪出版社 1980 年版。

厉声：《新疆对苏俄贸易史》，新疆人民出版社 1994 年版。

徐建英：《近代英国与中国新疆》，黑龙江教育出版社 2004 年版。

徐建英：《民国时期英国与中国新疆》，新疆人民出版社 2009 年版。

崔永红：《青海通史》，青海人民出版社 1999 年版。

翟松天：《青海经济史》（近代卷），青海人民出版社 1998 年版。

韩应选主编：《西宁商业史略》，中国商业出版社 1991 年版。

陈育宁主编：《宁夏通史》（近现代卷），宁夏人民出版社 1993 年版。

杨新才：《宁夏农业史》，中国农业出版社 1998 年版。

赖存理：《中国回族经济》，宁夏人民出版社 1992 年版。

二 论文类

魏丽英：《论近代西北市场的地理格局与商路》，《甘肃社会科学》1996 年第 4 期。

魏丽英：《明清时期西北城市的商帮》，《兰州学刊》1987 年第 2 期。

李建国：《论近代西北地区城镇的特点及其影响》，《西北民族大学学报》2004 年第 1 期。

黄正林：《近代西北皮毛产地及流通市场研究》，《史学月刊》2007 年第 1 期。

李建国：《试论近代西北地区的鸦片烟毒问题》，《新疆大学学报》2005 年第 6 期。

何平：《抗日时期（1931—1945）国民政府开发西北地区商业问题研究》，《西北大学学报》2004 年第 2 期。

渠占辉：《近代中国西北地区的羊毛出口贸易》，《南开大学学报》2004 年第 3 期。

吴万善：《近代时期甘宁青对外贸易评议》，《科学·经济·社会》1990年第3期。

程牧：《清代西北城市的外贸与洋行》，《兰州学刊》1987年第3期。

徐万民：《八年抗战时期的中苏贸易》，《近代史研究》1988年第6期。

李嘉谷：《抗日战争时期苏联对华贷款与军火物资援助》，《近代史研究》1988年第3期。

［美］詹姆斯·米瓦德：《1880—1909年回族商人与中国边境地区的羊毛贸易》，李占魁译，《甘肃民族研究》1989年第4期。

赵艳林：《辛亥革命前十年间帝国主义在甘宁青的侵略活动》，《甘肃师大学报》1981年第4期。

杜海斌：《略论晚清时期关中市场的发展状况》，《西北大学学报》1999年第4期。

张雨新：《抗战时期西安工商业的繁荣及其原因探析》，《西安文理学院学报》2005年第4期。

王文涛、党旺旺：《近代秦东地区商贸业的变迁》，《渭南师范学院学报》2009年第4期。

秦燕：《近代陕北的商业贸易》，《延安大学学报》2001年第4期。

杨东：《近代陕北的边客及其社会影响》，《中国延安干部学院学报》2011年第6期。

陈卓：《近代汉江流域的交通与陕南商业发展》，《安康学院学报》2007年第2期。

屈秉基：《抗战时期的陕西金融业》，《陕西财经学院学报》1984年第2期。

李宗植：《近代甘肃的城镇开发》，《开发研究》1993年第1期。

孟非：《抗战时期的甘肃贸易》，《社会科学》（甘肃）1987年第6期。

向达之：《清末至民国前期的兰州商业》，《兰州学刊》1987年第4期。

马占奎、丁化：《临夏回族商业的发展历史及特点》，《回族研究》1994年第2期。

丁克家：《临潭回族的社会经济，宗教级文化教育述略》，《宁夏社会科学》1995 年第 4 期。

张世海：《民国时期安多藏区的回藏贸易》，《回族研究》1997 年第 2 期。

徐力学：《古道纵横演兴衰——兰州古代陆路交通史略》，《西北史地》1988 年第 1 期。

王慕：《解放前的甘肃金融业》，《甘肃金融》1989 年第 4 期。

林永匡：《清代山西与新疆的丝绸贸易》，《山西大学学报》1987 年第 1 期。

任冰心：《新疆霍尔果斯口岸贸易史百年回顾》，《新疆大学学报》2003 年第 6 期。

张季军：《清季新疆建省后商业与城市发展》，《中国历史地理论丛》1996 年第 4 期。

于溶春：《解放前新疆对苏贸易性质简论》，《近代史研究》1989 年第 6 期。

戴良佐：《新疆清末食盐产销》，《新疆社会科学》1989 年第 3 期。

郑芝祥：《新疆省币、新疆银元票和三区期票流通始末》，《新疆金融》1991 年第 1 期。

梁克明：《华俄道胜银行是沙俄侵略新疆的工具》，《新疆社会科学》1983 年第 4 期。

陈新海：《清代青海的城市建设与商业经济》，《青海民族学院学报》1997 年第 2 期。

马忠明：《青海地区的歇家》，《青海民族学院学报》1994 年第 4 期。

任斌：《洋务运动时期的青海工商业》，《青海民族学院学报》1983 年第 3 期。

阎东锋：《论近代西宁商业的资本构成、经营形式和历史作用》，《社会科学参考》1991 年第 2 期。

杨作山：《清末民初的青藏贸易及其历史地位》，《宁夏大学学报》1999 年第 1 期。

李峰：《明清时期青海地区藏传佛教寺院商品货币经济新成份的产生和发展》，《中国藏学》2001 年第 1 期。

李海英、李峰:《近现代青海地区清真寺寺院商品货币经济形态浅析》,《青海师范大学学报》2003 年第 3 期。

南文渊:《伊斯兰教对商业经济的影响》,《宁夏社会科学》1989 年第 3 期。

吴海鹰:《论回族历史上的商贸经济活动及其作用》,《中国经济史研究》2003 年第 3 期。

答振益:《民国时期回族商业概论》,《中南民族学院学报》1998 年第 1 期。

高占福:《回族商业经济的历史变迁与发展》,《宁夏社会科学》1994 年第 4 期。

喇琼飞:《民国时期的回族皮毛生意》,《宁夏大学学报》1989 年第 2 期。

马平:《近代甘青川康边藏区与内地贸易的回族中间商》,《回族研究》1996 年第 4 期。